Hüttentreks

Hüttentreks

Die 55 schönsten Mehrtages-Wanderungen von Hütte zu Hütte in den Ostalpen

Mark Zahel

INHALTSVERZEICHNIS

Liebe Bergwanderer   8

Einleitung   10

Anforderungsprofil   10
Die Schwierigkeitsskala   11
Vor und während der Tour   12
Beste Jahreszeit   14
Alpine Gefahren und Notsituation   15

Zwischen Bregenzerwald
und Karwendel   16

1   Vom Bregenzerwald
    zum Hochtannberg   ◐   18
2   Rund um die Lechquellen   ◐   22

Abendstimmung unter den Laliderer Wänden

Am Kammweg zum Kreuzeck (Allgäuer Alpen)

3   Allgäuer Höhenwege
    rund um Oberstdorf *Klassiker* ● 26
4   Von Tannheim zur Hornbachkette ◐ 32
5   Der Lechtaler Höhenweg *Toptour* ◐ 36
6   Im Herzen der Lechtaler Alpen   ● 42
7   Durch die Tannheimer Berge   ◐ 46
8   Von Füssen nach Oberammergau   ◐ 50
9   Rundtour durchs Wetterstein   ● 54
10 Über vier Karwendelketten   ● 60
11 Die Karwendel-Transversale   ○ 66

4

Zwischen Kaisergebirge und Salzkammergut 70

12	Rundtour durchs Kaisergebirge	◐	72
13	In den östlichen Kitzbüheler Alpen	○	76
14	Die Königssee-Reibn	◐	80
15	Vom Steinernen Meer zum Hochkönig	●	86
16	Über das Tennengebirge	◐	90
17	Rund um den Gosaukamm	◐	94
18	Rund um den Hohen Dachstein	◐	98
19	Überschreitung des Höllengebirges	◑	102
20	Von Bad Ischl ins Stodertal	◐	106

Zwischen Rätikon und Stubaier Alpen 110

21	Höhenwege im Rätikon	◐	112
22	Vom Arlberg ins Montafon	◐	116
23	Durchs östliche Verwall	●	120
24	Die Silvretta-Durchquerung	●	124
25	Höhenwege am Kaunergrat	●	130
26	Über den Geigenkamm	●	134
27	Im Herzen der Ötztaler Alpen	●	140
28	Durch den Naturpark Texelgruppe	●	144
29	Zwischen Ridnaun und Passeier	◐	148
30	Schleifen durch die Sellrainer Berge	●	152
31	Der Stubaier Höhenweg	◐	158

Moränensee unter den Sexegertenspitzen (Ötztaler Alpen)

Zwischen Zillertaler Alpen und Niederen Tauern — 164

32	Durch die Tuxer Voralpen	◐	166
33	Der Berliner Höhenweg	◕	170
34	Vom Brenner ins Ahrntal	◕	176
35	Der Pfunderer Höhenweg	◕	180
36	Rundtour durch die Reichenspitzgruppe	◕	186
37	Der Venediger-Höhenweg	◕	190
38	Der Lasörling-Höhenweg	◔	196
39	Rund um den Großglockner	◕	200
40	Höhenwege durch die Schobergruppe	◕	206
41	Rundtour durch die Hafnergruppe	◕	210
42	Durch die Schladminger Tauern	◐	214

Unterwegs am Venediger-Höhenweg im Bereich Timmeltal

Das Rifugio Fonda Savio in den Sextener Dolomiten

LIEBE BERGWANDERER,

gehören Sie auch schon zu denjenigen, die ihre Leidenschaft für mehrtägige Trekkings von Hütte zu Hütte entdeckt haben? Wenn ja, wird dieses Buch eine wahre Fundgrube für Sie sein, denn darin sind so viele Anregungen enthalten, dass Sie einige Zeit beschäftigt sein werden, um auch nur einem Teil davon nachzuspüren. Wenn Sie in dieser Materie hingegen noch vollkommen »ahnungslos« sind, probieren Sie es einfach mal aus und folgen Sie dem einen oder anderen Vorschlag. Sie müssen allerdings damit rechnen, dass diese Form des Unterwegsseins Sie gar nicht mehr loslässt. Denn dem Bergwandern wohnt ein tiefgreifender Erlebniswert inne, der sich nur noch verstärkt, wenn man die »Niederungen« der Alltagswelt gleich für mehrere Tage zurücklässt, um den Horizont zu erweitern – im direkten wie im übertragenen Sinne. Touren von Hütte zu Hütte, die oft ganze Gebirgsgruppen oder zumindest größere Teile davon durchqueren, sind dafür wie geschaffen. Wie sonst könnte man der Vielfalt einer Landschaft, all den kleinen und großen Wundern der Natur besser auf die Spur kommen, als sich tagelang im Schritttempo darin zu bewegen?

Die 55 mehrtägigen Wanderungen in diesem Buch sind darauf abgestimmt, Ihnen diese Erlebniswerte nahe zu bringen, je nach Vorliebe leichter oder etwas anspruchsvoller, auf beschaulichen Almwegen oder auf buchstäblich »hohen Routen«, in den Kalkalpen oder im zentralalpinen Kristallin. Zwischen zwei bis drei Tagen und gut einer Woche ist auch die Länge der Touren bunt gemischt. Der geografische Rahmen erstreckt sich von der Schweizer Grenze über beinahe die gesamten Ostalpen. Dabei findet jede halbwegs wichtige Gebirgsgruppe Berücksichtigung, in vielen Fällen sogar gleich mehrfach. In einer solch dichten Auswahl bei gleichzeitiger Akribie der Routenbeschreibungen ist das Thema »Von Hütte zu Hütte« bisher noch nie in Buchform dargestellt worden. Insofern halten Sie ein echtes Standardwerk in Händen, welches das mühsame Zusammentragen von Informationen aus zahllosen Führern überflüssig macht. Mehr noch: Für etliche Strecken sind es sogar die ersten Beschreibungen überhaupt. Zwischen Bayern und dem Trentino, von Vorarlberg bis nach Kärnten und Slowenien findet garantiert jeder seine persönlichen Lieblingsgebiete.

Linke Seite: Grünausee und Wilder Freiger (Stubaier Alpen)

Murmeltier

Große Kulissen aus Fels und Eis, lieblich grüne Almgründe, das Wasser in seinen vielfältigen Erscheinungsformen, Blumen und Tiere in freier Wildbahn, die guten und schlechten Launen des Wetters, aber auch gesellige Hüttenabende mit Gleichgesinnten und das gemeinsame Staunen über die Wunderwelt der Natur – all das und noch viel mehr macht die Faszination des Wanderns von Hütte zu Hütte aus. Genießen Sie es!

Mark Zahel

Gemswurz

EINLEITUNG

Anforderungsprofil

Dieses Tourenbuch ist speziell für Wanderer entworfen, die die üblichen Grundtugenden für das Unterwegssein im Hochgebirge mitbringen, jedoch keine höheren Ansprüche an das Schwierigkeitsniveau einer Bergfahrt stellen. Nicht der sportlich motivierte Leistungsgedanke steht somit im Vordergrund, sondern eindeutig das Landschaftserlebnis. Fast alle Touren verlaufen auf ausreichend oder gut markierten Höhenwegen. Dennoch gehen die Anforderungen zum Teil weit auseinander, was in den jeweiligen Beschreibungen und der Anwendung der unten stehenden Schwierigkeitsskala zum Ausdruck kommt.

Die so genannte »Trittsicherheit« ist die wichtigste Voraussetzung im alpinen Gelände, wobei es sich dabei eigentlich um einen recht schwammigen Begriff handelt. Von elementarer oder grundlegender Trittsicherheit ist beispielsweise die Rede bei holprigen, steinigen Pfaden, die ein gewisses Koordinationsvermögen im Bewegungsablauf verlangen. Wer bisher nur auf außeralpinen Wald- und Wiesenwegen unterwegs war, wird den Unterschied rasch wahrnehmen. Die Steigerung bis hin zur absoluten Trittsicherheit bezieht sich auf ausgesetztes, also absturzgefährliches Gelände, oft noch verschärft durch heiklen Untergrund, wie ihn etwa brüchige Schrofen, feuchte Steilgrashänge oder schneegefüllte Rinnen darstellen. Kletterfähigkeiten sind jedoch allenfalls in ganz wenigen Ausnahmefällen nötig. Auf regelmäßig begangenen Höhenwegen sind knifflige Passagen häufig mit Drahtseilen oder Ähnlichem gesichert, worauf man sich aber nicht verlassen kann.

Eine besondere Materie ist das Eis und hier speziell die Gletscher. Da die meisten Wanderer damit nicht allzu viel am Hut haben, wird

Alpenrosenblüte in den Pfunderer Bergen

weitgehend auf Gletschertraversen verzichtet. Nichtsdestotrotz kommen sie vereinzelt bei Touren im zentralalpinen Bereich vor – aber nur sofern sie keine wesentliche Spaltengefahr in sich bergen. Aufs Anseilen kann daher verzichtet werden, unter Umständen jedoch nicht auf den Einsatz von Steigeisen und Pickel. Diese Utensilien leisten je nach Verhältnissen auch sonst gute Dienste, etwa wenn steile Altschneefelder Probleme bereiten. Natürlich sind dies meist nur Eventualitäten, die man durch Nutzung günstiger Bedingungen nach Möglichkeit auszuschalten versucht. Auf aperen Wegtrassen kann man sich solche Zusatzausrüstung sparen.

Zu den entscheidenden persönlichen Faktoren gehört das konditionelle Leistungsvermögen, was gerade beim Bergwandern gelegentlich unterschätzt wird. Jeder sollte wissen, für wie viele Gehstunden täglich seine Ausdauer reicht und dabei auch Reserven sowie ungünstige Einflüsse hinsichtlich Wetter etc. einkalkulieren. Man bedenke insbesondere das größere Durchhaltevermögen, das einem bei mehrtägigen Touren abverlangt wird, zumal das Rucksackgewicht gegenüber Tageswanderungen ja spürbar höher ist. Freilich sollte dies niemanden abschrecken: Es lassen sich jede Menge Touren ausfindig machen, bei denen das Pensum zwischen den benachbarten Hütten nicht sonderlich groß ist. Bei einigen Unternehmungen darf man sich allerdings auch mal auf einen Acht-Stunden-Marsch einstellen. In jedem Fall wird man gut trainiert die meiste Freude haben und sich unbeschwert den landschaftlichen Schönheiten widmen können.

Die Schwierigkeitsskala

Bei aller generellen Problematik, die eine Schwierigkeitsbewertung von Bergtouren stets mit sich bringt, ist es gerade bei Mehrtagestouren nicht leicht, zu einer kurzen, bündigen und doch präzisen Gesamteinschätzung zu gelangen. Ganz besonders wichtig sind daher immer die ausführliche Charakterisierung im Steckbrief sowie ergänzende Hinweise bezüglich etwaiger Problemstellen

Torre Pradidali in der Palagruppe

bei den einzelnen Etappenbeschreibungen. Da jedoch auch eine visuell unterstützte Gesamtbewertung wünschenswert ist, wird in diesem Buch nach einer differenzierten, fünfstufigen Symbolik verfahren:
○ **leicht**
◐ **leicht bis mittel**
◑ **mittel**
◢ **mittel bis schwierig**
● **schwierig**

In die Beurteilung fließen vor allem geländebedingte Faktoren ein: Ausbau- und Markierungszustand der Wege, Steilheit und Art des Terrains, Auftreten exponierter oder anderweitig heikler Passagen (z. B. über Eis), aber auch die Länge der Etappen, was ja hinsichtlich der konditionellen Anforderungen von beträchtlicher Bedeutung ist. Bei einem inhomogenen Verlauf werden die anspruchsvollen Teilstrecken stets besonders stark gewichtet. Generell eignen sich die leichteren Touren bestens zum »Reinschnuppern« und

Sonnenuntergang im Lechquellengebirge

für alle, die es gemächlich angehen lassen wollen. Ab der Einstufung »mittel« muss grundlegende Bergerfahrung vorausgesetzt werden, während in die oberste Kategorie »schwierig« nur ganz wenige, ernste hochalpine Routen fallen, die über das typische Niveau des Bergwanderns eigentlich schon ein wenig hinausgehen.

Vor und während der Tour

Lässt sich eine Tagestour mitunter noch relativ spontan unternehmen, so wird bei einem längeren Hüttentrekking über mehrere Tage eine gründliche Planung unerlässlich. Zum Studieren der Routenverläufe sowie für alle allgemeinen Rahmenbedingungen soll dieses Buch der ideale Ratgeber sein. Daneben benötigt man unbedingt eine gute topografische Karte, am besten im Maßstab 1:25 000, falls nicht verfügbar, zumindest im Maßstab 1:50 000. Mit diesen Hilfsmitteln lässt sich schon im Vorfeld ein guter Überblick gewinnen. Für die meisten Touren bieten sich öffentliche Verkehrsmittel zur An- und Abreise an, die man ohnehin zum Teil nutzen muss, wenn Start- und Zielort auseinander liegen. Genaueres über Fahrpläne etc. kann man bei den Bahn- und Busgesellschaften erfragen.

Für die aktuellen Informationen bezüglich Wetter und Verhältnisse erkundige man sich unmittelbar vor Antritt der Reise, beispielsweise übers Internet, bei alpinen Auskunftsstellen und Tourismusbüros sowie bei Hüttenwirten. Letztere sehen auch gern eine telefonische Voranmeldung, wie sie sich mehr und mehr einzubürgern scheint. Der Wanderer gibt damit allerdings ein gutes Stück seiner Flexibilität auf, was unterwegs zu gravierenden Nachteilen führen kann. Eine Art »Generalstabsplan« birgt ohnehin die Gefahr, allzu schnell über den Haufen geworfen zu werden. Gruppen ab einer bestimmten Größe bleibt freilich kaum etwas anderes übrig, als das Programm straff durchzuorganisieren und auf den Hütten zu reservieren. Das Gros der Unterkünfte gehört den alpinen Vereinen. Mitglieder genießen Vergünstigungen und (zumindest laut Satzung) Vorrecht bei den Übernachtungen.

Die Ausrüstung wird auf die Länge und Art der Touren abgestimmt. Generell handelt es sich um die gleiche wie bei Tagestouren, ergänzt um alles Notwendige für das »Hüttenleben«, also vor allem (Hütten-)Schlafsack (leichteste Ausführung!), Pflegeutensilien, Wechselwäsche etc. Man denke daran, sich nicht wie einen Maulesel zu bepacken und damit zu belasten. »So viel wie unbedingt nötig, aber so wenig wie möglich«, lautet gleichsam das Motto. Hier und da ein paar Gramm eingespart – das kann sich am Ende beträchtlich summieren. So erübrigt es sich beispielsweise, Proviant in großem Stil mitzuschleppen, da man sich überwiegend auf Hütten verpflegen kann. Dort sollte man allerdings keinen übermäßigen Komfort erwarten, sondern das einfachere Angebot akzeptieren. Wichtig ist im Grunde nur, dass man satt wird und nachts ein Dach über dem Kopf hat. Für den Seelenbalsam sorgt letztendlich die Natur.

Dass vom Wetter in hohem Maße das Wohl und Weh einer Tour abhängt, hört sich an wie eine Binsenweisheit. Umso verwunderlicher ist es, dass diesem Punkt oft nicht genügend Aufmerksamkeit geschenkt wird. Man sollte stets versucht sein, an aktuelle, selbstverständlich auf das betreffende Tourengebiet bezogene Wetterprognosen zu kommen. Und zwar nicht nur einmal vor dem Start, sondern auch zwischendurch. Je besser man über die momentane meteorologische Situation Bescheid weiß, desto besser kann man seine alpine Taktik anpassen. Freilich schließt dies auch eigene Beobachtungen vor Ort mit ein. Auskünfte Dritter, seien es Einheimische oder andere Touristen, können ebenfalls aufgegriffen werden, allerdings nicht vollkommen unkritisch. Mit ein paar gezielten Nachfragen bekommt man schnell heraus, ob jemand etwas von der Materie versteht (was im Übrigen für Infos jeglicher Art gilt).

Es ist ratsam, sich (trotz Urlaub) täglich einen frühen Aufbruch anzugewöhnen. Damit hat man einerseits mehr Zeitreserven, andererseits ist es oft die beste Taktik bei dem typischen sommerlichen Tagesgangwetter mit seinen allfälligen Gewittern am Nachmittag.

Die im Tourensteckbrief angegebenen Gehzeiten beziehen sich grundsätzlich auf die im Haupttext beschriebenen Verbindungen von Hütte zu Hütte. Wenn Abstecher erwähnt sind, muss deren Zeitaufwand hinzugerechnet werden; Varianten werden extra ausgewiesen. Die Gehzeiten orientieren sich außerdem an durchschnittlichen Wanderern, die mit den Gegebenheiten, also den geländebedingten Anforderungen, gut zurechtkommen. Pausen sind wie üblich nicht berücksichtigt. Der Leser darf erwarten, dass für alle vorgestellten Touren ein ungefähr einheitlicher Zeitmaßstab gilt. Es sei aber darauf hingewiesen, dass die Angaben nur als Richtwerte dienen, die in der Praxis je nach Trainingsstand, Gruppengröße, Wetter- und Bodenverhältnissen sowie anderen Faktoren erheblich differieren können.

Noch ein Wort zu den Gipfelabstechern: Im Prinzip vertritt der Verfasser stets die Meinung, dass sie eine Tour von Hütte zu Hütte enorm bereichern. Aus Platzgründen wird hier allerdings jeweils nur eine kleine Auswahl von Zielen in einem gesonderten Kasten zusammengestellt (abgesehen von denjenigen, die ohnehin überschritten werden). Dabei handelt es sich um besonders lohnende Gipfel, und zwar eher die leichteren, nicht ganz so zeitaufwändigen. Häufig lässt das Etappenschema noch genügend Spielraum, um den einen oder anderen Abstecher einzuflechten. Doch gilt das Hauptaugenmerk in diesem Buch eindeutig den Hüttenübergängen.

Auf der Seiser Alm

Beste Jahreszeit

Die Tourensaison orientiert sich zunächst einmal grob an den Öffnungszeiten der Hütten, die ja die wichtigen Basisstationen bilden. Darüber hinaus lassen sich folgende Erfahrungswerte wiedergeben: Zu Beginn der Saison im Frühsommer sind viele Wege nur unter erschwerten Bedingungen begehbar, speziell nach schneereichen Wintern. Dass dies umso stärker für die hochalpinen Touren gilt, leuchtet ein. Eine vorherige Erkundigung ist dann besonders wichtig, will man nicht unverrichteter Dinge wieder abziehen oder zu aufwändigen Ausweichmanövern gezwungen sein. In keinem Fall lasse man sich auf waghalsige Experimente ohne entsprechende Ausrüstung und Erfahrung ein. Im Hoch- und Spätsommer herrschen meist günstige Wanderbedingungen, allerdings muss man in der Ferienzeit mit höherem »Verkehrsaufkommen« rechnen. Auf manchen Hütten kann es dann schon mal eng werden, wie es auch häufig an Wochenenden bei schönem Wetter der Fall ist. Die besten Chancen für das ganz große, intensive Erlebnis bietet womöglich der Herbst, solange das Gebirge noch weitgehend schneefrei ist. Ein früher Wintereinbruch kann allerdings alle Tourenträume mit einem Schlag vereiteln und auf das nächste Jahr verschieben. Generell gilt die Tendenz, für hochalpine Unternehmungen eher die warmen Sommermonate zu wählen, während man für Touren in niedrigeren Regionen auch vorteilhaft Richtung Frühsommer und Herbst ausweichen kann.

> **LITERATURTIPP**
>
> - Mark Zahel: Abenteuer Alpentreks, Bruckmann Verlag, 2009.
> - Mark Zahel: Hüttentreks Schweiz, Bruckmann Verlag, 2009.

Typische Allgäu-Landschaft bei der Kemptner Hütte

Alpine Gefahren und Notsituationen

Es wäre unseriös, die alpinen Gefahren immer und überall zu dramatisieren, doch sollte jeder Gebirgsneuling wissen und jeder erfahrene Berggeher sich gelegentlich daran erinnern, dass diese stets mehr oder weniger vorhanden sind. Wer mit einem gewissen Restrisiko nicht leben mag, kann praktisch nichts anderes tun, als zu Hause zu bleiben, zumal ja bereits die Anfahrt risikobehaftet ist.

> **BERGRETTUNGS-NOTRUFNUMMERN**
>
> Allgem. europäische Notrufnummer: 112
> Österreich: 140
> Italien: 118
> Bayern: 19222

Bei Bergwanderungen ist Selbstüberschätzung wohl einer der häufigsten Gründe für eine Notsituation. Neben kritischer Betrachtung der eigenen Fähigkeiten sind eine gründliche Vorbereitung und eine umsichtige Durchführung der Tour das A und O. Überhaupt ist im Gebirge eher defensives Verhalten angebracht. Man braucht sein Leistungspotenzial keineswegs voll auszureizen, was sowohl für das bergsteigerische Können als auch für die Ausdauer gilt. Nicht zu vernachlässigen ist auch der Einfluss einer etwaigen Gruppendynamik mit ihren (scheinbaren) Zwängen. Daneben gibt es aber auch objektive Gefahren, die das Gebirge mit sich bringt, vor allem im Zusammenspiel mit dem Wetter. Das Fehlverhalten des Menschen liegt dann meist darin begründet, diese nicht ausreichend zu erkennen. Der beste Schutz wird gemeinhin mit dem Begriff »Bergerfahrung« umschrieben, die sich jeder mit der Zeit erwerben kann.

Falls man in eine Notlage gerät oder sich sogar ein ernsthafter Unfall ereignet hat, heißt es zunächst Ruhe zu bewahren und dem/den Verletzten erste Hilfe zu leisten. Mit einem Handy lässt sich – sofern man Empfang hat – direkt die Bergrettung verständigen (Telefonnummern siehe Kasten). Ansonsten muss das

Beim Furtschaglhaus mit Blick zum Hochfeiler

Alpine Notsignal abgegeben werden: 6-mal pro Minute in regelmäßigen Abständen ein optisches oder akustisches Zeichen. Mit je einer Minute Pause dazwischen wird dies solange wiederholt, bis man Antwort erhält. Diese besteht aus 3-maligem Zeichen pro Minute.

> **NÜTZLICHE INFORMATIONEN AUS DEM INTERNET**
>
> www.alpenverein.de; www.alpenverein.at: vielfältige Websites der Alpenvereine mit zahlreichen Rubriken, u.a. auch Wetterbericht für den ganzen Alpenraum, Hüttenverzeichnisse mit weiterführenden Links
> www.wetter.orf.at/oes: ausführliches Wetter in Österreich mit 6-Tage-Prognose
> www.provinz.bz.it: Wetterprognose für Südtirol (Alpensüdseite), ebenfalls mit Mehrtagesprognose

Bilderbuchlandschaft in den Allgäuer Alpen

Zwischen Bregenzerwald und Karwendel

1 VOM BREGENZERWALD ZUM HOCHTANNBERG
Almwege im Herzen Vorarlbergs

mittel | 5 Tage | 3100 Hm | ÖVM

AUSGANGSPUNKT
Bödele (1148 m), an der Verbindungsstraße zwischen Dornbirn und Schwarzenberg; Bushaltestelle

ENDPUNKT
Schröcken (1269 m), letzter Ort vor der Westauffahrt zum Hochtannberg; Busverbindung auf der Bregenzerwaldlinie Dornbirn – Schoppernau – Lech

HÜTTEN
Lustenauer Hütte (1250 m), OeAV, Mitte Mai bis Mitte November, Tel. 05512/49 13
Bregenzer Haus (1300 m), TVN, Anfang Mai bis Mitte November, Tel. 0664/263 67 09
Freschenhaus (1846 m), OeAV, Mitte Juni bis Mitte Oktober, Tel. 0664/352 85 09
Biberacher Hütte (1846 m), DAV, Mitte Juni bis Anfang Oktober, Tel. 05519/257

GEHZEITEN
Bödele – Lustenauer Hütte 1 ¼ Std. – Freschenhaus 6 ½ Std. – Damüls 4 Std. – Biberacher Hütte 6 ½ Std. – Schröcken 3 ½ Std.

ANFORDERUNGEN
Vorwiegend leichtere Berg- und Almwege, die bei Nässe allerdings streckenweise unangenehm lehmig sein können. Am Binnelgrat zum Hohen Freschen anspruchsvollere, ziemlich ausgesetzte Passage (einige Sicherungen), auch am Hochschereweg erhöhte Anforderungen an die Trittsicherheit. Die 2. und 4. Etappe erfordern zudem sehr solide Ausdauer.

KARTE
Kompass, 1:50 000, Blatt 2 »Bregenzerwald-Westallgäu«; freytag & berndt, 1:50 000, Blatt 364 »Bregenzerwald«

Überwiegend sanft gewellt präsentieren sich die Höhen des Bregenzerwaldes – ein ideales Gelände für alle, die in eher beschaulicher Weise eine Gebirgslandschaft erkunden wollen. Ähnlich wie im benachbarten Allgäu ist der Flächenanteil der Almen hier besonders hoch. Unsere Route führt von Nord nach Süd durch den hinteren Bregenzerwald und erfährt ihren ersten Höhepunkt mit der Überschreitung des Hohen Freschen, der bereits den Römern als »Hochwacht« über dem Rheintal bekannt gewesen sein soll. Immerhin überblickt man von diesem Luginsland das ganze Tal hin bis zur Mündung in den Bodensee – für uns heute ein friedvolles Vergnügen, für die Römer hingegen womöglich ein Faktum von großer strategischer Bedeutung. Weitere spannende Abschnitte folgen später vor allem im Bereich des Lechquellengebirges, in das wir am Faschinajoch überwechseln. Dort offenbaren die Gipfel schon eine wesentlich schroffere Natur, weshalb das Lechquellengebirge auch nicht mehr wie der Bregenzerwald den Voralpen zuzurechnen ist, sondern den Kalkhochalpen. Der großartige Hochschereweg stellt die Verbindung zur Biberacher Hütte her, ehe unsere fünftägige Tour durch das Herz Vorarlbergs mit dem Abstieg ins Walserdorf Schröcken am Fuße des Hochtannbergs ausklingt.

Unterhalb des Braunarlfürggele

Frühsommerliche Bergwiese im Bregenzerwald

Bödele – Lustenauer Hütte Die Auftaktetappe gestaltet sich sehr kurz und flach, wenn wir in Bödele nahe der Passhöhe zwischen Dornbirn und Schwarzenberg starten. Zunächst auf einem Ziehweg an den Hängen des Hochälpelekopfes entlang meist durch Wald, ab und zu auch mit freieren Ausblicken. Nach der Hochälpelealpe passiert man den Einschnitt des Steinriesler Baches und gelangt kurz darauf zur Lustenauer Hütte (1250 m). Etwas weiter steht das Bregenzer Haus (1300 m) des TVN, in dem man ebenfalls übernachten kann. **Variante:** Wer sich einen kleinen Umweg gönnen möchte, überschreitet den Hochälpelekopf (1464 m, Gipfelhütte mit Übernachtungsmöglichkeit).

Lustenauer Hütte – Freschenhaus War die erste Etappe kaum mehr als ein Spaziergang, so müssen wir am zweiten Tag ordentliche Kondition beweisen. In häufig wechselndem Auf und Ab zieht sich der Weg beachtlich in die Länge und wartet zum Ende hin, namentlich am Binnelgrat zum Hohen Freschen, sogar mit ein paar alpinistischen Finessen auf. Von der Lustenauer Hütte bzw. dem Bregenzer Haus südwärts an zwei Einmündungen vorbei und zu einer Wegverzweigung. Ein schmalerer Pfad führt nun über das Wiesenplateau der Weißefluhalpe (1375 m), von deren flachem Pult man einen schönen Rundblick hat, während der besser ausgebaute Weg dieser Kuppe rechts ausweicht. Später wieder gemeinsam auf einem Güter-

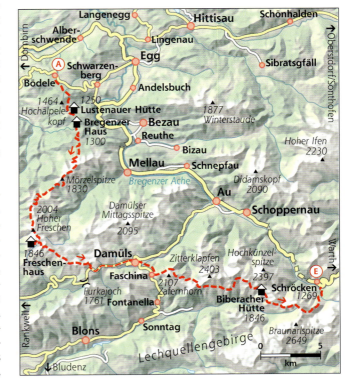

Der Kilkaschrofen über dem Hochschereweg

Silberdistel

weg zur Untersehrenalpe (1290 m). Dort folgt man einem schmalen, teilweise überwachsenen Pfad, der rechter Hand an einem Wiesenhang ansteigt und zur etwas versteckt in einer Mulde gelegenen Obersehrenalpe (1519 m) leitet. Anschließend links der Mulde schräg empor zu einer Einsattelung am Dornbirner First. Der Kammverlauf gibt nun südwestwärts die Richtung vor. Nach Belieben kann der Leuenkopf ausgelassen oder überstiegen werden, bevor man auf der gleichhohen Mörzelspitze (1830 m) ankommt. Dahinter senkt sich ein schmaler, erdiger Pfad recht steil hinab, tangiert den Salzbodensattel und steigt zum Salzbodenkopf wieder an. Knapp rechts am höchsten Punkt vorbei und abwärts in die nächste Senke mit der Altenhofalpe. In erneutem Anstieg um den Alpkopf herum und auf den Verbindungskamm zwischen diesem und dem Hohen Freschen im Süden. Nach Passieren der Binnelalpe (1724 m) ist unser Augenmerk nun auf den schroffen Gipfelaufbau gerichtet, der über den Nord- bzw. Binnelgrat erstiegen wird. Anfangs noch überwachsen, wird das Gelände bald schrofig mürbe und steilt ordentlich auf. Beiderseits brechen die Flanken atemberaubend steil ab, einige nicht sehr zuverlässig verankerte Drahtseile dienen zum Festhalten. Vom Gipfel des Hohen Freschen (2004 m) beschreibt der kurze, harmlose Abstieg zum Freschenhaus (1846 m) einen Rechtsbogen durch die weitläufige, begrünte Südflanke.

Freschenhaus – Damüls Diese kürzere Etappe endet ausnahmsweise nicht an einer Hütte, sondern in dem kleinen Bergdorf Damüls. Eventuell findet man auch in einem der Hotels am Faschinajoch Unterkunft. Zu Beginn wird die Karmulde unter der Matona bis zu ihrem Südwestgrat ausgegangen. Aus dem Matonajöchl können Trittsichere den Steigspuren Richtung Gipfel folgen, um einen netten Abstecher einzuflechten. Anschließend setzt sich der Höhenweg leicht absteigend oberhalb der nordseitig steil abbrechenden Flanke Richtung Gäviser Höhe (1788 m) fort. Von diesem weiten Sattel links haltend in die Nordflanke des Gehrenfalben hinein, die vom verkrauteten Stechweidweg gequert wird (nicht zu tief ansetzen, sonst landet man auf dem Sünser Weg, der ins Tal hinabführt). Am Ende der Traverse erreichen wir das Portlerjoch und steigen in Kürze über die Alpe Portla zur Furkastraße ab. Dieser müssen wir nun noch ca. vier Kilometer bis nach Damüls (1426 m) folgen.

Damüls – Biberacher Hütte Am vierten Tag treten wir auf abwechslungsreicher Route in das Gebiet des Lechquellengebirges ein. Die erste halbe Stunde verläuft noch wenig interessant auf dem Güterweg unterhalb der Faschinajoch-Galerie. Kurz vor der Passhöhe schlagen wir links den Weg zur Bartholomäusalpe ein, der in Kehren weiter bis auf einen Geländerücken führt. Quer durch die Hänge des Zafernhorns übersteigt man am Gumpengrätli dessen Ostrippe und verliert jenseits erst einmal wieder beträchtlich an Höhe. Erst unterhalb der Zaferaalpe (1702 m) wendet sich der Steig wieder bergaufwärts. Im Angesicht des mächtigen Zitterklapfen steht jetzt ein kräftiger Gegenanstieg zum Hochscherefürkele (2013 m) bevor, wo sich ein grandioser Blick nach Süden über das Große Walsertal auf die Gipfel des Lechquellengebirges und des Rätikon auftut. Auf abschüssigem Pfad zunächst bergab, ehe die lange Querung durch die Südflanke des Zitterklapfen und seiner Trabanten beginnt (Hochschereweg). Nächste Zwischenstation ist hier die Obere Überlutalpe. Man erblickt auch schon die Biberacher Hütte, doch zieht sich der Weg dorthin noch länger als erwartet, zumal sich zwischendrin die große Furche des Pregimelbachs einschiebt. Im Bogen aufwärts, über eine Art Schulter hinweg zur Oberen Ischkarneialpe und schließlich um eine letzte Geländekante herum in leichtem Gegenanstieg zur Biberacher Hütte (1846 m) am Schadonapass.

Biberacher Hütte – Schröcken Zu Beginn dieser Abschlussetappe auf einem Almfahrweg hinüber zur Litehütte. Dort links eindrehend und auf allmählich ansteigendem Weg immer quer durch die südseitigen Flanken. Es werden einige Geländefalten ausgegangen, bevor man ins Braunarlfürggele (2145 m) gelangt. Geübte Berggeher, die mit einem der stolzesten Gipfel des Lechquellengebirges die Tour krönen wollen, können von hier über den anspruchsvollen Weimarer Steig zur Braunarlspitze (2649 m) ansteigen. Sonst auf der Ostseite des Fürggeles wieder bergab, zunächst über steile, erdige Hänge in den Kessel der Hochgletscheralpe, dort links haltend über eine schrofige Geländeschwelle und weiter schräg durch üppige Wiesenhänge. Kurz vor der Fellealpe treffen wir auf einen Wirtschaftsweg, dessen Windungen wir bis ins malerische Walserdorf Schröcken folgen.

> **GIPFEL AM WEG**
>
> **Matona** (1997 m): 15 Min. vom Matonajöchl
> **Hochkünzelspitze** (2397 m): 1 ½ Std. von der Biberacher Hütte
> **Braunarlspitze** (2649 m): 1 ½ Std. vom Braunarlfürggele (anspruchsvoller Felssteig)

Schöner Talschluss mit Butzen- und Braunarlspitze

2 RUND UM DIE LECHQUELLEN
Im Hinterland des Arlberger Skireviers

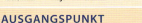

AUSGANGSPUNKT
Zürs (1717 m), Hoteldorf an der Straße von Lech zum Flexenpass; Busanbindung

ENDPUNKT
Lech (1444 m), Ferienort im obersten Lechtal; Busverbindungen von Reutte, Schoppernau, Langen und St. Anton

HÜTTEN
Ravensburger Hütte (1947 m), DAV, Ende Juni bis Anfang Oktober, Tel. 0664/500 55 26
Freiburger Hütte (1918 m), DAV, Mitte Juni bis Anfang Oktober, Tel. 0650/566 00 39,
Göppinger Hütte (2245 m), DAV, Mitte Juni bis Anfang Oktober, Tel. 05583/35 40

GEHZEITEN
Zürs – Ravensburger Hütte 3 ½ Std. – Freiburger Hütte 4 ½ Std. – Göppinger Hütte 4 Std. – Lech 4 ½ Std.

ANFORDERUNGEN
Die Tour verläuft durchwegs auf unschwierigen, ordentlich bezeichneten Höhenwegen, verlangt aber im Bereich einiger steilerer Schrofen sowie auf erdigen Passagen besonders bei Nässe eine gewisse Trittsicherheit. Bis in den Sommer hinein ist zudem mit lästigen Schneefeldern zu rechnen. In konditioneller Hinsicht ebenfalls nur mäßig anspruchsvoll, daher auch für Gelegenheitsbergwanderer ein interessantes Unternehmen.

KARTE
Kompass, 1:50 000, Blatt 33 »Arlberg – Nördliche Verwallgruppe«; Alpenvereinskarte, 1:25 000, Blatt 3/2 »Lechtaler Alpen – Arlberggebiet«

Der Lech, einer der letzten echten Wildflüsse Tirols, besitzt sein Quellgebiet noch im Vorarlbergischen, genauer gesagt zwischen Braunarlspitze, Roter Wand und Spuller Schafberg. An diesem Bergkranz finden wir drei Hüttenstützpunkte, die durch attraktive Höhenrouten miteinander verbunden sind. Insgesamt ergibt dies eine ideale, weder allzu anspruchsvolle noch besonders anstrengende Rundtour um die Lechquellen, an der jeder Genusswanderer Gefallen finden wird. Dabei wird, wer die Namen Lech und Zürs hört, vielleicht erst einmal abwinken in der Befürchtung, durch skipistenverhunzte Landschaften wandern zu müssen. Doch die für den Wintersport erschlossenen Bereiche bedrängen lediglich die Ränder des Lechquellengebirges. Im Hinterland finden wir stattdessen herzhafte Natur und schöne, abwechslungsreiche Wegabschnitte. Von einer buchstäblich vielschichtigen Geologie begünstigt, stehen hier respektable Felsgipfel und bescheidenere Grasmugel in enger Eintracht nebeneinander, sogar auf Karstterrain wird man zuweilen stoßen sowie auf eine Kalkalpenflora, die bestimmt ihre Sternchen verdient. Und ständig lässt sich in herrlichen Ausblicken schwelgen, ob bei der Überschreitung des Gehrengrates, am Steinmayer- oder am Präßlerweg.

Am Butzensee

Zürs – Ravensburger Hütte Südlich der im Sommer trostlosen Hotelsiedlung Zürs beginnt der Steig, der immer schräg durch die Hänge ansteigend bis zu einem Geländesattel neben dem mit Skiliften erschlossenen Seebühel führt. Gleich dahinter befindet sich der Zürser See (2141 m). Nun entlang einer Lifttrasse genau westwärts durch einen Bacheinschnitt und eine Karmulde ins Madlochjoch (2437 m) hinauf. Jenseits bleiben wir am linken Weg, der über eine Art Plateau in steilere Hänge hineinführt und ziemlich erdig auf die Weideböden des Brazer Stafel hinableitet. Zur Linken beeindruckt derweil die bei Kletterern überaus beliebte Roggalkante. Unten schließlich auf der rechten Bachseite noch ein Stück talauswärts zur Ravensburger Hütte (1947 m).

GIPFEL AM WEG

Spuller Schafberg (2679 m): 2 1/4 Std. von der Ravensburger Hütte
Formaletsch (2292 m): 30 Min. Abstecher beim Übergang zur Freiburger Hütte
Hochlichtspitze (2600 m): 1 Std. von der Göppinger Hütte
Braunarlspitze (2649 m): 1 Std. vom Praßlerweg
Mohnenfluh (2542 m): 40 Min. vom Mohnensattel

Ravensburger Hütte – Freiburger Hütte Diese Etappe beginnt mit einem Abstieg zum großen, aufgestauten Spuller See (1827 m), der auf einem weiten Sattel liegt, also zwei Abflüsse und damit zwei Staumauern besitzt. Wir passieren die nördliche und gehen noch ein Stück am Uferweg entlang, bis rechts der Weiterweg Richtung Gehrengrat abzweigt. Nun folgt ein längeres Bergauf, zunächst durch das Hochtal nördlich unterhalb der Plattnitzer Jochspitze (»Kühler Morgen«). Man

Die Freiburger Hütte

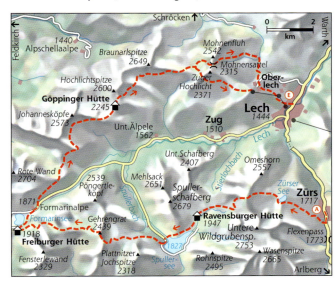

Am Gehrengrat ist eine Steinbockkolonie heimisch.

Der Roggelskopf unweit der Freiburger Hütte

kommt an der Dalaaser-Schütz-Hütte vorbei und steigt über den häufig lehmigen Steig in grasbewachsenem Gelände höher. Etliche Kehren leiten durch einen steilen Bröselhang auf die aussichtsreiche Kammhöhe des Gehrengrates, der wir nach rechts bis zum höchsten Punkt (2439 m) folgen. Über die Westhänge wieder bergab, weiter unten über eine felsige Stufe und danach quer durch die chaotische Karstlandschaft des Steinernen Meeres (das es also nicht nur in den Berchtesgadener Alpen gibt, sondern in kleinerer Ausgabe auch hier). Im Auf und Ab behalten wir Grundrichtung West bei, durchschreiten die begrünte Mulde unterhalb des Formaletsch und gelangen über eine letzte Einsattelung (Schafjöchl) zur Freiburger Hütte (1918 m). Diese liegt am Rauhen Joch mit schönen Ausblicken sowohl nach Süden bis zum Rätikon als auch ins Innere des Lechquellengebirges, wo jetzt über dem Formarinsee die Rote Wand mit ihren auffälligen, verschiedenfarbigen Gesteinspaketen dominiert.

Freiburger Hütte – Göppinger Hütte

Diese Verbindung über zwei Bergschultern wird als Freiburger Höhenweg oder auch als Steinmayerweg bezeichnet. Zunächst steigen wir über dem Ostufer des Formarinsees entlang zur Formarinalpe (1871 m) am Ende der Mautstraße von Lech ab. Nun an den linksseitigen, mit Latschen bewachsenen Hängen allmählich schräg aufwärts in das kupierte Gelände namens Obergschröf und weiter in die Nähe des Unteren Johannesjochs (2055 m). In diesem Bereich tritt erneut karstiges Terrain zutage, das stets etwas langwierig zu durchqueren ist. Nach dem Oberen Johannesjoch (2037 m) steigt die Route steil an zur so genannten Johanneskanzel, einer Geländeschulter am Gratausläufer der Hirschenspitze. Ein kurzes Stück am Kamm aufwärts, dann in den jenseitigen Karkessel der Johanneswanne

Die Rote Wand von Süden gesehen

hinein, um diesen nachfolgend in großem Bogen auszugehen. Am Ende der Traverse stellt sich abermals ein Schrofenriegel in den Weg, der überstiegen werden muss. In gegliedertem Steilgelände, teils aufsteigend, teils über Bänder und Absätze querend, gewinnt man die Ostschulter des Östlichen Johanneskopfes, wo die Göppinger Hütte (2245 m) sichtbar wird. Wir erreichen sie im nordseitigen Bergab zu den welligen Gamsböden, wie diese Hochterrasse bezeichnet wird.

Göppinger Hütte – Lech Die letzte Etappe führt uns auf dem Praßlerweg zunächst unterhalb von Hochlichtspitze und Braunarlspitze entlang. In typischer Manier eines Flankensteiges geht es im Auf und Ab quer durch die oft recht steilen Hänge, meist auf Absätzen oder am Fuß der Felsen. Ins »Schneetal« zwischen Löffelspitze und Orgelspitze verliert man etwas an Höhe, die im Folgenden aber mehr als wettgemacht wird. Die Abzweigung zur Braunarlspitze wird manchen zu einem Seitensprung verleiten, ehe es weiter schräg aufwärts geht bis zur Schulter an der Butzenspitze (P. 2422). Drüben über schrofige, allmählich flacher auslaufende Hänge hinab und zu einer Weggabelung am weitläufigen Butzensattel. Man könnte nun rechts auf der Südseite des Zuger Hochlichts hindurchqueren und zu den Gipslöchern bzw. zur Bergstation am Petersboden (1929 m) absteigen.

Von dort gelangt man mit dem Lift auf dem schnellsten Weg hinunter nach Lech. Die Umgebung hat aber noch mehr auf Lager. Da bietet sich zum Beispiel der nahe Butzensee unterhalb der klobigen Mohnenfluh als idyllisches Rastplätzchen an. Anschließend wird der Mohnensattel (2315 m) mit oder ohne Abstecher zur Mohnenfluh überschritten, um gleich dahinter nochmals vor der Qual der Wahl zu stehen: entweder ebenfalls hinab zum Petersboden oder in etwas stillerer Landschaft mit der Schleife über die Obere und Untere Geißbühelalpe, schließlich den Gitzibachtobel querend nach Oberlech (1669 m), von wo im Sommer Pendelbusse in den Hauptort verkehren.

Unterwegs am Praßlerweg zu Füßen der Braunarlspitze

3 ALLGÄUER HÖHENWEGE RUND UM OBERSTDORF
Klassische Routen über dem Südzipfel Deutschlands   *Klassiker*

mittel/schwierig   4–5 Tage   4100 Hm   ÖVM

AUSGANGSPUNKT
Talstation der Söllereckbahn (ca. 1000 m) an der Straße von Oberstdorf ins Kleinwalsertal, nahe der Siedlung Kornau; Bushaltestelle

ENDPUNKT
Oberstdorf (813 m), Talstation der Nebelhornbahn; gute Regional- und Fernzugverbindungen

HÜTTEN
Fiderepasshütte (2067 m), DAV, Ende Mai bis Mitte Oktober, Tel. 0664/320 36 76
Mindelheimer Hütte (2013 m), DAV, Mitte Juni bis Mitte Oktober, Tel. 08322/70 01 53
Rappenseehütte (2091 m), DAV, Mitte Juni bis Mitte Oktober, Tel. 08322/70 01 55
Kemptner Hütte (1844 m), DAV, Mitte Juni bis Mitte Oktober, Tel. 08322/70 01 52
Edmund-Probst-Haus (1927 m), DAV, Ende Mai bis Mitte Oktober, Tel. 08322/4795

GEHZEITEN
Söllereckbahn – Fiderepasshütte 5 ½ Std. – Mindelheimer Hütte 2 ¾ Std. – Rappenseehütte 4 ½ Std. – Kemptner Hütte 5 ½ Std. – Edmund-Probst-Haus/Nebelhornbahn 9 Std.

ANFORDERUNGEN
Überwiegend gut ausgebaute Höhenwege, die aufgrund der typischen Allgäuer Geländeeigenschaften jedoch bei Nässe unangenehm erdig und schmierig sein können. Davon ist zwar der Heilbronner Weg am wenigsten betroffen, dennoch handelt es sich dabei um den anspruchsvollsten Abschnitt, der etwas Felserfahrung sowie absolute Schwindelfreiheit und Trittsicherheit voraussetzt und kaum sinnvoll umgangen werden kann. Der noch etwas schwierigere Mindelheimer Klettersteig kommt als Variante für Geübte in Frage. Konditionell ist vor allem die Schlussetappe sehr anspruchsvoll.

KARTE
Bayerisches Landesvermessungsamt, 1:50 000, Blatt UK L8 »Allgäuer Alpen«; Alpenvereinskarte, 1:25 000, Blatt 2/1 »Allgäuer-Lechtaler Alpen West«

Oberhalb der Kemptner Hütte ragt der Kratzer auf.

Diese Runde durch das Herz der Allgäuer Bergwelt zählt zu den Klassikern schlechthin. Allein an der Größe der Hütten lässt sich die Beliebtheit ablesen: Mit 342 Schlafplätzen hält die Rappenseehütte (nicht nur im Allgäu) den Rekord, gefolgt von der Kemptner Hütte mit knapp 300. Zwischen diesen beiden Stützpunkten verläuft auch das Kernstück der Tour, der legendäre Heilbronner Weg. Seit mehr als 100 Jahren genießt er eine ungebrochene Popularität, an schönen Tagen sind es wahre Hundertschaften, die sich in beiden Richtungen über ihn hinwegbewegen, einige auch hinweg»zittern«. 1899 erschien der Bau eines derartigen, hochalpinen Gratweges als gewagtes Unterfangen, und noch heute – im Zeitalter weitaus spektakulärerer Super-Ferrate – stellt er manchen Normalwanderer, dem abschüssiges Felsterrain fremd ist, auf eine harte Probe. Dagegen halten die anderen vier Etappen dieser Runde zum Fels eher gebührenden Abstand (es sei denn, man schaltet noch den Mindelheimer Klettersteig ein), was aber keinesfalls mit Langeweile gleichzusetzen wäre. Schon der Auftakt am Fellhornkamm ist ein Auftakt nach Maß – aussichtsreich, wie es sich für einen typischen Allgäuer Höhenweg gehört. Den Krumbacher Höhenweg zur Mindelheimer Hütte und den anschließenden Übergang zur Rappenseehütte können ausdauernde Geher eventuell sogar an einem Tag bewältigen, ehe nach dem erwähnten »Heilbronner« zum Abschluss noch ein echtes Schmankerl auf dem Programm steht: Es gibt kaum einen Höhenweg, der uns die vielgestaltige, kontrastreiche Allgäuer Bergwelt so wunderbar vor Augen führt wie die Route von der Kemptner Hütte ins Nebelhorngebiet. Da stehen die berühmten Steilgrasberge wie Höfats und Schneck neben zerklüfteten Hauptdolomitbastionen, da wandern wir durch Blumenwiesen, über aussichtsreiche Kämme, passieren malerische Seeaugen und wechseln mehrfach über Scharten: Abwechslung pur! Insgesamt wird dieser große Halbkreis um die Quelltäler der Iller garantiert zum unvergesslichen Wandererlebnis.

Söllereckbahn – Fiderepasshütte Mit der Söllereckbahn können wir uns eine Stunde Aufstieg ersparen und mühelos das Berghotel Schönblick erreichen. Von dort weiter zur Kanzel des Söllerecks (1706 m) hinauf, wo der schönste Abschnitt des Tages, die herrliche Kammwanderung über den Fellhornzug, beginnt. Nicht nur die Kleinwalsertaler und Oberstdorfer Berge sind gespickt von Schaustücken, sondern auch die meist üppige Grasnarbe zu unseren Füßen: Blumen! Der Fellhornzug ist für seine prächtige Flora bekannt, und spätestens sobald die Alpenrosenblüte begonnen hat, rühren Tourismusverbände und Fellhornbahn kräftig die Werbetrommel. So geht es dort oben in der Regel nicht gerade einsam zu, insbesondere wenn wir nach Überschreitung des Schlappoltkopfes das Fellhorn (2038 m) und die nahe Bergstation erreicht haben. Hier befindet sich übrigens eine weitere Einstiegsmöglichkeit in die Tour (Seilbahn von Faistenoy im Stillachtal). Leicht absteigend verlassen wir am Gundsattel, noch vor der Kanzelwand-Bergstation, den Kammrücken (die direkte Überschreitung wäre wesentlich anspruchsvoller, spätestens ab den Hammerspitzen!) und weichen ostseitig über die Böden der ehemaligen Roßgund- und Kühgundalpe aus. Schließlich im Gegenanstieg durch den Geländeeinschnitt von Warmatsgund zur Fiderepasshütte (2067 m), dem ersten Etappenziel.

Fiderepasshütte – Mindelheimer Hütte
Für diesen Abschnitt bieten sich prinzipiell zwei Varianten an, von denen der Mindelheimer Klettersteig vielleicht attraktiver erscheint, dabei aber deutlich über das normale Wanderniveau hinausgeht. An dieser Stelle sei die Alternativroute des Krumbacher

Tiefblick vom Fellhorn ins Kleinwalsertal

Erstes Etappenziel: die Fiderepasshütte

Höhenweges beschrieben, die dem schroffen Kamm ausweicht und ohne besondere Schwierigkeiten auf einer freien Geländeterrasse vis-à-vis des Allgäuer Hauptkammes verläuft. So lässt sich das prachtvolle Dreigestirn Trettachspitze – Mädelegabel – Hochfrottspitze auch von hier aus wunderbar beäugen. Nachdem als Erstes die Fiderescharte (2214 m) überschritten ist, steigen wir durchs Saubuckelkar auf die Taufersbergterrasse ab und queren anschließend die weitläufigen Hänge in südwestlicher Richtung. Allmählich leicht ansteigend zieht der Weg an der Oberen Angereralm vorbei zur Mindelheimer Hütte (2013 m).

Variante: Der Mindelheimer Klettersteig zweigt bei der Fiderescharte rechts ab und überschreitet in der Folge die drei Schafalpenköpfe sowie das lustige Kemptner Köpfl. Ein mit vielen packenden Steilpassagen gespickter Routenverlauf fordert beherzten Einsatz. Etwa 4½ Std. von Hütte zu Hütte, geeignet nur für versierte Berggeher mit Klettersteigerfahrung und -ausrüstung.

Mindelheimer Hütte – Rappenseehütte
Heute haben wir zunächst einen Abstieg zu bewältigen, der uns von der Hütte über teils verbuschte Hänge zum Haldenwanger Bach hinabführt. Genau gegenüber stellt sich der Schrofenpass mit seinem Felsriegel in den Weg. Oft sieht man an dieser Stelle Mountainbiker ordentlich »buckeln«. Mögen wir Fußgänger bei manchem Forststraßenhatscher die Biker auch beneiden – hier sind eindeutig wir im Vorteil. Die weite Einsattelung des

Wandern am beliebten Heilbronner Weg mit der Mädelegabel im Visier

Schrofenpasses (1688 m) wird unsererseits nur tangiert, denn wir wandern nun nicht nach Süden ins Lechtal weiter, sondern umrunden den Grüner auf der Nordseite und gelangen über die Schlosswand und die Obere Biberalpe zum Einriss des Mutzentobels. Lawinen und Muren – Urkräfte des Hochgebirges – haben hier eine tiefe Runse ins Gelände gegraben, wie sie für die Allgäuer Bergwelt typisch ist. Wir durchqueren den Tobel (nicht selten auf Lawinenresten) und steigen am jenseitigen Grashang links hinaus, ehe sich der Weg im Bogen über die verfallene Obere Rappenalpe und zuletzt – in den üblichen Hüttenzustieg einmündend – nochmals kräftig bergauf zur stattlichen Rappenseehütte (2091 m) fortsetzt.

Rappenseehütte – Kemptner Hütte Dieser Übergang gilt als Königsetappe der Tour, überhaupt als einer der berühmtesten und beliebtesten Höhenwege in den gesamten Alpen. Dabei wird sich zwar mitunter über das immense »Verkehrsaufkommen« mokiert, doch in den Tenor der Begeisterung, den der Heilbronner Weg seit über 100 Jahren bei Bergfreunden auslöst, wird wohl jeder einstimmen, der hier bei schönem Wetter unterwegs ist. Im Übrigen lässt sich schon fast von einem Klettersteig sprechen, denn die Eiseninstallationen beschränken sich nicht nur auf ein paar wenige kritische Stellen. Zunächst geht es über die Große Steinscharte und die kargen Böden des oberen Wieslekars zur Kleinen Steinscharte (2541 m) hinauf, wobei der steile Schlusshang bei hartem Schnee eventuell problematisch werden kann. Mit Erreichen der Grathöhe steht das Paradestück unmittelbar bevor. Drahtseile sowie eine Leiter führen uns auf den Steinschartenkopf (2615 m), den höchsten Punkt des Weges. Anschließend knapp rechts am Wilden Mann vorbei und per Zwischenabstieg in die Socktalscharte (2446 m), wo sich ein wichtiger Notausstieg befindet (45 Min. Abstieg zum Waltenberger Haus). Eine zweite Fluchtmöglichkeit bietet sich an der Bockkarscharte (2504 m), die nach der rassigen Überschreitung des Bockkarkopfes (2609 m) tangiert wird. Vor der Hochfrottspitze weicht der von nun an wesentlich leichtere Heilbronner Weg dem Gratverlauf auf Tiroler Seite aus. Die Reste des Schwarz-

Am Heilbronner Weg kommt man mit dem Schwarzmilzferner in Berührung.

milzferners unter der Mädelegabel (die von vielen in leichter Kletterei mitgenommen wird) bilden normalerweise kein ernstes Hindernis. Dahinter im Bergab zu den auffallend dunklen Böden der Schwarzen Milz, unter dem zerklüfteten Kratzer entlang zum Mädelejoch und schließlich in Kürze hinab zur Kemptner Hütte (1844 m).

Kemptner Hütte – Edmund-Probst-Haus

Die Schlussetappe hat es aufgrund ihrer Länge nochmals voll in sich, allerdings summieren

Eingeborene Allgäuerinnen

> **GIPFEL AM WEG**
>
> **Rappenseekopf** (2469 m): 1 Std. ab Rappenseehütte
> **Hohes Licht** (2651 m), Mädelegabel (2645 m): jeweils 30 Min. vom Heilbronner Weg

sich damit auch die landschaftlichen Eindrücke in ungeahnter Weise. Zunächst gehen wir in weitem Bogen den Kessel oberhalb der Kemptner Hütte aus und winden uns zum Fürschießersattel (2208 m) hinauf. Erstmals tritt die kühn geformte Höfats richtig ins Blickfeld. Nach einer Querung durch die Schuttfelder im Märzle folgt ab dem Marchsattel (2201 m) der bestechend schöne Abschnitt über den Kammfirst von Kreuzeck (2376 m) und Raueck (2384 m). Steile Graspleisen schießen beiderseits zu Tal, doch die Kammhöhe bildet einen regelrechten Laufsteg. Vom Raueck etwas steiler am Nordwestgrat hinab, jedoch nicht ganz bis zum Älpelesattel, sondern vorher am Seichereck nach rechts in Richtung Eisseen. Die lange Traverse hoch über dem hinteren Oytal bringt uns zum Wildenfeldhüttchen (1692 m) und via Mitteleck abermals bergauf in den Himmelecksattel (2007 m). Der Schneck, der sich uns jetzt in den Weg stellt, muss weiträumig im Osten umgangen werden, offenbart von seinen verschiedenen Seiten aber aufschlussreichste Einsichten in Formgebung und Geologie der Allgäuer Alpen. Dass in derartig extremen Steilflanken noch Gras wachsen kann, erscheint wie ein geobotanisches Wunder! Östlich des Himmelecksattels lassen wir den Weg zum Prinz-Luitpold-Haus rechts liegen und wenden uns nach dem Durchschlupf an der Rippe der Zwerchwand dem Gegenanstieg zum Laufbacher Eck (2178 m) zu. Das Gipfelchen wenige Meter oberhalb des eigentlichen Überstiegs lädt zu einem Abstecher, bevor das zweistündige Finale am Laufbachereckweg nochmals Höhenwandern in seiner schönsten Form verspricht. Fast horizontal geht es durch die im Sommer blumenübersäten Hänge, in rechtem Winkel um den Schochen herum und unter den Seeköpfen entlang via Zeigersattel zum Edmund-Probst-Haus (1927m). In Ausblicken schwelgen, Allgäuer Bilderbuchkulissen mit Seealpsee und Höfats genießen … und falls die letzte Gondel der Nebelhornbahn bereits im Tal ist, wird kein Drama daraus: Das Edmund-Probst-Haus offeriert eine ruhige, abendliche Atmosphäre außerhalb des täglichen Trubels im Nebelhorngebiet, so wie sie vielleicht die wenigsten kennen.

Der Schneck zählt zu den markantesten Allgäuer Steilgrasbergen.

4 VON TANNHEIM ZUR HORNBACHKETTE
Auf der stillen Seite der Allgäuer Alpen

mittel | 5 Tage | 3400 Hm | ÖVM

AUSGANGSPUNKT
Tannheim (1097 m), Talstation der Seilbahn zum Neunerköpfl; Busverbindung mit Reutte sowie dem Oberallgäu

ENDPUNKT
Häselgehr (1006 m) im Tiroler Lechtal; Busverbindung mit Reutte, Richtung Tannheimer Tal in Weißenbach umsteigen

HÜTTEN
Landsberger Hütte (1805 m), DAV, Pfingsten bis Mitte Oktober, Tel. 05675/62 82
Prinz-Luitpold-Haus (1846 m), DAV, Anfang Juni bis Mitte Oktober, Tel. 08322/70 01 54
Kemptner Hütte (1844 m), DAV, Mitte Juni bis Mitte Oktober, Tel. 08322/70 01 53
Hermann-von-Barth-Hütte (2129 m), DAV, Mitte Juni bis Anfang Oktober, Tel. 05634/66 71

GEHZEITEN
Tannheim/Neunerköpfl – Landsberger Hütte 2 ¾ Std. – Prinz-Luitpold-Haus 5 ½ Std. – Kemptner Hütte 8 Std. – Hermann-von-Barth-Hütte 4 ½ Std. – Häselgehr 4 ½ Std.

ANFORDERUNGEN
Markierte Höhenwege über teils grasig erdiges, teils steiniges Gelände. Obwohl ohne größere bergsteigerische Hürden, Trittsicherheit und elementare Bergerfahrung notwendig. Die Höhenunterschiede halten sich zwar in Grenzen, aufgrund des häufig wechselnden Auf und Ab und der teils beachtlichen Wegstrecken (vor allem bei Etappe 3) jedoch auch gute Kondition erforderlich.

KARTE
Bayerisches Landesvermessungsamt, 1:50 000, Blatt UK L8 »Allgäuer Alpen«

Das malerische, offene Tannheimer Tal fungiert als Ausgangspunkt für eine vielseitige Tour durch den östlichen Teil der Allgäuer Alpen, die zuerst die Bergwelt über dem Vilsalpsee durchquert, danach über längere Strecken dem Allgäuer Hauptkamm folgt, um schließlich scharf in Richtung Hornbachkette, dem wohl wildesten Revier dieser Gebirgsgruppe, abzuknicken. Wie unterschiedlich doch die Szenerien ausfallen, je nach geologischer Konstellation: Hier die mit dichtem Graspelz überzogenen Lias-Fleckenmergel und Aptychenkalke, dort das Zerborstene typischer Hauptdolomitlandschaften. Saalfelder Weg und Jubiläumsweg, Rauheck-Kreuzeck-Überschreitung sowie der durch die zahlreichen Karbuchten der Hornbachkette führende Enzenspergerweg bilden das gesteckte Rahmenprogramm und mit dem Hochvogel steht eine der namhaftesten Allgäuer Bergpersönlichkeiten Spalier. Abgesehen von den allenthalben stark frequentierten Dreh- und Angelpunkten der Hütten findet man auf den teilweise langen Höhenwegen dazwischen jede Menge Auslauf und besonders auf der Lechtaler Seite in weiten Bereichen sogar ausgesprochen einsame Winkel, die dafür umso mehr von Gämsen bevölkert werden. An einer soliden Kondition darf es dem Wanderer allerdings nicht mangeln.

Der schroffe Hermannskarturm

Tannheim – Landsberger Hütte Nach einer bequemen Liftfahrt von Tannheim zur Bergstation am Neunerköpfl starten wir gleich in der Etage der Höhenwege. In südlicher Richtung halten wir uns zunächst im Bereich des Kammes auf, der etwas später nach links verlassen wird. Durch die Mattenhänge in leichtem Auf und Ab zur Strindenscharte. Dort schließt sich bis zur Gappenfeldscharte (1858 m) ein Stück auf einem Almfahrweg an, womit die Sulzspitze umgangen wird. Der Saalfelder Weg, auf dem wir uns hier bewegen, steigt nun zum Ostgrat der Schochenspitze (2069 m) an, die rasch mitgenommen werden kann. Dahinter wieder abwärts, durch eine Hangmulde zur so genannten Lache und in kurzem Gegenanstieg zur Landsberger Hütte (1805 m).

Landsberger Hütte – Prinz-Luitpold-Haus Als Erstes wird das zwischen Roter Spitze und Steinkarspitze gelegene Westliche Lachenjoch (1980 m) überschritten. Dahinter halten wir uns links an die Hänge der Steinkarspitze und verlieren über einen Rücken bis zur weiten Senke des Kastenjochs (1859 m) wieder etwas an Höhe. Bei einer Weggabelung links weiter und unmittelbar auf den Kastenkopf zu, dessen schroffem Felsaufbau man schließlich südseitig über eine Gratrippe ausweicht, um ins Hinterkar zu gelangen. Dort kommt von rechts über die nahe Lahnerscharte (1988 m) der Jubiläumsweg dazu, dem wir jetzt folgen. Die Trasse verbleibt in fast ebenem Verlauf weiterhin auf Tiroler Seite des

Kemptner Hütte

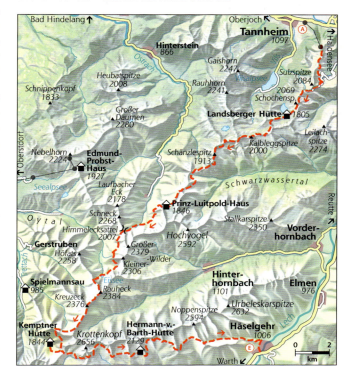

33

Am Jubiläumsweg zwischen Lahner- und Bockkarscharte

Unter der imposanten Fuchskarspitze liegt das Prinz-Luitpold-Haus.

Allgäuer Hauptkammes, der neben uns die Erhebungen von Schänzlespitze und Schänzlekopf aufwirft. An Letzterem wird ein markantes Eck passiert, um über die Gschnitzelböden in den nächsten Geländeeinschnitt einzubiegen. Auf der anderen Seite ist unter der Lärchwand eine kurze, bei feuchten Bedingungen etwas unangenehme Steilstufe zu ersteigen (Drahtseil). Dahinter im Rechtsbogen in ein steiniges Kar hinein und zum Scheitelpunkt der Bockkarscharte (2164 m) empor. Eine lang gestreckte Karmulde vermittelt jenseits das Bergab zum Prinz-Luitpold-Haus (1846 m).

Prinz-Luitpold-Haus – Kemptner Hütte
Auf diesem mit Abstand längsten Teilstück erwartet uns eine respektable Konditionsaufgabe. Wir gehen zu Beginn westwärts unter dem Nordabbruch des Wiedemerkopfes entlang und büßen anschließend bis zu einem Bachgraben über 200 Hm ein. In Nähe der Schönberghütte trennen sich die Routen zum Laufbacher Eck rechts und zum Himmelecksattel (2007 m), den wir anpeilen. Ab diesem Punkt ist die Route bis zur Kemptner Hütte identisch mit der in Tour 3 beschriebenen Schlussetappe in umgekehrter Richtung. Via Mitteleck zum Wildenfeldhüttchen (1692 m) hinab, von wo man dem Flankensteig weit unterhalb des Hornbachjochs hinüber zur Terrasse mit den malerischen Eisseen folgt. Dort setzt ein kräftiger Gegenanstieg an, zunächst zum so genannten Seichereck am Nordwestgrat des Rauhecks, dann unmittelbar an der elegant geschwungenen, begrünten Kammlinie entlang zum Gipfel (2384 m). Ein landschaftlicher Höhepunkt ist die anschließende Firstwanderung über das Kreuzeck (2376 m) bis in den Marchsattel (2201 m), wo sich der Weg erneut verzweigt. Man könnte nun links auf dem Düsseldorfer Weg die Marchscharte (2416 m) überschreiten und so direkt die Hermann-von-Barth-Hütte ansteuern, womit sich zwar eine Etappe einsparen lässt, das heutige Tagespensum jedoch nochmals um eine Stunde verlängert wird. Da uns zudem

ein besonders interessanter Bereich entgehen würde, queren wir nach rechts durchs Märzle, umkurven via Fürschießersattel (2208 m) den Ausläufer der Krottenspitzen und steigen schließlich im Angesicht von Kratzer, Mädelegabel und Trettachspitze in weitem Bogen zur Kemptner Hütte (1844 m) ab.

Kemptner Hütte – Hermann-von-Barth-Hütte Mit diesem Übergang orientieren wir uns endgültig zurück auf die Lechtaler Seite, die am Südhang der schroffen Hornbachkette eine Reihe von Karen bereithält. In schöner Regelmäßigkeit müssen wir eines nach dem anderen ausgehen, womit man ebenfalls ein Weilchen beschäftigt ist. Die Schau gehört, sobald wir das Obere Mädelejoch (2033 m) erreicht haben, den Lechtaler Alpen, die praktisch den ganzen südlichen und östlichen Horizont einnehmen. Jenseits des Jochs wird mit etwas Höhenverlust der Kessel des Roßgumpentales ausgegangen, ehe das anstrengende, kehrenreiche Bergauf zur Krottenkopfscharte (2350 m) wartet. In dem geröllingen Steilkar muss an einer kurzen Felsstufe sogar etwas zugepackt werden. Wer das Angebot ausschlägt, mit dem Großen Krottenkopf (2656 m) den höchsten Gipfel der Allgäuer Alpen zu besteigen, folgt drüben gleich weiter dem Höhenweg ins Hermannskar hinab. Weit müssen wir in den Hintergrund des Kares hineinlaufen, um den Höhenverlust im Rahmen zu halten, doch überrascht uns just dort der verträumte Her-

Abstieg vom Oberen Mädelejoch

mannskarsee. Am Fuße von March- und Hermannskarspitze zieht die Trasse anschließend wieder karauswärts und steigt über eine gesicherte Passage schräg aufwärts zum Schafschartl (2320 m), das vom kühnen Hermannskarturm überragt wird. Das nachfolgende Birgerkar kann auf direkterer Linie durchquert werden, bevor gemeinsam mit dem einmündenden Düsseldorfer Weg die letzte Geländerippe ins Wolfebnerkar passiert wird. Dort steht die urige Hermann-von-Barth-Hütte (2129 m).

Hermann-von-Barth-Hütte – Häselgehr Der Reigen der Kare setzt sich auch am Schlusstag fort, und zwar als Erstes mit dem weiten Balschtekar, das wieder in großem Bogen nahezu höhengleich ausgegangen wird. Bevor mit dem benachbarten Noppenkar in ähnlicher Weise verfahren wird, muss der trennende Balschtesattel (2226 m) überstiegen werden, ein herrlicher Rastplatz notabene. Über die Böden des Noppenkares quert die Trasse fast eben in den Luxnacher Sattel (2093 m) hinein. Jenseits verlassen wir den Enzenspergerweg und steigen durchs Haglertal nach Häselgehr im Lechtal ab.
Variante: Wer die Fortsetzung des Enzenspergerweges unternehmen möchte, quert vom Luxnacher Sattel drei weitere, kleinere Karbuchten, um anschließend via Griesschartl steil den Überstieg am Nordostgrat der Bretterspitze auf ca. 2500 m Höhe zu gewinnen. Durch das steinige Urbeleskar nordseitig zum Kaufbeurer Haus (2005 m, Selbstversorgerunterkunft) hinab. Dieser Übergang beansprucht ca. 5 ½ Std., bis in den Talort Hinterhornbach (1101 m, keine tägliche Busanbindung!) kommen nochmals gut 1 ½ Std. dazu.

GIPFEL AM WEG

Sulzspitze (2084 m): 40 Min. von der Gappenfeldscharte
Schochenspitze (2069 m): 5 Min. Abstecher vom Saalfelder Weg
Rote Spitze (2130 m), Steinkarspitze (2067 m): 30 bzw. 15 Min. vom Westl. Lachenjoch
Glasfelderkopf (2270 m): 20 Min. von der Bockkarscharte
Hochvogel (2592 m): 2 ½ Std. vom Prinz-Luitpold-Haus (nicht leicht!)
Muttlerkopf (2368 m): 1 Std. vom Oberen Mädelejoch
Großer Krottenkopf (2656 m): 1 Std. ab Krottenkopfscharte (etwas Kletterei)

5 DER LECHTALER HÖHENWEG
Auf hoher Route von Lech nach Imst

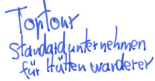
Toptour Standardunternehmen für Hüttenwanderer

mittel — 7–8 Tage — 5500 Hm — ÖVM

AUSGANGSPUNKT
Lech (1444 m), Talstation Rüfikopfbahn

ENDPUNKT
Hochimst (1050 m), Talstation der Imster Bergbahn; Busverbindung in den Hauptort

HÜTTEN
Stuttgarter Hütte (2305 m), DAV, Anfang Juli bis Ende September, Tel. 05583/34 12
Ulmer Hütte (2279 m), DAV, Anfang Juli bis Mitte September, Tel. 05446/302 00
Leutkircher Hütte (2261 m), DAV, Anfang Juli bis Ende September, Tel. 0664/985 78 49
Kaiserjochhaus (2310 m), DAV, Ende Juni bis Ende September, Tel. 0664/435 36 66
Ansbacher Hütte (2376 m), DAV, Anfang Juli bis Ende September, Tel. 0664/143 10 09
Memminger Hütte (2242 m), DAV, Mitte Juni bis Ende September, Tel. 05634/62 08
Württemberger Haus (2220 m), DAV, Anfang Juli bis Mitte September, Tel. 0664/440 12 44
Steinseehütte (2061 m), OeAV, Mitte Juni bis Ende September, Tel. 0664/275 37 70
Hanauer Hütte (1922 m), DAV, Mitte Juni bis Anfang Oktober, Tel. 0664/266 91 49
Muttekopfhütte (1934 m), OeAV, Anfang Juni bis Ende Oktober, Tel. 0664/123 69 28

GEHZEITEN
Lech/Rüfikopfbahn – Stuttgarter Hütte 2 ¼ Std. – Ulmer Hütte 2 ½ Std. – Leutkircher Hütte 3 ½ Std. – Kaiserjochhaus 2 Std. – Ansbacher Hütte 4 ½ Std. – Memminger Hütte 5 Std. – Württemberger Haus 3 ½ Std. – Steinseehütte 3 ½ Std. – Hanauer Hütte 2 ½ Std. – Muttekopfhütte 5 ¼ Std. – Hochimst ¾ Std.

ANFORDERUNGEN
Die stets ausreichend markierten Bergwege erfordern an zahlreichen Passagen Trittsicherheit und besonders beim Überschreiten von Schneefeldern sowie Queren steiler Gras- und Schrofenhänge erhöhte Vorsicht. Mit vielen Stützpunkten konditionell eher moderat, allerdings verlangt das Gesamtunternehmen eine gewisse Beharrlichkeit.

KARTE
Alpenvereinskarte, 1:25 000, Blätter 3/2 »Arlberggebiet«, 3/3 »Parseierspitze« und 3/4 »Heiterwand – Muttekopfgebiet«

Die Lechtaler Alpen gehören zu den interessantesten und vielfältigsten Gebirgen der Nördlichen Kalkalpen, im Übrigen auch zu den flächengrößten und höchsten. Mit der Parseierspitze besitzen sie sogar deren einzigen Dreitausender. Da mag es vielleicht erstaunen, dass sie in der Popularität eher ein wenig zurückstehen, verglichen etwa mit den benachbarten Allgäuer Alpen, die ein wesentlich breiteres Publikum anziehen. Die Lechtaler sind halt in weiten Bereichen nicht so leicht zugänglich, Erschließungen haben allenfalls einige Randzonen etwas angekratzt, und so wurde eine Form von wilder Ursprünglichkeit bewahrt, die sich wirksam selbst zu schützen vermag. Den Bergwanderer spricht hier eine Durchquerung in besonderem Maße an, und in diesem Punkt darf der Lechtaler Höhenweg als Idealtyp schlechthin gelten, führt er uns doch wie an einer Perlenkette entlang von einer Hütte zur nächsten und lässt uns den Facettenreichtum hautnah erleben. Die Etappen können dabei recht flexibel gewählt werden, Mammutmärsche sind nicht gefordert. Wer sich viel Zeit nimmt und auf jeder Hütte einmal nächtigt, wird zwischen Lech und Imst rund elf Tage unterwegs sein. Normalerweise fasst man jedoch hier und da zwei kürzere Abschnitte zu halbwegs tagfüllenden Etappen zusammen, sodass circa eine Woche veranschlagt werden kann. Die Route zieht sich über weite Strecken quer durch steile Grasplaisen und Schrofenflanken, immer wieder auch über sanftere Karböden, überschreitet mehr als zwei Dutzend Scharten und rückt so manchem wilden Felsgipfel ziemlich nah auf den Leib. Die »bunte« Geologie, welche die Lechtaler Alpen auszeichnet, sorgt für Abwechslung im Landschaftsbild wie in kaum einer anderen Gebirgsgruppe. Alles in allem scheint es nicht zu hoch gegriffen, von einer absoluten Toptour zu sprechen. Und dabei eignet sie sich praktisch für jeden, der eine gehörige Portion Lust auf ausgiebige Entdeckungen im Gebirge mitbringt.

Die Hanauer Hütte

Lech – Stuttgarter Hütte Der kürzeste Zustieg zur Stuttgarter Hütte kommt von Zürs, der landschaftlich schönste hingegen von der Rüfikopfbahn in Lech. Von der Bergstation in 2350 m Höhe zuerst ins Monzabonjoch und mit zwischenzeitlichem Höhenverlust über die Böden des Ochsengümple am Fuß der Rüfispitz-Nordwand Richtung Osten. Kurz vor dem Bockbachsattel dreht man rechts ab und steigt zur Rauhekopfscharte (2415 m) an. Jenseits etwas bergab und dann quer durch die Mattenhänge nach Süden zur Stuttgarter Hütte (2305 m).

Variante: Von Zürs zur Trittalpe und auf dem Endressweg durchs Pazüeltal, zuerst auf der rechten, später steiler auf der linken Seite in zwei Stunden zur Hütte hinauf.

Stuttgarter Hütte – Ulmer Hütte Wir folgen dem Boschweg, der hoch über der Talmulde des hinteren Pazüel die Westflanke der Erli- und Roggspitze durchmisst. Allmählich ansteigend in das Hochkar unter der Pazüelfernerspitze, wo oft hartnäckige Schneefelder überdauern. Die links abzweigende Route zur Valluga unbeachtet lassend, halten wir uns rechts und steigen gegen die Trittscharte (2580 m) empor, wobei sich der eigentliche Übergang am Zackengrat links des tiefsten Einschnitts befindet. Auf der Südseite über Felsen und Grashänge ins weite Valfagehrkar hinab und links hinüber zur Ulmer Hütte (2279 m), die leider vom trostlosen Arlberger Skigebiet bedrängt wird. Immerhin gibt es von hier einen tollen Verwall-Blick.

Unterhalb der Kridlonscharte liegt der Hintersee.

Das Kaiserjochhaus wird normalerweise am dritten Tourentag erreicht.

Ulmer Hütte – Leutkircher Hütte Den wenig anheimelnden Aufstieg im Bereich einer Piste zum Valfagehrjoch (2543 m) heißt es möglichst rasch hinter sich zu bringen. Anschließend quert man hinüber ins Matunjoch, wo der schwierige Arlberger Klettersteig abzweigt, dem wir hier natürlich ausweichen. Der Wanderweg verläuft südseitig am Sockel des Weißschrofenkammes in langer Querung Richtung Osten, vielfach durch Schuttreißen, später in zerfurchtem, schrofigem Terrain wieder schräg aufwärts zum Bachereck. Die Kammerhebung des Bachers abermals südseitig umgehen und über den sanft zum Almajurjoch (2237 m) auslaufenden Rücken abwärts. Etwas oberhalb steht die Leutkircher Hütte (2261 m).

Variante: Wer die Ulmer Hütte auslassen möchte, kann von der Stuttgarter Hütte via Erlijoch, Erlachalm und Stapfetobel in gut 3 ½ Stunden direkt zur Leutkircher Hütte gelangen.

Leutkircher Hütte – Kaiserjochhaus Dieser kurze Übergang beginnt mit einem Aufstieg über den Rücken zu einer Wegverzweigung. Während es links zum Stanskogel hinaufgeht (lohnender Abstecher!), weichen wir wieder einmal südlich aus, queren die steilen Hänge der Hirschpleis und der Gaißwasen und gelangen oberhalb einer Trümmermulde in die Scharte beim Schindlekopf. Dahinter links eindrehend über steiles Geschröf abwärts, dann noch über den Kaiserkopf (2396 m) hinweg und zum Kaiserjochhaus (2310 m). Erneut genießt man ständig hindernislose Ausblicke über das Stanzertal in die Zentralalpen.

Kaiserjochhaus – Ansbacher Hütte Immerhin fünf Scharten und Joche stehen bei dieser Etappe auf dem Programm. Den Anfang macht ein namenloser Sattel im Südgrat des Grießkopfes, gleich östlich über dem Kaiserjochhaus. Jenseits in ein Kar hinab, um den vom Kreuzkopf herabziehenden Sporn herum und schräg ansteigend in die Kridlonscharte (2371 m). Nun geht es zur Abwechslung auf der Nordseite weiter. Dabei wird der Kridlonkessel ohne großen Höhenverlust durchquert (das Auge des Hintersees bleibt ein gutes Stück unterhalb), um rechter Hand über einen Schutthang das Hinterseejoch (2482 m) zu gewinnen. Der jenseitige Abstieg führt in das Kar der Verborgenen Pleis, wo die Route noch

Die Berge über der Memminger Hütte im Abendlicht.

oberhalb des Vordersees links abdreht und durch die brüchige, in zahlreiche Rippen und Rinnen gegliederte Schrofenflanke der Vorderseespitze quert (»Haasweg« mit Sicherungen). Nach dieser etwas kitzligen Passage wird das sanfte Alperschonjoch (2303 m) durchschritten und über karge, mäßig geneigte Böden nördlich um die Samspitze herum ins Flarschjoch (2464 m) angestiegen. Dahinter auf den Rücken des Schafnock und zur himmelhoch über dem Stanzertal gelegenen Ansbacher Hütte (2376 m) mit dem Hohen Riffler im Verwall als Blickfang. Alternativ kann man aus dem Alperschonjoch auch die Samspitze (2624 m) direkt überschreiten; deren Südostrücken läuft genau bei der Hütte aus.

Ansbacher Hütte – Memminger Hütte

Auf dieser Etappe wird der tiefste Punkt des Lechtaler Höhenweges erreicht, denn zwischendurch muss weit ins Parseiertal abgestiegen werden. Gerade in diesem Winkel zeigt sich jedoch das Landschaftsbild besonders wild und eindrucksvoll. Wir gehen anfangs ein Stück über den Schafnock zurück, halten uns bei der Gabelung rechts und steigen zur Kopfscharte (2484 m) an. Eine Querung durch ein Blockfeld bringt uns hinüber zur zweiten Lücke, dem Winterjöchl (2528 m), der folgende Anstieg durchs Obere Grießl dann in die Grießlscharte (2632 m). Durch das jenseitige Langkar – das oben sehr abschüssig beginnt und anschließend seinem Namen Ehre macht – steht jetzt der weiteste Abstieg an einem Stück bevor: über 900 Meter Höhenverlust bis zur Brücke über den Parseierbach (1723 m). Zumindest ein Teil davon muss im Gegenanstieg zur Memminger Hütte wieder wettgemacht werden. Dort windet sich der Steig links haltend durch die Steilflanken, passiert den Tobel des Bärenpleistals sowie einige weitere Rinnen und gewinnt durch eine Hangmulde das Wiesenplateau, auf dem die Memminger Hütte (2242 m) steht. Hier kreuzen sich übrigens E5, Lechtaler Höhenweg und andere Steige, weshalb die Memminger Hütte zu einem der meistfrequentierten Punkte in den Lechtalern avanciert ist. Die Umgebung mit den Seewiesen sowie der Blick auf die markante Freispitze sind freilich auch besonders reizvoll.

Variante: Für sehr erfahrene, ausdauernde Berggeher besteht die Möglichkeit, über den Augsburger Höhenweg die gleichnamige

Malerisch präsentiert sich die Umgebung der Steinseehütte.

Hütte ins Programm einzubeziehen, um anschließend via Spiehlerweg wieder Anschluss an die übliche Route zu erhalten. Die Anforderungen fallen allerdings im Zuge des Lechtaler Höhenweges aus dem Rahmen; der Interessierte mag die ausführliche Beschreibung bei Tour 6 nachlesen.

Memminger Hütte – Württemberger Haus Dieser Übergang verdient besondere Erwähnung, zumal auf ihm zwei stattliche Gipfel im Hauptkamm überschritten werden. Den Anfang machen allerdings der Untere und Mittlere Seewisee, die wir beim Aufstieg zur engen Seescharte (2599 m) passieren. Dahinter folgt erst einmal wieder eine typische Hangquerung bis in die Großbergscharte (2493 m), ehe kurz nacheinander Großbergkopf (2612 m) und Großbergspitze (2657 m) überschritten werden. Letztere ist der höchste Punkt am gesamten Lechtaler Höhenweg, sofern man andere Gipfelabstecher nicht mitzählt. Der Blick von dort ist jetzt in den Kessel des Obermedriol gerichtet, wo das Württemberger Haus (2220 m) als nächstes Etappenziel steht. Über eine Felsstufe steigen wir ins Kar hinab und ziehen auf der linken Seite hinüber zu unserem Stützpunkt, der von sehenswerten Felsbauten eingerahmt ist.

Württemberger Haus – Steinseehütte Vom Württemberger Haus über eine kurze Geländestufe zu einer Verzweigung und dort dem rechten Steig folgend ins Gebäudjöchl (2452 m) hinauf. Ostseitig ein Stück abwärts, dann nach links am Fuß der Gebäudspitze entlang und noch etwas weiter absteigend um den Ausläufer der Roßköpfe herum. Durchs Roßkar geht es wieder bergauf, zuletzt sehr mühsam durch eine gesicherte Rinne ins Roßkarschartl (2450 m). Nach wenigen Kehren links bis unter das Gufelgrasjoch, erst danach über den Sattel am Mittelbergkopf deutlicher bergab zum Fuß der Schneekarlesspitze und hinüber zur Steinseehütte (2061 m).

Steinseehütte – Hanauer Hütte Wieder eine kurze Etappe, die aus dem Steinseegebiet ins nordseitige Parzinn wechselt. Man steigt zunächst über Matten zum idyllischen Steinsee auf. Dort scharf links und durch eine etwas beschwerliche Rinne bis in die Vordere Dremelscharte (2434 m). Achtung: Den Abstecher zur Dremelspitze (2733 m), mit der wir uns hier unmittelbar auf Tuchfühlung befinden, sollten nur erfahrene Kletterer in Angriff nehmen (bis II in sehr unübersichtlichem und brüchigem Steilgelände!). Auf der Nordseite öffnet sich der steinige Hang aus der Umklammerung der Felsen und läuft schließlich flach auf die Böden des Parzinn aus. Zwischen ein paar Latscheninseln hindurch zur Hanauer Hütte (1922 m).

Variante: Vom Württemberger Haus führt eine ebenfalls sehr abwechslungsreiche Route in 4 ½ Stunden via Bitterscharte und Gufelseejöchl zur Hanauer Hütte. Ein Kleinod ist dabei der tiefblaue Gufelsee.

Hanauer Hütte – Muttekopfhütte Mit diesem letzten Übergang wird es nochmals richtig alpin. An den drei Wegverzweigungen hinter der Hanauer Hütte halten wir uns stets links und leiten damit die längere Aufwärtsquerung in den Flanken des Schlenkermassivs ein. Nachdem das Schlenkerkar ausgegangen ist, folgen einige Kehren über einen Steilhang ins Galtseitejoch (2421 m) hinauf. Drüben rechts haltend zu einem Gratrücken, an dem sich der Abstieg in die Karmulde der Fundaisalm vollzieht. Der Gegenanstieg führt in die mürben Kübelwände, wo der Steig auf schrägen, gebänderten Felsschichten – so genannten Gosauschichten – ein wenig ausgesetzt höher zieht. Schließlich nach rechts hinauf in die Muttekopfscharte (2630 m), von der man sich den Abstecher auf den nahen Muttekopf (2774 m) nicht entgehen lassen wird. Anschließend auf der Südostseite im Zickzack über steiles, gerölliges Terrain bergab und durch den Taleinschnitt flacher auslaufend zur Muttekopfhütte (1934 m).

Muttekopfhütte – Hochimst Am kürzesten über den exponierten Drischlsteig zur Bergstation unter dem Vorderen Alpjoch und mit den Imster Bergbahnen bequem hinab nach Hochimst (1050 m). Alternativ auch gänzlich zu Fuß auf Wanderwegen.

> **GIPFEL AM WEG**
>
> **Trittkopf** (2720 m): 30 Min. von der Trittscharte
> **Stanskogel** (2757 m): 1 ½ Std. ab Leutkircher Hütte
> **Samspitze** (2624 m): 45 Min. ab Ansbacher Hütte, Überschreitung vom Alperschonjoch möglich
> **Seekogel** (2412 m): 30 Min. von der Memminger Hütte
> **Oberlahmsspitze** (2658 m): 1 ¼ Std. von der Memminger Hütte
> **Kogelseespitze** (2647 m): gut 2 Std. von der Hanauer Hütte
> **Muttekopf** (2774 m): 25 Min. von der Muttekopfscharte

Einer der Lechtaler Bergriesen: der Muttekopf

6 IM HERZEN DER LECHTALER ALPEN
Rund um die Parseierspitze

schwierig · 4–5 Tage · 3700 Hm · ÖVM

AUSGANGSPUNKT
Stockach (1070 m) im mittleren Lechtal; Busverbindung von Reutte

ENDPUNKT
Bach (1062 m) bzw. Stockach (1070 m); evtl. auch Taxi-Transfer ab Schoberplatz (1440 m) durchs Madautal auswärts

HÜTTEN
Simmshütte (2002 m), DAV, Ende Juni bis Anfang Oktober, Tel. 0664/484 00 93
Ansbacher Hütte (2376 m), DAV, Anfang Juli bis Ende September, Tel. 0664/143 10 09
Augsburger Hütte (2289 m), DAV, Ende Juni bis Ende September, Tel. 0664/950 21 65
Memminger Hütte (2242 m), DAV, Mitte Juni bis Ende September, Tel. 05634/62 08

GEHZEITEN
Stockach – Simmshütte 3 Std. – Ansbacher Hütte 4 ½ Std. – Augsburger Hütte 8 ½ Std. – Memminger Hütte 5 Std. – Stockach 1 ½ bzw. 4 ½ Std.

ANFORDERUNGEN
Die Maßstäbe dieser Tour setzt eindeutig der Augsburger Höhenweg: Hier wird über viele Stunden absolut konzentriertes Steigen in abschüssigem Fels- und Schrofengelände gefordert, immer wieder mit etwas Kletterei (mitunter Drahtseile), oft auch heiklen Stellen im Firn (evtl. Pickel und Steigeisen notwendig). Trittsicherheit und Kondition sollten vollkommen untadelig sein. Relativ anspruchsvoll ist auch der Spiehlerweg, vor allem am Nordhang der Patrolscharte. Insgesamt nur für reichlich Bergerfahrene geeignet!

KARTE
Alpenvereinskarte, 1:25 000, Blatt 3/3 »Lechtaler Alpen – Parseierspitze«

Nach dem klassischen Lechtaler Höhenweg, der zweifellos als »Standardunternehmen« für Hüttenwanderer bezeichnet werden kann, soll jetzt eine etwas ausgefallene Rundtour durch den Zentralbereich der Lechtaler Alpen vorgestellt werden. Sie beschränkt sich räumlich zwar auf ein wesentlich engeres Gebiet, zählt aber mit zum Anspruchsvollsten überhaupt in diesem Buch. Namentlich der Augsburger Höhenweg setzt Maßstäbe, fordert dem Begeher praktisch in allen Belangen mehr ab, als es auf normalen Hüttenübergängen üblich ist. Man muss sich im steilen Bröselgelände gleichsam zu Hause fühlen, hier und da Hand an Fels und brüchige Schrofen legen, je nach Verhältnissen auch die eine oder andere heikle Eisrinne queren und nicht zuletzt der enormen Länge dieses Supersteigs konditionell gewachsen sein. Eine echte Meisterprüfung für ambitionierte Bergwanderer! Dass den landschaftlichen Eindrücken dabei ebenfalls höchste Qualität zukommt, braucht wohl nicht extra betont zu werden. Zusammen mit der Verbindung zwischen Simms- und Ansbacher Hütte sowie dem Spiehlerweg von der Augsburger zur Memminger Hütte wird quasi ein großer Bogen rund um einige Paradeberge der Lechtaler Alpen geschlagen: Wetterspitze, Parseierspitze und Freispitze bilden immer wieder Blickfänge, mit Dawinkopf und Gatschkopf werden zwei der höchsten Gipfel der Nördlichen Kalkalpen – schon nahe der Dreitausendermarke – sogar überschritten.

Von der Ansbacher Hütte ist der Verlauf des Augsburger Höhenweges im Bereich von Grießmuttekopf und Eisenspitze einzusehen.

Stockach – Simmshütte Bei der kleinen Ansiedlung Sulzlbach am westlichen Ortsende von Stockach, dort wo der Sulzlbach aus einer Schlucht schießt, beginnt der Aufstieg zur Simmshütte. Zunächst weicht man besagter Klamm über einen Fahrweg aus, der uns durch zwei Tunnels ins Sulzltal entlässt. Taleinwärts bei der Ronigalm (1479 m) über den Bach und weiter auf dem Fahrweg bis zur Materialseilbahn. Nun steiler an den Hängen empor zur Simmshütte (2002 m), die unter dem Westsporn der Holzgauer Wetterspitze klebt.

Simmshütte – Ansbacher Hütte Südwärts durch abschüssiges Mattenterrain leicht ansteigend um eine Geländerippe herum, dann auf schuttbedeckte Steilhänge, die in vielen Kehren bis zu einer Verflachung erstiegen werden. Während geradeaus die Normalroute zur Wetterspitze das hohe Fallenbacher Joch anpeilt, halten wir uns rechts ins nahe Kälberlahnzugjoch (auch Lahnzugjöchl, 2585 m). Jenseits auf dem oberen der beiden Wege mit nur wenig Höhenunterschied scharf um zwei Felsecken des Feuerspitzmassivs herum ins Stierlahnzugjoch (2596 m). Leicht absteigend hinüber zur Vereinigung mit der Normalroute auf die Feuerspitze (lohnender Abstecher über die schuttigen, aber unschwierigen Südhänge), dann rechts und in allmählich absteigender Traverse unter der mächtigen Vorderseespitze entlang. Dabei wird vorwiegend Grundrichtung Südost eingehalten, auch nach dem Durchschreiten der Senke beim Wegekreuz P. 2221 unter dem Alperschonjoch. Ein mäßig steiler Gegenanstieg führt ins Flarschjoch (2464 m), von wo es über den Schafnockrücken nicht mehr weit zur Ansbacher Hütte (2376 m) ist.

Ansbacher Hütte – Augsburger Hütte Diese schwierige Alpinroute – die Bezeichnung »Höhenweg« ist eigentlich verharmlosend – stellt wirklich so ziemlich alles in den Schatten! Wir sollten sie nur bei stabilem Wetter und optimalen Verhältnissen in Angriff nehmen und in jedem Fall <u>sehr früh aufbrechen</u>, denn hinsichtlich der Länge hat sich schon manch einer gründlich verschätzt. Zu Beginn laufen wir uns erst einmal am Lechtaler Höhenweg über Kopfscharte (2484 m) und Winterjöchl (2528 m) warm. Dahinter

zweigt der Augsburger Höhenweg nach rechts ab, durchquert die kleine Mulde des Unteren Grießls und begibt sich in die von mächtigen Tobeln zerschlissenen Steilflanken von Stierloch-, Schwarzloch- und Grießmuttekopf. Beim folgenden Auf und Ab bekommen wir bereits ausgiebig Gelegenheit, uns mit dem rauen, unwegsamen Gelände anzufreunden. An der ausgeprägten Südwestrippe des Grießmuttekopfes schwenken wir in den Karwinkel des Flirscher Parseier ein, um am oberen Rand gegen die Parseierscharte (2604 m) anzusteigen. Wenige Schritte

Ansbacher Hütte

zur Ansbacher via Lechtaler Höhenweg ab Lech

nördlich des Übergangs steht für Notfälle das Roland-Ritter-Biwak.

Die zweite Halbzeit des Augsburger Höhenweges gestaltet sich sogar noch eine Nummer schärfer als das Bisherige. Wir queren ostwärts durch extrem abschüssige, nordseitige Steilhänge, die nicht nur von Steinschlag bedroht, sondern – vor allem in den Rinnen – häufig auch mit Schnee und Eis »garniert« sind. Man sollte sich nicht scheuen, diesen Stellen mit Pickel und Steigeisen zu Leibe zu rücken, denn ein Fehltritt hätte hier fatale Folgen. Nach einer besonders fiesen Rinne bringt uns eine gesicherte Klettereinlage über das Gelbe Schartl hinweg und nochmals in leichter Aufwärtsquerung zum Einschnitt der Dawinscharte (2650 m).

Durchatmen – der heikelste und gefährlichste Abschnitt wäre geschafft! Freilich bleibt der Tourencharakter am Grat zum Dawinkopf hochalpin, zumal wir jetzt allmählich zum höchsten Punkt der Tour ansteigen. Den Schwarzen Kopf südseitig umgehend in eine enge Scharte und über einen Steilaufschwung zum Gipfel des Dawinkopfes (2968 m), seines Zeichens dritthöchster in den gesamten Nördlichen Kalkalpen. Prachtvoll die Schau auf den höchsten, die Parseierspitze, sowie über die weite Bergwelt des Tiroler Oberlandes. Anschließend am gesicherten Nordostgrat und unter der Bocksgartenspitze entlang auf den spaltenlosen Grinner Ferner hinab, der allenfalls bei Blankeis ein paar Probleme bereiten kann. An seinem östlichen Rand befindet sich der Einstieg in die so genannte Fernerwand, eine gesicherte Steilstufe, die nochmals Vorsicht erheischt (Steinschlaggefahr), ehe es durch die geröllreiche Gasillschlucht zügiger bergab geht. Zuletzt in einer Querung nach links hinaus zur Augsburger Hütte (2289 m).

Augsburger Hütte – Memminger Hütte

Die Augsburger Hütte liegt oberhalb einiger Felsabbrüche direkt am steilen Südhang des Gatschkopfes, der am heutigen Tag als Erstes erstiegen wird. Die Route zieht anfangs über begrünte Flächen leicht nach links, wendet sich dann wieder mehr rechts und gewinnt im Zickzack rasch an Höhe. Einige steilere Schrofenstellen erfordern ein wenig Unterstützung der Hände, doch steigen wir ohne größere

Ausgesetzt: am Gelben Schartl (Augsburger Höhenweg)

Der Untere Seewisee mit dem Freispitzkamm im Hintergrund

Kletterhürden dem mergeligen Gipfelrücken entgegen. Zuletzt von Osten auf den höchsten Punkt des Gatschkopfes (2945 m). Danach über den Westgrat gegen die Patrolscharte (2846 m) weiter. Noch knapp oberhalb der eigentlichen Einsattelung leitet uns ein Wegweiser in die abschüssige Nordflanke hinab, wo besonders bei Schnee oder Vereisung höchste Aufmerksamkeit gefordert ist (einige Sicherungen). Man sollte auch auf Steinschlag gefasst sein, denn das Gelände ist ziemlich bröselig. Am Sockel dieser 400-Meter-Flanke über ein Schneefeld nach links und in längerer Traverse über eine Gratrippe (Parseierjoch) hinweg ins Oberpatrol. Dieses Hochkar wird im Bogen ausgegangen, ehe nochmals ein kurzer, steiler Gegenanstieg in die Wegscharte (2585 m) bevorsteht. Von dort durch ein wunderbar gewundenes Hochtälchen an den drei Seewiseen – der Obere noch in karger Umgebung, der Untere schon im Grünen – zur Memminger Hütte (2242 m) hinab.

Memminger Hütte – Stockach Der lange Abstieg ins Lechtal kann durch einen Taxi-Dienst meist erheblich verkürzt werden. (Notwendige Informationen lassen sich auf der Memminger Hütte erfragen.) Von der Hütte über die Wiesen in nördlicher Richtung bergab, später über eine Steilstufe mit Wasserfall und unterhalb dieser deutlich nach links (Westen). Stets an der linken Seite des Abflusses senkt sich der Weg durch Buschwerk ins Parseiertal hinab, wo man jenseits des Bachs auf einen Wirtschaftsweg trifft. Die Fahrt talauswärts mit dem Kleinbus wäre jetzt natürlich eine enorme Erleichterung, sonst stehen noch rund zehn Kilometer durchs Madautal bis nach Bach (oder sogar noch ein Stück weiter bis Stockach) bevor.

GIPFEL AM WEG

Feuerspitze (2852 m): 45 Min. vom Abzweig unterm Stierlahnzugjoch
Parseierspitze (3036 m): 1 Std. vom Grinner Ferner (Kletterei bis II!)
Hinterer Seekopf (2718 m): 25 Min. von der Wegscharte
Oberlahmsspitze (2658 m): 1 3/4 Std. von der Memminger Hütte

7 DURCH DIE TANNHEIMER BERGE
Kurztrip zwischen Ostallgäu und Außerfern

leicht/mittel 2–3 Tage 1700 Hm ÖVM

AUSGANGSPUNKT
Pfronten-Steinach (842 m), Talstation der Breitenberg- und Hochalpbahn; Bahnstrecke Garmisch – Reutte – Kempten

ENDPUNKT
Wängle (882 m), kleiner Ort im Reuttener Talbecken, vom Bahnhof Reutte ca. 3 km entfernt

HÜTTEN
Bad Kissinger Hütte (1788 m), DAV, Anfang Mai bis Ende Oktober, Tel. 0676/373 11 66
Otto-Mayr-Hütte (1528 m), DAV, Anfang Mai bis Mitte Oktober, Tel. 05677/84 57
Füssener Hütte (1535 m), privat, Mitte Mai bis Mitte Oktober, Tel. 0676/342 32 21
Gimpelhaus (1659 m), privat, Anfang Mai bis Ende Oktober, Tel. 05675/82 51
Tannheimer Hütte (1713 m), DAV, Mitte Mai bis Mitte Oktober, Tel. 0676/545 17 00

GEHZEITEN
Pfronten-Steinach/Hochalpbahn – Bad Kissinger Hütte 1 ½ Std. – Otto-Mayr-Hütte 3 Std. – Gimpelhaus 2 ¾ Std. – Wängle 3 ½ Std.

ANFORDERUNGEN
Überall ordentliche Bergwege, Wechsel zwischen steilerem, schrofigem Terrain und einfachen Abschnitten. Trittsicherheit vor allem am Aggenstein und unterhalb der Nesselwängler Scharte wichtig. Auch als Zweitagetour nicht übermäßig anstrengend.

KARTE
Bayerisches Landesvermessungsamt, 1:50 000, Blatt UK L10 »Füssen und Umgebung«

In kompakter Form ragt die Tannheimer Gruppe als nordöstliches Anhängsel der Allgäuer Alpen über dem Füssener Seenland auf und vermag auf engstem Raum fast alles in sich zu konzentrieren, was Bergsteigerherzen höher schlagen lässt. So sind die Tannheimer gleichermaßen als Wander- wie als Kletterrevier geschätzt. Ein paar Aufstiegshilfen, zahlreiche Hütten und Jausenstationen, ein dichtes Wegenetz und nicht zuletzt die verkehrsgünstige Lage am Alpenrand machen dieses Gebiet zu einem der beliebtesten weit und breit. Für Hüttenwanderer ergibt sich die Möglichkeit einer Durchquerung, die selbst bei verhaltener Gangart nicht länger als drei Tage dauert. Ja, sie eignet sich sogar für einen Wochenendtrip, wenn man am Samstag über den Aggenstein und den Tannheimer Höhenweg bis ins Raintal vordringt und sich sonntags schließlich der Fortsetzung bis ins Reuttener Talbecken annimmt. Wer das Programm etwas anreichern möchte, dem stehen zahlreiche Gipfel zur Auswahl, von denen sich einige aber erstaunlich schroff präsentieren. Gerade dieses Ambiente verleiht der Gruppe freilich ihren unwiderstehlichen Reiz, sodass trotz der Kleinräumigkeit auch Bergwanderer auf ihre Kosten kommen, die durch Wetterstein oder Karwendel vielleicht schon ziemlich verwöhnt sind.

Kühn geformt: der Gimpel mit seinem Westgrat in der Draufsicht

Pfronten – Bad Kissinger Hütte Auch wenn man die Bad Kissinger Hütte aus dem Tal von Pfronten nicht mal erahnen kann (sie befindet sich nämlich auf der abgewandten Seite des mächtigen Aggensteins), ist sie doch beinahe nur einen Katzensprung entfernt. Möglich macht's die Seilbahn, mit deren Hilfe man sich die meiste Aufstiegsplage erspart. Zunächst führt eine Gondelbahn zur Hochalphütte (1509 m), von wo man bereits über einen Flankensteig auf der Ostseite des Aggensteins zur Bad Kissinger Hütte wandern könnte. Interessanter ist jedoch die Route über den Gipfel selbst. Dafür wird meist noch mit einem Lift bis auf den Kamm in 1680 m Höhe hinaufgeschwebt. Dann dem Nordrücken folgend in zunehmend steilerem Schrofengelände am so genannten Langen Strich empor und etwas nach links auf die Ostschulter. Mit Hilfe von Kettensicherungen

Die Seebenalp wird am Tannheimer Höhenweg passiert.

Die Bad Kissinger Hütte am Aggenstein

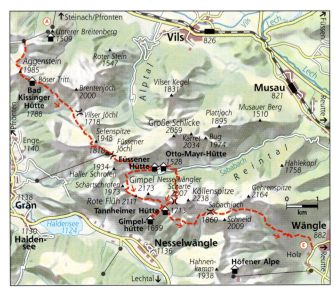

Blick übers Reintal auf die Tannheimer Hauptkette

gelangt man in wenigen Minuten zum aussichtsreichen Gipfel des Aggensteins (1985 m). Südseitig führt ein guter Bergweg hinab zur Bad Kissinger Hütte (1788 m), von der man ebenfalls herrliche Blicke über das Tannheimer Tal genießt.

Bad Kissinger Hütte – Otto-Mayr-Hütte
Auf dem Tannheimer Höhenweg rücken wir nun weiter ins Zentrum der Gruppe vor. Zunächst verliert der Weg durch aufgelockerte Waldbestände knapp 200 Meter an Höhe, um anschließend an der Seebenalp vorbei wieder anzusteigen. Wir überschreiten die Kammhöhe zwischen Sefenspitze und Lumberger Grat und gelangen dahinter zum Füssener Jöchl (1818 m) mit der Bergstation der Seilbahn von Grän. Der nächste kurze Gegenanstieg leitet ins Raintalerjoch, wo wir plötzlich den bis zu 800 Meter hohen Nordwänden von Gimpel und Köllenspitze vis-à-vis gegenüberstehen: das prachtvollste Bild der Tannheimer Berge! Während rechts die Route zum Schartschrofen und zur Fortsetzung über den Friedberger Klettersteig ausgewiesen wird, zieht unser Weg in einer Querung nach links und dann hinab ins Raintal. Dort finden wir wahlweise in der Otto-Mayr-Hütte (1528 m) des Alpenvereins oder in der privaten Füssener Hütte (1535 m) Unterkunft.

Otto-Mayr-Hütte – Gimpelhaus Den wichtigen Durchschlupf im Nordabbruch der Tannheimer Hauptkette erkennen wir in der Nesselwängler Scharte, die aus dem Raintal mühselig über Steilhänge erklommen wird. Dafür muss jedoch zuerst ein Stück bis auf den Talboden abgestiegen werden, ehe 600 zum Glück meist schattige Aufstiegsmeter auf uns warten. An einigen felsigen

---

GIPFEL AM WEG

Große Schlicke (2059 m): 1 Std. vom Abzweig unterm Raintalerjoch
Rote Flüh (2108 m): 1 ½ Std. vom Gimpelhaus; auf einer Variante direkt zu überschreiten
Schneid (2009 m): Variante zwischen Sabach- und Gehrenjoch
Gehrenspitze (2163 m): 1 Std. vom Gehrenjoch (leichte Kletterei)

Passagen sind Sicherungen installiert. Jenseits der Nesselwängler Scharte (2007 m) zuerst durch eine mit Blockwerk gespickte Felsengasse, danach rechts haltend über die zunehmend begrünten Hänge hinab und entweder zum großen, privaten Gimpelhaus (1659 m) oder zur unweit gelegenen schnuckeligen Tannheimer Hütte (1713 m), die der Alpenverein unterhält.

Variante: Eine interessante, allerdings etwas anspruchsvollere Alternative ist die Überschreitung der Roten Flüh (etwa ½ Std. länger). Dazu steigt man durch den hintersten Winkel des Raintals zur Gelben Scharte auf, die rechts von der Südkante des Schartschrofens mit dem ausgesetzten Friedberger Klettersteig begrenzt wird. Linker Hand geht es über schrofiges Terrain und kurze, gesicherte Felsstufen zum Gipfel der Roten Flüh (2108 m) empor. Die ebenfalls nicht ganz leichte Abstiegsroute leitet über die Judenscharte Richtung Gimpelhaus hinab.

Gimpelhaus – Wängle An der Tannheimer Hütte vorbei werden zunächst im Auf und Ab die stark gegliederten Flanken im Bereich der Baumgrenze gequert. Der dritte Geländeeinschnitt leitet als grasige Hangmulde schließlich zum Sabachjoch (1860 m) hinauf. Nun zwei Möglichkeiten: Entweder quer durch den Nordhang hinüber ins Gehrenjoch (1858 m) oder schöner, aber ausgesetzter auf schmalem Pfad über die Schneid (2009 m), die ihrem Namen alle Ehre macht (½ Std. Mehraufwand). Bei Nässe sollte man das Steilgras des Gipfels jedoch meiden. Am Gehrenjoch könnte noch ein Abstecher zur Gehrenspitze (2163 m) eingeschaltet werden, ehe es ostseitig via Gehrenalp durch überwiegend bewaldetes Gelände nach Wängle hinabgeht.

Varianten: Von der Nesselwängler Scharte kommend ließe sich unter den Wänden der Köllenspitze entlang direkt ins Sabachjoch hinüberqueren. Und anstatt über Sabach- und Gehrenjoch nach Wängle abzusteigen, kann man auch unterhalb der Schneid nach Südosten queren, um via Hochjoch, Ditzl und Tiefjoch die Bergstation (1733 m) am Hahnenkamm zu erreichen; etwa 3 Stunden vom Gimpelhaus. Schließlich per Seilbahn nach Höfen und mit dem Bus nach Reutte.

Unterwegs auf der Südostseite des Gimpels

8 VON FÜSSEN NACH OBERAMMERGAU
Durch die nördlichen Ammergauer Alpen

mittel   3–4 Tage   2200 Hm   ÖVM

AUSGANGSPUNKT
Talstation der Tegelbergbahn (821 m), 2 km südöstlich von Schwangau; Busverbindung von Füssen

ENDPUNKT
Oberammergau (837 m); Bahnendhaltepunkt sowie Busverbindungen nach Füssen, Garmisch-Partenkirchen und Schongau

HÜTTEN
Tegelberghaus (1707 m), privat, fast ganzjährig, Tel. 08362/89 80
Kenzenhütte (1285 m), privat, Pfingsten bis Mitte Oktober, Tel. 08368/390
Brunnenkopfhäuser (1602 m), DAV, Pfingsten bis Mitte Oktober, Tel. 0175/654 01 55
August-Schuster-Haus (1564 m), DAV, fast ganzjährig, Tel. 08822/35 67

GEHZEITEN
Tegelberg – Kenzenhütte 5 1/2 Std. – Brunnenkopfhäuser 4 1/2 Std. – August-Schuster-Haus 4 Std. – Oberammergau 3 1/2 Std.

ANFORDERUNGEN
Nur teilweise gut ausgebaute Wanderwege, dagegen oft schmale Pfade in Gras und Schrofen. Der Routenverlauf weist zudem immer wieder Steilpassagen auf, mitunter muss auch etwas geklettert werden (I. Grad, z. T. Sicherungen). Die Überschreitungen von Krähe/Hochplatte sowie Hennenkopf/Teufelstättkopf lassen sich notfalls auf leichteren Routen umgehen, nicht jedoch der ausgesetzte Klammspitzgrat. Trittsicherheit und Schwindelfreiheit unerlässlich, große Vorsicht bei Nässe! Konditionell im üblichen Rahmen.

KARTE
Bayerisches Landesvermessungsamt, 1:50 000, Blatt UK L31 »Werdenfelser Land«

Zwischen dem Lechdurchbruch bei Füssen und dem Talbecken von Oberammergau werfen die Ammergauer Alpen einen ersten Vorgebirgsriegel auf, der im Gegensatz zu den etwas höheren Bergen im südlichen Teil des Ammergebirges bestens mit Hütten erschlossen ist und zudem vom Maximiliansweg und vom E4 durchzogen wird. Um das Unternehmen so spannend wie möglich zu gestalten, weichen wir an einigen Stellen jedoch von diesen Hauptrouten ab und überschreiten stattdessen den einen oder anderen Gipfel auf recht pfiffigen Steigen. Der grobe Verlauf gliedert sich von West nach Ost in die Tegelberg- und Hochplattengruppe, welche am Bäckenalmsattel in den Klammspitzkamm, einen auffallend schmalen Gipfelzug, übergeht. Letzterer endet erst am Kofel, dem Wahrzeichen von Oberammergau. Trotz der voralpinen Gipfelhöhen (die Zweitausenderlinie wird nur im Bereich der Hochplatte knapp überboten) ist diese Durchquerung in ihrem Anspruch keinesfalls zu unterschätzen, denn so manche ausgesetzte Passage verlangt den absolut trittsicheren Geher. Noch ein Tipp: Am schönsten ist die Tour im Frühsommer und vor allem im Oktober, kurz bevor die Hütten schließen.

Die Klammspitze über dem Wintertal

Tegelberg – Kenzenhütte Mit der Tegelbergbahn werden die ersten knapp 900 Hm problemlos überbrückt. Von der Bergstation (1707 m) im Auf und Ab durch die Südflanken des Branderschrofen und der Ahornspitze bis in den Ahornsattel (1661 m). Dort Wechsel auf die andere Seite, nach Übersteigen einer kleinen Rippe quer durch eine Wiesenmulde und weiter in den Niederstraußbergsattel. Mit einer Kehre am Niederen Straußberg empor, dann quer durch die Flanke bis in den Schwangauer Kessel, aus dem etliche Kehren in den Gabelschrofensattel hinaufleiten. Die direkte Route ins Kenzengebiet führt nun jenseits hinab (siehe Variante). Wir folgen hingegen rechts dem Grat auf die Krähe (2010 m), die nordseitig senkrecht abbricht. Die Überschreitung führt an einem lustigen Felsenfenster (»Fensterl«, 1916 m) vorbei, wo sich ebenfalls eine Abstiegsmöglichkeit zur Kenzenhütte ergibt, doch steht mit der Hochplatte (2082 m) ja noch das Highlight des Tages bevor. Dem Westgrat folgend teilweise exponiert und mit Händeeinsatz hinauf zum Westgipfel, der den Ostgipfel um drei Meter überragt. Der Weiterweg leitet über den Ostgrat, der später in breitere Karrenfelder übergeht, wie man sie eher aus den Gebirgen zwischen Berchtesgaden und dem Salzkammergut kennt. Um die Kuppe des Schlössel herum und über Mattenböden Richtung Nordosten. Aus der Mulde zwischen Vorderscheinberg und Lösertalkopf schließlich links hinab und an einer Hirtenhütte vorbei zur Kenzenhütte (1285 m).

Überschreitung der Hochplatte

Rückblick zur Hochplattengruppe beim Aufstieg vom Bäckenalmsattel zur Hirschwang

Wie ein urzeitliches Riff ragt der Klammspitzgrat aus dem Nebelmeer.

Variante: Wer sich die Überschreitung von Krähe und Hochplatte nicht zutraut, steigt vom Gabelschrofensattel nordostwärts ins Gumpenkar ab, überquert die latschenbestandenen Böden nach rechts und gewinnt in kurzem Gegenanstieg den Kenzensattel (1650 m) am Fuß der Hochplatte-Nordwand. Schließlich durch eine Karmulde und entlang einer Wasserfallstufe bergab zur Kenzenhütte. Ab Tegelberg insgesamt nur 4 Stunden.

Kenzenhütte – Brunnenkopfhäuser Erstes Zwischenziel ist heute der Bäckenalmsattel (1536 m), der von der Kenzenhütte durch eine Hangmulde erreicht wird. Von dort in Kehren über den Steilhang zur Linken auf das weitläufige Wiesenplateau der Hirschwang, wo gleich vorn ein uriges Jagdhüttchen steht. Nun im Schräganstieg über die Matten empor bis auf den Rücken, der zum Feigenkopf (1867 m) leitet. Der grasbewachsene Grat zieht sich ein Stück fast horizontal dahin, ehe er steil in die Einschartung vor dem Aufschwung zur Klammspitze abfällt. Das nun folgende ausgesetzte Stück ist der eigentliche Klammspitzgrat, über den sich der schmale Pfad, meist etwas in die südliche Flanke ausweichend, hinaufwindet. Zum Schluss wieder leichter bis auf den Gipfel der Großen Klammspitze (1924 m), dem Höhepunkt dieser Etappe. Auch der Abstieg über den ostseitigen Normalweg besitzt noch einige Tücken, in den obersten Schrofenpartien etwa, vor allem aber beim Bergab von einer Schulter ins so genannte Wintertal, eine abschüssige Karmulde mit mürbem Untergrund und manchmal auch lästigen Schneefeldern. Unten im Bogen am Sockel der Felsen entlang und in leichtem Gegenanstieg Richtung Brunnenkopfhäuser (1602 m).

Brunnenkopfhäuser – August-Schuster-Haus Der Hauptweg verbindet diese beiden Stützpunkte in nur 2 Stunden miteinander, kann aber – zumal häufig im Wald verlaufend – mit der hier beschriebenen Kammroute nicht mithalten. Drei Gipfel liegen am Weg und lohnen allemal den doppelten Zeitaufwand. Zunächst folgen wir dem breiten Hüttenweg abwärts, zweigen dann auf den Steig in Richtung Pürschling ab und verlassen diesen nach einigem Auf und Ab durch teils bewaldete Hänge auf einer Freifläche, wo der Hennenkopf ausgeschildert ist. Im Zickzack über den Grashang auf den Grat, über eine unbedeutende Erhebung hinweg und durch eine Art steinige Mulde auf den Hennenkopf (1768 m). Diesen nun entweder überschreiten (etwas unübersichtlich) oder besser ein Stück zurück und dann unterhalb hindurchqueren. Wir verbleiben in der Folge im Bereich des nordseitig sanft abfallenden Kammrückens, der von Matten und Latscheninseln überzogen ist. Nach einer Senke wieder leicht aufwärts und mit einem kurzen Abstecher längs der südlichen Abbruchkante aufs Laubeneck (1758 m). Danach wieder zurück auf den markierten Pfad und über eine Steilstufe abwärts auf ein abschüssiges Band, das unterhalb der senkrechten Ostwand des Laubenecks entlangführt.

Der Hennenkopf

Ein erneuter Gegenanstieg bringt uns auf die Schulter am Teufelstättkopf (1758 m), wo sich der dritte kurze Abstecher anbietet. Zuletzt im Bogen hinab zum August-Schuster-Haus (1564 m), das auch als Pürschlinghaus bekannt ist.

Variante: Die direkte Verbindung verläuft stets auf der Südseite des Kammes in Querung steiler Wald- und Wiesenflanken; ca. 2 Stunden von Hütte zu Hütte.

August-Schuster-Haus – Oberammergau

Auch im letzten Abschnitt können wir uns mit der Überschreitung des Sonnenberggrates ein besonderes Schmankerl gönnen, das allemal unterhaltsamer ist als der eintönige Normalabstieg über breite Ziehwege Richtung Oberammergau. Schon wenige Minuten unterhalb der Hütte zweigen wir deshalb nach rechts ab. In der Folge muss ein Quergang über ein luftiges, südseitiges Band bewältigt werden, ehe der Steig an einer Scharte wieder auf die Nordseite überwechselt. Die Traverse führt im Auf und Ab stets weiter nach Osten, wobei an einigen Schrofenstellen Drahtseilsicherungen vorkommen. Zwischendrin kann durch eine erdige Rinne in wenigen Minuten zur Sonnenspitze (1622 m) angestiegen werden, eine kleine Zusatzmühe nur, die jedoch mit einer großartigen Aussicht über das Graswangtal belohnt wird. Anschließend weiter bis zu einem Wiesenhang, dort abwärts in den Wald, wo man bald auf den Königssteig trifft. Auf ihm praktisch horizontal, aber ohne Aussicht bis zum Kofelsattel (1215 m). Ein würdiger Abschluss mit ganz besonders packendem Tiefblick auf den Passionsspielort Oberammergau wäre jetzt noch der Kofel (1342 m), der über einen gesicherten Steig erreicht werden kann. Vom Kofelsattel leiten schließlich zahlreiche Kehren hinab zum südlichen Ende des Grottenweges; von dort nordwärts ins Zentrum von Oberammergau.

GIPFEL AM WEG

Ahornspitze (1784 m): 15 Min. Abstecher bei der 1. Etappe
Brunnenkopf (1718 m): 20 Min. von den Brunnenkopfhäusern
Hennenkopf (1768 m), Laubeneck (1758 m), Teufelstättkopf (1758 m): allesamt kurze Abstecher bei der 3. Etappe
Kofel (1342 m): 30 Min. vom Kofelsattel

9 RUNDTOUR DURCHS WETTERSTEIN
Im Banne von Zugspitze und Co.

mittel/schwierig | 6 Tage | 4800 Hm | ÖVM

Das Wetterstein ist ein Gebirge mächtiger Fels- und Schrofenmauern, langer Gratzüge mit vielen schwer zugänglichen Gipfeln sowie tief eingekerbter Hochtäler als Trennfurchen dazwischen. Sie schaffen insgesamt eine der wildesten Szenerien, die es im nördlichen Alpenraum zu bestaunen gibt. Aufgrund des schroffen Reliefs sind die Verbindungsmöglichkeiten zwischen den einzelnen Stützpunkten nicht immer optimal; regelrechte Flankensteige, wie sie in vielen anderen Gruppen als typisches Höhenwegmuster vorkommen, bilden eher die Ausnahme. Eigentlich fällt nur der Südsteig in diese Kategorie. Nichtsdestotrotz lassen sich Durchquerungen konzipieren, die je nach Können der Begeher variierbar sind. Die hier skizzierte große Wetterstein-Runde bewegt sich in manchen Bereichen sicherlich am oberen Bergwanderniveau, geht aber noch nicht unbedingt darüber hinaus. Anders wäre dies zum Beispiel beim Höllentalaufstieg zur Zugspitze, der aus diesem Grund bewusst ausgespart wird. Klettersteige der leichteren Sorte an der Riffelscharte sowie oberhalb der Wiener-Neustädter-Hütte, dazu ein knackiger Anstieg zum Söllerpass – das sind die Schlüsselpassagen, die sich jeder geübte Bergwanderer zutrauen darf. Damit kommt man in den Genuss einer wirklich bestechend schönen Rundtour, auf der man das Wettersteingebirge von allen Seiten kennenlernt, sei es in seinen grandiosen Talschlüssen, auf den öden Platts, in den stillen Winkeln auf der Tiroler Sonnenseite oder hohen Scharten wie dem Dreitorspitzgatterl. Für Spannung und Abwechslung ist jedenfalls reichlich gesorgt.

AUSGANGSPUNKT
Talstation der Kreuzeck- und Alpspitzbahn (750 m) südwestlich von Garmisch-Partenkirchen; Bahn- und Bushaltestelle

ENDPUNKT
Siehe Ausgangspunkt

HÜTTEN
Höllentalangerhütte (1381 m), DAV, Ende Mai bis Anfang Oktober, Tel. 08821/8811
Wiener-Neustädter-Hütte (2213 m), ÖTK, Anfang Juli bis Ende September, Tel. 0676/477 09 25
Knorrhütte (2051 m), DAV, Anfang Juni bis Anfang Oktober, Tel. 08821/2905
Wangalm (1751 m), privat, Ende Mai bis Mitte Oktober, Tel. 0664/73 86 31 64
Wettersteinhütte (1717 m), privat, Mitte Mai bis Mitte Oktober, Tel. 0650/415 37 47
Meilerhütte (2366 m), DAV, Mitte Juni bis Anfang Oktober, Tel 0171/522 78 97
Schachenhaus (1866 m), privat, Pfingsten bis Mitte Oktober, Tel. 0172/876 88 68

GEHZEITEN
Kreuzeck – Höllentalangerhütte 2 Std. – Wiener-Neustädter-Hütte 6 Std. – Knorrhütte 4 Std. – Wettersteinhütte 5 ½ Std. – Meilerhütte 5 Std. – Kreuzeck 5 ½ Std.

ANFORDERUNGEN
Wechsel zwischen leichteren Wanderwegen und steileren Schrofenrouten, ein paar Mal auch mit Klettersteigcharakter. Grundlegende Bergerfahrung mit absoluter Trittsicherheit notwendig; besonders auf dem Zugspitzplatt und dem Leutascher Platt Orientierungsgabe bei schlechter Sicht. Bei Tagesetappen bis zu 6 Std. Ausdauer erforderlich; einige Anstiege, speziell jener zum Söllerpass, sind ziemlich mühsam.

KARTE
Alpenvereinskarte, 1:25 000, Blätter 4/2 und 4/3 »Wetterstein- und Mieminger Gebirge Mitte bzw. Ost«

Beim Anstieg zum Söllerpass schweift der Blick übers Karwendel.

Kreuzeck – Höllentalangerhütte Für die Auftaktetappe stehen gleich mehrere Möglichkeiten zur Verfügung. Falls wir mit der Seilbahn zum Kreuzeck (1650 m) hinauffahren, beginnt die Tour auf breiter Promenade leicht abwärts zu einem Geländesattel, in dessen Bereich sich diverse Wege verzweigen. Wir halten uns zweimal halbrechts und wandern um einen Hang herum allmählich ins Hupfleitenjoch (1754 m) hinauf. Der kurze Abstecher auf die vorspringende Latschenkuppe des Schwarzen Kopfes (1818 m) kostet nur wenige Minuten. Auf der Seite des Höllentals führt ein gut ausgebauter Steig in Serpentinen tiefer, an den Knappenhäusern vorbei und über eine Bachrunse in den Talgrund zur Höllentalangerhütte (1381 m).

Varianten: Eine mögliche Alternative ist der Weg über das Höllentor (Rinderwegscharte, 2090 m), in das man nach kurzem Aufstieg von der Bergstation Osterfelder der Alpspitzbahn gelangt. Jenseits geht es nur noch bergab bis zur Höllentalangerhütte. Schließlich lässt sich die Hütte natürlich auch aus dem Tal, und zwar von Hammersbach (758 m) aus, durch die eindrucksvolle Höllentalklamm erreichen. Alle Routen können mit rund 2 Std. veranschlagt werden. Dagegen ist die Tour über die Alpspitze (2628 m) mit Abstieg durchs Matheisenkar bei weitem länger und anspruchsvoller!

Höllentalangerhütte–Wiener-Neustädter-Hütte Das Höllental zwischen Waxensteinkamm und Alpspitzmassiv, zudem mit der Zugspitze als Blickfang im Hintergrund, sucht, was die landschaftliche Schönheit, angeht, wirklich seinesgleichen. Hier ist man allseits von steil aufragenden Felsmassen umgeben und wähnt sich in einer abgeschiedenen Welt. Wir wandern am Morgen über den flachen Höllentalanger in den Talschluss hinein, wo sich vor uns eine Felsbarriere aufbaut. Alle Zugspitzanwärter müssen diese auf einer gesicherten Steiganlage via »Leiter« und »Brett« überwinden, um ins oberhalb gelegene Höllentalkar zu gelangen, während wir rechts abzweigend ins Riffelkar aufsteigen (einige Drahtseile). In dem gewundenen Hochkar ohne Schwierigkeiten empor bis auf die Riffelscharte (2163 m) mit großartiger Kanzel hoch über dem waldumsäumten Eibsee. Südwärts eindrehend leiten wir den Abstieg ein, der sich nun über eine längere, per Seillauf gesicherte Abwärtstraverse entlang abschüssigen Felsbändern vollzieht. Unterhalb gelangt man auf die Schuttreißen, denen man über teils rutschige Spuren am Felssockel folgt. Später zwischen Latschen

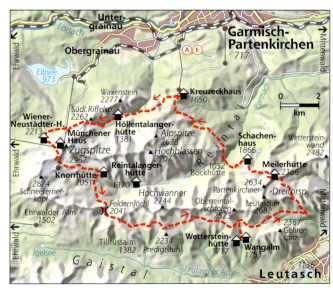

Die Auftaktetappe führt ins wildromantische Höllental.

hindurch zur Station Riffelriß (1639 m) der Bayerischen Zugspitzbahn. Der Abstieg setzt sich links haltend noch weiter bis zur Landesgrenze fort, erst danach wird wieder aufgestiegen. Bei allen Verzweigungen links, treten wir allmählich wieder aus der Wald- und Latschenzone in freies Schuttterrain hinaus und steigen über den steilen Schrofenriegel der Ehrwalder Köpfe hoch. Zuletzt gemeinsam mit dem Aufstieg von Ehrwald (Georg-Jäger-Steig) mittels einer nordseitigen Querung zur Wiener-Neustädter-Hütte (2213 m) im Österreichischen Schneekar.

Wiener-Neustädter-Hütte – Knorrhütte

Heute erreichen wir am Südwestgrat der Zugspitze die größte Höhe, und wohl niemand wird es versäumen, bei dieser Gelegenheit das Dach Deutschlands vollends zu erklimmen. Dass man dabei in einer »verkehrten Welt« landet, sollte indessen nicht überraschen. Zunächst steigen wir im Geröll des Österreichischen Schneekars bergauf, allmählich links haltend an den Fuß der steileren Felszonen. Auf dem folgenden Klettersteig sind einige für reine Wanderer ungewohnt knackige Hürden zu meistern – besonders originell die kaminartige Verschneidung mit anschließendem Felsloch, gemeinhin als »Stopselzieher« bezeichnet. Rund 500 Aufstiegsmeter müssen wir in dieser abschüssigen Felsflanke bewältigen, die auch wegen der losen Geröllauflage ständige Aufmerksamkeit erheischt. Gegen Ende legt sich das Gelände ein wenig zurück, doch wirklich lösen wird sich die Spannung erst am Ausstieg auf den Südwestgrat der Zugspitze, wo wir plötzlich über dem weiten Zugspitzplatt stehen. Der Gipfelkomplex ist jetzt noch eine halbe Stunde entfernt, eine leichte Gratkraxelei mit Drahtseilhilfe bis hinauf zur großen Terrasse inklusive Seilbahnstationen, Wetterwarte, Münchner Haus, Pommes- und Souvenir-

Die Wiener-Neustädter-Hütte auf der Westseite der Zugspitze

Garmischer Hausberg: die Alpspitze

buden – ein wahrer Schmelztiegel des Massentourismus. Wer zum »richtigen« Gipfel möchte, sprich zum goldenen Kreuz, muss sich zuerst einen Weg durchs Gewusel bahnen und anschließend noch eine Mini-Ferrata bewältigen. Über das Platt verabschieden wir uns schließlich von dem Rummel; ein steiler Bröselhang leitet vom Südwestgrat dort hinunter. Auch das wenig ansehnliche Skigebiet bleibt allmählich zurück, während die Route über die öden Geröllbuckel (bei Nebel genau auf die Markierung achten!) Richtung Osten bis zur Knorrhütte (2051 m) absinkt. Die tiefe Reintalfurche zwischen Blassen- und Wettersteinkamm, Letzterer mit der imposanten Hochwanner-Nordwand, bleibt unterhalb.

Knorrhütte – Wettersteinhütte Unser Weiterweg führt nämlich nicht ins Reintal hinab, sondern von der Knorrhütte über den Plattsteig in leichtem Auf und Ab südwärts zum Gatterl, wo erneut Tiroler Boden betreten wird. Ein Stück weiter, am Felderjöchl (2045 m), wenden wir uns links, um über einen Geländerücken und einen kleinen Sattel ins Wannigjöchl (2186 m) aufzusteigen. Jenseits durch eine Hangmulde zum urigen Steinernen Hüttl (1925 m) hinab, links davon den nahen Bachgraben überschreiten und im Gegenanstieg über die begrünte Rippe des Mitterjöchls hinweg ins Kotbachkar. Dieses

wird im Bogen ausgegangen bis in den Sattel nördlich des Predigtstuhls (2232 m), der als wunderbare Aussichtskanzel hoch über dem Gaistal und vis-à-vis der Mieminger Kette einen Besuch wert ist. Danach führt der Weg abwärts zur Rotmoosalm (1904 m), um zum Übersteig am Schönberg (Niderle) wieder die ursprüngliche Basishöhe des Südsteiges zu gewinnen. Trittsichere können auch den spärlichen Spuren quer durch die oberhalb gelegene Grube folgen und damit den Höhenverlust zum größten Teil vermeiden. In Grundrichtung Ost folgen wir dem Südsteig weiter, stets auf der Hangterrasse am Fuße des Wetterstein-Hauptkammes, der schroff und zerklüftet über unseren Köpfen aufragt, bis hinter dem Sattel am Plattach

> **GIPFEL AM WEG**
>
> **Schwarzer Kopf** (1818 m): 10 Min. vom Hupfleitenjoch
> **Südliche Riffelspitze** (2262 m): 20 Min. von der Riffelscharte
> **Zugspitze** (2962 m): 30 Min. vom Übersteig am Südwestgrat
> **Predigtstuhl** (2232 m): 25 Min. vom Südsteig
> **Gehrenspitze** (2367 m): 1 Std. vom Scharnitzjoch
> **Partenkirchner Dreitorspitze** (2633 m): 1 ½ Std. ab Meilerhütte (Klettersteig!)

Die Gehrenspitze über dem Puittal

Richtung Scharnitzjoch (2048 m), dem prächtigen Sattel am Fuße berühmter Kletterwände. Oberreintalschrofen, Scharnitzspitze, Schüsselkarspitze und Leutascher Dreitorspitze ziehen auch uns Wanderer optisch ungeheuer in Bann. In gleicher Weise können wir uns jedoch an der sanften Idylle des Puittals erfreuen, in das wir nun ein gutes Stück absteigen. Auf den Weideböden im unteren Teil heißt es achtgeben, um die Abzweigung zum Söllerpass nicht zu verpassen. Dies ist das schweißtreibendste Stück des Tages, vermutlich sogar der gesamten Tour. Anfangs durch Latschen sowie in einer Rinne aufwärts, ehe man nach links ausschert und die steilen Schrofenflanken bis zum Überstieg am Söllerpass (2259 m) überwinden muss. Hier und da wird die Unterstützung der Hände gebraucht, doch windet sich der kleine Pfad geschickt durch diese exponierte Flanke empor, sodass keine größeren Hindernisse auftauchen. Zuletzt in einem Quergang nach rechts und über die Geländekante auf das Leutascher Platt, wo sich plötzlich ein drastisches Kontrastbild bietet. Mit geringem Höhenverlust werden die kargen Böden und Karrenfelder in nordwestlicher Richtung überquert, stets die Meilerhütte am Dreitorspitzgatterl im Visier. Bei schlechter Sicht ist peinlich genau auf die Markierung zu achten. Zum Schluss in einigen Kehren über einen Steilhang zur Meilerhütte (2366 m) hinauf, deren Standort in der Scharte am Grenzkamm einzigartig ist.

Meilerhütte – Kreuzeck Auf sehr aussichtsreichem Weg steigen wir über die Wiese des Frauenalpls und einen etwas steileren Rücken in 1 Std. zum Schachen (1866 m) ab, wo man die botanischen Kostbarkeiten im Alpenpflanzengarten ebenso bewundern kann wie die prunkvolle Ausstattung des königlichen Jagdschlosses. Zudem steht hier eine Einkehrstation mit Übernachtungsmöglichkeit zur Verfügung, weshalb sich der Schachen als eines der beliebtesten Wanderziele im Wetterstein etabliert hat. Von diesem Punkt bieten sich prinzipiell mehrere Varianten für den Ausklang der Tour an. Auf dem vorgeschlagenen Weg zurück zum Kreuzeck steht erst einmal ein kräftiges Bergab auf dem Programm, natürlich nicht ohne vorher vom Pavillon aus den über-

(Telfer Leger) der Abstieg ins Scharnitztal erfolgt. Am unteren Rand dieser Karmulde befinden sich Wangalm (1751 m) und Wettersteinhütte (1717 m), die beide Übernachtungsgelegenheit bieten.

Wettersteinhütte – Meilerhütte Eine aufregende Etappe, geprägt durch den landschaftlichen Wandel aus einem lieblichen, begrünten Hochtal in den kargen Ernst des Leutascher Platts. Das Etappenziel steht an einem herausragenden Ort im Wetterstein! Zunächst geht es durchs Scharnitztal wieder bergauf, an der Wegverzweigung rechts

Die Knorrhütte mit Blick zum Hochwanner

wältigenden Blick ins Reintal genossen zu haben. Wie ein aufgeschlagenes Buch liegt die riesige Gebirgsfalte vor uns. Anschließend serpentinenreich ins Oberreintal hinab, dort rechts und nochmals über eine hohe, bewaldete Stufe in den Grund des Reintals. Während man rechts talauswärts nach Partenkirchen marschieren könnte, wenden wir uns links zur nahen Bockhütte (1052 m) und steigen von dort nordwärts am Bernadeinweg in steilem Waldgelände nochmals bergauf. Um den Ausläufer der Stuibenwand herum zieht sich der Weg quer durch den Einschnitt des Gassentals und weiter ohne größere Höhenunterschiede an der Bernadeinhütte vorbei Richtung Kreuzeck, wo sich der Kreis schließt.

Panoramablick vom Frauenalpl Richtung Hochblassen und Alpspitze

10 ÜBER VIER KARWENDELKETTEN
In großem Bogen von Mittenwald nach Seefeld

mittel/schwierig · 6 Tage · 5500 Hm · ÖVM

AUSGANGSPUNKT
Mittenwald (912 m), Talstation der Karwendelbahn, Bahnhof im Ort

ENDPUNKT
Seefeld (1180 m), Talstation der Härmelekopfbahn, Bahnhof im Ort

HÜTTEN
Hochlandhütte (1623 m), DAV, Ende Mai bis Mitte Oktober, Tel. 0174/989 78 63
Karwendelhaus (1771 m), DAV, Anfang Juni bis Mitte Oktober, Tel. 05213/56 23
Hallerangerhaus (1768 m), DAV, Anfang Juni bis Mitte Oktober, Tel. 0664/272 80 71
Hallerangeralm (1780 m), privat, Anfang Juni bis Mitte Oktober, Tel. 0664/105 59 55
Pfeishütte (1922 m), OeAV, Ende Mai bis Mitte Oktober, Tel. 0512/29 23 33
Berghotel Seegrube (1966 m), privat, fast ganzjährig, Tel. 0512/29 33 75
Solsteinhaus (1806 m), OeAV, Ende Mai bis Mitte Oktober, Tel. 05232/815 57
Nördlinger Hütte (2239 m), DAV, Anfang Juni bis Anfang Oktober, Tel. 0664/163 38 61

GEHZEITEN
Mittenwald/Karwendelbahn – Hochlandhütte 3 Std. – Karwendelhaus 5 ½ Std. – Hallerangerhaus 7 ½ Std. – Pfeishütte 3 ¼ Std. – Solsteinhaus 8 Std. – Nördlinger Hütte 4 ½ Std. – Seefeld/Härmelekopfbahn 1 Std.

ANFORDERUNGEN
Häufig sehr raue, mühsam zu begehende Wege bis in hochalpine Lagen, teils mit Drahtseilen gesichert. Auf manchen Abschnitten ist im Frühsommer mit gefährlichen Schneefeldern zu rechnen. Keine Anfängertour, solide Bergerfahrung mit ausgeprägter Trittsicherheit unbedingt notwendig. Aufgrund beachtlicher Höhendifferenzen und Etappenlängen bis zu 8 Std. auch ausgezeichnete Kondition erforderlich.

KARTE
Alpenvereinskarte, 1:25 000, Blätter 5/1 und 5/2 »Karwendelgebirge West bzw. Mitte«

Dass man im »urweltlichen Gebirg«, wie das Karwendel gern genannt wird, zünftig berggehen kann, ist kein Geheimnis. Denn das raue Gepräge besitzt seine ganz speziellen Reize, die freilich auch selektieren: den einen glücklich und den anderen schlicht und einfach mürbe machen. Lange Gratkämme mit begleitenden Karen voller Geröll beherrschen dieses kalkalpine Mustergebirge, die Brüchigkeit ist dem Fels förmlich anzusehen. Und wer als Bergwanderer hier den markierten Steigen folgt, braucht einen sicheren Tritt und einen langen Atem, meistens jedenfalls. Die berühmte Ausnahme von der Regel soll erst im nächsten Kapitel vorgestellt werden; in diesem geht es in der Tat um eine der zünftigen Touren. Vier parallel von West nach Ost gerichtete Ketten bilden den topografischen Grundaufbau des Karwendels und stellen damit eine erstaunliche »Ordnung« her. Auf unserem großen Bogen von Mittenwald nach Seefeld schließen wir mit jeder dieser Ketten Bekanntschaft und haben dabei so manchen Auf- und Abstieg zu bewältigen. Gjaidsteig, Schlauchkarsattel, Wilde-Bande-Steig, Goetheweg, Gipfelstürmerweg und Freiungen-Höhenweg – diese Namen geben im Telegrammstil einen Routenverlauf wieder, der allerlei packende Karwendel-Kontraste liefert. Die wilden Szenerien aus dem Gebirgsinnern sind das eine, die ungehinderten Panoramablicke vor allem von den inntalseitigen Höhenwegen das andere.

Passage am Goetheweg

Rast am Gjaidsteig, vis-à-vis der Soierngruppe

Mittenwald – Hochlandhütte Der interessanteste Zustieg zur Hochlandhütte vollzieht sich größtenteils im Bergab, denn er bedient sich zunächst einmal der Karwendelbahn. Von der Bergstation entweder an der Westlichen Karwendelspitze vorbei oder schneller durch einen künstlichen Tunnel ins Hintere Dammkar. In dem langen Geröllschlauch (oft Schneefelder) ein gutes Stück bergab, bis sich die Wege noch oberhalb der Dammkarhütte verzweigen. Die Hauptspur führt linker Hand weiter hinab, während wir uns in den Schuttreißen wieder aufwärts bewegen und am Predigtstuhl die ausgeprägte Nordwestschulter der Tiefkarspitze erreichen. Jenseits über steile Schrofen hinab zu einer Art Rinne, die etwas Kletterei erfordert. Man gelangt ins Mitterkar und an seinem Auslauf schließlich zur Hochlandhütte (1623 m).

Varianten: Über den kehrenreichen Dammkarhüttenweg lässt sich der schwierige Abschnitt am Predigtstuhl auch umgehen. Bevor man davon Gebrauch macht, ist aber wohl eher der normale Anstieg von Mittenwald zur Hochlandhütte anzuraten.

Hochlandhütte – Karwendelhaus Diese Verbindung heißt auch Gjaidsteig, und sie ist wesentlich ruppiger, als es der laut Karte relativ homogene Verlauf erwarten lässt. Erstes Zwischenziel ist der begrünte Wörnersattel (1989 m). Jenseits ins Wörnerkar hinab, wobei man sich sofort rechts an den oberen der beiden Steige hält, der scharf an den Fels-

flanken des Wörners entlang die Schuttreißen hinüber ins Kampenleitenjoch (1933 m) traversiert. Nach dieser Zweigrippe setzt sich der Weg in ähnlicher Weise fort, muss aber um einen Sporn herum einen deutlicheren Höhenverlust in Kauf nehmen. Während wir die Felswuchten unmittelbar über uns kaum recht erfassen können, steht im Norden breit gelagert die Soierngruppe mit ihrer auffällig gleichförmigen Schrofenabdachung im Blickfeld. Auf ca. 1600 m halten wir uns rechts und steigen über eine mit Sicherungen versehene, gebänderte Steilstufe in die begrünte Hochmulde des Bäralps auf. Am Bäralplsattel

Malerisch gelegen: das Hallerangerhaus

(1820 m) wird endgültig der Wechsel auf die Südseite der ersten Kette vollzogen, wo man noch eine lange Querung durch Latschengassen vor sich hat, die sowohl bei Nässe als auch bei kräftiger Sonneneinstrahlung recht unangenehm werden kann. Sie führt annähernd horizontal – allerdings über Stock und Stein – durch die Hänge bis zu den Weideböden der Hochalm, über denen am Fuße eines Geländesporns das Karwendelhaus (1771 m) als Etappenziel steht.

Karwendelhaus – Hallerangerhaus Dieser Übergang bringt uns zum höchsten Punkt der Tour, dem Schlauchkarsattel, wo man mit der Besteigung der nahen Birkkarspitze sogar noch eins draufsetzen kann. Aufstieg durchs Schlauchkar und Abstieg durchs Birkkar sind gleichermaßen beschwerlich wie karwendeltypisch, und als ob das noch nicht genügen würde, steht zum Schluss noch ein zwar leichter, aber anhänglicher Gegenanstieg bevor. Die erste Prüfung des Tages ist also das Schlauchkar, das nach oben hin immer mehr aufsteilt. Falls man dort auf hart gefrorenen Schnee trifft, kann es ohne Steigeisen sogar recht heikel werden. Allerdings wäre ausgeaperter, beweglicher Schutt noch mühsamer. Am Schlauchkarsattel (2639 m) angekommen, wird man erst einmal tief durchatmen, aber auch schon kritisch den Steilabstieg durchs Westliche Birkkar in Augenschein nehmen. Dieser setzt etwas weiter links an. Doch bevor wir uns dort ins Geröll »stürzen«, sollten wir den Abstecher auf den höchsten Karwendelthron nicht versäumen. Am Unterstandshüttchen vorbei gelangt man über ein paar gesicherte Schrofenstufen zum Gipfel der Birkkarspitze (2749 m). Anschließend zurück und südseitig ins Birkkar hinab. Zuoberst erheischen splittrige Schrofenpartien erhöhte Vorsicht (einige Drahtseile). Wer Zeit einsparen und seinen Schuhen eine besondere Malträtierung nicht ersparen will, kann es weiter unten im Geröll laufen lassen. Durch den Einschnitt des Birkkarbachs geht es links des Grabens schließlich noch weit hinab bis in den Grund des Hinterautales, wo man unweit der Kastenalm (1220 m) herauskommt. Endlich haben 1500 satte Abstiegsmeter ein Ende, allerdings noch nicht die ganze Etappe. Mit schönem Blick auf die Umrahmung des wilden Roßlochs wenden wir uns am Kasten südostwärts und steigen auf breitem Weg an der Lafatschalm vorbei zum Hallerangerhaus (1768 m) auf.

Hallerangerhaus – Pfeishütte Vom Halleranger südwärts unter den Schnittlwänden entlang und über die kurze Steilstufe des »Durchschlags« in eine sanfte Hochmulde, die zum Lafatscher Joch (2081 m) leitet. Gleich jenseits trifft man auf den quer verlaufenden Wilde-Bande-Steig und folgt ihm nach rechts über die in den Schrofenflanken und Steilkaren von Lafatscher, Bachofenspitzen & Co. eingelagerte Hangterrasse. Die Traverse leitet südwestwärts bis unter das Stempeljoch (2215 m) und gewinnt den Übergang schließlich im steilen Zickzack (Vorsicht bei Schnee!). Drüben in die weitläufige Mulde der Pfeis hinab, wo man bald bei der Pfeishütte (1922 m) ankommt.

Pfeishütte – Solsteinhaus Der erste Abschnitt dieses Tages ist der berühmte Goetheweg, die Höhenpromenade über den Dächern Innsbrucks, das sich aus der Vogelperspektive fast wie eine Spielzeuglandschaft ausnimmt. Aus der Pfeis steigen wir zunächst gegen die Arzler Scharte an, halten uns dann jedoch rechts und serpentinieren über einen Geröllhang in die enge Mandlscharte (2277 m) hinauf. Nach kurzem Abstieg folgt eine reizvolle Traverse auf Bändern, ehe nach dem so genannten »Zugspitzblick« über die Mühlkarscharte auf die Südseite gewechselt wird. Von nun an ist das Innsbrucker Stadtpanorama für längere Zeit Begleiter. Ab dem Gleierschjöchl führt der Goetheweg praktisch höhengleich weiter bis zur Bergstation Hafelekar

(2269 m) der Nordkettenbahn, während wir günstigerweise schräg links zur Seegrube (1906 m) absteigen. Hier bei der Mittelstation befindet sich ein Berghotel, in dem man übernachten kann, falls man die Tour zum Solsteinhaus erst am folgenden Tag fortsetzen möchte.

Von der Seegrube queren wir die Südflanken ohne größere Höhenunterschiede, bis die Route zum Frau-Hitt-Sattel abzweigt (der ulkige Name rührt von dem sagenumwobenen Felsgebilde her, welches die Scharte überragt). Dieser Übergang auf die Nordseite wird in anstrengendem Steilaufstieg erreicht, zuletzt in recht felsigem Terrain. Ab dem Frau-Hitt-Sattel (2217 m) trägt die Route die Bezeichnung Gipfelstürmerweg, wenngleich auf ihr kein Gipfel bezwungen wird. Im Gegenteil: Durch das nordseitige, von steilen Felswänden umschlossene Frau-Hitt-Kar verlieren wir erst einmal erheblich an Höhe, wobei in der Karmulde darauf zu achten ist, den links weiterführenden Steig zu erwischen. Auf etwa 1600 m kann endlich der Felssporn der Hippenspitze gequert werden (Vorsicht: Steig teilweise abgerutscht). Man gelangt in eine breite Schuttrinne, steigt im Zickzack wieder empor und danach durch eine begrünte Hangmulde nach rechts hinaus auf einen teilweise mit Latschen bestandenen Rücken. Auf den Freiflächen bieten sich schöne Rastplätze – verdientermaßen nach diesen beschwerlichen, aber auch sehr abwechslungsreichen Passagen. Schließlich müssen wir bis ins Große Kristental nochmals einiges an Höhe herschenken, bevor die letzte Stunde Gegenanstieg zum Erlsattel und zum Solsteinhaus (1806 m) hinaufleitet.

> **GIPFEL AM WEG**
>
> **Westliche Karwendelspitze** (2384 m): 20 Min. von der Bergstation der Karwendelbahn
> **Birkkarspitze** (2749 m): 20 Min. vom Schlauchkarsattel
> **Speckkarspitze** (2621 m): 1 ¾ Std. ab Lafatscher Joch
> **Kleine Stempeljochspitze** (2529 m): 1 Std. vom Stempeljoch
> **Erlspitze** (2404 m), Großer Solstein (2541 m): 1 ¾ Std. bzw. 2 ¼ Std. vom Solsteinhaus
> **Kuhlochspitze** (2297 m): 25 Min. vom Freiungen-Höhenweg

Solsteinhaus – Nördlinger Hütte Auch diese rassige, landschaftlich besonders eindrucksvolle Etappe besitzt einen eigenen Namen: Freiungen-Höhenweg. Neben der Fernschau über das Inntal bis zum Alpenhauptkamm, die wir mittlerweile ja schon häufiger genießen konnten, besticht hier vor allem die bizarre Architektur der brüchigen Hauptdolomitlandschaften, besonders im gratnahen Bereich an den Freiungtürmen. Als Erstes muss freilich das steile, bröselige Höllkar mit seinen tief eingerissenen Gräben in einer großen Schleife ausgegangen werden, ehe man auf einer begrünten Rippe

Am Goetheweg lässt sich ein einzigartiges Innsbrucker Stadtpanorama genießen.

63

Die Brandjochspitzen vom Frau-Hitt-Sattel gesehen

Die Erlalm mit der Erlspitze dahinter

zum Kreuzjöchl (2140 m) aufsteigen kann. Gleich jenseits wird bei einer Wegverzweigung der eigentliche, stellenweise gesicherte Freiungen-Höhenweg angezeigt. Der nächste kleine Gegenanstieg leitet in die Kuhlochscharte (2171 m). Mittels einer im Detail recht verwickelten Routenführung wird nun der Kamm der Freiungtürme überschritten, dabei die eigentliche Grathöhe nur ab und zu tangierend, denn die meiste Zeit bewegt man sich knapp unterhalb in der Südflanke. Insgesamt geht es eine Weile mehrheitlich bergauf, wobei jedoch auch immer wieder kurze Zwischenabstiege dabei sind. Praktisch alle paar Meter tun sich neue Perspektiven auf, eine typische Eigenart des zerschlissenen Hauptdolomits mit seinen zackenreichen Nahkulissen. Nach dem Westlichen Freiungturm folgt ein längeres Abwärtsstück ins Rauhkar, wo man nach einer Zwischenerhebung am Kamm bald den Ursprungsattel (2087 m) passiert und damit das Ende des offiziellen Freiungen-Höhenweges erreicht. Zum Schluss muss freilich noch ein Gegenanstieg zur hoch auf der Schulter der Reither Spitze gelegenen Nördlinger Hütte (2239 m) bewältigt werden.

Nördlinger Hütte – Seefeld Normalerweise braucht in der Nördlinger Hütte nicht mehr genächtigt zu werden, denn bis zur Bergstation am Härmelekopf (2034 m) ist es nur ein Katzensprung. Der Kuntnersteig führt durch die Flanke auf direktem Weg dorthin, schöner und nicht allzu viel länger ist allerdings die Überschreitung der Reither Spitze (2374 m), die das letzte große Schauerlebnis verspricht. Das weitere Bergab nach Seefeld übernehmen Luft- und Standseilbahn. Natürlich lässt sich auch zu Fuß absteigen, und zwar in gut zwei Stunden über die Reither Jochalm.

Zünftig geht es am Freiungen-Höhenweg zu.

11 DIE KARWENDEL-TRANSVERSALE
Von Scharnitz zum Achensee

Dauerbrenner, leicht

leicht — 3–4 Tage — 2200 Hm — ÖVM

AUSGANGSPUNKT
Scharnitz (964 m) im Isartal, Parkplatz am Eingang in die Karwendeltäler; Bahnverbindung München – Innsbruck

ENDPUNKT
Pertisau (952 m) am Achensee; Bus von Jenbach im Inntal

HÜTTEN
Larchetalm (1173 m), privat, Mitte Mai bis Ende Oktober, Tel. 0664/975 93 11
Karwendelhaus (1771 m), DAV, Anfang Juni bis Mitte Oktober, Tel. 05213/56 23
Falkenhütte (1848 m), DAV, Anfang Juni bis Mitte Oktober, Tel. 05245/245
Lamsenjochhütte (1953 m), DAV, Anfang Juni bis Mitte Oktober, Tel. 05244/620 63

GEHZEITEN
Scharnitz – Karwendelhaus 4 ½ Std. – Falkenhütte 2 ¾ Std. – Lamsenjochhütte 4 ½ Std. – Pertisau 3 ½ Std.

ANFORDERUNGEN
Die gesamte Tour verläuft auf leicht begehbaren Alm- und Bergwegen ohne ausgesetzte Passagen. Die Höhenunterschiede sind moderat, die Gehstrecke insgesamt ist aber durchaus beachtlich (lange Talabschnitte am Anfang und Ende). Abgesehen von etwas Ausdauer sind keine besonderen Fähigkeiten notwendig, die Tour eignet sich somit auch bestens für Gebirgsunerfahrene.

KARTE
Alpenvereinskarte, 1:25 000, Blätter 5/1, 5/2 und 5/3 »Karwendelgebirge West, Mitte und Ost«; Bayerisches Landesvermessungsamt, 1:50 000, Blatt UK L30 »Karwendelgebirge«

Von Scharnitz bis zum Achensee, einmal quer von West nach Ost durchs Karwendel, das ist ein echter Dauerbrenner unter den leichteren Hüttentrekkings. Dass man eine solch beeindruckende, in weiten Bereichen ausgesprochen raue Gebirgsgruppe frei von besonderen bergsteigerischen Hürden gleichsam erschwernislos durchqueren kann, würde man ohne Kenntnis der topografischen Gegebenheiten wohl kaum vermuten. Doch das Karwendel offenbart mitten hindurch eine Art Gasse, die über wenig anspruchsvolle Wiesensättel die drei Hütten auf der Nordseite der Hinterautal-Vomper-Kette – schlicht auch Karwendel-Hauptkamm genannt – in problemloser Weise verbindet. Da bummelt es sich vergnüglich auf fast parkähnlichen Wegen dahin, ohne dass die imposante Kulisse jedoch fehlen würde. Im Gegenteil: Die Nähe zum Karwendel-Hauptkamm sorgt ständig für packende Bilder, von denen die 800 Meter hohen Laliderer Wände oberhalb der Falkenhütte zweifellos ein Highlight darstellen. Im scharfen Kontrast zu den Respekt heischenden Felsfluchten steht der Liebreiz malerischer Talanger, wie er sich in den beiden Ahornböden mit ihren jahrhundertealten Baumbeständen geradezu beispielhaft manifestiert. So kommen hier all diejenigen auf ihre Kosten, denen die Berge nicht ein Ort körperlicher Hochleistungen sind, sondern die in erster Linie ihrem Alltagstrott für ein paar Tage entfliehen und ohne größere alpinistische Ambitionen die ursprüngliche Natur erleben wollen.

Die Falkenhütte steht unmittelbar vor den imposanten Laliderer Wänden.

Scharnitz – Karwendelhaus Die Auftaktetappe führt durch eines der typischsten Karwendeltäler, das sinnigerweise auch exakt so heißt. Es zieht sich von Scharnitz aus seine vier bis fünf Gehstunden lang, zur Linken stets flankiert von den hohen Schrofenflanken der Nördlichen Karwendelkette, zur Rechten von dem stärker in Hochkare gegliederten Hauptkamm um Pleisen-, Seekar- und Ödkarspitzen. Die landschaftlichen Reize des Karwendeltals mit seinem rauschenden Wildbach, den grünen Almböden und der wilden Felskulisse stehen außer Zweifel, dennoch kann einem der ewige Hatscher entlang dem Fahrweg doch etwas eintönig werden, weil der Höhengewinn hier eben lange auf sich warten lässt. Nur nicht verzagen, wenn die Biker locker an einem vorbeiziehen, sondern lieber die Augen auf die großen und kleinen Sehenswürdigkeiten lenken! Hinter den Parkplätzen in Scharnitz überschreiten wir die junge Isar und steigen zur Pürzlkapelle (1120 m) an. Weiter

Am Kleinen Ahornboden

ins Karwendeltal hinein, das man nun in seiner ganzen, beachtlichen Länge durchwandert. Kaum merklich ansteigend werden Larchetalm und Angeralm passiert, ehe es ganz zum Schluss deutlich steiler zum Karwendelhaus (1771 m) hinaufgeht.

Karwendelhaus – Falkenhütte Der nahe, wiesengrüne Hochalmsattel (1803 m) bildet den Übergang zum Kleinen Ahornboden, einem besonderen Kleinod des Karwendels. Dorthin steigen wir entweder durch die Geländekerbe des Unterfilztals oder etwas weiter, aber aussichtsreicher über den breiten Ziehweg rechts davon ab. Am idyllischen Kleinen Ahornboden mit seinen uralten, knorrigen Ahornbeständen vor den Felsfluchten der Kaltwasserkar- und Birkkarspitze erinnert ein Denkmal an Hermann von Barth, den großen Karwendelerschließer. Kurz darauf rechts über eine Brücke weiter (der Hauptweg führt ins Johannestal), quer über einen Schuttstrom und durch den Sauisswald allmählich wieder bergauf. Bald gelangt man in freies Gelände, wo der Weg im Angesicht imposanter Nordwände an der Ladizalm (1573 m) vorbei zur Falkenhütte (1848 m) hinaufzieht. Direkt unter dem Abbruch der Laliderer Wände, einem der großen Schaustücke des Karwendels, bleibt dem Wanderer nichts als ehrfürchtiges Staunen.

Frühsommerliche Impressionen beim Übergang in die Eng; im Hintergrund die Grubenkarspitze

Der Hochnissl-Gratzug oberhalb der Lamsenjochhütte

Falkenhütte – Lamsenjochhütte Ein eindrucksvolles Felsantlitz bieten auch Grubenkar- und Spritzkarspitze beim folgenden Übergang in die Eng, nur rücken sie im Vergleich zu den Laliderer Wänden wieder mehr auf Distanz. Nachdem wir vom Spielissjoch (1773 m) die Laliderer Reisen hinüber zum Hohljoch (1794 m) gequert haben, steigen wir auf dem unteren Weg über licht bewaldete Wiesenhänge zu den Engalmen (1227 m) am Großen Ahornboden ab, wo wir meist das quirlig lebhafte Intermezzo dieser Tour erdulden müssen. Ohne den frequentierten Alpengasthof zu berühren, drehen wir gleich vorn nach rechts ab und folgen dem Fahrweg hinauf zum Binsalm-Niederleger (1503 m), einer feinen Jausenstation. Die Fortsetzung hält sich bald wieder an einen Fußweg, der durch eine Hangmulde ohne Schwierigkeiten das Westliche Lamsenjoch (1940 m) erreicht. Eine Querung steiler Hänge führt schließlich zur Lamsenjochhütte (1953 m) hinüber, überragt vom gewaltigen Eckzahn der Lamsenspitze. Wer sich an diesem Objekt versuchen möchte, sollte in jedem Fall etwas Klettererfahrung mitbringen.

Lamsenjochhütte – Pertisau Für die letzte Etappe steht nur noch ein Bergab auf dem Programm, das sich jedoch im Falzthurntal vollkommen karwendeltypisch abermals in die Länge zieht. Von der Lamsenjochhütte nordwärts in vielen Kehren über Schuttfelder in den Gramaier Grund hinab. Am Gramai-Niederleger (1263 m) befindet sich das Ende der Mautstraße von Pertisau; zu bestimmten Zeiten verkehren hier auch Bergsteigerbusse Richtung Tegernsee (Bahnhof). Möchte man auf einen Transfer verzichten und das Falzthurntal zu Fuß entdecken, folgt man dem Wanderweg abseits der Straße, passiert die bewirtschaftete Falzthurnalm (1089 m) und wandert flach talauswärts bis nach Pertisau, wo man seine vielleicht ein wenig heiß gelaufenen Füße im sanften Wellenschlag des Achensees abkühlen kann.

GIPFEL AM WEG

Hochalmkreuz (2192 m): 1 ¼ Std. vom Karwendelhaus
Mahnkopf (2094 m): 1 Std. von der Falkenhütte
Hahnkamplspitze (2080 m): 30 Min. vom Westlichen Lamsenjoch

Spitzmauer und Brotfall im Toten Gebirge

Zwischen Kaisergebirge und Salzkammergut

12 RUNDTOUR DURCHS KAISERGEBIRGE
Am Zahmen und am Wilden Kaiser

mittel | 3–4 Tage | 2900 Hm | ÖVM

AUSGANGSPUNKT
Kufstein-Sparchen (496 m), Parkplatz am Eingang ins Kaisertal, 2 km vom Bahnhof Kufstein, Bushaltestelle

ENDPUNKT
Kufstein-Sparchen (496 m), Talstation der Sesselbahn zum Brentenjoch unweit des Ausgangspunktes

HÜTTEN
Vorderkaiserfeldenhütte (1388 m), DAV, fast ganzjährig, Tel. 05372/634 82
Stripsenjochhaus (1577 m), OeAV, Mitte Mai bis Mitte Oktober, Tel. 05372/625 79
Gruttenhütte (1620 m), DAV, Anfang Juni bis Mitte Oktober, Tel. 05358/22 42
Kaindlhütte (1293 m), privat, Anfang Mai bis Anfang November, Tel. (D)-0176/23 49 47 61

GEHZEITEN
Kufstein – Vorderkaiserfeldenhütte 2 ¾ Std. – Stripsenjochhaus 4 Std. – Gruttenhütte 4 Std. – Kaindlhütte 5 ½ Std. – Kufstein 1 Std.

ANFORDERUNGEN
Die beiden Höhenwege an den Südflanken des Zahmen und Wilden Kaisers sind vollkommen unschwierig und auch für weniger Geübte geeignet. Dazwischen liegt allerdings die ziemlich anspruchsvolle Etappe über das Ellmauer Tor, die am Eggersteig durch die Steinerne Rinne Klettersteigcharakter aufweist. Absolute Trittsicherheit unbedingt notwendig, was auch für die kurze Traverse durchs Wilde Gschloss (Jubiläumssteig) gilt. Ausdauermäßig liegen die Etappen im normalen Rahmen.

KARTE
Alpenvereinskarte, 1:25 000, Blatt 8 »Kaisergebirge«

Das Kaisergebirge teilt sich deutlich in zwei verschiedenartige Bereiche auf, als wolle es wie bei einer guten Theaterinszenierung die Kulissen dramaturgisch steigern: Im Norden steht der Zahme Kaiser als eine Art Vorwerk, südlich der großen Achse Kaisertal – Stripsenjoch – Kaiserbachtal hingegen das eigentliche Paradestück, der zacken- und türmegespickte Wilde Kaiser. Auf unserer Runde von Kufstein nach Kufstein durchlaufen wir beide Areale und gewinnen so Einblick in die unterschiedlichen Charaktere. Fast zwangsläufig beginnen wir den Streifzug am Zahmen Kaiser, dringen von dort zum Stripsenjoch, einstige Hochburg der Münchner Kletterschule, vor und sehen anschließend etwas beklommen den düsteren Mauern des Wilden Kaisers entgegen. Knackpunkt der Tour und Höhepunkt in jeder Hinsicht ist der Übergang vom Stripsenjoch über das Ellmauer Tor zur Gruttenhütte, mit dem Aufstieg durch die einzigartige Steinerne Rinne zwischen Fleischbank und Predigtstuhl. Auf der Südseite dann wieder pures, unbeschwertes Wandervergnügen über einen Balkonweg der Extraklasse, der eine Schau über die sanften Kitzbüheler Schieferberge bis zur firngesäumten Horizontlinie des Alpenhauptkammes verspricht.

Herbststimmung am Zahmen-Kaiser-Höhenweg

Kufstein – Vorderkaiserfeldenhütte Die Tour beginnt mit der legendären Sparchenstiege, dem steilen Treppenweg, der uns in die abgeschlossene Welt des Kaisertals entlässt. Immer wieder ist von einem der schönsten Hochtäler im nördlichen Alpenraum die Rede. Wir gehen am Veitenhof vorbei, zweigen aber noch vor dem Pfandlhof links ab und folgen dem Ziehweg hinauf zur Rietzalm (1161 m), von deren Freifläche sich eine wunderbare Aussicht auf den westlichen Teil des Wilden Kaisers bietet. Noch einige Kehren und die oberhalb gelegene Vorderkaiserfeldenhütte (1388 m) ist erreicht. Hier überzeugen auch die Blicke übers Inntal, das wir immerhin schon 900 Meter unter uns gelassen haben.

Vorderkaiserfeldenhütte – Stripsenjochhaus Der Höhenweg hinüber zum Stripsenjoch quert in leichtem Auf und Ab die Südflanke des Zahmen Kaisers und verläuft dabei auf halber Höhe vorwiegend durch lichten Wald und Krummholz, jedoch immer wieder mit schönen Ausblicken. Nach rund einer Stunde kreuzt man die Route Hinterbärenbad – Pyramidenspitze, kommt kurz darauf an der Kaiserquelle vorbei und umgeht den Felsausläufer der Hinteren Kesselschneid. Nun oberhalb der tiefen Runse des Bärentals entlang und etwas absteigend auf den weiten Wiesensattel der Hochalm (1403 m). Im letzten, besonders reizvollen Teil der Etappe warten noch zwei Gegensteigungen: Zunächst an der Kuppe des Ropanzen vorbei und nach dem Zwischenabstieg in den Feldalmsattel (1433 m) nochmals bergauf, um nach einer Geländekante die letzte Querung zum Stripsenjochhaus (1577 m) zu vollziehen, das vom mächtigen Totenkirchl scheinbar erdrückt wird. Jetzt sind wir im Herzen des Kaisergebirges angelangt, das wir am besten am nahe gelegenen Stripsenkopf (1807 m) auf uns wirken lassen können.

Variante: Noch vielseitigere Eindrücke vermittelt der Gang über das Hochplateau des Zahmen Kaisers via Petersköpfl, Einser- und Zwölferkogel, Vogelbad und Elferkogel bis zur Pyramidenspitze (1997 m). Von dort steigt man durch die steile Karmulde der Ochselweid zum Höhenweg ab, dessen erster Teil damit ausgelassen wird. Mehraufwand etwa 2 ½ Stunden.

Monumental: Fleischbank und Christaturm über dem Ellmauer Tor

Am Weg zur Gruttenhütte

Stripsenjochhaus – Gruttenhütte Rund ein halbes Dutzend markierter Übergänge gibt es in der schroffen Kette des Wilden Kaisers und erwartungsgemäß ist keiner davon leicht. Die berühmteste Route – und auch Kernstück unserer Tour – ist die Steinerne Rinne hinauf zum Ellmauer Tor, das sich von unten gesehen als überdimensionales »U« zeigt. Vom Stripsenjoch müssen wir erst einmal auf der Ostseite ein Stück absteigen. Beim so genannten Wildanger rechts auf dem Eggersteig weiter, der auf teilweise gesicherten Bändern um den Sporn der Fleischbank herumführt und so die Steinerne Rinne oberhalb ihrer ungangbaren Abbrüche erreicht. Im Zickzack mit Drahtseilunterstützung durch den steilen unteren Teil der breiten Schlucht hinauf, zur Linken die Felsen des Predigtstuhls, rechts die mauerglatten Wände von Fleischbank und Christaturm. Weiter oben auf geröllreichem Weg allmählich weniger steil bis in den Sattel des Ellmauer Tores (2006 m), wo sich erstmals der Blick nach Süden bis zu den Hohen Tauern öffnet. Viele nehmen hier den Gipfel der Hinteren Goinger Halt (2192 m) mit, der als leichtester im Wilden Kaiser gilt. Anschließend auf der Südseite durch das schuttgefüllte Kübelkar hinab und im unteren Teil an die rechtsseitigen Begrenzungsfelsen heran, wo der Jubiläumssteig ansetzt. Mit prächtigen Nahimpressionen aus einer wild zerklüfteten Hauptdolomitlandschaft führt dieser über ausgesetzte Bänder gut gesichert durchs so genannte Wilde Gschloss. Am Ende auf die freie Hangterrasse hinaus und in wenigen Schritten zur Gruttenhütte (1620 m), dem wichtigsten Stützpunkt auf der Kaiser-Südseite.

Gruttenhütte – Kaindlhütte Nachdem wir mit dem Jubiläumssteig schon das spektakulärste Teilstück des Wilden-Kaiser-Steiges genossen haben, steht heute fast dessen gesamter westlicher Abschnitt auf dem Programm. Zuerst wird ein großer Bogen um das Massiv des Treffauers geschlagen, das sich von der Hauptkette deutlich nach Süden vorschiebt. Dabei eine ganze Weile leicht abwärts, später mit ein wenig Auf und Ab durch gegliederte Flanken zur Kaiser-Hochalm (1417 m), die ein wahrhaft uriges Ambiente verströmt. Hier zweigt die Route zum Scheffauer ab (siehe

> **GIPFEL AM WEG**
>
> **Naunspitze** (1633 m): 40 Min. von der Vorderkaiserfeldenhütte
> **Stripsenkopf** (1807 m): 40 Min. vom Stripsenjochhaus
> **Hintere Goinger Halt** (2192 m): 35 Min. vom Ellmauer Tor

Variante). Nächstes Zwischenziel ist die Steiner-Hochalm (1257 m), bei der mehrere Wege eintreffen. Wir halten uns in westlicher Richtung weiterhin an den Wilden-Kaiser-Steig, der durch überwiegend bewaldete Flanken, unterbrochen durch einige Schutthalden, zur Walleralm hinüberleitet. Auf der großen Lichtung, knapp oberhalb des Almdorfs, scharf nach rechts und nochmals ein gutes Stück bergauf zum kreuzgeschmückten Hochegg (1470 m). Jenseits der Kuppe auf die Weideböden der Steinbergalm hinab, wo auch die Kaindlhütte (1293 m) steht.

Variante: Während unsere Normalroute dem Westeck des Wilden Kaisers großräumig ausweicht, können gute Bergsteiger ab Kaiser-Hochalm auch den sehr alpinen Weg über den Scheffauer (2111 m) wählen. Dafür muss im Bergauf die steile, südostseitige Schrofenflanke (Stellen I) durchstiegen werden, im Bergab der noch eine Spur schwierigere Widauersteig (Sicherungen). Mit einer Gesamtgehzeit von fast 6 Std. etwas zeitaufwändiger.

Kaindlhütte – Kufstein Diesen kurzen Schlussabschnitt wird man meist noch am gleichen Tag anhängen. Von der Kaindlhütte in einer knappen Stunde zum Brentenjoch (1204 m), wo man sich in den Sessellift setzen und gemütlich nach Kufstein-Sparchen hinabschweben kann.

Urig: die Kaiser-Hochalm am Fuß der Hackenköpfe

Höchster Gipfel im Wilden Kaiser ist die Ellmauer Halt.

13 IN DEN ÖSTLICHEN KITZBÜHELER ALPEN
Von Fieberbrunn nach Zell am See — *Pinzgauer Spaziergang*

leicht   4–6 Tage   2600 Hm   ÖVM

AUSGANGSPUNKT
Fieberbrunn (790 m), Bahnstation an der Strecke Kitzbühel – Saalfelden

ENDPUNKT
Zell am See, Talstation der Schmittenhöhenbahn (937 m) im Ortsteil Schmitten; Bahnverbindung von Zell über Saalfelden zurück nach Fieberbrunn

HÜTTEN
Wildseeloderhaus (1854 m), OeAV, Anfang Juni bis Ende September, Tel. 0664/325 45 83
Hochwildalmhütte (1557 m), privat, Anfang Juni bis Mitte Oktober, Tel. 0676/303 36 31
Bochumer Hütte (1430 m), DAV, ganzjährig, Tel. 0664/415 05 75
Bürglhütte (1699 m), privat, Anfang Juni bis Anfang Oktober, Tel. 0676/943 91 41
Pinzgauer Hütte (1700 m), TVN, Anfang Juni bis Ende Oktober, Tel. 06549/78 61

GEHZEITEN
Fieberbrunn/Lärchfilzkogel – Wildseeloderhaus 1 Std. – Hochwildalmhütte 3 Std. – Bochumer Hütte 2 ¾ Std. – Bürglhütte 4 ½ Std. – Pinzgauer Hütte 8 Std. – Schmittenhöhe/Zell am See ¾ Std.

ANFORDERUNGEN
In bergsteigerischer Hinsicht ist die ganze Tour als leicht einzustufen, da man sich durchwegs auf Steigen im Mattenbereich ohne felsige Passagen bewegt. Das Gelände ist jedoch teilweise verkrautet und bei Nässe naturgemäß recht unangenehm. Auf dem »Pinzgauer Spaziergang« muss Ausdauer bewiesen werden, denn dieser Abschnitt zieht sich gehörig in die Länge.

KARTE
Alpenvereinskarte, 1:50 000, Blatt 34/2 »Kitzbüheler Alpen – Ost«

Von Innsbruck ostwärts schiebt sich zwischen die schroffen Gebirgszüge der Nördlichen Kalkalpen und dem von Kristallingestein und Eis geprägten Zentralalpenkamm eine Zone weicherer Schiefer – ein überwiegend sanftes, mattenreiches Landschaftsbild. Als größte Gebirgsgruppe in diesem Bereich erstrecken sich die Kitzbüheler Alpen vom Ziller- und Unterinntal bis zum Salzburger Pinzgau. Da das Gebiet mit Berghütten eher spärlich bestückt und zudem noch stark zertalt ist, kommt eine Gesamtdurchquerung auf typischen Höhenwegen von vornherein nicht in Frage. Östlich von Kitzbühel gibt es allerdings eine interessante Verbindung vom Wildseeloderhaus bis zur Bürglhütte, wo sich mit dem »Pinzgauer Spaziergang« ein Panoramaweg der Extraklasse anschließt. Mit ständigem Blick auf die firngleißenden Hohen Tauern verläuft er über mehr als 20 Kilometer quer durch die Sonnenflanken des oberen Salzachtals. Überhaupt bestimmt freies Almgelände die gesamte Tour von Fieberbrunn bis zur Schmittenhöhe oberhalb Zell am See, was ja einer bestimmten Wandermotivation durchaus entgegenkommt. Mit kniffligen Passagen wird man hier jedenfalls nirgends konfrontiert.

Der erste Tag steht im Zeichen des Wildseeloders.

Fieberbrunn – Wildseeloderhaus Der Anstieg zum Wildseeloderhaus lässt sich mit der Seilbahn auf ein Minimum verkürzen. Die zwei Sektionen bringen uns über die Mittelstation Streuböden (1204 m) bis auf den Lärchfilzkogel (1654 m). Kurz abwärts in die Mulde der Wildalm (1579 m), von wo der Weg in Kehren über einen etwas steileren Hang zum herrlich gelegenen Wildseeloderhaus (1854 m) ansteigt. Während die Blicke nach Norden frei und ungehindert schweifen können, etwa auf die Kalkstöcke der Loferer und Leoganger Steinberge, befindet sich in der rückseitigen Karmulde der Wildsee, einer der malerischsten Flecken in den ganzen Kitzbüheler Alpen.

Variante: Wem das Programm für den ersten Tag nicht ausreicht, der kann auch aus dem Tal starten. Von Fieberbrunn auf dem Lauchseeweg (Fahrweg) oberhalb des Pletzergrabens einwärts, dann auf einem Steig weiter zu den Streuböden. Über einen breiten Ziehweg in Seilbahnnähe erreicht man den Geländesattel knapp südlich des Lärchfilzkogels und steigt wie beschrieben zur Hütte an (3 ½ Std.). Von dort lohnen sich kurze Gipfeltouren auf Henne (2078 m) und Wildseeloder (2118 m).

Wildseeloderhaus – Hochwildalmhütte
Auf dem Fieberbrunner Höhenweg am Wildsee vorbei und über die Geländeschwelle der Seenieder rechts haltend zum nächsten Sattel, der Jufenhöhe (1890 m). In der Folge südwärts durch die Westflanke des Hohen Mahdstein und über den wenig ausgeprägten Buckel des Niederen Mahdstein (1899 m) hinweg in die Einsattelung vor dem Bischof, eine der wenigen markanteren Gipfelbildungen in diesem Gebiet. Noch etwas absteigend wird die nordseitige Mulde durchquert, um anschließend im Bogen nach rechts über eine Kammschulter hinweg zum Bischofsjoch (1908 m) anzusteigen. Dahinter über typisch weitläufige Hänge zur Hochwildalmhütte (1557 m) hinab.

Hochwildalmhütte – Bochumer Hütte
Dieser Übergang kann bei entsprechender Kondition am gleichen Tag angehängt werden. Anfangs kurz zu einem Bachgraben hinab und auf breitem, holprigem Güterweg schräg gegen das Henlabjoch ansteigen. Auf den Hängen der Sonnenfelderalm folgt man einer Abzweigung nach rechts, quert im Bogen ein paar kleinere Runsen und gelangt nach einem kurzen Abstieg zur Staffalm (1589 m). Nun muss in einer weit ausholenden Schleife der ganze Kessel unter dem Saalkogel ausgegangen werden (teils etwas überwucherter Weg, oft auch vom Vieh zertreten). Dabei gewinnt man zuerst nur langsam an Höhe, ehe man schließlich über einen Steilhang nach links zur Kammhöhe aufsteigt. Auf der anderen Seite erreicht man im Abstieg nach links einen Almfahrweg, dem man Richtung Norden folgt. Das letzte Stück auf Steig zur Bochumer Hütte (1430 m), einem traditionsreichen Bau aus der Zeit des Kupferbergbaus, der früher auch als Kelchalm-Berghaus bezeichnet wurde.

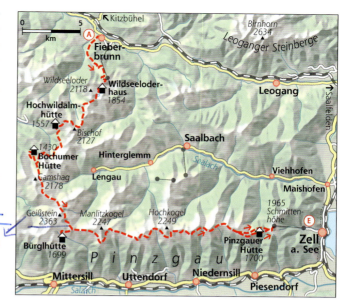

Wolkenstimmung über den Kitzbüheler Alpen; vorn der Weg zur Seenieder

Der Geißstein ist einer der markanteren Gipfel in den sanften Kitzbüheler Alpen.

Bochumer Hütte – Bürglhütte Ein gutes Stück auf der Route vom Vortag zurück, dann aber geradeaus weiter zur Oberkaseralm, wo sich ein schmaler Steig hinauf ins markante Tor (1933 m) zwischen Gamshag und Tristkogel anschließt. Hier verabschieden wir uns von dem Blick über das Kitzbüheler Tal hinaus zum Wilden Kaiser, es sei denn man entscheidet sich noch für einen zusätzlichen Gipfelabstecher, z. B. auf den Tristkogel (2095 m). Vom Tor entweder direkt an der Toralm vorbei oder mit dem kleinen Umweg via Torsee hinüber zum Hochtor (1999 m), wo wir erstmals so richtig vom Geißstein in Bann gezogen werden. Vom großen Wegekreuz begeben wir uns nun in Grundrichtung Südost über einen breiten Geländerücken bis in die Einsattelung P. 1985, die einem Wegweiser vor Ort zufolge als Schusterscharte bezeichnet wird. Rechts haltend quer durch die Hänge zur – diesmal laut Karte – Schusterscharte (2048 m), direkt unter dem düste-

Unterwegs in den weiten Mattenlandschaften am Pinzgauer Sonnenberg

ren Nordabsturz des Geißstein (2363 m). Wer den schönen Gipfel mit einbeziehen möchte, muss sich nach einer Traverse am Fuß des Ostsporns rechts steil aufwärts wenden, um auf den unschwierigen Südrücken und über diesen zum Gipfel zu gelangen. Der Abstieg kann später direkt zur Bürglhütte erfolgen (insgesamt 1 Std. länger, Trittsicherheit erforderlich). Andernfalls weicht man dem Geißstein via Leitenkogel (2015 m) und Murnauer Scharte (1959 m) aus, trifft dort auf die Trasse des Pinzgauer Spaziergangs und steigt auf ihr westwärts zur Bürglhütte (1699 m) ab.

Bürglhütte – Pinzgauer Hütte Diese Etappe ist mit Abstand die längste, wegen der ständig freien Aussicht auf die Hohen Tauern, die ihre gesamte Prominenz wie auf dem Präsentierteller darbieten, wohl auch die schönste. Man nennt sie Pinzgauer Spaziergang, sicherlich aufgrund des harmlosen, beschaulichen Charakters, aber auch mit einem Augenzwinkern hinsichtlich der beachtlichen Wegstrecke. Die nächste Unterkunft finden wir nämlich erst weit im Osten, schon im Einzugsgebiet der Schmittenhöhe. Bei schönem Wetter erleben wir den Pinzgauer Spaziergang als Sonnenbalkon par excellence, denn der Weg verbleibt durchwegs in der Südflanke, wo er eine ganze Reihe seichter Geländeeinbuchtungen auszugehen hat. Von der Bürglhütte steigen wir bis unter die Murnauer Scharte an, bleiben dann wie erwähnt auf der Südseite und queren mit geringen Höhenunterschieden weit um die Südrippe des Manlitzkogels herum. Dahinter nähert sich der Steig dem Kamm und sinkt dort ins Sommertor (1939 m) ab, welches aber nur tangiert wird. Über eine kleine Terrasse mit See gewinnen wir bis zur Hochspannungsleitung am Bärensteigkopf merklich an Höhe, büßen einen Teil davon in der folgenden Karbucht jedoch wieder ein. Der nächste abgerundete Bergrücken, der zu umgehen ist, gehört zum Hochkogel; dahinter befindet sich die Unterstandshütte unter dem Klinglertörl. Die Fortsetzung führt über die weiten Hänge des Hochsonnberges, berührt an der Klammscharte (1993 m, Unterstandshütte) sowie – nach einem weiteren Geländerücken – am Rohrertörl (1918 m) noch zweimal die Kammhöhe und gelangt leicht absteigend zu einer Gabelung. Wer sich sicher ist, noch die letzte Seilbahn auf der Schmittenhöhe zu erwischen, kann gleich am oberen Weg bleiben und die Tour damit vollenden. Ansonsten auf dem unteren Weg an der Hochsonnbergalm (1841 m) vorbei zur erst kürzlich neu aufgebauten Pinzgauer Hütte (1700 m).

Pinzgauer Hütte – Schmittenhöhe Ein kurzer Aufstieg bringt uns via Kettingtörl auf die große Kuppe der Schmittenhöhe (1965 m), einem berühmten Pinzgauer Luginsland. Mit der Seilbahn geht's knieschonend Richtung Zell am See hinab.

> **GIPFEL AM WEG**
>
> **Henne** (2078 m), Wildseeloder (2118 m): jeweils knapp 1 Std. vom Wildseeloderhaus
> **Bischof** (2127 m): 40 Min. ab Bischofsjoch
> **Tristkogel** (2095 m): 30 Min. vom Tor
> **Geißstein** (2363 m): 1 Std. Mehraufwand beim Übergang zur Bürglhütte

Wegzeiger am Pinzgauer Spaziergang

14 DIE KÖNIGSSEE-REIBN
Im Nationalpark Berchtesgaden

 *Standardunternehmen, Knüller*

mittel   5–6 Tage   4100 Hm   ÖVM

AUSGANGSPUNKT
Dorf Königssee (602 m), Talstation der Jennerbahn; Bus von Berchtesgaden

ENDPUNKT
Ramsau (670 m); ebenfalls Busverbindung mit Berchtesgaden

HÜTTEN
Stahlhaus (1728 m), OeAV, ganzjährig, Tel. 08652/27 52
Wasseralm (1415 m), DAV, Mitte Juni bis Anfang/Mitte Oktober einfach bewartet
Kärlingerhaus (1630 m), DAV, Pfingsten bis Mitte Oktober, Tel. 08652/609 10 10
Ingolstädter Haus (2119 m), DAV, Mitte Juni bis Anfang Oktober, Tel. 06582/83 53
Wimbachgrieshütte (1327 m), TVN, Anfang Mai bis Mitte Oktober, Tel. 08657/344
Blaueishütte (1651 m), DAV, Mitte Mai bis Mitte Oktober, Tel. 08657/271

GEHZEITEN
Dorf Königssee/Jennerbahn – Stahlhaus ¾ Std. – Wasseralm 6 Std. – Kärlingerhaus 5 ½ Std. – Ingolstädter Haus 2 ½ Std. – Wimbachgrieshütte 3 ½ Std. – Blaueishütte 6 Std. – Ramsau 1 ½ Std.

ANFORDERUNGEN
Der größte Teil der Tour verläuft auf unschwierigen, ordentlich markierten Bergwegen, die streckenweise jedoch etwas beschwerlich sind. Eine grundlegende Trittsicherheit und Ausdauer für bis zu 6 Std. täglich sind deshalb notwendig; besondere Aufmerksamkeit bei schlechter Sicht (häufig verzwicktes Karstterrain). Am anspruchsvollsten sind der teilweise ausgesetzte Übergang zur Blaueishütte, der mit dem Abstieg durchs Wimbachtal notfalls ausgelassen werden kann, sowie vor allem die Variante durch den Loferer Seilergraben.

KARTE
Bayerisches Landesvermessungsamt, 1:25 000, Blatt »Nationalpark Berchtesgaden«; Alpenvereinskarte, 1:25 000, Blätter 10/2 »Hochkönig – Hagengebirge« und 10/1 »Steinernes Meer«

Einige der größten landschaftlichen Attraktionen in den Nördlichen Kalkalpen konzentrieren sich in den Berchtesgadener Alpen. Königssee und Watzmann, gewissermaßen eine untrennbare Einheit bildend, sind sicherlich die berühmtesten, doch gibt es daneben auch jede Menge Kostbarkeiten, die nur Insidern ein Begriff sind. Nicht ohne Grund hat man die Bergwelt südlich von Berchtesgaden, nachdem ihr bereits von frühen Reiseschriftstellern alle möglichen superlativischen Attribute zugedacht wurden, als Nationalpark ausgewiesen. Unsere Tour, die in Form eines großen Hufeisens rund um den Königssee (einschließlich Watzmann) leitet, ist sicherlich so etwas wie das Standardunternehmen der Weitwanderer. Man kann sie bequem mit einer Seilbahnfahrt zum Jenner starten. Vom nahen Stahlhaus aus führt uns der erste große Übergang durchs stille Hagengebirge bis zur Wasseralm in der Röth. Anschließend durchqueren wir den nördlichen Teil des Steinernen Meeres bis unmittelbar an den Fuß des Watzmann, wo sich das einzigartige Wimbachgries ausbreitet. Das Finale findet dann im Reich des Hochkalters statt, einem weiteren großen und ausgesprochen imposanten Gebirgsstock der Berchtesgadener Alpen. Die bestechend schöne Topografie dieses Landstrichs, aber auch die Strukturen im Kleinen, die Vielfalt der Naturerscheinungen und deren grandiose Ursprünglichkeit stempeln diese Durchquerung zu einem echten Knüller!

Die Funtenseemulde mit Kärlingerhaus und Schneiber im Hintergrund

Dorf Königssee – Stahlhaus Falls wir uns der Jennerbahn (Bergstation auf 1802 m) bedienen, ist es nur ein Katzensprung hinüber zum Stahlhaus am Torrener Joch. Nach einem obligatorischen Abstecher zum Jennergipfel (1874 m) auf komfortablem Weg dem Ostrücken entlang, bei einem Sattel in die Südflanke der Pfaffenkegel und in Kürze zum wenige Schritte jenseits der Landesgrenze gelegenen Stahlhaus (1728 m).
Variante: Der Aufstieg direkt aus dem Tal führt von den Parkplätzen in Dorf Königssee über die so genannte Hochbahn zur Königsbachalm (1200 m), dann ostwärts weiter in den großen Geländeeinschnitt südlich des Jenners und am Schneibsteinhaus (1668 m) vorbei zum Stahlhaus; insgesamt gut 3 ½ Std.

Stahlhaus – Wasseralm Südöstlich des Torrener Jochs erhebt sich der Schneibstein (2276 m), der bei diesem langen Übergang als Erstes bestiegen wird. Dazu durchqueren wir eine Latschenzone und steigen nachfolgend etwas steiler zu den freien Schrofenhängen in der Nordwestflanke des Berges auf. Allmählich links eindrehend wird ohne Schwierigkeiten der plateauartige Gipfel gewonnen, wo man erst einmal mit Muße die gewaltige Watzmann-Ostwand betrachtet, aber auch in den salzburgischen Tennengau und hinüber zum Dachstein schaut. Wir überschreiten nun den Schneibstein Richtung Südwesten und steigen über sanft geneigte, oft von Gämsen bevölkerte Hochflächen rechts an der Windscharte vorbei in eine seichte Gasse ab. Diese bringt uns zum malerischen Seelein (1809 m), einem versteckten Kleinod unter der klobigen Masse des Kahlersberges. Im Gegenanstieg über die steinige Einsattelung des Hochgschirr (1949 m) ins jenseitige Landtal. Die Abzweigung nach rechts zur Gotzenalm unbeachtet lassend geht es in dem lang gezogenen Karschlauch bis weit über die verfallene Landtalalm hinaus in den bewaldeten Bereich abwärts. Wo sich der Weg verzweigt, halten wir uns links und vollziehen die Traverse oberhalb der Röthwände, bei der mit schönen Durchblicken zum Obersee wieder etwas angestiegen werden muss. Schließlich in einer Rechtsschleife zu einer Lichtung in der Röth, wo die urige Wasseralm (1415 m) Unterkunft bietet. Es handelt sich dabei jedoch um keine voll bewirtschaftete Hütte im üblichen Stil, wenngleich dort niemand verhungern oder verdursten wird.

Wasseralm – Kärlingerhaus Dieser Übergang führt mitten hinein in die faszinierende Karstlandschaft des Steinernen Meeres. Bei der Diensthütte am Rande der Wasseralm halten wir uns südwärts und steigen auf der linken Seite der Hocheckwände durch einen großen Geländeeinschnitt und immer häufiger über Karren zur Blauen Lacke (1816 m)

Mit dem Schneibstein beginnt die Tour durch die Berchtesgadener Alpen.

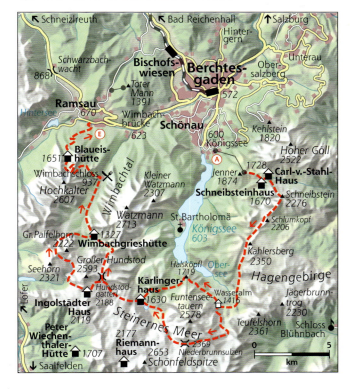

Urwüchsige Landschaft im Steinernen Meer; im Blick der Viehkogel

Weltentrückt im Steinernen Meer: der Wildalmrotenkopf

Am Hirschentörl zwischen Kärlinger- und Ingolstädter Haus

an. Das kleine Gewässer liegt in einer tiefen Mulde. Mit Blick auf das Albriedlhorn noch ein gutes Stück in gleicher Richtung weiter, ehe die Route einen deutlichen Rechtsschwenk vollzieht, nach dem augenblicklich die winzige Schäferhütte (1955 m, unverschlossener Notunterschlupf) auftaucht. In der Folge öffnet sich westwärts die Lange Gasse. Nach einigem Bergauf tritt der markante Wildalmrotenkopf ins Blickfeld, unter dem es nun im Bereich einer lang gezogenen Mulde vornehmlich über wasserzerfressenen Fels leicht aufwärts geht. Richtpunkt ist die Einsattelung der Niederbrunnsulzen (2369 m), die zuletzt über einen steilen Schnee- oder Schutthang gewonnen wird. Die neue Szenerie im Westen wird von der Schönfeldspitze dominiert. Wir steigen recht steil abwärts, nehmen den von der Buchauer Scharte bzw. Hochbrunnsulzen kommenden Weg auf und gelangen zum Toten Weib (2087 m), einer Steinformation, die sich genau auf der Landesgrenze befindet. Von dort weiter durch den anfangs ziemlich holprigen Stuhlgraben abwärts und mit einem Linksknick zum unteren Ende des lärchenbestandenen Baumgartls, wo wir auf den Weg vom Riemannhaus treffen. In die weite, offene Funtenseemulde absteigend, die Meteorologen als Kältepol Deutschlands ausgemacht haben, gelangt man schließlich zum Kärlingerhaus (1630 m). Zur Sommerszeit ist dies freilich ein liebliches Fleckchen Erde, in der sonst so kargen, lebensfeindlichen Welt des Steinernen Meeres oasengleich vom Grün umschmeichelt.

Variante: Eine deutlich kürzere Verbindung zwischen beiden Stützpunkten führt in 3 ½ Stunden über das Halsköpfl. Man verbleibt dabei auf geringerem Höhenniveau und auch überwiegend in bewachsenem Terrain. Von der Wasseralm in Grundrichtung Nordwest über die ehemalige Walchhüttenalm sowie an einem Felsgürtel entlang allmählich ansteigend bis zu einer markanten Geländerippe im Nordausläufer des mächtigen Funtenseetauern. Ein paar Schritte nach Norden wartet am Halsköpfl (1719 m) einer der besten Königssee-Blicke überhaupt, den man nicht versäumen sollte. Auf der Westseite der Rippe verliert man anschließend wieder deutlich an Höhe, passiert den Schwarzsee (1568 m) und kommt zur Einmündung des Sagerecksteigs. Gemeinsam über einen schwach ausgeprägten Sattel und rechts an der Grünseemulde vorbei. Ein steiler Gegenanstieg bringt uns in die Zirmau, ehe zuletzt auf den viel begangenen Saugassen-Anstieg einmündend das Kärlingerhaus erreicht wird.

Kärlingerhaus – Ingolstädter Haus Der kurze, nicht sonderlich beschwerliche Übergang folgt gleich hinter der Hütte dem links abzweigenden Weg und führt unter dem Viehkogel aufwärts zum Hirschentörl (1876 m). Jenseits etwas absteigend in die Mulde der verfallenen Schönbichlalm, die rechts haltend durchschritten wird, ehe der Weg gegen das Hundstodmassiv wieder ansteigt. Am Sockel der steilen Schneiber-Südflanke kommt man zur Abzweigung Richtung Hundstodgatterl,

Jagdhütte am Trischübl gegen Hundstodmassiv

der man gleich folgen könnte, falls noch am selben Tag die Wimbachgrieshütte das Ziel ist. Sonst bleibt man auf der Südseite und erreicht in einem Linksbogen leicht aufwärts das Ingolstädter Haus (2119 m).

Ingolstädter Haus – Wimbachgrieshütte

Zunächst gehen wir zurück bis zur Abzweigung. Dort scharf links und über steile, etwas mühsam zu bewältigende Schrofen und Karren zum Hundstodgatterl (2188 m) hinauf. Auf der Nordseite links haltend abwärts in die oberen Hundstodgruben, wo man auf eine bessere Wegspur trifft. Über mehrere kleine Geländeschwellen hinweg und dann steiler bis in die untere, begrünte Hundstodgrube hinab. Ein kurzer Gegenanstieg führt nach rechts aus ihr heraus, ehe es über Latschenhänge weiter abwärts zum Trischüblpass (1764 m) geht. Von dort folgen wir dem gut ausgebauten Steig ins hintere Wimbachgries, wo man über große Schotterströme, die der Gegend ihren einzigartigen Charakter verleihen, flach auslaufend zur Wimbachgrieshütte (1327 m) gelangt.

Variante: Landschaftlich noch interessanter als der Weg via Hundstodgatterl und Trischübl ist die alpinere Variante über die Wimbachscharte, bei der man Bekanntschaft mit der malerischen Hochwies zwischen Hundstod und Seehorn sowie mit dem wilden Loferer Seilergraben schließt. Genau dort haben allerdings nur versierte Berggeher etwas zu suchen, denn das Gelände ist abschüssig und obendrein sehr brüchig. Vom Ingolstädter Haus nach Westen bergab, bis rechts der Aufstieg zur abgelegenen Hochwies abzweigt. Am äußersten Rand des von einem verästelten Bachlauf durchzogenen Bodens bis in den hinteren Winkel und links hinauf zur Höhe der Kematenschneid (2159 m). Vom Scheitelpunkt der Strecke abwärts traversierend in die Wimbachscharte (2028 m), wo sich der Einstieg in den Respekt heischenden Loferer Seilergraben befindet. In dem steilen Trichter hält man sich zunächst an eine schuttbedeckte Rippe zwischen zwei Furchen, bevor uns im mittleren Teil einige Felsstufen erwarten, die sogar etwas Kraxelei (I) verlangen. Weiter unten eine Runse nach rechts überschreiten und durch den extrem mit Geröll angefüllten Graben hinaus in das sich öffnende Wimbachgries. Über die gewaltigen, flachen Schuttströme leitet die Markierung schließlich rechts hinüber zur Wimbachgrieshütte. Etwa 4 ½ Stunden von Hütte zu Hütte.

Wimbachgrieshütte – Blaueishütte Nochmals geht es ans Eingemachte, wenn auf dieser Etappe ein langes, mühsames Bergauf über 1100 Höhenmeter zur Eisbodenscharte bewältigt werden muss. Zunächst geht es allerdings erst einmal rund vier Kilometer betont flach durchs Wimbachtal auswärts – Warmlaufprogramm für den Steilaufstieg, der unmittelbar vor dem Wimbachschloss (937 m) nach links abzweigt. In dem schluchtartigen Einschnitt zwischen Schottmalhorn und Stanglahnerkopf windet sich der Steig bis zur Hochalmscharte (1599 m) empor. Dort angelangt gibt man acht, nicht an Höhe zu verlieren (der Hauptweg führt über die Hochalm abwärts), sondern quert weglos insgesamt leicht ansteigend gegen die Ostabstürze der Schärtenspitze. Man stößt schließlich auf die markierte Route, die unterhalb der Wände über zunehmendes Geröll aufwärts zieht und durch eine brüchige, mit Sicherungen versehene Steilrinne die Eisbodenscharte (2049 m) gewinnt. Nun entlang dem Grat bis wenige Meter vor den Gipfel der Schärtenspitze (2153 m), den wir

> **GIPFEL AM WEG**
> **Hohes Brett** (2344 m): 1 ¾ Std. vom Stahlhaus
> **Kahlersberg** (2350 m): 1 ¼ Std. vom Hochgschirr
> **Feldkogel** (1886 m), Viehkogel (2158 m): 1 bzw. 1 ½ Std. ab Kärlingerhaus
> **Großer Hundstod** (2593 m): 1 ¼ Std. vom Ingolstädter Haus
> **Hirschwiese** (2114 m): 1 Std. vom Trischübl

natürlich mitnehmen. Der famose Aussichtspunkt hoch über der Ramsau und unmittelbar gegenüber den Felsfluchten des Hochkalters ist ein Höhepunkt der Tour. Der Abstieg führt durch die schrofige Westflanke (Drahtseile an wenigen schwierigeren Stellen) ins Blaueiskar, an dessen unteren Rand sich die Blaueishütte (1651 m) befindet.

Blaueishütte – Ramsau Nur noch Abstieg auf dem üblichen Hüttenweg. Ein Stück unterhalb der Schärtenalm (1326 m) kann man sich zwischen zwei Varianten entscheiden: entweder rechts abzweigend direkt nach Ramsau, dem Bilderbuchdorf im Berchtesgadener Land, oder geradeaus weiter zum Parkplatz Seeklause bzw. zur Bushaltestelle Holzlagerplatz nahe dem Hintersee.

Der Hochkalter, hier von der Schärtenspitze gesehen, zählt zu den Paradebergen des Berchtesgadener Landes.

15 VOM STEINERNEN MEER ZUM HOCHKÖNIG
Quer durch die südlichen Berchtesgadener Alpen

mittel/schwierig 4–5 Tage 2700 Hm ÖVM

AUSGANGSPUNKT
Dießbach-Stausee (1415 m), erreichbar mit Kleinbus von Weißbach (665 m) im Saalachtal; nähere Infos beim Gasthaus Lohfeyer, Tel. 06582/83 55

ENDPUNKT
Arthurhaus (1502 m), am Ende der Mandlwandstraße von Mühlbach; Rückfahrt nach Weißbach per Bus (via Saalfelden)

HÜTTEN
Ingolstädter Haus (2119 m), DAV, Mitte Juni bis Anfang Oktober, Tel. 06582/83 53
Riemannhaus (2177 m), DAV, Mitte Juni bis Anfang Oktober, Tel. 0664/357 52 84
Wildalmkirchl-Biwak (2457 m), ÖTK, stets offene Selbstversorgerhütte (8 Plätze)
Matrashaus (2941 m), ÖTK, Mitte Juni bis Mitte Oktober, Tel. 06467/75 66
Arthurhaus (1502 m), privat, fast ganzjährig, Tel. 06467/72 02

GEHZEITEN
Dießbach-Stausee – Ingolstädter Haus 2 ½ Std. – Riemannhaus 3 Std. – Wildalmkirchl-Biwak 4 ½ Std. – Matrashaus 5 ½ Std. – Arthurhaus 4 Std.

ANFORDERUNGEN
Mit Ausnahme der Übergossenen Alm (Gletscher) durchwegs markierte Routen, deren Anforderungen Richtung Hochkönig allmählich deutlich zunehmen. In den weitläufigen Karstgebieten ist Orientierungsgabe vonnöten, besonders bei Nebel herrscht Verirrungsgefahr. Zudem können Wegstrecken leicht unterschätzt werden. Überwiegend sehr steiniges Gelände, die schwierigsten Passagen liegen zwischen Wildalmkirchl-Biwak und Matrashaus: hier vereinzelt etwas Kletterei und Eistraversen, für die Steigeisen erforderlich sein können. Wichtige Voraussetzung ist eine gute Kondition.

KARTE
Alpenvereinskarte, 1:25 000, Blätter 10/1 »Steinernes Meer« und 10/2 »Hochkönig – Hagengebirge«

Weite Bereiche der Berchtesgadener Alpen werden geprägt von einer phänomenalen Karstlandschaft, die sich vielleicht durch nichts besser versinnbildlichen lässt als durch den Namen »Steinernes Meer«. Wir finden hier quasi ein Musterbeispiel dieses Gebirgstyps, wie er Richtung Osten ja noch häufiger vorkommt. Der größte Bergstock der Berchtesgadener Alpen beherrscht mit seinen Randabstürzen den Mitterpinzgau bei Saalfelden, während nordseitig der Nationalpark Berchtesgaden in das bis heute praktisch vollkommen urtümlich erhaltene Gebiet hineingreift. Unsere Route verbleibt im südlichen, höher gelegenen Teil und durchmisst nicht nur das Steinerne Meer in seiner ganzen Ausdehnung, sondern auch noch den südostwärts anschließenden Hochkönigstock. Sie folgt dabei die meiste Zeit dem Nordalpinen Weitwanderweg mit der Nummer 401. Der Auftakt zum Ingolstädter Haus sowie der Eichstätter Weg hinüber zum Riemannhaus präsentieren sich noch recht kommod, wenngleich der Landschaftsrahmen schon deutlich an Strenge gewinnt. Doch auf dem Weg Richtung Osten wird es allmählich immer einsamer und anspruchsvoller, namentlich auf dem Abschnitt über das Brandhorn und den Herzogsteig bis zum Eis der Übergossenen Alm. Im östlichen Steinernen Meer steht dabei nur das Wildalmkirchl-Biwak als (unbewirtschafteter) Stützpunkt zur Verfügung – sehr wichtig, zumal der Marathon vom Riemann- zum Matrashaus kaum an einem Tag zu schaffen ist. Wesentlich belebter geht es dann natürlich wieder im Umkreis des Hochkönigs zu, dem absoluten Höhepunkt der Tour. Denn der Hochkönig kratzt schon an der Dreitausendermarke und bildet damit das Dach der gesamten Berchtesgadener Alpen. Im Schutze des Matrashauses lassen sich dort oben einmalige Stimmungen zu ungewöhnlichen Zeiten erleben. Auf der Normalroute durchs Ochsenkar steigen wir schließlich zum Zielpunkt am Arthurhaus ab. Tipp: Es lassen sich auch interessante Kombinationen mit Tour 14 austüfteln; am Ingolstädter Haus berühren sich die Routen.

Das Riemannhaus mit einem seiner Hausberge, dem Breithorn

Dießbach-Stausee – Ingolstädter Haus

Von Weißbach im Saalachtal kann man eventuell ein Wandertaxi bis zum Dießbach-Stausee (1415 m) nutzen, ansonsten verlängert sich der Zustieg deutlich. Wir überschreiten die Staumauer und wandern über dem Südufer entlang ins Dießbachtal hinein. Nachdem die Materialseilbahn auf der verfallenen Mitterkaseralm passiert ist, bei der nächsten Weggabelung rechts und dicht unter den linksseitigen Wänden weiter zum Ingolstädter Haus (2119 m) in der Dießbachscharte hinauf.

Ingolstädter Haus – Riemannhaus

Dieser gut ausgebaute Höhenweg trägt den Namen Eichstätter Weg. Er führt ohne besondere Schwierigkeiten im Auf und Ab über die verkarstete Hochfläche und wird dabei rechts von den südwestlichen Randgipfeln des Steinernen Meeres begleitet. Vom Ingolstädter Haus halten wir uns in Grundrichtung Südsüdost. Nach der Abzweigung zum Schindlkopf werden nachfolgend im Wesentlichen drei Mulden durchschritten, ehe der Weg etwas deutlicher ansteigt. Am Praterstern (Wegscheid, 2150 m) kreuzen wir die Verbindung Wiechenthaler-Hütte – Weißbachlscharte – Kärlingerhaus, bleiben unserer Richtung und der Bezeichnung 401 aber treu. In weiterem leichten Anstieg erreichen wir an der Aulhöhe (2309 m) eine seichte Geländeschwelle und den Scheitelpunkt der Strecke. Jenseits über zerklüftete Karren abwärts bis zum Riemannhaus (2177 m), das ganz eindrucksvoll in der Ramseider Scharte liegt. Wie durch ein großes Tor blickt man zwischen Sommerstein und Breithorn hindurch nach Süden auf die grünen Wiesen und Buckel des Pinzgaus, über denen die Hohen Tauern gleichsam zu schweben scheinen.

Herbe Karstlandschaft zwischen Ingolstädter und Riemannhaus

Riemannhaus – Wildalmkirchl-Biwak

Über nacktes Gestein führt der Weg Richtung Osten und in großem, links ausholendem Bogen um die Schönfeldspitze herum. Dabei queren wir über Schuttfelder unter dem Nordsporn des markanten Gipfels hindurch, während die begrünte Schönfeldgrube links unterhalb bleibt. Nachdem ein Weg vom Kärlingerhaus aufgenommen ist, geht es in

GIPFEL AM WEG

Großer Hundstod (2593 m): 1 1/4 Std. vom Ingolstädter Haus
Breithorn (2504 m), Sommerstein (2308 m): 1 Std. bzw. 25 Min. vom Riemannhaus
Schönfeldspitze (2655 m): 2 Std. vom Riemannhaus (leichte Kletterei), Überschreitung als Weiterweg möglich
Hochseiler (2793 m): Mooshammersteig mit teilweise gesicherter Kletterei als Variante zum Herzogsteig, 1 Std. Mehraufwand
Lammkopf (2846 m): 5 Min. von der Übergossenen Alm

Die Übergossene Alm am Hochkönig schmilzt mehr und mehr dahin.

karsttypischem Auf und Ab weiter bis in die seichten Mulden nördlich der Buchauer Scharte. Wer als zünftige Variante die Überschreitung der Schönfeldspitze plant, kann hier wieder in die Hauptroute einfädeln. Nun links haltend zum so genannten Brandenberger Tor, wo sich die Wege erneut gabeln. Der unsrige führt rechts weiter und gewinnt im Aufstieg den markanten Einschnitt der Hochbrunnsulzen (2356 m) am Kreuzungspunkt mehrerer Trassen. Jenseits halb rechts abwärts in die Wasserfallgrube und in unveränderter Richtung um das Mitterhörnl herum in die nächste Karstmulde. In ruppigem, teilweise etwas steilerem Gegenanstieg wird eine Rippe erreicht, auf der wenig höher das behagliche Wildalmkirchl-Biwak (2457 m) steht. Wer hier übernachten will, muss für seine Verpflegung selbst sorgen. Mit allen Sinnen spürbar ist die Einsamkeit und Abgeschiedenheit der Gegend.

Wildalmkirchl-Biwak – Matrashaus Dies ist die anspruchsvollere Fortsetzung des großen Übergangs vom Riemann- zum Matrashaus, für den man in einem Zug mindestens zehn Stunden einplanen sollte! Zunächst über abschüssige Karren südostwärts ins nahe Mittagsschartl

Durchs Ochsenkar verläuft die Hochkönig-Normalroute.

und anschließend vornehmlich über Schutt hinauf zum Brandhorn (2609 m), einer der großen Aussichtswarten im Steinernen Meer. Auf der anderen Seite über den breiten Ostgrat bergab, das Kleine Brandhorn nordseitig oberhalb einer Karmulde queren und über ein schmales Gratstück sowie eine Einschartung in leichteres Gelände. Nach kurzem Aufstieg das Geigenschartl tangierend und dem Marterlkopf links ausweichend bis zu einem Steilabbruch. Hier wird im Bereich einer Rinne abgeklettert und weiter auf den zur Hohen Torscharte (2292 m) auslaufenden Geröllhang abgestiegen. Links um den Torkopf herum noch etwas tiefer zur Niederen Torscharte (2246 m, Einmündung des Weges von Hintertal), die leider von einer Starkstromleitung überspannt wird. Hier verlassen wir das Steinerne Meer und wenden uns via Herzogsteig dem Hochkönigstock zu. Mittels einer aufsteigenden Querung über zum Teil gesicherte Felsstufen und Bänder wird das Nordeck des Hochseilers umgangen, bevor der Steig an einer markanten Geländekante nach rechts (südwärts) abknickt. Im Auf und Ab über einige Steinbänke, dann allmählich links haltend steiler gegen die Firnfelder der Übergossenen Alm hinauf. Falls Blankeis auftritt, können Steigeisen erforderlich sein. Man dreht zunehmend nach Osten ein, passiert nacheinander die Teufelslöcher, den Lammkopf und die Birgkarscharte (2847 m), um schließlich das letzte Stück zum Matrashaus am Gipfel des Hochkönigs (2941 m) aufzusteigen.

Matrashaus – Arthurhaus Vom Matrashaus ostwärts über die gesicherte Helmut-Müntzer-Stiege hinab. Man traversiert nun längere Zeit durch das Geflecht von Kuppen und Mulden im östlichen Teil der Übergossenen Alm, wobei sich die Eisfelder teilweise, aber nicht immer umgehen lassen. Höhenmeter werden nur allmählich eingebüßt, erst später folgt eine steilere Geländestufe ins Obere Ochsenkar. Dort auf die linke Seite und hart am Sockel der imposanten Torsäule entlang, die von eiszeitlichen Gletschern auffallend glatt geschliffen wurde. Im Unteren Ochsenkar zieht der zunehmend bessere Weg dann rechts hinüber bis unter die Gaißnase und erreicht mit einem minimalen Gegenanstieg die meist lebhaft besuchte Mitterfeldalm (1670 m). Schließlich schräg absteigend zum Endpunkt am Arthurhaus (1502 m).

Traumhafte Morgenstimmung am Wildalmkirchl

16 ÜBER DAS TENNENGEBIRGE
Karstöden zwischen Salzach und Lammer

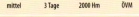

AUSGANGSPUNKT
Parkplatz Eisriesenwelt (ca. 1000 m) oberhalb von Werfen; auch Bustransfer vom Bahnhof Werfen bzw. vom Beginn der Bergstraße

ENDPUNKT
Abtenau (714 m) im Lammertal; Busverbindung zum Bahnhof Golling

HÜTTEN
Dr.-Friedrich-Oedl-Haus (1582 m), privat, Anfang Mai bis Ende Oktober, Tel. 06468/52 48 12
Leopold-Happisch-Haus (1925 m), TVN, Mitte Juni bis Ende September, Tel. 0664/456 64 70
Laufener Hütte (1721 m), DAV, geräumige Selbstversorgerhütte, Pfingsten bis Anfang Oktober bewartet, Tel. 0676/560 20 29

GEHZEITEN
Parkplatz Eisriesenwelt – Oedl-Haus 1 ¾ Std. – Leopold-Happisch-Haus 3 ¼ Std. – Laufener Hütte 6 ½ Std. – Abtenau 2 ½ Std.

ANFORDERUNGEN
Im Karst treten normalerweise keine größeren technischen Schwierigkeiten auf, man hat aber oft mit beschwerlichem Untergrund zu kämpfen und bei Nebel eventuell mit Orientierungsproblemen. Daher ist die Überschreitung der weitläufigen, unübersichtlichen Hochfläche nur bei ausreichender Sicht ratsam. Aufgrund der verhältnismäßig geringen Höhendifferenzen können die tatsächlichen konditionellen Anforderungen leicht unterschätzt werden. Steil und etwas ausgesetzt ist der Aufstieg vom Oedl-Haus bis auf das Hochplateau, hier Trittsicherheit wichtig.

KARTE
Kompass, 1:50 000, Blatt 15 »Tennengebirge – Hochkönig – Hallein – Bischofshofen«; freytag & berndt, 1:50 000, Blatt 392 »Tennengebirge – Lammertal – Gosaukamm«

Auch das Tennengebirge gehört zu den großen verkarsteten Plateaustöcken, wie sie den östlichen Teil der Nördlichen Kalkalpen beherrschen. Eingerahmt von Salzach und Lammer ragt es bollwerkartig zwischen Tennen- und Pongau und damit quasi im Zentrum des Salzburger Landes auf. Aber trotz der verkehrsgünstigen Lage ist das Tennengebirge in weiten Bereichen still und einsam geblieben. Seine Wesenszüge verhelfen ihm dazu, vor allem die Kargheit und Abgeschiedenheit der Hochfläche, die bei praller Sonneneinstrahlung im Hochsommer zum reinsten Backofen wird, zum rauen, unwirtlichen Ort hingegen, wenn ein scharfer Wind darüber pfeift, und zum gespenstischen, ja sogar gefährlichen, wenn schweres Gewölk alle Konturen verwischt und die Orientierung zu einem Vabanquespiel gerät. Nicht ohne Grund bleibt der Tourismus an den Rändern hängen, »nutzt« vom Tennengebirge nur ein paar hübsch gelegene Jausen- und Ausflugsstationen sowie natürlich die berühmte Eisriesenwelt oberhalb von Werfen. Wer das Massiv indes überschreiten will, sollte schon ganz gut zu Fuß sein und vor allem keinerlei Aversionen gegen den Karst hegen. Der prägt diese Tour nämlich ganz und gar, mit all seiner Formenvielfalt im Detail, aber auch mit seinen Mühseligkeiten, wenn es stundenlang hügelauf, hügelab über eine wasserlose, vom Zahn der Zeit zerfressene Hochfläche geht. Beim ersten Übergang zum Leopold-Happisch-Haus lässt sich antesten, was einen auf der eigentlichen Kernetappe hinüber zur Laufener Hütte in ausgiebigem Maße erwartet. Und wer sich richtig hineinzufühlen vermag, für den ist der Karst einfach ein Faszinosum, facettenreich und im wahrsten Sinne des Wortes unergründlich. Denn dass es hier eine regelrechte »Unterwelt« gibt, wird einem zwar bei der Besichtigung der Eisriesenwelt anschaulich vermittelt, bleibt ansonsten aber zumeist geheimnisvoll verborgen.

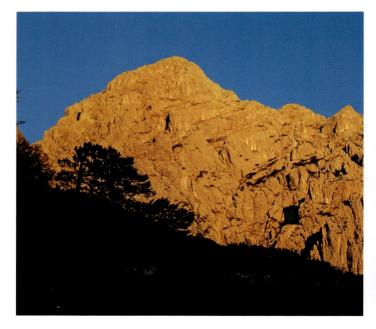

Der Hühnerkrallkopf im Widerschein der Abendsonne

GIPFEL AM WEG

Tiroler Kogel (2323 m): 30 Min. Abstecher beim Übergang zum Happisch-Haus
Bleikogel (2411 m): 5 Min. vom Übergang zur Laufener Hütte

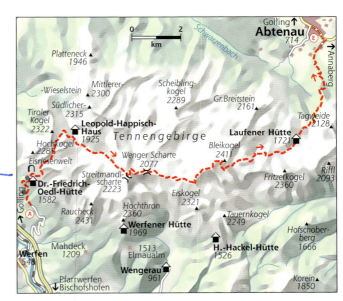

Werfen – Leopold-Happisch-Haus Der touristische Brennpunkt des Tennengebirges liegt ganz eindeutig auf seiner Südwestseite, wo die Eisriesenwelt als größte Eishöhle der Welt zu den Top-Locations schlechthin gehört. Natürlich hat man den Zugang extrem erleichtert – mit einer Straße von Werfen, die sich, so weit es geht, an der Bergflanke hinaufzieht, und danach mit einer Seilbahn für das restliche Stück. Von der Bergstation beim Dr.-Friedrich-Oedl-Haus (1582 m) muss man schließlich noch eine Viertelstunde zu Fuß gehen, um zum Eingangsportal zu gelangen. An dieser Stelle sei allerdings empfohlen, den Aufstieg zum Oedl-Haus vom Ende der Fahrstraße ebenfalls zu Fuß zu vollziehen, denn er gehört durchaus zum Eindrucksvollen. Geschickt windet sich die Trasse durch die Steilflanke und eröffnet immer großartigere Ausblicke über das tiefe Salzachtal. Bevor es dann weiter Richtung Leopold-Happisch-Haus geht, sollte man sich einer Führung durch die unterirdischen Hallen der Eisriesenwelt anschließen, sie nimmt etwa eine Stunde in Anspruch.

Hinterher folgen wir knapp unterhalb der Eishöhle dem Abzweig des Hochkogelsteiges (Markierung 212), der sogleich ins Steilgeschröf weist. Die Route bedient sich bandartiger Absätze und leitet im Hin und Her aufwärts, ohne dass man auf wirklich schwierige Hürden treffen würde. Aufgrund der Ausgesetztheit ist der Weg mit etlichen Drahtseilen versehen, an einer Stelle hilft eine kurze Leiter. So gelangen wir auf das Plateau zwischen Hochkogel und Hühnerkrallkopf,

Das Tennengebirge über dem Salzachtal bei Werfen

Bizarre Felsstrukturen prägen das karstige Tennengebirge; im Hintergrund der abgeplattete Bleikogel.

wo das Gelände abflacht und einen abrupten Szenenwechsel bietet. Bei einem Wegweiser in 2200 m Höhe zweigt rechts die Route zum Raucheck und zur Werfener Hütte ab (ebenfalls ein interessanter Übergang), während wir uns links halten und über einen Geländeriegel hinwegsteigen. Jenseits durch einen karstigen, mühsam zu begehenden Einschnitt bergab und rechts haltend zum Leopold-Happisch-Haus (1925 m) im Pitschenbergtal.

Im Pitschenbergtal, Nähe Leopold-Happisch-Haus

Leopold-Happisch-Haus – Laufener Hütte Ein strammer Marschtag! Wir begeben uns weiter ins obere Pitschenbergtal hinein, zu Beginn kaum merklich ansteigend, nach einem kleinen Wiesenboden dann deutlicher bergauf bis zur Streitmandlscharte (2223 m). Größere Teile des Plateaus sind von dieser Geländeschwelle zu überblicken. Wir gehen kurze Zeit links (nordwärts) am Rücken weiter, wenden uns dann aber hinab in den weiten Einschnitt der Wenger Scharte (2077 m). Von nun an steigt die Route, die zwar durchgängig markiert ist, allerdings oft nur aus spärlichen Trittspuren besteht oder sogar über völlig nackte Karren führt, wieder vornehmlich bergauf. Etwas mühsam über kupiertes Gelände, das wie im Karst üblich öfter von Klüften durchzogen ist, Richtung Schubbühel (2334 m), einer auffälligen Kuppe im Gelände. Dort trennen sich die Wege zur Heinrich-Hackel-Hütte und zur Laufener Hütte. Nächster Richtpunkt ist der Bleikogel. Erst müssen wir in eine Senke hinab, anschließend über einen Rücken aufwärts, um den Vorgipfel knapp links zu umgehen. Von einer Einsattelung leiten Spuren in Kürze zum aussichtsreichen Gipfel des Bleikogels (2411 m), der das Plateau markant überragt. Indessen führt der Weiterweg zur Laufener Hütte kurz vorher rechts hinab, umrundet den Gipfelaufbau südseitig und läuft allmählich in den Fritzerkessel hinein. Über die nächste größere Geländestufe in den schon begrünten und daher weniger abweisend erscheinenden Tennkessel und schließlich ein paar Meter hinauf zur Laufener Hütte (1721 m). Diese Unterkunft ist für Selbstversorger eingerichtet und wird in der Saison von Mitgliedern der Sektion beaufsichtigt (Getränke erhältlich). Andernfalls ist ein AV-Schlüssel notwendig.

Laufener Hütte – Abtenau Nach der langen Plateauüberschreitung am Vortag folgt heute nur noch das Bergab über den Hüttenweg nach Abtenau. Anfangs durch eine Karstgasse leicht, dann über schuttbedecktes Gelände steiler abwärts. Mitten in den Hängen wendet sich die Route scharf nach rechts und steigt zwischenzeitlich kurz auf den Absatz der Wandalm an. Danach in den Wald und auf wurzeligem Steig bergab. Weiter unten entweder direkt durchs Seetal oder etwas länger über die Karalm nach Abtenau, das auf einer weiten Wiesenabdachung liegt.

Laufener Hütte gegen Hochkarfelderkopf

17 RUND UM DEN GOSAUKAMM
In den »Salzburger Dolomiten«

mittel | 3 Tage | 1400 Hm | ÖVM

AUSGANGSPUNKT
Vorderer Gosausee (937 m), Talstation der Gosaukammbahn; Busverbindung von Bad Ischl/Gosau

ENDPUNKT
Siehe Ausgangspunkt

HÜTTEN
Gablonzer Hütte (1522 m), DAV, Ende Mai bis Ende Oktober, Tel. 06136/84 65
Stuhlalm (1462 m), privat, Mitte Mai bis Ende Oktober, Tel. 06463/84 16
Theodor-Körner-Hütte (1466 m), OeAV, Anfang Juni bis Mitte Okt., Tel. 0664/916 63 03
Hofpürglhütte (1705 m), OeAV, Anfang Juni bis Mitte Oktober, Tel. 06453/83 04
Adamekhütte (2196 m), OeAV, Anfang Juni bis Ende September, Tel. 0664/547 34 81

GEHZEITEN
Vorderer Gosausee/Gosaukammbahn – Hofpürglhütte 4 ½ Std. – Adamekhütte 5 Std. – Vorderer Gosausee 3 ½ Std.

ANFORDERUNGEN
Auf dem Austriaweg (1. Etappe) unschwieriges, unbeschwertes Höhenwandern mit nur einer kurzen Steilpassage am »Durchgang«. Der Linzer Weg (2. Etappe) ist eine hochalpine Hüttenverbindung über felsiges, z. T. stark verkarstetes Gelände mit einigen gesicherten Passagen und bis in den Sommer hinein heiklen Schneefeldern (evtl. Steigeisen ratsam). Entsprechende Trittsicherheit, Geländegängigkeit sowie grundlegende Ausdauer und gutes Orientierungsvermögen erforderlich. Kurzvariante über Steiglweg leichter.

KARTE
Alpenvereinskarte, 1:25 000, Blatt 14 »Dachsteingruppe«

Der Gosaukamm, dieses von Zacken und Türmen gespickte nordwestliche Anhängsel des Dachsteinmassivs, wird respektvoll auch als »Salzburger Dolomiten« tituliert. Die Kulisse beeindruckt bereits, wenn man sich durch das bilderbuchartige Gosauer Wiesental annähert, das unvermittelt in einem wildromantischen Kessel mit einem Juwel von See endet. Hier am Vorderen Gosausee starten wir zu unserer Rundtour um den Gosaukamm, die ein ausdauernder Wanderer sogar an einem einzigen Tag bewältigen kann, sofern er dabei die enge Linie über den Steiglpass wählt. Unser Vorhaben bezieht hingegen nach dem Austriaweg, dem Balkonweg auf der heiteren Südwestseite, auch den hochalpinen Linzer Weg ins Programm ein und erfährt damit zwischen Hofpürgl- und Adamekhütte eine markante Steigerung. Letztere befindet sich schon auf Tuchfühlung mit dem Zentralstock des Dachsteins, dessen Gletscher und karstige Einöden zusammen ein beinahe einzigartiges Landschaftsbild prägen. Die Tour lässt sich im Übrigen auch vorteilhaft mit der im folgenden Kapitel beschriebenen Umrundung des Hohen Dachsteins kombinieren und so zu einem einwöchigen Unternehmen im höchsten Karstgebirge der Ostalpen ausbauen.

Blick von der Hofpürglhütte zur Bischofsmütze; davor das Mosermandl

Vorderer Gosausee – Hofpürglhütte Der Zustieg zur Gablonzer Hütte (1522 m), Ausgangspunkt für den Austriaweg, wird durch die Gosaukammbahn auf wenige Minuten verkürzt (zu Fuß knapp 2 Std.). Im Anschluss überschreiten wir nacheinander den Östlichen und Westlichen Törlecksattel und gelangen damit auf die Westseite des Massivs, wo die Blicke über den anmutig hügeligen Tennengau schweifen. Die Trasse des Austriaweges zieht nun unter geringem Höhenverlust quer durch die teils latschenbestandenen Hänge bis in das Gebiet der Stuhlalm (1462 m), deren anheimelnde Idylle mit der zackenreichen Kulisse des Gosaukammes im Hintergrund das reinste Postkartenmotiv ist. Auf der Stuhlalm gibt es – für alle, die es ganz und gar nicht eilig haben – Übernachtungsgelegenheit, genauso wie in der wenige Schritte abseits stehenden Theodor-Körner-Hütte (1466 m). Der Weiterweg führt links an einer kleinen Kuppe vorbei in ausgedehnte Latschenzonen unterhalb des Stuhllochs, das von der Bischofsmütze als alpinem Wahrzeichen des Gosaukammes überragt wird. In einer Rechtsschleife zum so genannten Durchgang, einer steilen Rinne, deren Bewältigung mittels Holztritten und Drahtseilen erleichtert wird. Von ihrem Ausstieg

Am Nordwesteck des Gosaukamms, unweit der Gablonzer Hütte, liegt der Ausgangspunkt der Tour.

> **GIPFEL AM WEG**
>
> **Großer Donnerkogel** (2055 m):
> 1 ½ Std. vom Westlichen Törlecksattel

Die Stuhlalm auf einem lieblichen Wiesenbalkon zu Füßen des Gosaukamms

(P. 1601) wieder annähernd horizontal durch die Hänge bis zu einer Verzweigung auf einem Geländerücken. Hier führt der Austriaweg links weiter, beschreibt noch einen ausholenden Bogen um die südlichen Ausläufer des Gosaukammes herum und trifft zuletzt leicht ansteigend bei der stattlichen Hofpürglhütte (1705 m) ein. Die Fernschau ist nach Süden gerichtet, aber auch der mächtige Torstein und die formvollendete Bischofsmütze ziehen viele Blicke auf sich.

Über dem Linzer Weg sticht die Eiskarlspitze in den Himmel.

Die stattliche Hofpürglhütte mit dem Torstein

Hofpürglhütte – Adamekhütte Auf diesem Übergang, der die Bezeichnung Linzer Weg trägt, wird das Gelände peu à peu rauer, alpiner und damit auch ein gutes Stück anspruchsvoller als auf dem vorhergehenden Austriaweg. Wir queren nordwärts in den Trümmerkessel unterhalb der Bischofsmütze (hier die Reste des gewaltigen Bergsturzes aus dem Jahre 1993), lassen die Abzweigung zum Steiglpass links liegen und biegen Richtung Osten um. In leichtem Auf und Ab geht es bis zum Rinderfeld noch ziemlich gemütlich dahin, doch wird sich das jetzt ändern. Mit jedem Meter Höhengewinn zeigt sich die Szenerie ernster, der Bewuchs spärlicher, das Gelände felsiger und vegetationsfeindlicher. Bei der Weggabelung am Rinderfeld links über Schuttreißen und im versicherten Steilaufstieg durch den schluchtartigen Einschnitt in die Reißgangscharte (1954 m), wo sich ein überraschender Blick in die Talachse der Gosauseen auftut. Nun rechts aus der Bresche hinaus aufwärts, über zunehmend steiniges Terrain geschickt die Durchschlüpfe nutzend auf den Kamm am Reißgangkogel und zur höchsten Wegstelle am Hochkesseleck (2260 m). Wir überblicken die weite, graue Karstmulde unterhalb des Großen Gosaugletschers, in deren hinterem Winkel die Adamekhütte auszumachen ist. Freilich fordert der Kessel noch seinen Tribut in Form von reich strukturiertem Stolpergelände, das alles andere als einen geradlinigen Wegverlauf zulässt. So müssen wir einen ausschweifenden Bogen ausgehen, am Torsteineck (2259 m) noch einen Geländeriegel übersteigen, anschließend an der Nordseite der Hohen Schneebergwand über steilstufige Felsenbänke lavieren und schließlich über den Moränenschotter zur Adamekhütte (2196 m) hinüberqueren. Im Widerschein der Abendsonne leuchtet der Hohe Dachstein noch lange herab, während der Gosaukamm gegenüber sich wie ein Scherenschnitt vor dem Himmel abhebt.

Variante: Wer sich für die Kurzversion entscheidet, kehrt über den Steiglweg via Steiglpass (2012 m) in rund 3 ½ Stunden zum Vorderen Gosausee zurück. Auch das Schwierigkeitsniveau vermindert sich dadurch.

Adamekhütte – Vorderer Gosausee Der lange Abstiegsweg von der Adamekhütte führt zunächst über verkarstetes Terrain zum Hohen Riedel, anschließend in zahllosen, relativ flach angelegten Serpentinen über latschenbewachsene, weiter unten auch von Bergahornen bestandene Hänge bis in die große Talfurche der Gosauseen. Links am Hinteren Gosausee vorbei und immer dem flachen, breiten Weg folgend schließlich noch etliche Kilometer talauswärts, zuletzt wahlweise am rechten oder linken Ufer des Vorderen Gosausees entlang.

18 RUND UM DEN HOHEN DACHSTEIN
Zwischen Salzkammergut und steirischer Ramsau

mittel   4–5 Tage   2800 Hm   ÖVM

AUSGANGSPUNKT
Talstation der Dachstein-Seilbahn (610 m) nahe Obertraun; Bahnhof im Ort, Busverbindung von Gosaumühle

ENDPUNKT
Siehe Ausgangspunkt

HÜTTEN
Guttenberghaus (2146 m), OeAV, Anfang Juni bis Mitte Oktober, Tel. 03687/227 53
Austriahütte (1638 m), OeAV, Ende Mai bis Ende Oktober, Tel. 0664/156 90 81
Dachstein-Südwand-Hütte (1871 m), privat, Ende Mai bis Anfang Nov., Tel. 03687/815 09
Adamekhütte (2196 m), OeAV, Anfang Juni bis Ende September, Tel. 0664/547 34 81
Simonyhütte (2206 m), OeAV, Anfang Juni bis Ende Oktober, Tel. 03622/523 22

GEHZEITEN
Obertraun/Dachstein-Seilbahn – Guttenberghaus 4 Std. – Austriahütte 3 ¾ Std. – Dachstein-Südwand-Hütte 1 Std. – Adamekhütte 5 Std. – Simonyhütte 4 ½ Std. – Dachstein-Seilbahn 2 Std.

ANFORDERUNGEN
Vielfach steiniger Hochgebirgskarst, daher streckenweise mühsam zu begehende Routen wechselnder Steilheit in sehr kleinräumig gegliedertem Gelände. Obwohl überall markiert, gibt es mitunter keine durchgehenden Trassen, speziell auf den nackten Karrenfeldern. Insgesamt ist ordentliche Trittsicherheit und Ausdauer notwendig, vor allem aber auch ein gutes Orientierungsvermögen. Sehr kritisch bei Schlechtwetter.

KARTE
Alpenvereinskarte, 1:25 000, Blatt 14 »Dachsteingruppe«

Im Osten der Alpen nimmt die Kalkbastion des Dachsteins eine herausragende Stellung ein, alpinistisch ebenso wie topografisch. Wir werden dieses annähernd 3000 Meter hohe Massiv zwischen den blauen Salzkammergutseen und dem steirischen Ennstal von allen Seiten begutachten und seine Vielgestaltigkeit binnen fünf Tagen ausgiebig kennenlernen. Die eindrucksvollsten Landschaftselemente finden sich zweifellos im Bereich des Hauptgipfels selbst: die beiden stattlichen Gletscherbecken auf Gosauer und Hallstätter Seite sowie als Schaustück der Ramsau die 800 Meter hohen, lotrechten Südabstürze, unter denen wir am dritten Tag direkt entlangqueren. Sonst prägen vor allem ausgedehnte, öde Karsthochflächen den Dachsteinstock, auf denen natürlich auch längere Strecken dieser Tour verlaufen. Dort herrscht gleichsam eine solche Totenstille, dass man sich seltsam entrückt wie auf einem anderen Planeten fühlt. Je nach Wetter und Lichtstimmung kann das richtig unheimlich werden. Das nötige Know-how über die Eigenarten des Karstes, dieser Mondlandschaft aus nacktem, wasserzerfressenem Kalkgestein, sollte allerdings mitgebracht werden, sonst gerät die Tour unter Umständen zu einer ungewollten Tort(o)ur.

Schroffer Fels über Lärchenwäldern: beim Abstieg durchs Edelgrieß zur Austriahütte

Obertraun – Guttenberghaus Die Dachstein-Seilbahn bringt uns von Obertraun in drei Abschnitten zum Krippeneck, wo wir zur Überquerung der östlich des Zentralstocks gelegenen Hochfläche »Auf dem Stein« aufbrechen. Mit Wegnummer 616 führt die Route ziemlich genau in südliche Richtung zur Feisterscharte. Welliges, unübersichtliches Gelände mit grasbewachsenen Senken zwischen Karrenfeldern und vielen Latschenzonen prägen dieses eigentümlich herbe Hochland, das geomorphologisch dem Bedecktkarst zugeordnet werden kann. Hier spielt also vorerst noch die Vegetation mit, wobei früher sogar einige Almen bestoßen wurden, was sich heute aber nicht mehr rentiert. Schon bei gutem Wetter ist der insgesamt sehr langsam ansteigende Weg nicht immer ganz leicht zu verfolgen; bei Nebel herrscht Verirrungsgefahr in diesem Labyrinth aus Mulden und Kuppen. Besondere Obacht bei Verzweigungen, wo man leicht einmal vom richtigen Weg abkommen kann. Der unsrige leitet schließlich durch eine breite Gasse zur Feisterscharte (2193 m) hinauf, hinter der sofort das Guttenberghaus (2146 m) auftaucht. Nun ist der Blick endlich frei nach Süden, wo sich jenseits des Ennstales die Niederen Tauern erheben.

Morgendliches Streiflicht an den Südwänden des Dachstein

Guttenberghaus – Austriahütte In westlicher Richtung schräg durchs Gruberkar zur Gruberscharte (2353 m) hinauf. Dort wird links der Ramsauer Klettersteig ausgewiesen, eine mögliche Variante für erfahrene Bergsteiger.

Die Austriahütte

Wir halten uns jedoch jenseits in die Mulde des Landfriedtals hinab, überschreiten den links vom Grat herabziehenden Querriegel, durchqueren die nächste Karmulde weiterhin in westlicher Richtung und gewinnen in abermaligem Gegenanstieg die Edelgrießhöhe (2488 m). Hier mündet der Ramsauer Klettersteig nach Überschreitung von Hoher Rams, Scheichenspitze und Gamsfeldspitzen wieder ein (nach der Scheichenspitze und unmittelbar vor dem schwierigsten Abschnitt der hochalpinen Gratferrata existiert nochmals ein Ausstieg nach Norden zum Wanderweg). Vom Sattel steil ins schuttreiche Edelgrieß hinab und an seinem Auslauf bei der Verzweigung rechts, um im weiteren Bergab über den linken Begrenzungsrücken einer Runse die Austriahütte (1638 m) zu erreichen. Sie liegt schon vollkommen im Grünen mit schönem Blick auf die Südwände des Dachsteins.

Austriahütte – Dachstein-Südwand-Hütte

Diesen Wänden nähern wir uns jetzt allmählich. Falls man am gleichen Tag noch bis zur Dachstein-Südwand-Hütte gelangen möchte, geht man ein Stück zurück (oder lässt die Austriahütte vorher links liegen), passiert auf leicht ansteigendem Weg die Türlwandhütte (1695 m) mit der Talstation der Hunerkogelbahn und gewinnt am rechten Rand des Steinfeldes noch etwas an Höhe bis zu jenem Geländerücken, auf dem die Dachstein-Südwand-Hütte (1871 m) steht. Ihr Name kommt nicht von ungefähr.

Dachstein-Südwand-Hütte – Adamekhütte

Auf dem Pernerweg wandern wir direkt zu Füßen der gewaltigen Mauer aus gebanktem Dachsteinkalk entlang. Zunächst führt die Traverse durch die Schuttreißen des Marbodens, nach Überqueren einer Zweigrippe über den Torboden und anschließend im Zickzack hinauf zum Tor (2033 m), welches den Überstieg an einem Gratausläufer unter dem Torstein ermöglicht. Dahinter wieder ein gutes Stück bergab ins Windlegerkar, wo man den Flankensteig verlässt und rechts in das schuttgefüllte Steilkar aufsteigt. Wohl dem, der hier noch Schatten erwischt, denn der nun folgende Aufstieg bis zur Windlegerscharte (2438 m) ist wohl der beschwerlichste Abschnitt der gesamten Tour. Immerhin lässt sich der Steig besser begehen, als es zunächst den Anschein hat. Nach dem ersten Hang sind an steileren Felsstufen einige Drahtseilsicherungen behilflich, ehe sich das Gelände nach oben hin zurücklegt. Die Scharte selbst ist breit und wenig ausgeprägt. Auch jenseits bleibt der Untergrund rau und geröllig; im Bergab mündet die Route auf den Linzer Weg ein, der um den Ausläufer der Hohen Schneebergwand herumzieht (einige gesicherte Felshindernisse) und in einer Schleife das Vorfeld des Großen Gosaugletschers ausgehend bei der Adamekhütte (2196 m) eintrifft.

> **GIPFEL AM WEG**
>
> **Sinabell** (2340 m): 25 Min. von der Feisterscharte
> **Hohe Rams** (2546 m), Scheichenspitze (2664 m): Variante ab Gruberscharte, 1 Std. zusätzlich
> **Hoher Ochsenkogel** (2525 m): 30 Min. vom Hohen Trog
> **Schöberl** (2422 m): 45 Min. ab Simonyhütte (Klettersteig)

Adamekhütte – Simonyhütte Verbindungen zwischen diesen beiden wichtigen Stützpunkten im zentralen Dachsteinmassiv gibt es eigentlich drei: über den Gipfel des Hohen Dachstein, über die Steinerscharte und schließlich via Hoßwandscharte und Hoher Trog. Da die beiden Ersteren vergletschert sind, bleibt für Wanderer nur die dritte Variante, die uns wiederum in die abgeschiedene Welt des Hochgebirgskarstes entführt. Zu Beginn folgen wir ein Stück dem Hüttenweg abwärts, zweigen auf gut 2000 m Höhe allerdings rechts ab, um nach Querung einiger Trümmer über scharfkantige Karren allmählich ansteigend die Hoßwandscharte (2197 m) zu gewinnen. Beim Abstieg auf der Nordseite markant nach rechts und am Sockel des Hoßwandgrates entlang, wobei man bis zu einem Sporn an Höhe verliert, danach wieder mehrheitlich aufsteigt und schließlich den Geländeriegel am Hohen Trog (2354 m) erreicht. Jenseits ins Wildkar hinab und weiter im Auf und Ab durch triste Karstgassen zur Simonyhütte (2206 m). Der Name erinnert übrigens an den »Dachsteinprofessor« Friedrich Simony, welcher sich im 19. Jahrhundert große Verdienste um die Erschließung und wissenschaftliche Erforschung dieses Gebietes erwarb.

Simonyhütte – Obertraun Von der Simonyhütte kehren wir wieder zur Seilbahnstation am Krippeneck zurück. Der Weg verliert in nördlicher Richtung deutlich an Höhe und gabelt sich nach einer knappen halben Stunde. Während der Franz-Josef-Reitweg geradeaus nach Hallstatt hinableitet (mögliche Variante, aber sehr viel länger), steigen wir rechts haltend über einen Latschenhang in die Zirmgrube ab und wandern weiter im Auf und Ab zur Gjaidalm (Schilcherhaus, 1739 m). Kurz dahinter befindet sich bereits die Seilbahnstation.

Der Weg zur Adamekhütte führt durchs Rückzugsgebiet des Großen Gosaugletschers.

19 ÜBERSCHREITUNG DES HÖLLENGEBIRGES
Vom Traunsee zum Attersee

leicht/mittel   3 Tage   1500 Hm

AUSGANGSPUNKT
Ebensee (443 m), Talstation der Feuerkogelbahn im Ortsteil Oberlangbath; Bahn- und Busverbindung auf der Strecke Gmunden – Bad Ischl

ENDPUNKT
Weißenbach am Attersee (470 m); für Rückfahrt zum Ausgangspunkt am besten Taxi oder zweites Fahrzeug organisieren

HÜTTEN
Riederhütte (1752 m), OeAV, Pfingsten bis Ende Oktober, Tel. 0676/736 05 35
Hochleckenhaus (1574 m), OeAV, Ende April bis Ende Oktober, Tel. 07666/75 88

GEHZEITEN
Oberlangbath/Feuerkogelbahn – Riederhütte 2 Std. – Hochleckenhaus 5 Std. – Weißenbach 4 Std.

ANFORDERUNGEN
Die durchwegs bezeichneten Wege führen durch raues, zerklüftetes Karstterrain und werden häufig von dichten Latschenfeldern begleitet, die sich bei Sonnenschein unangenehm aufheizen. Neben grundlegender Trittsicherheit ist daher eine ordentliche Portion Beharrlichkeit vonnöten, auch um das ständig wechselnde Auf und Ab bewerkstelligen zu können. Obwohl keine alpinistischen Schwierigkeiten auftreten, handelt es sich keineswegs um einen Spaziergang. Große Aufmerksamkeit bei einfallendem Nebel!

KARTE
Kompass, 1:50 000, Blatt 18 »Nördliches Salzkammergut«

Am unmittelbaren Alpennordrand wirft das oberösterreichische Höllengebirge zwischen Traunsee und Attersee einen respektablen Sperrriegel auf, nordseitig steil gegen das waldreiche Hügelland um die Langbathseen abbrechend, nach Süden mit einer weitläufigeren, von Rinnen durchzogenen Schrofenabdachung und oben drauf schließlich mit einem unüberschaubar zergliederten, stark verkarsteten Hochplateau. Es ist zwar nicht so groß wie jene im Steinernen Meer, Tennen- oder Toten Gebirge, doch allemal ähnlich ernst, trotz der relativ bescheidenen absoluten Höhenlage. Die Wege sind also von durchaus ruppiger Art. Optisch kennzeichnen zwei Grundfarben die Szenerie: zum einen das Dunkelgrün der ausgedehnten, schier undurchdringlichen Latschenmacchia, die einen Großteil der Fläche überzieht, zum anderen das Hellgrau entblößter Felszonen, dort wo Karrenfelder freiliegen oder Wandbildungen auftreten. Um den Gang über das Höllengebirge genießen zu können, sollte man solchen Karstlandschaften schon aufgeschlossen gegenüberstehen. Hinzu treten aber auch reizende Ausblicke auf die Seen des Salzkammergutes und reelle Chancen, das Gamswild ausgiebig beobachten zu können. Da einem die Feuerkogelbahn zu einem mühelosen Zugang aufs Plateau verhilft, wird man in der Regel die Ost-West-Richtung einschlagen, so wie sie nachfolgend beschrieben ist. In diesem Fall gilt die kürzere Warmlaufetappe dem Übergang zur Riederhütte am Großen Höllkogel. Ziel des zentralen Abschnitts ist dann das Hochleckenhaus, bevor es am dritten Tag über den lang gezogenen Südwestausläufer der Brennerin mit wundervollen Tiefblicken auf den Attersee wieder zu Tal geht. Unser Weg über das Höllengebirge trägt die durchgängige Nummer 820, wird aber auch als Teilstück des Weitwanderweges E4 ausgewiesen.

Sonnenuntergang beim Hochleckenhaus

Feuerkogel – Riederhütte Von der Bergstation am Feuerkogel (1592 m) wandern wir durch das angrenzende Hüttendorf und lassen den touristisch stark erschlossenen Bereich allmählich hinter uns. Via Gasslhöhe, dem Sattel zwischen Heumahdgupf und Steinkogel, geht es in die ausgedehnte Senke des Edltals hinab. Nachdem die anfangs abzweigende Variante über den Alberfeldkogel (1707 m) wieder eingemündet ist, über einen latschenbestandenen Rücken gegen den Totengrabengupf aufwärts. Vor diesem rechts abdrehen und an einer ersten Abzweigung zum Großen Höllkogel vorbei. Weiter durch typische Latschengassen, bis nach einer letzten Biegung plötzlich die Riederhütte (1752 m) auftaucht.

Riederhütte – Hochleckenhaus Nach einem kurzen Stück im Auf und Ab senkt sich der Weg deutlich in die Große Eiblgrube hinab. Zwischendurch führen Abzweigungen zum Hochhirn und zum Eiblgupf. Der Hauptroute folgend hält man sich scharf an einem Felshang entlang und gelangt mit zeitweiligem Blick auf den Langbathsee tief unten im Linksbogen um den Brunnkogel herum. Hinter einer Anhöhe wird eine Karrenmulde mit Quelle durchschritten, ehe ein etwas längerer Gegenanstieg über weiterhin stark zerklüftetes Terrain auf den Grünalmkogel (1821 m) leitet. Der eigentliche Gipfelpunkt, zweithöchste Kote im Höllengebirge, wird knapp rechts passiert, jedoch kostet der Abstecher nur wenige

Riederhütte

Karrengasse auf dem Hochplateau

GIPFEL AM WEG

Alberfeldkogel (1707 m): 30 Min. Mehraufwand auf der 1. Etappe
Großer Höllkogel (1862 m): 45 Min. ab Riederhütte
Hochleckenkogel (1691 m), Brunnkogel (1708 m): jeweils ca. 30 Min. vom Sattel am Jägerköpfl
Brennerin (1602 m), Schoberstein (1037 m): jeweils 10 Min. Abstecher beim Abstieg nach Weißenbach

Minuten. Danach weiter über den breiten, oft latschenbestandenen Rücken absteigend Richtung Pfaffengrabenhöhe. Dort rechts in die nordseitige Flanke und noch etwas stärker bergab in den ebenfalls von einem ziemlich dichten Latschenkleid bedeckten Pfaffengraben, der als markanteste Zäsur in der Hochfläche des Höllengebirges angesprochen werden kann. Die verlorenen Höhenmeter müssen anschließend freilich wieder ausgeglichen werden, und zwar am Gegenhang zum Sattel unweit des Jägerköpfls. Hier bietet sich nochmals die Möglichkeit für einen Gipfelabstecher, entweder zum Hochleckenkogel oder ein Stück weiter zum Brunnkogel, bevor in einer Rechtsschleife das Hochleckenhaus (1574 m) angesteuert wird. Es liegt auf einem plateauartigen Rücken mit freier Aussicht nach Norden und Westen, also perfekt positioniert für einen malerischen Sonnenuntergang.

Hochleckenhaus – Weißenbach Der dritte Abschnitt weist im westlichen Teil der Hochfläche noch einige Gegensteigungen auf, ehe ein längeres Bergab bis zum Ufer des Attersees bevorsteht. Zunächst westwärts absteigend in die erste Geländeeintiefung mit einer Abstiegsmöglichkeit nach Steinbach am Attersee. Dann wieder deutlich bergauf bis zur Anhöhe bei der Geißalm-Jagdhütte (1510 m). Nach einer weiteren Senke (Steinbacher Pfaffengraben) auf den lang gestreckten Geländerücken, wo rechter Hand bald ein Stichweg zur Brennerin (1602 m) abzweigt, den man schon wegen des fulminanten Attersee-Tiefblicks wahrnehmen sollte. Bis zum so genannten »Dachsteinblick« bleibt der Kamm noch relativ breit, danach schnürt er sich zu einem Grat (Mahdlschneid) zusammen, der vor allem rechts, auf der Seite des Attersees,

steil abbricht. Wir halten uns daher häufiger auf der linken Seite, tauchen zeitweise in dichtere Waldbestände ein, tangieren aber zwischendurch immer wieder auch die Gratkante. Zum Beispiel am Mahdlgupf (1261 m), wo es nochmals ein paar Meter bergauf geht. Dann weiter links des Kammes, der als letztes Felsgebilde den doppelgipfligen Schoberstein (1037 m) aufwirft. Unermüdliche werden auch diesen Abstecher noch erwägen, bevor ein serpentinenreicher Weg dem Auslauf des bewaldeten Bergrückens bis hinab nach Weißenbach am Attersee folgt.

Das Höllengebirge weist eine ausgedehnte Plateaubildung und schroffe Randabstürze auf.

Tiefblick auf Weißenbach am Attersee

20 VON BAD ISCHL INS STODERTAL
Auf Karstrouten über das Tote Gebirge

mittel — 4–5 Tage — 3500 Hm — ÖVM

AUSGANGSPUNKT
Bad Ischl (469 m) im Herzen des Salzkammergutes, Bahnverbindung; Zufahrt auch bis zur Rettenbachalm (636 m) möglich

ENDPUNKT
Hinterstoder, beim Johannishof (605 m); Busverbindung vom Bahnhof Hinterstoder bzw. Windischgarsten

HÜTTEN
Ischler Hütte (1368 m), OeAV, Ende Mai bis Ende September, Oktober am Wochenende, Tel. 0664/487 78 84
Albert-Appel-Haus (1638 m), ÖTV, Ende Mai bis Ende September, Tel. 0676/333 66 68
Pühringerhütte (1637 m), OeAV, Anfang Juni bis Mitte Oktober, Tel. 0664/983 32 41
Priel-Schutzhaus (1422 m), OeAV, Mitte Mai bis Ende Oktober, Tel. 07564/206 02

GEHZEITEN
Bad Ischl – Ischler Hütte 4 1/2 Std. – Albert-Appel-Haus 6 Std. – Pühringerhütte 4 1/2 Std. – Priel-Schutzhaus 4 1/2 Std. – Hinterstoder 2 1/4 Std.

ANFORDERUNGEN
Typisch zerklüftetes Karstterrain macht die Übergänge zum Teil beschwerlich und verlangt eine solide Trittsicherheit, Geländetauglichkeit und Ausdauer. Vor allem die 2. und 4. Etappe verlaufen oft sehr ruppig. Trotz ausreichender Markierung gutes Orientierungsvermögen notwendig, wie immer im Karst bei Nebel sehr problematisch.

KARTE
Alpenvereinskarte, 1:25 000, Blätter 15/1 und 15/2 »Totes Gebirge West bzw. Mitte«

Zwischen dem Salzkammergut und der Pyhrnregion bringt das Tote Gebirge eine der größten Karsthochflächen der Alpen zur Ausbildung. Riesige Karrenfelder, tiefe Schächte und Dolinen, ein Fleckenteppich aus seichten Mulden und Kuppen, nicht zu vergessen die zahllosen Höhlen im Untergrund schaffen ein wahrhaft sonderbares Gelände. In seiner ungeheuren, fast einschüchternd wirkenden Weitläufigkeit übertrifft das Tote Gebirge sogar alle anderen Plateaustöcke zwischen Loferer Steinbergen und Dachstein. Schon der frühe Alpenforscher Friedrich Simony stellte fest: »Das ganze Terrain ringsum zeigt ein Aussehen, als hätte es durch Jahrhunderte ätzende Säuren auf das Gestein geregnet.« Ganz so dramatisch ist es bei genauerem Hinsehen allerdings doch nicht: Denn »tot« präsentieren sich eigentlich nur die höchsten Zonen, namentlich im Bereich der zentralen Prielgruppe. Sonst zeigt die Landschaft häufig eine mal schüttere, mal dichtere Pflanzenbedeckung. Zudem ist der Wildreichtum legendär, zählte das Tote Gebirge doch einst zu den bevorzugten Jagdgebieten der Habsburger. In der »Salzkammergut-Metropole« Bad Ischl brechen wir zur großen Plateauüberschreitung auf, die uns vier bis fünf Tage lang abschwören lässt von der gewohnten Zivilisation und erst im malerischen Stodertal wieder von freundlicheren Zügen umgeben wird. Die Weltentrücktheit wird dabei zum größten Faszinosum.

Auf der Schönberg-Überschreitung; im Hintergrund der Dachstein

Bad Ischl – Ischler Hütte Bei einem Start in Bad Ischl muss man zunächst kilometerweit flach ins Rettenbachtal hineinlaufen; wer eine Fahrgelegenheit bis zur Rettenbachalm (636 m) nutzt, eventuell per Taxi, spart den zweistündigen Hatscher. Hinter der Alm zunächst noch weiter auf der Forststraße, nach der großen Schleife dann rechts abzweigend steil bergauf. Der Weg hält sich an einen dicht bewaldeten Rücken und gelangt zum Scheitelpunkt am Beerensattel (1434 m). Schließlich leicht absteigend auf die Lichtung der Schwarzenbergalm und zur nahen Ischler Hütte (1368 m).

Ischler Hütte – Albert-Appel-Haus Diese Etappe wird bereits die anstrengendste, zumal es vor allem zwischen Schönberg und Rinnerkogel teils sehr verzwickt durch stark zergliedertes, um nicht zu sagen zerschründetes

Wildensee gegen Rinnerkogel

Blick aus der urwüchsigen Elmgrube auf den Salzofen

ersten großen Aussichtspunkt der Tour. Man überblickt das ganze Salzkammergut und natürlich weite Bereiche der Hochfläche, die wir in den folgenden Tagen überqueren. Der Abstieg am Ostgrat des Schönbergs gibt sich steil und luftig, und auch die Fortsetzung bei der südseitigen Umgehung des Kleinen Wehrkogels behält einen ausgesprochen rauen Charakter. Im Bereich einer tiefen Mulde mündet unsere Route in den Weg vom Ebenseer Hochkogelhaus ein und zieht kräftig ansteigend ostwärts am Großen Scheiblingkogel hinauf. Dem Gipfel wird schließlich rechts ausgewichen, bevor man unter dem Kleinen Rinner entlang die Abzweigung zum Rinnerkogel (2012 m) erreicht. Ein Abstecher wird nochmals mit einer interessanten Aussicht belohnt, bei der man tief unten den Wildensee entdeckt. Dorthin führt jetzt unser Weiterweg, allerdings nicht ganz direkt, sondern in einer Links-Rechts-Schleife zum Sattel am Rinnerboden und dann erst zum Ufer hinab. Wie sehr ein See die herbe Umgebung beleben kann! Nun in südlicher Richtung sanft aufwärts zu einem weiteren Geländesattel und dahinter zur weitläufigen Wildenseealm (1521 m), auf der sich eine Selbstversorgerhütte befindet. Das bewirtschaftete Albert-Appel-Haus (1638 m) ist jetzt aber auch nicht mehr weit entfernt.

Albert-Appel-Haus – Pühringerhütte

Man achte darauf, bei den verschiedenen Wegen, die vom Albert-Appel-Haus wegführen, den richtigen zu erwischen. Er leitet südostwärts durchs Hüttenmoos, schwenkt dann nach links und steigt gegen den Redenden Stein (1902 m) an. Dieses Gipfelchen lädt mit seiner überraschend instruktiven Aussicht zu einem Abstecher. Der Weiterweg führt danach unterhalb vorbei nach Osten, passiert mit etwas Auf und Ab die Abhänge von Widerkarkogel und Hinterem Bruderkogel und gelangt zur Wieslacke. Dort kann man sich entscheiden, ob man das Wildgössl (2066 m) auf dem Hauptweg nordseitig umgehen oder – was bei klarem Wetter in jedem Fall lohnender ist – den Gipfel lieber überschreiten möchte. Die Routen treffen später wieder zusammen und führen gemeinsam etwas steinig in die lärchenbestandene Elmgrube hinab. Bei den Jagdhütten scharf nach links und mit etwas Gegenanstieg über

Terrain geht. Zunächst am Rande einer lang gestreckten Mulde allmählich bergauf zu einer Wegverzweigung. Wir halten uns rechts aufwärts ins Wildkar. Die steilen, unwegsamen Latschenhänge erweisen sich als etwas beschwerlich, besser wird es in dem freieren Gelände oberhalb. Mit dem doppelgipfligen Schönberg (2093 m), der regional auch als Wildenkogel bezeichnet wird, erreichen wir den

GIPFEL AM WEG

Rinnerkogel (2012 m): 20 Min. Abstecher bei der 2. Etappe
Redender Stein (1902 m): 20 Min. Abstecher bei der 3. Etappe
Wildgössl (2066 m): Überschreitungsmöglichkeit bei der 3. Etappe, Mehraufwand ca. 45 Min.
Elm (2129 m): 1 1/2 Std. von der Pühringerhütte
Temlberg (2327 m): 45 Min. vom Temlbergsattel
Großer Priel (2515 m): 15 Min. Abstecher bei der Variante über die Brotfallscharte

eine seichte Geländeschwelle hinweg. Dahinter liegt der Elmsee mit der Pühringerhütte (1637 m), einer der bezauberndsten Plätze überhaupt im Toten Gebirge.

Pühringerhütte – Priel-Schutzhaus Ostwärts an den zwei Abzweigungen in die Röll sowie zum Rotgschirr vorbei und zum Rotkogelsattel (2000 m) hinauf. In weiterer Folge wird mit Zwischenabstieg die weite, zerklüftete Geländesenke des »Aufg'hackert« durchschritten – der Name ist hier wirklich Programm. Man steigt allmählich wieder an, hält sich bei einer Gabelung rechts und gewinnt den Temlbergsattel, wo sich die Spitzmauer auffällig ins Blickfeld schiebt. Ostseitig öffnet sich eine tiefe, chaotisch anmutende Geländefurche, in deren linken Bereich wir nun absteigen. Hinter der zwischen Spitzmauer und Brotfall eingelagerten Klinserscharte (1805 m) wird der Weg bald steiler und führt am Auslauf des schluchtartigen Einschnitts nach links hinüber zur Vereinigung mit dem Brotfallschartenweg (siehe Variante). Kurz darauf wird das Priel-Schutzhaus (1422 m) erreicht.

Variante: Um etwa zwei Stunden länger ist jene Variante, die unterhalb des Temlbergsattels links weiterführt, später den Fleischbanksattel (2122 m) tangiert und über den Westrücken gegen den Großen Priel (2515 m) ansteigt. Bevor rechter Hand über die Steilstufe der Brotfallscharte ins Kühkar und zum Priel-Schutzhaus abgestiegen wird, sollte man den kurzen Abstecher zum höchsten Gipfel des Toten Gebirges nicht versäumen.

Priel-Schutzhaus – Hinterstoder Das finale Bergab führt durch schönen Buchenwald und später in zahlreichen Windungen über eine Steilpassage (nebenan das Felsloch des Kleinen Ofen) in die Polsterlucke. Von dort auf einem Fahrweg flach talauswärts, am Polstergut sowie am Schiderweiher vorbei, bis zur Bushaltestelle am Johannishof in Hinterstoder.

Das Tote Gebirge gilt als sehr gämsenreich.

Rückblick zum Temlberg beim Abstieg zum Priel-Schutzhaus

Alpenrosenblüte am Kieler Weg im Verwall

Zwischen Rätikon und Stubaier Alpen

21 HÖHENWEGE IM RÄTIKON
Von der Sulzfluh zur Schesaplana

mittel | 4–5 Tage | 2900 Hm | ÖVM

AUSGANGSPUNKT
Grabs (1365 m), erreichbar mit dem Grabserbus von Schruns (Montafonbahn) über Tschagguns, Infos unter Tel. 05525/625 94

ENDPUNKT
Brand (1037 m), Busverbindung zum Bahnhof Bludenz

HÜTTEN
Tilisunahütte (2208 m), OeAV, Mitte Juni bis Mitte Oktober, Tel. 0664/110 79 69
Lindauer Hütte (1744 m), DAV, Anfang Juni bis Mitte Oktober, Tel. 0664/503 34 56
Totalphütte (2381 m), OeAV, Mitte Juni bis Anfang Oktober, Tel. 0664/240 02 60
Mannheimer Hütte (2679 m), DAV, Anfang Juli bis Mitte September, Tel. 0664/352 47 68
Oberzalimhütte (1889 m), DAV, Mitte Juni bis Mitte Oktober, Tel. 0664/122 93 05

GEHZEITEN
Grabs – Tilisunahütte 3 Std. – Lindauer Hütte 2 1/4 Std. – Totalphütte 5 Std. – Mannheimer Hütte 3 1/4 Std. – Oberzalimhütte 1 3/4 Std. – Brand 2 Std.

ANFORDERUNGEN
Die ersten drei Abschnitte sind bei entsprechender grundlegender Bergtauglichkeit recht leicht, allenfalls bei Nässe auf erdigen Wegen etwas heikel. Ein etwas höheres Maß an Trittsicherheit und alpiner Erfahrung ist bei der Überschreitung der Schesaplana einschließlich des Leiberweges zur Oberzalimhütte gefragt. Die Traverse über den spaltenlosen Brandner Gletscher ist meistens unkritisch, außer bei Nebel (Orientierung) sowie bei Blankeis (dann Steigeisen notwendig).

KARTE
freytag & berndt, 1:50 000, Blatt 371 »Bludenz – Klostertal – Montafon«; Landeskarte der Schweiz, 1:25 000, Blätter 1157 »Sulzfluh« und 1156 »Schesaplana«

Mächtige, graue Felsbastionen und grüne Matten ringsum – mit diesen Kontrasten empfängt uns der Rätikon, das westliche Gebirge der österreichischen Zentralalpen an der Grenze zu Graubünden. Kaum ein Gebiet ist derartig dicht mit Wegen und Hütten erschlossen, bietet dem Wanderer ein vergleichbar engmaschiges Routennetz und damit eine Fülle von Variationsmöglichkeiten. Wir bleiben mit unserer Tour im vorarlbergischen Teil des Rätikon und durchqueren ihn von den Bergen über dem Gauertal – häufig als schönster Talschluss Vorarlbergs tituliert – bis zum Schesaplanamassiv, dem leicht vergletscherten Dach des Rätikon. Schaustücke sind dabei vor allem die wuchtigen Kalkklötze der Sulz- und Drusenfluh, die gerade durch den Gegensatz zu den anheimelnden, blumengeschmückten Wiesenlandschaften unterhalb besonders gut zur Geltung kommen. Die Wanderung selbst ist damit meist von beschaulicher Art, steigert sich aber im Bereich der Schesaplana auch zu hochalpinen Reizen. Vor dem Brandner Gletscher muss sich im Übrigen niemand fürchten, der zumindest ein Paar Grödel im Gepäck hat. Die größere Hürde hält da womöglich eher der finale Abstieg über den Leiberweg bereit.

Die Lindauer Hütte unter den Wänden des Sulzfluh-Massivs

Grabs – Tilisunahütte Von der Alpsiedlung Grabs (1365 m) neben einer Liftschneise nach Hochegga (1558 m), wo man sich zwischen zwei Varianten nicht leicht wird entscheiden können. Die kürzere benutzt den nach rechts wegführenden Fahrweg zur Alpilaalpe (1688 m) und folgt anschließend einem Steig über die Geländeschulter von Mottabella hinweg auf die Böden der Tobelalpe. Nun hinauf zum Tobelsee, dem Highlight der Auftaktetappe (klassischer Blick ins hintere Gauertal mit den Drei Türmen), und weiter in den Schwarzhornsattel (2166 m). Jenseits unter den Steilflanken des Schwarzhorns entlang bis zu einer feuchten Wiesenmulde und zum Schluss nochmals leicht aufwärts zur Tilisunahütte (2208 m), die im geologisch wie optisch interessanten Übergangsbereich zwischen Kalk- und Kristallingestein liegt.

Variante: Die rund 40 Minuten längere Alternativroute verbleibt ab Hochegga an dem Gratrücken, der zur Tschaggunser Mittagspitze (2168 m) hinaufführt. Unterhalb des schrofferen Gipfelaufbaus nach rechts auf eine kleine Rippe und schließlich nochmals steil bergauf in die Einsattelung südwestlich der Mittagspitze, die man sicherlich mitnehmen wird (etwas Kletterei). Anschließend folgt man dem aussichtsreichen Kammrücken des Walser Alpjochs bis in den Schwarzhornsattel, wo Anschluss an die Hauptvariante gewonnen wird.

Tilisunahütte – Lindauer Hütte Zuerst ein kurzes Stück gemeinsam mit dem Anstieg zur Sulzfluh, anschließend rechts und die Wiesenhänge schräg aufwärts querend bis in die Schwarze Scharte (2336 m). Auf der anderen Seite mittels einer kurzen Traverse zum botanisch äußerst vielfältigen Bilkengrat, über den es in zahlreichen engen Serpentinen abwärts geht. Zur Linken beherrscht der mächtige Felskomplex der Sulzfluh die Szenerie. Wir erreichen die Talmulde an seinem Nordfuß und steigen durch den Porzelangawald wieder ein

Rätikon-Kontraste: Blumenwiese am Fuß der Drei Türme

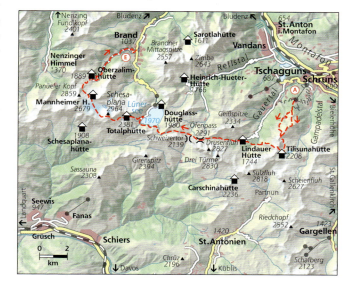

Wandern im Rätikon bedeutet häufig wandern im Grünen.

klein wenig zur Lindauer Hütte (1744 m) an. Hier sorgt übrigens ein Alpenpflanzengarten für Kurzweil, dessen Besuch im Juni und Juli sicherlich am interessantesten ist.

Lindauer Hütte – Totalphütte Ein Wechselspiel von drei Aufstiegen und zwei Abstiegen bestimmt diese Etappe entlang den Nordabstürzen des Rätikon, die trotz ihrer Nähe zum steilen Geschröf eher in sanften Linien verläuft und daher nicht übermäßig anstrengend ist. Allerdings summiert sich das Bergauf insgesamt auf deutlich über 1000 Hm. Von der Lindauer Hütte gehen wir westwärts hinüber zur Oberen Sporaalpe (1739 m) und folgen dem lang gezogenen Einschnitt des Öfentals hinauf Richtung Öfenpass (2291 m), zur Linken stets begleitet von der massigen Felsflucht der Drusenfluh. Anschließend wird im Bergab das Schweizertor (2139 m), der wohl markanteste Einschnitt in der Hauptkette des Rätikon, knapp links liegen gelassen, bevor es an einem ehemaligen Zollwachthüttchen vorbei zum Verajöchle (2330 m) hinaufgeht. Nun liegt im Westen ein neues Blickfeld offen, das vor allem von der Bergumrahmung der Totalp mit der Schesaplana als höchster Spitze bestimmt wird. Durch ein Hochtälchen verlieren wir bis zur Lünerseealp aber erst einmal

wieder einiges an Höhe. Der stattliche, aufgestaute Lünersee (1970 m), um den wir nachfolgend ein gutes Stück im Uhrzeigersinn herumgehen müssen, bildet gewissermaßen das Herz des Rätikon, sowohl geografisch als auch in touristischer Hinsicht. Mit der Seilbahn kommen tagtäglich jede Menge Ausflügler aus dem Brandnertal hinauf, Wanderer und Bergsteiger verteilen sich auf die verschiedenen Wege und streben den umliegenden Hütten und Gipfeln zu. Am Westufer beginnt für uns mit dem Aufstieg zur Totalphütte (2381 m) der letzte Teil dieser Etappe. In vielen Windungen über eine Geländeschwelle hinweg zum Rand der öden, verkarsteten Totalp.

Totalphütte – Mannheimer Hütte Mit der Überschreitung des Hauptgipfels im Rätikon steht heute buchstäblich der Höhepunkt der Tour bevor. Zunächst bewegen wir uns über die nackten Karrenfelder und Geröllfluren der Totalp aufwärts und stoßen zuhinterst auf einen steileren Riegel, den wir rechts haltend bis in eine kleine, mitunter schneegefüllte Karmulde überwinden. Im Bogen weiter zur Kante des Südostgrates, von wo es nur noch wenige Minuten bis zum Gipfel der Schesaplana (2965 m) sind. Bei klarem Wetter darf man sich auf ein Panorama der Extraklasse freuen, denn die Fernschau reicht weit hinein in die Schweizer Alpen sowie nach Tirol, aber auch über die Bodenseeregion hinaus ins Oberschwäbische. Im Abstieg zuerst ein kurzes Stück zurück, dann rechts über mürbe Schieferschutthänge, die abwärts relativ angenehm zu begehen sind, zum Schesaplanasattel (2728 m). Hier kommt von Süden der Schweizer Normalanstieg von der Schesaplanahütte herauf, während nordseitig der Brandner Gletscher ansetzt. Bei guter Sicht und ausreichender Firnauflage ist dieser Plateaugletscher ohne Probleme zu überqueren, und zwar nordwestwärts direkt auf die Mannheimer Hütte (2679 m) zu, die zuletzt über einen kurzen Gegenhang gewonnen wird. Bei Nebel ist gute Orientierungsgabe (eventuell mit Kompass) vonnöten, tritt blankes Eis zutage, wird man um Grödel oder Steigeisen froh sein. Ansonsten kann man auch ein Stück dem Kamm über die Schafköpfe folgen und anschließend den Gletscher weiter westlich traversieren, dort wo er noch etwas flacher ist.

Mannheimer Hütte – Brand Von der höchstgelegenen Unterkunft im Rätikon geht es mit Zwischenstation Oberzalimhütte bis ins Tal hinunter, und zwar über eine im oberen Teil relativ anspruchsvolle Steiganlage (Leiberweg). Man begibt sich westwärts in die Senke am Gletscherrand hinab und steigt dann in den nordseitigen Steilabbruch ein. Im Zickzack tiefer, dann in längerer Abwärtstraverse durch die abschüssige Flanke, wobei neben reichlich Schutt und Geröll je nach Jahreszeit auch Schneefelder auftreten können. Nach einiger Zeit zweigt links der Straußweg Richtung Spusagang ab, während wir rechts weiter durch die Flanke und schließlich über einen schrofigen Sporn absteigen. Kurz darauf ist die Oberzalimhütte (1889 m) erreicht. Auf dem Zalimweg, der als Wirtschaftsweg breit ausgebaut ist, vollzieht sich der restliche Abstieg durch Almgelände bis in den Talort Brand.

> **GIPFEL AM WEG**
>
> **Tschaggunser Mittagspitze** (2168 m): 20 Min. Abstecher bei der 1. Etappe/Variante
> **Sulzfluh** (2818 m): 2 Std. ab Tilisunahütte, für Geübte Überschreitungsmöglichkeit durch den »Rachen« zur Lindauer Hütte
> **Geißspitze** (2334 m): 1 ¾ Std. von der Lindauer Hütte
> **Wildberg** (2788 m), Panüelerkopf (2859 m): 20 bzw. 40 Min. ab Mannheimer Hütte

Am Lünersee

22 VOM ARLBERG INS MONTAFON
Stille Winkel im Verwall

mittel — 4–5 Tage — 4100 Hm — ÖVM

AUSGANGSPUNKT
Langen am Arlberg (1228 m); Station an der Bahnstrecke zwischen Innsbruck/Landeck und Bregenz/Bludenz

ENDPUNKT
Schruns (690 m) im Montafon; Bahnverbindung mit Bludenz

HÜTTEN
Kaltenberghütte (2089 m), DAV, Ende Juni bis Anfang Oktober, Tel. 05582/790
Konstanzer Hütte (1688 m), DAV, Ende Juni bis Ende September, Tel. 0664/512 47 87
Heilbronner Hütte (2320 m), DAV, Ende Juni bis Ende September, Tel. 05446/29 54
Wormser Hütte (2305 m), DAV, Ende Juni bis Mitte Oktober, Tel. 0664/132 03 25

GEHZEITEN
Langen – Kaltenberghütte 2 ½ Std. – Konstanzer Hütte 5 Std. – Heilbronner Hütte 5 ½ Std. – Wormser Hütte 9 Std. – Sennigrat ¼ Std.

ANFORDERUNGEN
Die Übergänge zur Konstanzer Hütte und weiter zur Heilbronner Hütte (via Wannenjöchli) verlangen auf teils spärlichen Steigen und in Steilpassagen den geübten Bergwanderer mit gediegener Trittsicherheit. Der Wormser Weg zum Abschluss ist technisch etwas leichter, aufgrund seiner extremen Länge aber wohl trotzdem das anspruchsvollste Teilstück. Eine exzellente Kondition ist notwendig, will man nicht zu vorzeitigem Abbruch gezwungen sein.

KARTE
Kompass, 1:50 000, Blatt 41 »Silvretta – Verwallgruppe«; Alpenvereinskarte, 1:25 000, Blatt 28/2 »Verwallgruppe – Mitte«

Mit einem dreieckigen Grundriss fügt sich ein verhältnismäßig wenig bekanntes Zentralalpengebiet zwischen Arlbergachse im Norden sowie Vorarlberger Montafon und Tiroler Paznaun im Süden ein: die Verwallgruppe. Geologisch mit der benachbarten Silvretta verwandt, zeigen sich in der Osthälfte überwiegend schroffe Felsbauten sowie einige kleine Gletscherbecken in den Hochkaren. Im Westteil trifft man dagegen auf etwas bescheidenere Formen und Gipfelhöhen. Unsere erste Tour im Verwall beginnt in unmittelbarer Nähe zum Arlberg und zieht mit einem stillen Übergang zwischen Kaltenberghütte und Konstanzer Hütte ins Zentrum der Gruppe, wo Patteriol und Kuchenspitze die Szenerie beherrschen. Nachdem die Heilbronner Hütte über zwei verschiedene Routen erreicht werden kann, steht mit dem Wormser Weg als Abschlussetappe ein Wandermarathon sondergleichen bevor. Es gibt wohl nur wenige Hüttenverbindungen von ähnlicher Länge in den Ostalpen, noch dazu mit ständigen reizvollen Ausblicken. Man kann von einem der schönsten Montafoner Panoramawege sprechen, den man normalerweise in ziemlicher Einsamkeit erleben wird. Lediglich das allerletzte, gewaltsam erschlossene Stück trübt ein klein wenig den positiven Gesamteindruck, welchen nicht nur der Wormser Weg, sondern das gesamte Verwall hinterlässt.

Szenerie am Bruckmannweg unterhalb der Fasulspitze

Langen – Kaltenberghütte Von Langen über die erste steile, bewaldete Hangstufe in den Einschnitt des Albonabachs. An der Unteren Bludenzer Alpe (1546 m) vorbei in den hinteren Kessel und links empor zur Oberen Bludenzer Alpe. Weiterhin in Kehren aufwärts bis zur Kaltenberghütte (2089 m), die sich einer freien Lage hoch über dem Klostertal erfreut.

Varianten: Ein anderer Zustieg kommt von Stuben (1407 m), und wer einen Höhenweg dem Aufstieg aus dem Tal vorzieht, könnte am Arlbergpass (St. Christoph, 1765 m) starten und über den Berggeistweg in immerhin gut vier Stunden zur Hütte wandern.

Kaltenberghütte – Konstanzer Hütte In südlicher Richtung begeben wir uns an zwei Abzweigungen vorbei mit etwas Auf und Ab in das weite Hochkar namens Krachel. Nach Überschreiten der Schwarzen Rüfi in dem steinbewehrten Kessel allmählich nach rechts und über Blockschutt – anfangs noch von spärlichem Grün durchsetzt, später nur mehr öde – an einige felsige Stufen heran, die auf eine ausgeprägte Gratrippe leiten. Dieser folgen wir bis auf die Höhe des Kammes bei P. 2650 neben der Krachenspitze, gleichzeitig Scheitelpunkt dieser Etappe. Blickfang gegenüber ist jetzt plötzlich der Kaltenberg mit seinem charakteristischen nordseitigen Steilfirn. Links im Hintergrund sind einige Dreitausender des Verwall zu sehen, und in diese Richtung führt auch unser Weiterweg. Dazu müssen wir zunächst über einen steilen Bröselhang links haltend in die Karmulde mit dem Kaltenbergsee absteigen. Daran vorbei und über die nächste Geländeschwelle in den Hochkessel der Ganda (oberes Maroital). Dort genau auf die Wegführung mit ihrem scharfen Rechtsknick achten; bei hoher Wasserführung ist der verästelte Bachlauf unter Umständen schwierig zu überschreiten. Es folgt der Gegenanstieg ins Gstansjöchli (2573 m), aus dem südseitig nach einem kurzen Schutthang weitläufige Matten bergab leiten. Immer den Bezeichnungen und dürftigen Pfadspuren nach, gelangt man über die Trogschulter hinweg in einen erlendurchsetzten Steilhang, der ins Pfluntal ausläuft. Von der Pflunhütte (1930 m) oberhalb des Baches hinaus ins Haupttal der Rosanna, wo in dem Winkel zwischen ihr und dem Fasulbach die Konstanzer

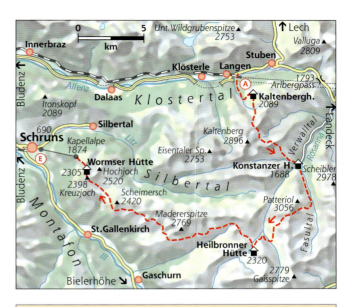

GIPFEL AM WEG

Maroiköpfe (2522 m): 1 1/4 Std. von der Kaltenberghütte
Krachenspitze (2686 m): 5-Min.-Abstecher auf der 2. Etappe

Erstes Etappenziel ist die Kaltenberghütte.

Die Scheidseen liegen eingebettet in die weiten Wiesenböden am Verbellner Winterjöchl.

Herbstliches Wandervergnügen am Wormser Weg

Hütte (1688 m) steht – mit dem gewaltigen Patteriol als Wächter.

Konstanzer Hütte – Heilbronner Hütte
Zwei mögliche Alternativen bieten sich für dieses Teilstück an, die eine gleichsam kurz und schmerzlos, die andere wesentlich länger und ruppiger, aber auch viel reicher an Eindrücken. Deshalb gilt dem Bruckmannweg über das Wannenjöchli die erste Empfehlung. Von der Konstanzer Hütte wandert man erst einmal eine Stunde ins Fasultal hinein, bis beim »Kugelten Stein« der eigentliche Bruckmannweg abzweigt. In zahlreichen Serpentinen windet sich der Steig über den steilen Troghang empor und gelangt über die Geländeschwelle in das steinige Kar unterhalb der Patteriol-Südwand. Nach einer kleinen Anhöhe quer durch die dahinter liegende Geröll- und Schneemulde bis ins Wannenjöchli (2633 m). Urweltlich wirkt die Umgebung mit ihren bizarren, kantigen Türmen. Auf der Westseite steigen wir über den hübschen Wannensee ab, halten uns dabei immer weiter links, wo unterhalb des Schönverwallkopfes das Block- und Schuttgelände allmählich von alpinen Matten abgelöst wird. In der Sohle des Schönverwall angekommen, führt der Steig der Rosanna entlang noch etwas tiefer bis zur Brücke. Bei wasserarmen Bedingungen kann man versuchen, den Bach direkt zu überschreiten, um über den Pfad am Gegenhang ein Stück abzukürzen. Bald wieder gemeinsam in die große Wiesensenke mit den malerischen Scheidseen hinauf, wo etwas oberhalb des Verbellner Winterjöchls auch die Neue Heilbronner Hütte (2320 m) steht.

Variante: Auf direktem Weg lässt sich in drei Stunden von der Konstanzer Hütte durchs Schönverwall zur Heilbronner Hütte hinaufwandern. Dabei folgt man über längere Strecken einem Fahrweg, erst im oberen Teil einem Steig. Ein idyllisches Hochtal bietet

Der Wormser Weg schneidet die Flanken des Scheimersch.

den landschaftlichen Rahmen, im Vergleich zum Bruckmannweg jedoch relativ eintönig und deshalb eher nur für unsicheres Wetter zu empfehlen.

Heilbronner Hütte – Wormser Hütte Nun kommt er an die Reihe, der berüchtigte Wormser Weg. Berüchtigt nicht, weil er mit seinem Wechselspiel aus grasigem und steinigem Gelände besonders schwierig wäre, doch zieht er sich halt ganz gewaltig in die Länge. Wir gehen zurück zu den Scheidseen und zweigen an ihrem Nordende links ab, um über sumpfige Böden zunächst flach Richtung Valschavielsee zu wandern. Kurz vorher wieder rechts zum Valschavieler Jöchli (2439 m) empor. Jenseits steil hinab und im Bogen zu einem verschlossenen Hüttchen auf der Hangterrasse über dem hinteren Valschavieltal. Diese gibt nun den Weiterweg vor, wobei man auf den offenen Matten zunächst leicht an Höhe verliert, später aber zum Madererjöchli (»Grat«, 2251 m) wieder bergauf steigt. Den ausgewiesenen Abstecher zum Maderer (2769 m) wird man sich wohl verkneifen. Ohnehin können wir auch von unserem Höhenweg ständig in schönsten Ausblicken schwelgen. Vom Madererjöchli auf die Augstenböden hinab, wo sich über die Netzaalpe ein möglicher Notabstieg bietet. Man verbleibt rechts auf dem oberen Weg, überwindet einen Geländesattel und quert unterhalb des Schermschteberges zu einer Aussichtskanzel mit großem Almkreuz. Formidable Schau hinüber zum Rätikon! Nun geht es unter dem Dürrkopf entlang im Steilaufstieg dem Roßbergjoch entgegen. Man gewinnt den ersten Einschnitt und quert unter dem Roßberg hindurch ins Nördliche Roßbergjoch (2310 m). Dahinter in einen Trümmerkessel hinab und weiter in die Flanken des Scheimersch hinein. Hier windet sich der Steig teilweise etwas luftig um den Gipfel herum und sinkt anschließend in die breite Einsattelung der Furkla (Grasjoch, 1975 m) ab. Falls es zu lang wird: Über die Zamangalpe und Tanafreida ließe sich günstig nach St. Gallenkirch absteigen. Der anhängliche Gegenanstieg zum Kreuzjoch (2398 m) wird nun durch die Pistenerschließung gestört. Ist dieses letzte Bergauf geschafft, gelangt man gleich jenseits zur Wormser Hütte (2305 m) und ein Stück weiter zur Station Sennigrat der Schrunser Hochjochbahnen. Mit dem Sessellift zur Kapellalpe und mit der Gondelbahn weiter nach Schruns hinab. Wer – was nicht unwahrscheinlich ist – die letzte Bahn verpasst oder einen gemütlichen Ausklang bevorzugt, kann ja in der Wormser Hütte nochmals übernachten.

23 DURCHS ÖSTLICHE VERWALL
Traumpfade im Tiroler Oberland

mittel/schwierig   5 Tage   4100 Hm   ÖVM

AUSGANGSPUNKT
Pettneu am Arlberg (1222 m); Busverbindung zwischen Landeck und St. Anton

ENDPUNKT
Zeinisjochhaus (1822 m), am Speicher Kops im hinteren Paznaun; Busverbindungen nach Landeck und Schruns

HÜTTEN
Edmund-Graf-Hütte (2375 m), OeAV, Ende Juni bis Ende September, Tel. 05448/85 55
Niederelbehütte (2310 m), DAV, Ende Juni bis Ende September, Tel. 0676/841 385 200
Darmstädter Hütte (2384 m), DAV, Anfang Juli bis Mitte Sept., Tel. 0699/15 44 63 13
Friedrichshafener Hütte (2138 m), DAV, Ende Juni bis Ende Sept., Tel. 0664/380 67 65
Heilbronner Hütte (2320 m), DAV, Ende Juni bis Ende September, Tel. 05446/29 54

GEHZEITEN
Pettneu – Edmund-Graf-Hütte 3 ½ Std. – Niederelbehütte 4 Std. – Darmstädter Hütte 5 ½ Std. – Friedrichshafener Hütte 6 Std. – Heilbronner Hütte 3 ½ Std. – Zeinisjoch 2 Std.

ANFORDERUNGEN
Besonders Hoppe-Seyler-Weg und Ludwig-Dürr-Weg zählen zu den anspruchsvollen hochalpinen Übergängen mit einigen Passagen in Schnee und Eis (Steigeisen und evtl. Pickel ratsam); größte Höhe bei ca. 2900 m. Die anderen Etappen bieten dagegen »normales« Schwierigkeitsniveau. Insgesamt ist solide Bergerfahrung mit entsprechender Trittsicherheit und Kondition notwendig.

KARTE
Kompass, 1:50 000, Blatt 41 »Silvretta – Verwallgruppe«; freytag & berndt, 1:50 000, Blatt 372 »Arlberggebiet – Paznaun – Verwallgruppe«; Alpenvereinskarte, 1:25 000, Blatt 28/2 »Verwallgruppe – Mitte«

Höhenwegdorado Verwall – das wäre ein keineswegs übertriebenes Schlagwort, doch hat sich diese Qualität anscheinend noch nicht allzu weit herumgesprochen. Vielleicht liegt es daran, dass die meisten aus alter Gewohnheit lieber ein ums andere Mal die namhafteren »Modegebiete« aufsuchen, vielleicht hat der raue Ernst des Verwalls auch schon manch einen gehörig abgeschreckt. Wilde Felsgipfel aus düsteren Gneisen und Hornblendegesteinen stehen hier nicht nur Parade, sondern mitunter auch genau im Weg. Insofern ist die vorgestellte Route durch den gesamten Tiroler Teil der Gruppe nur etwas für gestandene Bergwanderer, die entweder schon so manche »alpine Schlacht« geschlagen haben oder ohnehin ein Naturtalent für höhere bergsteigerische Weihen besitzen. Kieler-, Hoppe-Seyler-, Ludwig-Dürr- und Friedrichshafener Weg – diese mustergültige alpine Wegekette erschließt uns die ursprüngliche Bergregion in vorzüglicher Art und Weise, wobei es namentlich die beiden mittleren Abschnitte ganz schön in sich haben. Man kann sie darüber hinaus noch mit Teilen von Tour 22 verbinden. Wer zum Beispiel von der Heilbronner Hütte den Wormser Weg anhängt, hätte das Verwall vollständig von Ost nach West durchquert.

Schroffe, kantige Felsberge wie die Seeköpfe prägen das Erscheinungsbild im zentralen Verwall.

Pettneu – Edmund-Graf-Hütte In Pettneu lassen wir die stark frequentierte Arlberg-Verkehrsachse mit Eisenbahn, Bundes- und Schnellstraße hinter uns und wandern südwärts ins Malfontal hinein. Der Güterweg bringt uns in mäßiger Steigung an der Jausenstation Vordere Malfonalpe (1687 m) vorbei bis kurz vor die Hintere Malfonalpe, wo linker Hand der weitere Hüttenanstieg abzweigt. Auf einem kleinen Geländerücken zwischen zwei Bächen gewinnen wir nun deutlicher an Höhe. Zuletzt den linken Bach überschreiten und über eine steilere Stufe zur Edmund-Graf-Hütte (2375 m) hinauf oder vorerst noch in dem Einschnitt des Jakobstals bleiben und etwas später in flacherem Gelände zur Hütte.

Edmund-Graf-Hütte – Niederelbehütte Wir queren das Jakobstal auf die andere Seite und erklimmen den Steilhang zu einer Art Terrasse, wo sich weiter rechts in der Schmalzgrube ein schöner Bergsee verbirgt. Man umgeht die Mulde, passiert eine Geländekante und steigt bis zur Schmalzgrubenscharte (2697 m) auf. Jenseits ein gutes Stück recht steil bergab, um den Ausläufer der Hohen Spitze herum und quer durch einen malerischen Hochtalkessel. In der Folge kommt der Kieler Weg – so heißt diese Verbindung offiziell – leider vorübergehend mit dem Kappler Skigebiet auf der Diasalpe in Berührung, entfernt sich Richtung Seßladkessel aber wieder davon. Eine typische alpine Mattenlandschaft mit Alpenrosenbeständen und einigen Blockfeldern bestimmt das Bild. Immer quer durch die Hänge nähern wir uns dem Geländeriegel, auf dem bereits die Niederelbehütte sichtbar ist. In Nähe der über diese Felsstufe schießenden Wasserfallkaskaden sind schließlich einige Kehren zu bewältigen, ehe wir am Gseßsee und kurz darauf bei der Niederelbehütte (2310 m) ankommen.

Der Gseßsee nahe der Niederelbehütte

Beim Anstieg zur Oberen Fatlarscharte (Hoppe-Seyler-Weg)

Niederelbehütte – Darmstädter Hütte Auf dem Hoppe-Seyler-Weg treten wir endgültig in die hochalpine Kernzone des Verwalls ein; immerhin sind auf dieser Etappe zwei 2800 m hohe Scharten zu überwinden. Die erste Wegstunde über das Gseßgratjöchli (2363 m) ins Kar von Oberfatlar vollzieht sich relativ gemütlich. Doch unter den scharfen Zacken der Fatlarzähne wird der Anstieg steiler und mühsamer; bis hinauf in die Obere Fatlarscharte (2800 m), dem Standort der Kieler Wetterhütte (Notunterschlupf mit vier Lagern), muss sogar häufig mit Schneefeldern gerechnet werden. In steilem Schrofengelände verlieren wir südseitig wieder an Höhe (eine gesicherte Passage), biegen aber, sobald das Vergrösskar erreicht ist, nach rechts ab. Der See bleibt unterhalb. Immer am oberen Rand des Kares unter einem Felssporn hindurch und in die Steilmulde zwischen Saumspitze und Seeköpfe, durch die im Wiederaufstieg das Schneidjöchli (2841 m) gewonnen wird. Dort öffnet sich der Blick ins hintere Kartell, das mit Fug und Recht als Herz des Verwalls bezeichnet werden kann. Faseladspitzen, Scheibler, Kuchen- und Küchlspitze, Rauteköpfe, Seeköpfe und Saumspitze bilden hier wirklich ein imposantes Felsrund, mit der Darmstädter Hütte (2384 m) mittendrin. Wir erreichen unser Etappenziel in längerem Bergab über Schnee und Blockschutt, zuletzt in großem Bogen um eine Bachmulde herum.

Variante: Mit 4 ½ Stunden etwas kürzer und auch leichter ist die Verbindung über das Seßladjoch (2749 m).

Darmstädter Hütte – Friedrichshafener Hütte Mit dem Ludwig-Dürr-Weg setzt sich der strenge Charakter der Verwall-Durchquerung fort, müssen auf ihm doch mehrere hoch gelegene, ständig schneegefüllte Karmulden traversiert werden. Zu Anfang gehen wir ein Stück auf dem Weg des Vortages zurück, bis rechts der Aufstieg zum Rautejoch abzweigt. Dort hinauf müssen wir einen Seitenarm des Großen Küchlferners überschreiten, was zwar ohne wesentliche Spaltengefahr geschieht, aber für manchen Bergwanderer doch ein ungewohntes Unterfangen sein dürfte. Der zur Rechten ansteigende Eisbruch bietet zudem eine Respekt heischende Begleitkulisse. Im Blockgelände zwischen zwei Rinnen wird schließlich ins Rautejoch (2752 m) aufgestiegen und auf der anderen Seite wieder steil bergab. 200 Höhenmeter tiefer zieht die Trasse nach rechts in die Karbucht unter Küchlspitze und Nördlichem Schönpleiskopf hinüber und steigt von dort zum »Zwischengrat« an. Jenseits dieser Rippe wird mit dem nächsten Hochkar unter dem Südlichen Schönpleiskopf ganz ähnlich verfahren. Man gewinnt den »Schönpleis-Übergang« und damit die höchste Wegstelle auf 2870 m – ein idealer Platz, um einmal in Ruhe die Aussicht zu genießen. In dem folgenden Steilkar geht es ein beträchtliches Stück bergab, um den Felssporn der so genannten Karkopfnase an seinem Fuß zu umgehen. Durch ein weiteres Kar, diesmal aber nicht ganz so mühsam, wieder ein Stück aufwärts ins Matnaljoch (auch Dürrschartl, 2666 m). Der Ausklang dieser abwechslungsreichen Etappe verläuft am Lumpaschadsee vorbei und über ausgedehnte südseitige Mattenhänge bis zur Friedrichshafener Hütte (2138 m), in schöner Panoramalage über dem inneren Paznaun.

Variante: Ein Ausweichen des Ludwig-Dürr-Weges ist via Kuchenjoch (2730 m), Fasultal und Schafbichljoch (2636 m) möglich, eventuell mit einer Zwischennächtigung in der Konstanzer Hütte (1688 m).

Friedrichshafener Hütte – Heilbronner Hütte Nach zwei kernigen Etappen wird es am Friedrichshafener Weg über das Muttenjoch wesentlich beschaulicher. Die Route steigt in westlicher Richtung sanft an, wobei man vorübergehend auf einem breiten Fahrweg unterwegs ist. Dieser dreht jedoch bald nach links ab, während wir in das Geröllkar aufsteigen, welches zum Muttenjoch (2620 m) hinaufleitet. Der Abstecher zur Geißspitze (2779 m) belohnt mit einem packenden Tiefblick auf Galtür. Sonst gerät die Silvretta erst einmal wieder aus dem Gesichtsfeld, wenn wir in das nordseitige Ochsental absteigen. Am Gegenhang schräg rechts aufwärts zu einer Geländeschulter und mit wenig Höhenunterschied um die teilweise steinigen Hänge herum, zuletzt wieder leicht fallend zur Heilbronner Hütte (2320 m) am Verbellner Winterjöchl.

Heilbronner Hütte – Zeinisjoch Hat man die Heilbronner Hütte zeitig erreicht, lässt sich noch am gleichen Tag der letzte Abstieg antreten. Dieser führt ohnehin nur bis zum Zeinisjoch, denn dort nimmt uns bereits der Bus auf. Auf einem Güterweg durchs Verbellatal hinaus, dann links die Abkürzung zur Verbellaalpe (1938 m) benutzend und bei der Verzweigung dem linken, oberen Weg folgen. Er führt quer durch die Hänge zum kleinen Zeinissee und schließlich in Kürze hinab zum Zeinisjochhaus (1822 m) am großen Stausee Kops.

> **GIPFEL AM WEG**
>
> **Hoher Riffler** (3168 m): 2 ½ Std. von der Edmund-Graf-Hütte
> **Kreuzjochspitze** (2919 m): 2 Std. von der Niederelbehütte
> **Saumspitze** (3039 m): 45 Min. vom Schneidjöchl (Kletterei I–II)
> **Scheibler** (2978 m): 2 Std. von der Darmstädter Hütte via Kuchenjoch
> **Geißspitze** (2779 m): 30 Min. vom Muttenjoch

Imposante Kulisse am Ludwig-Dürr-Weg: Küchlspitze (links) und Kuchenspitze

24 DIE SILVRETTA-DURCHQUERUNG
Vom Montafon ins Paznaun

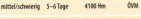

mittel/schwierig · 5–6 Tage · 4100 Hm · ÖVM

AUSGANGSPUNKT
Gaschurn (979 m) im hinteren Montafon, Talstation der Versettlabahn; Busverbindung zwischen Schruns und Bielerhöhe

ENDPUNKT
Tschafein (ca. 1670 m), kleine Ansiedlung im Paznauntal 2 km vor Galtür; Busverbindung zwischen Landeck und Bielerhöhe

HÜTTEN
Tübinger Hütte (2191 m), DAV, Anfang Juli bis Ende September, Tel. 0664/253 04 50
Saarbrücker Hütte (2538 m), DAV, Anfang Juli bis Ende September, Tel. 05558/42 35
Klostertaler Umwelthütte (2362 m), DAV, Selbstversorgerunterkunft (AV-Schlüssel)
Wiesbadener Hütte (2443 m), DAV, Ende Juni bis Anfang Oktober, Tel. 05558/42 33
Jamtalhütte (2165 m), DAV, Ende Juni bis Ende September, Tel. 05443/84 08
Heidelberger Hütte (2264 m), DAV, Ende Juni bis Anfang Oktober, Tel. 0664/42530 70

GEHZEITEN
Gaschurn/Silvretta Nova – Tübinger Hütte 5 Std. – Saarbrücker Hütte 3 Std. – Wiesbadener Hütte 4 1/2 Std. – Jamtalhütte 5 1/2 Std. – Heidelberger Hütte 5 1/2 Std. – Tschafein 4 1/2 Std.

ANFORDERUNGEN
Vielfach hochalpine, z. T. sogar leicht vergletscherte Übergänge für erfahrene Berggeher. Bei Bedarf kommt die Eisausrüstung (Pickel und Steigeisen) zum Einsatz. Obwohl ausreichend markiert, streckenweise nur spärliche Wegspuren, sodass neben der allgemeinen Alpintauglichkeit auch höhere Ansprüche an das Orientierungsvermögen gestellt werden. Konditionell im üblichen Rahmen.

KARTE
Alpenvereinskarte, 1:25 000, Blatt 26 »Silvrettagruppe«; Kompass, 1:50 000, Blatt 41 »Silvretta – Verwallgruppe«; freytag & berndt, 1:50 000, Blatt 373 »Silvretta-Hochalpenstraße – Piz Buin«

Die Madrisella wird am ersten Tourentag überschritten.

Vom Hochmontafon quer durch die wilde, stark vergletscherte Silvrettagruppe bis ins Tiroler Paznaun – das ist schon eine Unternehmung an der Grenze zur Hochtour, die jeden ambitionierten Bergwanderer begeistern wird. Freilich muss man sich hier zutrauen, auf längeren Strecken dick ausgetretene Wanderpromenaden zu verlassen und auch öfter mal ein Schneefeld oder sogar einen kleinen Gletscher zu überqueren. Keine Angst: Die großen Gletschereale der Hochsilvretta werden wir ausschließlich als dekorative Kulisse bewundern (sie zu betreten, wäre in der Tat des Guten zu viel für reine Wanderer), aber bei mehreren Übergängen kommen wir dennoch mit Eis in Berührung. Pickel und Steigeisen gehören demnach in der Silvretta zur Grundausstattung, sobald man über das Niveau der Hütten hinausgelangt. Wenn die Gletscher das eine prägende Landschaftselement sind, dann sind die schroffen, kantigen Urgesteinsgipfel das andere. Und gerade der Kontrast zwischen weißem Firn und fast schwarzem Fels sticht besonders in Auge, prägt das äußere Erscheinungsbild dieser Gebirgsgruppe. Dazwischen gibt es Blockfelder, Matten jeder erdenklichen Steilheit, rauschende Bäche, malerische Seen – kurzum: alles was eine zentralalpine Landschaft so attraktiv gestaltet. Dass die Silvretta dementsprechend beliebt ist, lässt sich schon an der Größe der Hütten ablesen: In manchen Häusern finden bis zu 200 Nächtigungsgäste Platz. Auf unserer Route durchqueren wir hauptsächlich die österreichische Seite (die andere Hälfte gehört ja zur Schweiz) von West nach Ost, machen dabei im ständigen Auf und Ab zwischen Hochtälern und hoch gelegenen Scharten an fünf Alpenvereinshütten Station und werden gewiss der Verlockung dieses eigenwilligen Gebirges am Schnittpunkt zwischen alemannischem, bajuwarischem und rätoromanischem Siedlungs- und Kulturraum erliegen. Die Silvretta hat schon viele in ihren Bann gezogen …

Gaschurn – Tübinger Hütte Man kann von Gaschurn aus durchs ganze Garneratal taleinwärts laufen und auf diesem relativ eintönigen Zugang in rund vier Stunden die Tübinger Hütte erreichen. Man kann für diese Einstiegsetappe allerdings auch schon einen Höhenweg der gehobenen Klasse wählen: Mit der Versettlabahn hinauf nach Silvretta Nova (2010 m) und anschließend auf dem Matschuner Gratweg in südlicher Richtung über den Versettlakamm. Wir umgehen als Erstes die Erhebung namens Burg und gelangen dahinter auf den Kammrücken, der zur Versettla (2372 m) hinaufführt. Nächstes Ziel ist die etwas höhere Madrisella (2466 m) oberhalb einer kleinen Seenplatte. Auch in der Folge verbleiben wir in Nähe des Grates mit seinem leichten Auf und Ab über diverse Sättel und genießen derweil die Blicke zur Hochmaderergruppe im Osten sowie zu den Gargellner Bergen im Westen. Die Matschuner Köpfe werden knapp rechts umgangen, ehe man ins Matschuner Joch (2390 m) gelangt. Mit Kuchenberg (2523 m) und Vorderberg (2553 m) werden danach noch zwei Kammerhebungen überschritten. Schließlich aus dem Vergaldner Joch (2515 m) links in ein steileres Blockkar hinab, am Mittelbergjoch über eine Gratrippe hinweg und schräg rechts absteigend bis auf die breite Hangstufe im hinteren Garneratal. Diese wird zuletzt in gro-

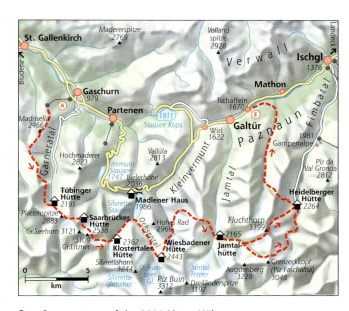

ßem Bogen etwa auf der 2200-Meter-Höhenlinie ausgegangen, womit man direkt bei der Tübinger Hütte (2191 m) ankommt.

Tübinger Hütte – Saarbrücker Hütte Dieser Übergang ist zwar relativ kurz, allerdings aufgrund mehrfacher Passagen im Eis ziemlich anspruchsvoll. Von der Tübinger Hütte auf markiertem Bergweg südostwärts empor zum Plattengletscher, der trotz Eisrückgangs noch Teile des steilen Karschlauchs zwischen den Plattenspitzen ausfüllt. Je nach Verhältnissen Steigeisen anlegen! Man gewinnt das Plattenjoch (2728 m), wo die imposante Gruppe der Seehörner ins Blickfeld tritt – ein Silvrettabild der Superlative! Auf die leichte Kraxeleinlage zur Westlichen Plattenspitze (2883 m) sollten wir bei guter Sicht nicht verzichten. Anschließend wird in etwas ausgesetzter Wegführung die zerborstene Südflanke der Östlichen Plattenspitze gequert. Bei der Schweizerlücke (2744 m) wechselt man wieder die Seite, um die kleinen Hochbecken des Schweizer- und Kromergletschers zu traversieren. Zwischendurch muss der Mittelrücken, also die Nordrippe der Westlichen Kromerspitze überstiegen werden, bevor man jenseits des Kromergletschers in die Kromerlücke (2729 m) gelangt. Drüben in einigen Kehren hinab und unter dem Kleinlitzner entlang zur Saarbrücker Hütte (2538 m). Großes Seehorn und Großlitzner, das berühmte Gipfelduo der westlichen Silvretta, hat man hier unmittelbar vor Augen.

Die Saarbrücker Hütte ist das höchstgelegene Schutzhaus der Silvretta.

Großes Seehorn und Großlitzner, Schaustücke der westlichen Silvretta, von der Kromerlücke gesehen

Saarbrücker Hütte – Wiesbadener Hütte
Durch die Geländemulde südlich der Saarbrücker Hütte steigen wir an P. 2675 vorbei dem Litznergletscher entgegen. Auf dem Firn im Schräganstieg unter dem Großlitzner hindurch zum Litznersattel (2737 m). Jenseits rechts an dem Schmelzwassersee vorbei und in das steinige Verhupftäli hinab. Dieses wartet weiter unten, vor seiner Mündung ins Klostertal, mit einer steilen Geländestufe auf. Auf der anderen Bachseite liegt oberhalb des Weges die Klostertaler Umwelthütte (2362 m) für Selbstversorger. Nun durchs Klostertal hinaus, bis man knapp oberhalb des Silvretta-Stausees die »Biege« ins benachbarte Ochsental machen kann. Man verliert bis zum Quellbach der Ill noch ein paar Meter an Höhe, um auf der anderen Bachseite über einen breiten Weg wieder taleinwärts zu steigen. Die Blicke in den Talschluss, wo der stolze Piz Buin über Ochsentaler- und Vermuntgletscher aufragt, werden immer eindrücklicher. Bei der stattlichen Wiesbadener Hütte (2443 m) angekommen, lässt sich die ganze hochalpine Szenerie ausgiebig begutachten.
Variante: Bei schlechten Weg- und Wetterverhältnissen sollte man den Umweg über die Bielerhöhe (2034 m) nicht scheuen. Man benutzt damit die leichteren Hüttenwege; ca. 5 Stunden.

Wiesbadener Hütte – Jamtalhütte
Zwischen diesen beiden wohl bekanntesten Hütten der Silvretta existieren mindestens drei Übergänge. Am populärsten und reizvollsten ist sicherlich die Route über die Obere Ochsenscharte, die aber beidseitig vollkommen vergletschert ist. Also nur eine Offerte für Hochalpinisten mit Gletscherausrüstung. Ähnliches gilt für die weniger frequentierte Tiroler Scharte. Da bleibt für Wanderer eigentlich nur der Weg über die Getschnerscharte, der zwar

Der Klostertaler Bach speist den Silvretta-Stausee.

Jamspitzen und Dreiländerspitze über dem Jamtalferner

dem Eis ebenfalls nicht gänzlich ausweichen kann, aber zumindest von keinerlei Spaltengefahr behelligt wird. Von der Wiesbadener Hütte steigen wir zu einer Wegteilung und hier links zu einer Geländeschulter an, passieren dahinter ein Seeauge und gewinnen in einigen Serpentinen den Radsattel (2652 m). Jenseits gut 300 Höhenmeter ins hintere Bieltal hinab, dann wieder aufwärts. Dürftige Spuren leiten durch kupiertes, mit einigen Lacken und sumpfigen Böden durchsetztes Gelände bis in den Kareinschnitt unterhalb des Madlener Ferners, wo ein Weg aus dem vorderen Bieltal dazustößt. Darin nun allmählich steiler bergauf, zuletzt über Schneehänge oder Geröll in die Getschnerscharte (2839 m). Eher noch ruppiger zeigt sich der Abstieg auf der Ostseite. Die Trasse hält sich zunächst in einer Hochmulde scharf an die linke Begrenzungswand und gelangt dann auf eine Verflachung. Das Gelände fällt aber in mehreren Stufen ab, wird also bald abermals steiler, weiter unten auch zunehmend bewachsen (bei Nässe unangenehm). Schräg absteigend gelangt man immer mehr taleinwärts, bis zur Brücke über den Jambach. Am Schluss folgt noch ein kurzer Gegenanstieg zur Jamtalhütte (2165 m).

Jamtalhütte – Heidelberger Hütte Zwei Routen verbinden die Jamtal- mit der Heidelberger Hütte – verbanden, müsste man eher sagen, denn jene über das Zahnjoch wurde vor Kurzem aufgelassen, die Markierung entfernt. Wanderer werden angehalten, das Kronenjoch zu benutzen, wenngleich der kürzere Zahnjoch-Übergang für gute Bergsteiger natürlich weiterhin möglich bleibt (siehe Variante). In jedem Fall folgt man von der Jamtalhütte zuerst einmal dem Steig ins Futschöltal, nach der ersten Brücke immer an der linken Seite des Baches. Ein schöner Boden trägt den trefflichen Namen »Breites Wasser«. Beim Finanzerstein trennen sich die Wege. Wir halten uns rechts, müssen aber aufpassen, nicht auf die Route zum Futschölpass abzuschweifen, sondern durch die lang gezogene, schuttige Hochtalmulde zum Kronenjoch (2974 m) aufwärts steigen. Jenseits am so genannten Falschen Kronenjoch (2958 m) vorbei auf die immer weiter ausapernden Firnhänge unter der Breiten Krone. Sie leiten ins hintere Val Fenga (Fimbatal) hinab, durch das man nun nordwärts wandert. Wir lassen eine Kuppe rechts liegen und gelangen über weitläufige Böden allmählich hinab zur Heidelberger Hütte (2264 m), der eine echte Besonderheit zukommt: Sie ist die einzige Hütte des Deutschen Alpenvereins auf schweizerischem Hoheitsgebiet, in dem wir hier vorübergehend gelandet sind.

Variante: Das Problem der Alternativroute über das Zahnjoch ist weniger die Zerschründung des Gletschers (von dem ohnehin nur noch Reste vorhanden sind), sondern eher das labile Blockgeschiebe im Vorfeld und die diffizile Feinorientierung. Anstatt hier eine blau-weiße Alpinroute mit entsprechendem Hinweis einzurichten (wie in anderen Gegenden der Schweiz mittlerweile üblich), hat man die Markierungen ganz überpinselt und somit einen relativ tückischen Status geschaffen. Wer es bei guter Sicht dennoch probieren möchte, zweigt beim Finanzerstein links ab, ersteigt die Moränenhänge unter dem Fluchthorn und gewinnt ohne Probleme das Zahnjoch (2945 m). Die Ostseite ist heikler, aber mit Steigeiseneinsatz auch keine unüberwindliche Hürde. Weiter unten ist das Eis mit unsolidem Blockwerk überzogen, das eine oder andere Balancierstückchen garantiert. Wenn alles klappt, entdeckt man bald die Trittspuren des alten Weges (und bei genauem Hinsehen auch die überdeckten Farbkleckse), die zur Heidelberger Hütte hinunterlaufen; ca. 4 ½ Stunden.

Heidelberger Hütte – Tschafein Ziemlich monoton könnte man am letzten Tag das gesamte Fimbatal bis nach Ischgl hinaus hatschen, doch gibt es ja noch den interessanteren Übergang via Ritzenjoch. Nochmals geht es also bergauf, und zwar an den linksseitigen Hängen schräg über einige seichte Gräben, dann links um eine kleine Kanzel herum und über mürbe Steilhänge im Zickzack zum Ritzenjoch (2690 m) hinauf. Der Abstieg führt zuoberst durch eine karge, steinige Hochmulde, später auf allmählich besserem Pfad über begrünte Hänge in den Grund des Laraintales. Bei der Zollwachthütte überschreitet man den Bach und wandert schnurstracks talaus, bald schon auf einem breiteren Karrenweg. Man kommt an der Äußeren Larainalm (1860 m) vorbei und hält sich an den linken Fahrweg, der Richtung Tschafein führt.

> **GIPFEL AM WEG**
>
> **Westliche Plattenspitze** (2883 m): 30 Min. vom Plattenjoch
> **Kleinlitzner** (2783 m): 1 Std. von der Saarbrücker Hütte (Klettersteig)
> **Hohes Rad** (2934 m): 1 Std. vom Radsattel
> **Westliches Gamshorn** (2987 m): 2 ½ Std. von der Jamtalhütte
> **Breite Krone** (3079 m): 30 Min. vom Kronenjoch

Landschaft im Futschöltal oberhalb der Jamtalhütte

25 HÖHENWEGE AM KAUNERGRAT
Wilde Urgesteinsreviere zwischen Kauner- und Pitztal

mittel/schwierig — 3–5 Tage — 3000 Hm — ÖVM

AUSGANGSPUNKT
Feichten (1289 m) im Kaunertal; Bus von Prutz

ENDPUNKT
Gepatschhaus (1928 m), oberhalb des gleichnamigen Stausees im Kaunertal an der mautpflichtigen Gletscherstraße; ebenfalls Busverbindung

HÜTTEN
Verpeilhütte (2025 m), DAV, Mitte Juni bis Ende September, Tel. 0664/250 14 08
Kaunergrathütte (2811 m), DAV, Mitte Juni bis Mitte September, Tel. 05413/862 42
Riffelseehütte (2293 m), DAV, Mitte Juni bis Ende September, Tel. 0664/395 00 62
Taschachhaus (2434 m), DAV, Mitte Juni bis Anfang Oktober, Tel. 0664/138 44 65
Gepatschhaus (1928 m), DAV, Mitte Juni bis Ende September, Tel. 05475/489

GEHZEITEN
Feichten – Verpeilhütte 2 Std. – Kaunergrathütte 4 Std. – Riffelseehütte 3 Std. – Taschachhaus 3 ½ Std. – Gepatschhaus 5 Std.

ANFORDERUNGEN
Zwei anspruchsvollere Schartenübergänge knapp oberhalb der Dreitausenderlinie setzen die Maßstäbe für die Tour; Schlüsselstelle am Aperen Madatschjoch. Entsprechende Erfahrung in hochalpinem Terrain (Schneefelder, Blockwerk, steile Rinnen) unbedingt notwendig. Dazwischen leichtere Strecken auf Höhenwegen. Für Ausdauernde in drei Etappen à 5–7 Std. durchführbar, wesentlich moderater in fünf Tagen.

KARTE
Alpenvereinskarte, 1:25 000, Blätter 30/3 »Ötztaler Alpen – Kaunergrat« und 30/2 »Ötztaler Alpen – Weißkugel«

Fünf Hütten erschließen samt ihren Verbindungswegen den Kaunergrat als wildestes Revier der Ötztaler Alpen. In der Tat gebärden sich die schroffen Felskastelle in dem langen Gratzug zwischen Pitz- und Kaunertal wesentlich unnahbarer als etwa die hohen Gletscherberge zwischen Weiß- und Hauptkamm. So sind es in diesem ursprünglichen Revier mit Ausnahme einiger weniger namhafter Gipfelziele wie der Watzespitze fast nur die Höhenwege, die Besuch erhalten. Die hier vorgestellte Route übersteigt den Kaunergrat gleich zweimal an 3000 Meter messenden Scharten, von denen besonders das Madatschjoch ein rassiges Kabinettstückchen für hochalpin erprobte Bergwanderer abgibt. Aber auch die Überschreitung des Ölgrubenjochs auf der Schlussetappe ist alles andere als ein Spaziergang. Eher schon trifft dieses Prädikat auf den Fuldaer Höhenweg zu, eine wundervolle Panoramastrecke über dem Taschachtal, wogegen der Cottbuser Höhenweg neben den obligatorischen Prachtausblicken zumindest vorübergehend auch mal an den Nerven kitzelt. Insgesamt also ein höchst abwechslungsreiches Programm, bei dem man sich die ganze Zeit auf mitreißende Landschaftsbilder freuen darf.

Die mächtige Watzespitze über dem Planggeroßtal

130

Feichten – Verpeilhütte Von Feichten auf einer Forststraße in weit ausholenden Kehren an der steilen Waldlehne empor; die Abkürzungen sind aufgrund der Überwucherung eher weniger ratsam. Bis knapp unter die Verpeilalm wird meistens ohnehin mit dem Auto gefahren. Nun weiter ins wildromantische Verpeiltal hinein, entweder auf dem Ziehweg rechts des Baches, schöner jedoch über den Wandersteig auf der linken Seite. Schließlich öffnet sich das Idyll eines flachen, von hohen Felsflanken eingefassten Wiesenbodens, auf dem die Verpeilhütte (2025 m) steht.

Verpeilhütte – Kaunergrathütte Auf dem grünen Anger südwärts über den Bach und an üppig mit Alpenrosen bestandenen Hängen bergauf. Man hält sich an den schwach ausgeprägten Geländerücken westlich des Kühgrübls, lässt die Abzweigung Richtung Mooskopf und Madatschkopf rechts liegen und gelangt bald in die steinige Zone der Hochkare. Mit Blick auf die wild zerklüfteten Madatschtürme und die gewaltige Watzespitze winden wir uns über Schuttmoränen zu einer Karschwelle (P. 2690) hinauf. Gleich dahinter befindet sich ein kleiner Schmelzwassersee, der vom Madatschferner gespeist wird. Im Gletschervorfeld verlieren sich die Wegspuren allmählich. Wir halten uns an der linken Seite aufwärts und müssen je nach Verhältnissen höher oben den Rand des Gletschers betreten (zumindest kann dies sinnvoller sein, als sich durch das beschwerliche Trümmerwerk zu mühen). Nun Obacht: Um eine längere Gletschertraverse zu vermeiden, wurde der alte Übergang via Schneeiges Madatschjoch (3010 m, längst nicht mehr vollständig überfirnt) jüngst durch eine neue Routenführung über das Apere Madatschjoch (3020 m) ersetzt. Wir steigen gleich in die vordere Rinne ein, die sich meist als unangenehmes Schuttcouloir präsentiert – trotz der angebrachten Ketten eine nicht leicht zu überwindende Hürde. Nach den ersten Metern an der rechten Seite quert man zu den linken Begrenzungsfelsen, wo man sich an besagten Ketten mühsam hinaufzieht. Achtung, die Rinne ist sehr steinschlaggefährdet. Nicht minder steil und bröselig zeigt sich die Ostseite, auch hier helfen die im Sommer 2005 installierten Sicherungen. Am Fuß der Steilflanke wäre das wohl größte Hindernis der Tour gepackt. Über Moränenfelder und einen spärlich

Gemütlich: die Verpeilhütte

Am Fuldaer Höhenweg hat man die Kulisse des Weißkammes ständig vor Augen.

begrünten Buckel geht es zur Kaunergrathütte (2811 m) hinab. Als absoluter Herrscher nicht zu übersehen ist die Watzespitze.

Kaunergrathütte – Riffelseehütte Bei dieser Etappe steht zuerst ein längerer Abstieg durchs Planggeroßtal auf dem Programm. Währenddessen wird man sich immer wieder veranlasst fühlen, zur Watzespitze zurückzublicken. Nach einer Verflachung gelangen wir durch eine kleine Gasse zur Wegkreuzung P. 2452, wo rechts der Cottbuser Höhenweg weiterführt. Abwechselnd über Blockfelder sowie relativ steile Gras- und Schrofenpassagen queren wir die Hänge über dem unteren Planggeroßtal zu einer ausgeprägten Geländeschulter – ein herrlicher Rastplatz wie auf einem Balkon 700 Meter über der Sohle des Pitztales. Gegenüber schinden die Dreitausender des Geigenkammes mit Puitkogel und Hoher Geige Eindruck. Der Cottbuser Höhenweg dreht an dieser Kanzel scharf nach Süden ein und nähert sich einer tiefen Geländerunse, die das einzige größere Hindernis auf diesem Steig bildet. Hinter einer Rippe wird an Ketten und künstlichen Tritten durch eine meist nasse Verschneidung in die Schlucht abgestiegen und gegenüber fast ebenso steil wieder hinauf. Danach kann man die Querung fortsetzen, wobei nach kurzem Abstieg um den Brandkogel herum wieder etwas an Höhe gewonnen wird. Schließlich verlässt man die Geländeterrasse und steigt über blockdurchsetzte Hänge zum Riffelsee ab. An der Seilbahnstation vorbei und über den meist stark bevölkerten Weg (warum wohl?) zur nahen Riffelseehütte (2293 m), die hinter einem kleinen Mugel liegt.

Riffelseehütte – Taschachhaus Der Fuldaer Höhenweg im zauberhaften Licht eines frühen Morgens ist einfach ein Traum! Wir gehen kurz zum Abfluss des Riffelsees hinab und folgen dann der Trasse, die sich hoch an den Sonnenhängen über dem Taschachtal auf eine imposante Kulisse zubewegt. Im Talschluss leuchtet der Sexegertenferner. Die Strapazen sind auf dieser Strecke beinahe minimal, zieht sich der Fuldaer Höhenweg doch in sehr gemäßigter Steigung dahin, meist durch grasige Flanken, hin und wieder auch ein bisschen steiniger. Man überschreitet die Eiskastenbäche und bewältigt zwischendurch noch einige kurze kettengesicherte Passagen (Umgehung oberhalb möglich), ehe leicht absteigend der Sexegertenbach erreicht wird. Schließlich über die Brücke und nach links noch kurz hinauf zum Taschachhaus (2434 m), das auf einem

---

GIPFEL AM WEG

Madatschkopf (2783 m): 1 1/4 Std. vom Weg zum Madatschjoch
Brandkogel (2677 m): 45 Min. vom Cottbuser Höhenweg
Hintere Ölgrubenspitze (3296 m): 45 Min. vom Ölgrubenjoch

Blockreich ist der Weg hinauf zum Ölgrubenjoch.

Moränenrücken mit packendem Blick in die Eisbrüche des Taschachferners platziert ist.

Taschachhaus – Gepatschhaus Nach der »Entspannungsetappe« auf dem Fuldaer Höhenweg wird es im letzten Abschnitt über das Ölgrubenjoch, übrigens der höchste Punkt der gesamten Tour, nochmals mühseliger. Gleich zu Beginn begebe man sich in jedem Fall wieder bis zur Brücke hinab und wähle den Steig auf der nördlichen Bachseite. Die alte Trasse diesseits ist zwar ebenfalls noch deutlich erkennbar und gut zu begehen, endet jedoch abrupt vor einer weggerissenen Brücke. Ohne sie gerät die Überschreitung des Gletscherabflusses zum schwierigen Unterfangen. Man steigt im Bereich der nördlichen Seitenmoräne des Sexegertenferners aufwärts. Auf 2849 m kommen wir an einem türkisfarbenen Moränensee vorbei, der wie ein Kleinod in dieser hochalpinen Umgebung wirkt. Dahinter rechts ausholend über steilere Blockschutthänge und je nach Beschaffenheit auch etwas heikle Schneefelder bis ins Ölgrubenjoch (3050 m) hinauf. Westseitig warten jetzt über 1100, zumeist steile Höhenmeter im Abstieg. Zwar hat man es durchwegs mit einem passablen Bergweg zu tun, doch geht die Angelegenheit mit der Zeit ganz schön in die Knie. Die ersten geröligen Passagen leiten auf eine Verflachung, bevor uns die nächste Karschwelle allmählich in die begrünte Zone bringt. Durch die Innere Ölgrube erst ziemlich gerade bergab, später in Kehren über die üppiger bewachsene untere Trogstufe zur Kaunertaler Gletscherstraße. Gleich rechts liegt zwischen Baumbeständen das Gepatschhaus (1928 m) mit einer stattlichen Kapelle. Hier auch Bushaltestelle.

Mit der Wildspitze im Rücken geht es dem Ölgrubenjoch entgegen.

26 ÜBER DEN GEIGENKAMM
Südkurs Richtung Wildspitze

schwierig | 6 Tage | 5000 Hm | ÖVM

AUSGANGSPUNKT
Talstation der Hochzeigerbahn (1468 m) oberhalb von Jerzens im Pitztal; Kleinbus-Zubringer, bis Jerzens Bus von Imst

ENDPUNKT
Mittelberg (1736 m) im hinteren Pitztal; Busverbindung von Imst (über Jerzens)

HÜTTEN
Erlanger Hütte (2550 m), DAV, Ende Juni bis Ende September, Tel. 0664/392 02 68
Frischmannhütte (2192 m), ÖTK, Mitte Juni bis Ende September, Tel. 0676/335 54 36
Hauerseehütte (2383 m), DAV, Selbstversorgerunterkunft, Ende Juni bis Ende September bewartet, Tel. 0664/782 86 37
Rüsselsheimer Hütte (2323 m), DAV, Mitte Juni bis Ende Sept., Tel. 0664/280 81 07
Rheinland-Pfalz-Biwak (3247 m), DAV, stets offen (9 Plätze)
Braunschweiger Hütte (2758 m), DAV, Mitte Juni bis Ende September, Tel. 0664/535 37 22

GEHZEITEN
Hochzeigerbahn – Erlanger Hütte 4 1/2 Std. – Frischmannhütte 4 1/2 Std. – Hauerseehütte 4 Std. – Rüsselsheimer Hütte 7 Std. – Braunschweiger Hütte 9 Std. – Mittelberg 2 Std.

ANFORDERUNGEN
Hochalpine Übergänge im Bereich der Dreitausender mit einigen Eispassagen (spaltenarme Gletscher, aber oft Steigeisen notwendig!), stellenweise etwas Kletterei (mitunter gesichert) und auf längeren Strecken mühsam zu bewältigendem Blockwerk. Zum Teil keine Wege im herkömmlichen Sinn, was besonders für den Mainzer Höhenweg gilt. Nur für routinierte Berggeher mit sehr guter Kondition, zumal zwei Etappen auch außergewöhnlich lang sind. Stabiles Wetter und gute Verhältnisse Grundbedingung.

KARTE
Alpenvereinskarte, 1:25 000, Blatt 30/5 »Ötztaler Alpen – Geigenkamm«; freytag & berndt, 1:50 000, Blatt 251 »Ötztal – Pitztal – Kaunertal – Wildspitze«

Der auf fast 30 Kilometer Länge das Pitztal vom Ötztal trennende Geigenkamm bildet in seiner rauen Ursprünglichkeit eine hochalpine Fußgängerzone par excellence. Wer die Längsüberschreitung aufs Korn nimmt, begibt sich auf eine Tour der Superlative, die freilich mit allerlei Hürden gespickt ist. Das beginnt schon auf der ersten Etappe über den schroffen Wildgrat, steigert sich am ausgesprochen einsamen mittleren Geigenkamm und findet seinen absoluten Höhepunkt beim Finale über den Mainzer Höhenweg, einer rassigen Grattour, die als »Weg« allemal reichlich verniedlicht wird. Ordentliche Portionen Geländegängigkeit und Ausdauer sowie etwas Hochtourenerfahrung sollten Anwärter schon mitbringen, um hier bestehen zu können. Dabei sind es nicht vornehmlich besonders schwierige Einzelstellen, sondern eher die Gesamtheit der Anforderungen, wie sie über längere Strecken den Rahmen bilden. Bei solch hohem Einsatz darf man natürlich auch einen entsprechenden »Gewinn« erwarten. Dieser erschließt sich mit dem Eintauchen in eine zentralalpine Urlandschaft abgelegener Hochkare, stiller und rauschender Wasser, spannender Blockgrate und hinreißender Gletscherkulissen, gekrönt von den alltäglichen Panoramablicken über das Gipfelmeer der Ötztaler und Stubaier Alpen. In einem Zeitschriftenartikel hat der Verfasser die Geigenkamm-Überschreitung einmal als »Monumentalweg« bezeichnet, und in der Tat gibt es im gesamten Ostalpenraum nur wenig Vergleichbares. Für den Bergwanderer ist es eine Art Meisterprüfung!

Starker Kontrast: der Felderkogel über dem Hauerferner

Hochzeigerbahn – Erlanger Hütte Schon die Auftaktetappe kommt ziemlich zur Sache, wird auf ihr doch der fast 3000 Meter hohe Wildgrat als nördlicher Vorposten des Geigenkammes überschritten. Da kann man sich gleich einmal mit den Spielregeln, sprich dem zuweilen widerborstigen Gelände vertraut machen. Allerdings darf ein ermüdender Zustieg entfallen, denn mittels Gondelbahn und Sessellift lassen wir uns bequem bis auf die Kammhöhe nahe dem Sechszeiger (2395 m) transportieren. Von dort führt der Weg südwärts über den breiten Rücken Richtung Hochzeiger, links im Hintergrund bereits das wehrhafte Felskastell des Wildgrates im Visier. Am Gipfelaufbau des Hochzeigers (2560 m) stellen sich erste kleinere Felshindernisse in den Weg – vorerst kaum der Rede wert. Südostwärts senkt sich der Steig nun teilweise etwas ausgesetzt ins hintere Riegetal. Ein kurzer Gegenanstieg und man steht am malerischen Großsee, der vor dem anstrengenden Bergauf zum Wildgrat zur erholsamen Rast lädt. Schutt und Blockwerk prägen anschließend den Weiterweg ins Riegekar, wo wir uns später links halten, um

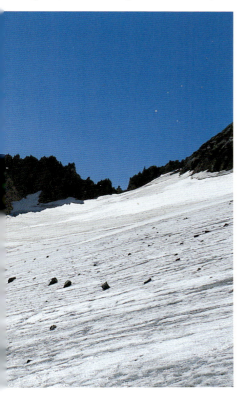

Im Riegetal zwischen Hochzeiger und Großsee

zu einer Scharte im Westgrat aufzusteigen. Die blockige Schneide leitet schließlich pfiffig auf den Gipfel des Wildgrates (2971 m), der seinem Ruf als erstklassiger Aussichtsberg zwischen den Kalkalpen im Norden und den großen Gletschergipfeln im Süden alle Ehre macht. Auf der Ostseite zieht derweil der tiefblaue Wettersee die Blicke magisch an. Beim Abstieg dorthin erheischt vor allem das erste Steilstück im blockig plattigen Fels erhöhte Vorsicht, bevor die Geländeneigung deutlich abnimmt. Über Schutt und Gletscherschliffe, oben noch mit Schneefeldern, unten dann eher mit Graspolstern durchsetzt, gelangen wir zum Wettersee hinab, an dessen Schwelle die Erlanger Hütte (2550 m) steht.

Erlanger Hütte – Frischmannhütte Am Wettersee vorbei zunächst ein Stück zurück, bis man links abzweigen und kurz zu einer Lücke in der nahen Gratrippe aufsteigen kann. Man wechselt auf die Seite des Leierstales, wo es zunächst in Kehren bergab geht und anschließend quer durch die weitläufigen Hangpartien nach Süden. Die Abzweigung nach rechts zum Lehnerjoch passierend, halten wir auf die schuttigen Mulden des »Schwarzen Lochs« zu. Dort deutlich nach links hinüber und durch mühsam zu begehende Blockhänge steiler in die schon lange sichtbare Feilerscharte (2926 m) empor. Hier wird man sich die Chance nicht entgehen lassen, mit dem Fundusfeiler (3079 m) den ersten Dreitausender der Tour einzuheimsen. Aus der Scharte südwärts hinab ins Funduskar, wo man es nach anfänglichen Steilpassagen zur Frischmannhütte (2192 m) gemütlich auslaufen lassen kann.

Frischmannhütte – Hauerseehütte Wir gelangen allmählich in den mittleren Teil des Geigenkammes, wo zwischen Frischmann- und Rüsselsheimer Hütte nur die winzige Unterkunft am Hauersee für Selbstversorger zur Verfügung steht. In der Saison wird sie normalerweise von Mitgliedern der Sektion Ludwigsburg beaufsichtigt; man erkundige sich vorher wegen der aktuellen Situation. Unser Weg dorthin steigt aus dem Funduskar südwärts unterhalb der Grisköpfe an, gelangt auf die mäßig steilen, leicht zu überquerenden Blockschuttflächen im Fernerkar

Traumhafte Lage: die Erlanger Hütte am Wettersee

und gewinnt links vom Ploderferner das Felderjöchl (2801 m). Wenig namhafte, aber dennoch eindrucksvolle Felsgestalten prägen die Umgebung mit ihren teils begrünten Steilschrofen und dem dunkelbraunen Urgestein der Gipfellagen. Von der Scharte führt der Steig steil hinab zum Weißen See, anschließend im Zickzack über die nächste Geländestufe an den Rand des Felderkares. Hier halten wir uns rechts und queren etwas oberhalb des feuchten Bodens eine Weile horizontal, ehe es wieder etwas bergan geht. Über einen kleinen Geländeriegel kommt man in die Nähe der Spitzigseen und um ein Eck herum zur kleinen Hauerseehütte (2383 m), die sich schüchtern in die wilde Arena des Hauerkares duckt.

Hauerseehütte – Rüsselsheimer Hütte

Wer diesen Abschnitt gleich anhängen möchte, um am Ende des Tages eine voll bewirtschaftete Hütte zu erreichen, sollte sich nicht nur stabiler Wetterverhältnisse, sondern auch seiner eigenen konditionellen Verfassung sicher sein können. Das ständige Auf und Ab über ein halbes Dutzend Joche und Scharten zieht sich nicht nur gehörig in die Länge, es ist auch vom Gelände her alles andere als einfach. Von der Hauerseehütte steigt man als Erstes zum Hauerferner auf, wobei nach einem Bergsturz vom Hinteren Feuerkogel vor einigen Jahren die Route auf die linke Seite des Kares verlegt worden ist. Den neuen Markierungen folgend über grobes Blockwerk zum Beginn des Gletschers, wo es heikel werden kann, zumindest sofern das Eis zwischen eingefrorenen Felsbrocken blank daliegt. Man vollzieht einen Rechtsbogen und peilt die Luibisscharte (2914 m) an, falls nicht vorher noch eine leichte Klettereinlage auf den wundervollen Luibiskogel (3112 m) unternommen werden soll. Auf der Pitztaler Westseite folgt nun eine der anspruchsvollsten Passagen, wenn es durch ein fieses Schuttcouloir steil bergab geht. Auch die teils weglose Fortsetzung durch das praktisch allgegenwärtige Blockwerk der Hochkare gestaltet sich sehr mühsam, sodass der Ungeübte speziell zwischen Luibisscharte und dem nächsten Übergang am Sandjoch (2820 m) viel Zeit liegen lassen kann. Aus dem dahinter befindlichen Südlichen Luibiskarle übersteigen wir rechter Hand noch eine weitere

Die Frischmannhütte ist das Ziel der zweiten Etappe.

Gratrippe, ehe der Weg schräg zum Breitlehnjöchl (2639 m) abfällt. Hier führt eine Verbindung zwischen Pitz- und Ötztal vorbei. Wir folgen ihr auf Pitztaler Seite ein Stück abwärts, zweigen dann aber links ab, um uns der äußerst steilen Felsflanke zu nähern, die ins Rötkarljoch (Kapuzinerjoch, 2710 m) hinaufleitet. Ihr Durchstieg, zuletzt gesichert, ist nochmals eine echte Prüfung. Jenseits mit einigem Höhenverlust durch die steinige Bucht des Rötenkars und hinauf zur Schulter »Auf Gahwinden« (2649 m) am Ausläufer des Hohe-Geige-Westgrates. Dies ist ein herrlicher Rast- und Aussichtspunkt, bevor es zuletzt in einer großen Schleife zur Rüsselsheimer Hütte (2323 m) bergab geht. Wer noch eine etwas ältere Karte besitzt, wird sie unter dem Namen Chemnitzer Hütte finden.

Rüsselsheimer Hütte – Braunschweiger Hütte

Heute begeben wir uns auf den berüchtigten Mainzer Höhenweg, eine rund neunstündige Grattour, die fast die ganze Zeit oberhalb der Dreitausendmetermarke verläuft. In der Kategorie »Höhenwege« ist sie so etwas wie das Nonplusultra, falls man sie dort überhaupt noch einordnen darf. Jedenfalls ist sie der anspruchsvollste Abschnitt unserer Geigenkamm-Überschreitung, auch

> **GIPFEL AM WEG**
>
> **Fundusfeiler** (3079 m): 30 Min. von der Feilerscharte
> **Luibiskogel** (3112 m): 45 Min. vom Hauerferner; leichte Kletterei
> **Hohe Geige** (3395 m): gut 3 Std. von der Rüsselsheimer Hütte (hochalpin)

Typische Landschaft am mittleren Geigenkamm (zwischen Frischmann- und Hauerseehütte)

wenn das Rheinland-Pfalz-Biwak auf dem Wassertalkogel psychologische und mitunter auch ganz praktische Hilfe verspricht. Im aufziehenden Schlechtwetter wird man froh sein, dort Unterschlupf zu finden. Zunächst gilt es aber Höhe zu gewinnen, und zwar im Aufstieg von der Rüsselsheimer Hütte über den rechts abzweigenden Weg ins Weißmaurachkar. Man hält sich im äußersten linken Bereich und steigt, zuletzt sehr steil mit Hilfe von Drahtseilen, bis ins Weißmaurachjoch (2959 m) auf. Nun rechts noch ein Stück weiter empor, dann in einer Traverse durch die bröselige Steilflanke zur Gratkante über dem Nördlichen Puitkogelferner. Die senkrechte, plattige Felsstufe dort hinunter wird durch eine Kette entschärft, kostet aber dennoch Überwindung. Anschließend ein gutes Stück quer über das Eis, bis man auf der gegenüberliegenden Seite der Karbucht wieder in die Felsen gelangt. Erneut sehr steil bergauf zu einer gerölligen Verflachung am Gratausläufer des Puitkogels. Eine versicherte Steilrinne leitet auf den Südlichen Puitkogelferner hinab, der in ähnlicher Weise überschritten wird. Dieses Wechselspiel zwischen Fels und Eis bleibt bestehen, bis wir um einen letzten Felssporn herum in die Gletscherbucht zwischen Sonnenkogel und Wassertalkogel gelangen, wo nun direkter aufgestiegen wird. Man gewinnt den Hauptgrat, blickt nach längerer Zeit mal wieder auf den Kaunergrat im Westen und folgt dem unschwierigen Blockschuttrücken bis zum Gipfel des Wassertalkogels (3247 m), dem Standort des wie ein Ufo anmutenden Rheinland-Pfalz-Biwaks.

Der zweite, nicht ganz so komplizierte, aber allemal anspruchsvolle Teil des Mainzer Höhenwegs bewegt sich nun überwiegend entlang der Gratschneide. Dabei rückt man dem Ötztaler Weißkamm mit der alles überragenden Wildspitze immer näher. Nur an einigen scharfen Zacken wird der felsige, oft aus großen Blöcken aufgebaute Kamm vorübergehend in die westseitige Flanke verlassen – man folge stets der guten Markierung. Via Gschrappkogel (3191 m), Wurmsitzkogel (3097 m) und Wildes Mannle (3063 m) gelangt man mit etwas Kletterei bis in die Senke des Nördlichen Pollesjochs. Anschließend knapp unter den Polleskögeln vorbei ins Südliche Pollesjoch, von dem man ostseitig an Sicherungen absteigt. Der Blick aufs Skigebiet am Rettenbachferner stört nur kurz. Doch wird es jetzt vermutlich bald lebhafter zugehen, wenn wir im Gegenanstieg über ein Firnfeld das Pitztaler Jöchl gewinnen. Jenseits auf gutem Steig zur Braunschweiger Hütte (2758 m) hinab, wo wir uns von einem prachtvollen Blick zur Wildspitze gefangen nehmen lassen können.

Braunschweiger Hütte – Mittelberg Ein Abstieg von 1000 Höhenmeter steht für den letzten Tag noch bevor, wobei der Hüttenweg aufgrund der umstrittenen Erschließung für das Gletscherskigebiet am Mittelbergferner jüngst verlegt werden musste. Westwärts in Kehren über die Moränenhänge hinab, auf ca. 2400 m Höhe dann vom alten Weg rechts ab und bald steil in die Karlesrinne hinab (Seillauf). Anschließend quert man die Gamsschrofen leicht abwärts, bevor sich der Steig in etlichen Kehren zum Gletscherstübele in der Talsohle hinunterwindet. Schließlich rechts der Pitze auf breitem Weg talaus nach Mittelberg.

Finale im Banne der Wildspitze: Vor dem Mittelbergferner liegt die Braunschweiger Hütte.

27 IM HERZEN DER ÖTZTALER ALPEN
Hohe Routen über Vent und Obergurgl

evtl. Kreuzspitze 1 Tag

mittel/schwierig 5 Tage 3500 Hm ÖVM

AUSGANGSPUNKT
Parkplatz Tiefenbachferner (2793 m) oberhalb von Sölden; Busverkehr

ENDPUNKT
Obergurgl (1907 m); Busverbindung mit Bahnhof Ötztal via Sölden

HÜTTEN
Breslauer Hütte (2844 m), DAV, Ende Juni bis Ende September, Tel. 05254/81 56
Vernagthütte (2755 m), DAV, Ende Juni bis Mitte September, Tel. 0664/141 21 19
Hochjochhospiz (2412 m), DAV, Ende Juni bis Ende September, Tel. 0676/630 59 98
Martin-Busch-Hütte (2501 m), DAV, Mitte Juni bis Ende September, Tel. 05254/81 30
Ramolhaus (3005 m), DAV, Anfang Juli bis Ende September, Tel. 05256/62 23
Langtalereckhütte (2430 m), DAV, Mitte Juni bis Anfang Oktober, Tel. 0664/526 86 55

GEHZEITEN
Tiefenbachferner – Breslauer Hütte 5 ¾ Std.– Vernagthütte 2 ½ Std. – Hochjochhospiz 1 ¾ Std. – Martin-Busch-Hütte 5 ½ Std. – Ramolhaus 6 Std. – Langtalereckhütte 2 ½ Std. – Obergurgl 2 Std.

ANFORDERUNGEN
Bis zum Hochjochhospiz unschwierige Höhenwege, die nur ein Grundmaß an Trittsicherheit verlangen. Anschließend zwei Übergänge mit Hochtourencharakter; etwas Blockkletterei am Saykogel, eine gesicherte Steilstufe und evtl. heikle Bachquerungen beim Übergang zum Ramolhaus. Die (optionale) Route via Langtalereckhütte führt über die meist apere Zunge des Gurgler Ferners. Diese Strecken bleiben dem erfahrenen Bergwanderer vorbehalten. Steigeisen mitnehmen; bei Neuschnee dringend abzuraten. Etappenlängen zwischen 4 und 6 Std.; solide Kondition notwendig.

KARTE
Alpenvereinskarte, 1:25 000, Blätter 30/1 »Ötztaler Alpen – Gurgl« und 30/2 »Ötztaler Alpen – Weißkugel«

Mit den Ötztaler Alpen werden meist große, charismatische Gletscherlandschaften assoziiert, wie man sie hauptsächlich zwischen Weißkamm und Hauptkamm findet. Hier sind weite Bereiche vom Eis bedeckt, was natürlich in erster Linie die Hochtourengeher auf den Plan ruft, während die Durchquerungsmöglichkeiten für reine Wanderer dadurch naturgemäß eingeschränkter sind. Wer allerdings als solcher ebenfalls gewisse Ansprüche hat, kann sich im Herzen der Ötztaler Alpen gleichsam nach Herzenslust austoben, und zwar auf dieser fünftägigen Runde um Vent und Obergurgl, den höchstgelegenen Orten Österreichs. Anstelle eines Starts in Vent mit Aufstieg zur Breslauer Hütte verleitet seit ein paar Jahren der neue Panoramaweg vom Tiefenbachferner zu einem Auftakt nach Maß. Die prächtige Schau auf die Venter Bergumrahmung macht die anfängliche Landschaftsverschandelung schnell vergessen. »Panoramaweg« ist dann auch ein passendes Stichwort für den zweiten Tag, der uns an der Vernagthütte vorbei zum Hochjochhospiz führt – und damit schon mitten hinein in die innersten Gefilde der Ötztaler Alpen wie dem Vernagt- und Hintereisgebiet. Kann man bis dorthin noch von Wanderungen für fast jedermann sprechen, so ist es mit dem gemächlichen Ausschreiten jedoch bald vorbei. Der Saykogel stellt uns eine nicht weniger als 3360 Meter hohe Hürde in den Weg, die allerhand Standfestigkeit verlangt. In gleicher Weise gilt dies für den einsamen Übergang von der Martin-Busch-Hütte zum Ramolhaus, einem der Traumplätze der Ötztaler schlechthin. Wie gebannt blickt man von dort in die riesige Arena des Gurgler Ferners, den man wahlweise am letzten Tag im Bereich seiner (ungefährlichen) Zunge überschreiten kann, um den Talabstieg nach Obergurgl über die Langtalereckhütte anzutreten.

Am Ramoljoch gewinnt man erstmals Einblick in die Arena des Gurgler Ferners.

Tiefenbachferner – Breslauer Hütte Die Tour beginnt mit dem »Panoramaweg« vom Skigebiet am Tiefenbachferner Richtung Vent, wobei wir im letzten Teil nicht in den Talort absteigen, sondern zur Breslauer Hütte, unserem ersten Stützpunkt, abdrehen. Das wenig anheimelnde Gelände am Tiefenbachferner, längst für eine der besonders harten Tourismusvarianten geopfert, lassen wir so schnell wie möglich hinter uns. Über eine Anhöhe hinweg und in leichtem Auf und Ab quer durch die von mehreren Bachläufen durchzogenen Moränenhänge. Man geht das seichte, öde Seiterkar aus und gelangt um ein Eck herum auf den freundlicheren Mutboden. Das folgende Weißkar ist nun wesentlich stärker eingeschnitten, die Durchquerung daher etwas zeitaufwändiger. Auf der anderen Seite quer durch den Blockhang hinaus zur Ostschulter des Weißkarkogels, wo die Route wieder einen deutlichen Knick macht. Mit herrlichen Ausblicken auf die Bergwelt rund um Vent geht es weit oberhalb der Ache in einer allmählich absteigenden Traverse entlang der Hangterrasse taleinwärts. Spärliche Schafweiden bilden bald den Untergrund. Auf ca. 2180 m trifft man auf einen breiteren Karrenweg, dem man durch die von einigen Bachrunsen durchzogenen Hänge des Sonnenbergs bis zur Bergstation des Sessellifts

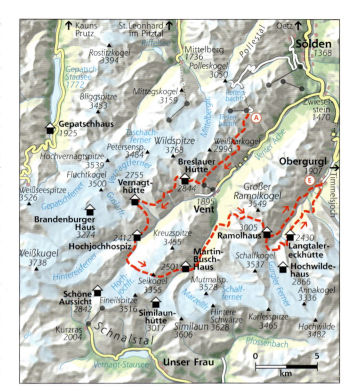

auf Stablein (2356 m) folgt. Von dort am viel begangenen Hüttenweg unter dem Auslauf des Rofenkars hindurch zum Tagesziel, der Breslauer Hütte (2844 m).

Breslauer Hütte – Vernagthütte Dies ist der beliebte Seufertweg, eine der schönsten leichteren Panoramameilen in den Ötztaler Alpen. Man geht zunächst das Mitterkar aus, wobei allenfalls die Bachquerungen bei starker Wasserführung etwas problematisch sein können. Auf guter Trasse quer durch die manchmal etwas abschüssigen Hänge. Man erreicht die Geländeschulter am Platteiberg, wo sich bei einem flachgründigen See der Blick ins Vernagtgebiet auftut. Nun rechts einschwenken und zum Vernagtbach hinab. Am Gegenhang liegt die Vernagthütte (2755 m), die von vielen womöglich übersprungen wird, da auch der folgende Abschnitt zum Hochjochhospiz recht kurz ist. Ein Abstecher zwecks Einkehr sollte aber allemal drinliegen.

Vernagthütte – Hochjochhospiz In der Regel wird man diesen Übergang also am selben Tag anhängen, die reine Gehzeit ab Breslauer Hütte sprengt mit etwa vier Stunden

Am Rofenberg mit Blick auf Hintereisferner und Weißkugel

Die Vernagthütte

kaum den Rahmen. Bereits unterhalb der Vernagthütte, beim Guslarbach, setzt sich der Höhenweg fort. Wir schlagen auf ihm ohne wesentliche Höhenunterschiede einen weiten Bogen um das Massiv der Guslarspitzen, wobei man sich vorwiegend auf den grasbewachsenen Hängen des so genannten Unteren Rofenbergs bewegt. Am Schluss in wenigen Kehren zum Hochjochhospiz (2412 m) hinab.

Hochjochhospiz – Martin-Busch-Hütte Wir steigen zur Rofenache ab, überqueren diese und gewinnen am Gegenhang wieder an Höhe. Von der Route zum Hochjoch links abzweigend auch über den Abfluss des Hochjochferners auf die andere Seite. Hier schräg rechts empor bis auf einen Moränenrücken, der am Rande des Hochjochferners in den Nordwestgrat des Saykogels überleitet. Typische Blockschutthänge prägen den Aufstieg, weiter oben auch ausgesetztere Felspassagen, die ab und zu die Zuhilfenahme der Hände erfordern. Das Panorama wird unterdessen immer großartiger und findet seinen Höhepunkt am Gipfel des Saykogels (3360 m), der sich nur wenige Schritte oberhalb des eigentlichen Übergangs befindet. Der Hauptkamm von der Weißkugel über die Fineilspitze und den Similaun bis zur Hinteren Schwärze sowie der Weißkamm mit der dominanten Wildspitze sind wunderbar aufgeschlossen. Im Bergab über die Ostrippe, die sich allmählich in Blockhalden verliert. Weiter unten schließt sich eine längere Abwärtstraverse über Schafmatten an, die bei der Martin-Busch-Hütte (2501 m) im Niedertal ausläuft. Tipp: Wer sich einen zusätzlichen Tag leisten kann, wäre gut beraten, ihn in die Besteigung der Kreuzspitze (3457 m), einen der ganz großen Wanderdreitausender in den Ostalpen, zu investieren.

Martin-Busch-Hütte – Ramolhaus Diese etwas verzwickte, weniger frequentierte Route sollte keinesfalls unterschätzt werden. Als ernsthafte Hürde erweist sich mitunter die Überschreitung des verästelten Diembachs, speziell wenn keine ordentlichen Brücken vorhanden sein sollten. Zu Beginn müssen wir allerdings auf dem breiten Hüttenweg erst einmal einige Zeit in Richtung Vent absteigen. Hinter der Schäferhütte (2230 m) lässt sich eventuell schon die Niedertaler Ache nach rechts überschreiten, spätestens jedoch ein Stück weiter unten. Auf der anderen Seite noch kurz weiter talaus bis vor die tiefe Runse des Diembachs. Dort beginnt ein steiler Aufstieg in die Firmisan, wo man links eindreht, um die verschiedenen Äste des Diembachs zu überqueren. Das kann je nach Bedingungen recht spannend werden. Jenseits leiten Pfadspuren in einer ansteigenden Traverse nach Norden, umgehen damit den Ausläufer des Vorderen Spiegelkogels und gelangen ins Ramolkar. Dort über den Gletscherbach und zur Einmündung in den von Vent heraufziehenden Weg. In kargem Moränengelände auf der linken Seite des Spiegelferners bergauf, später ein Stück über das Eis und ins Ramoljoch (3186 m) empor. Auf der Ostseite in leichter Kletterei (z. T. mit Drahtseilen und Leitern gesichert) auf die Reste des Ramolferners hinab und zum nahen Ramolhaus (3005 m), das in einzigartiger Lage über der Zunge des Gurgler Ferners thront: Ein Panorama der Extraklasse, besonders wenn man hier die stimmungsvollen Abend- und Morgenstunden erleben kann.

Ramolhaus – Obergurgl Die interessanteste Route vom Ramolhaus nach Obergurgl führt über die Zunge des Gurgler Ferners auf die andere Seite und via Langtalereckhütte zu Tal. Man steigt dafür nur bis kurz über die erste Kehre des Hüttenweges hinaus ab, wendet sich dann dem kleineren Steig zu, der sich über die Hänge zum Rand des Eises hinabwindet, zuletzt über einen glatten Gletscherschliff mit Tritthilfen. Nun über die schuttbedeckte und im Sommer meist apere Gletscherzunge zum gegenüberliegenden Ufer, wo ein üppig markierter Moränensteig einsetzt. Weiter oben stößt man auf den Hüttenweg des Hochwildehauses. Diesem folgend über eine steilere Passage zum Abfluss des Langtaler Ferners hinab und mit etwa 100 Höhenmeter Gegenanstieg zur Langtalereckhütte (2430 m). Ein nur leicht abfallender Fahrweg führt schließlich über die Gurgler Alm und die Schönwieshütte (2262 m) im Rotmoostal bis nach Obergurgl.

Variante: Über den aussichtsreichen Hüttenweg, der längere Zeit schräg abwärts durch die Flanken des inneren Gurgler Tals quert, kann man in drei Stunden direkt nach Obergurgl gelangen.

> **GIPFEL AM WEG**
>
> **Wildes Mannle** (3019 m): 45 Min. von der Breslauer Hütte
> **Hintergrasleck** (3170 m): 1 1/4 Std. von der Vernagthütte
> **Kreuzspitze** (3457 m): 3 Std. von der Martin-Busch-Hütte
> **Hangerer** (3021 m): 2 1/2 Std. ab Schönwieshütte

Schafweiden im hinteren Niedertal vor der Kulisse der Marzellspitzen

28 DURCH DEN NATURPARK TEXELGRUPPE
Die hochalpine Schatzkammer Merans — Teil des Tiroler Höhenwegs

mittel/schwierig 4–5 Tage 3500 Hm ÖVM

AUSGANGSPUNKT
Pfelders (1628 m) im gleichnamigen Seitental des Hinterpasseier; Busverbindung von Meran über St. Leonhard und Platt

ENDPUNKT
Siehe Ausgangspunkt

HÜTTEN
Zwickauer Hütte (2979 m), CAI, Anfang Juli bis Ende September, Tel. 0473/64 60 02
Stettiner Hütte (2875 m), CAI, Anfang Juli bis Ende September, Tel. 0473/64 67 89
Lodnerhütte (2259 m), CAI, Mitte Juni bis Ende September, Tel. 0473/96 73 67
Hochganghaus (1839 m), privat, Anfang Juni bis Ende Oktober, Tel. 0473/44 33 10

GEHZEITEN
Pfelders – Zwickauer Hütte 4 Std. – Stettiner Hütte 4 Std. – Lodnerhütte 3 Std. – Hochganghaus 3 ½ Std. – Pfelders 6 Std.

ANFORDERUNGEN
Überwiegend alpine Steige in teilweise steilem, ausgesetztem Gelände, vereinzelt gesicherte Passagen wie am Johannesschartl, am Franz-Huber-Steig oder am Hochgang. Schlüsselstelle ist gewöhnlich das Johannesschartl, das bei ungünstigen Verhältnissen rasch schwierig wird. Absolute Trittsicherheit und Schwindelfreiheit unerlässlich, konditionell dagegen höchstens durchschnittliche Anforderungen.

KARTE
Tabacco, 1:25 000, Blätter 039 »Passeiertal« und 011 »Meran und Umgebung«

Die Texelgruppe, meist als südöstliches Anhängsel der Ötztaler Alpen beschrieben, weist nicht nur eine gewisse topografische Eigenständigkeit auf, sie unterscheidet sich in vielerlei Hinsicht von den großen Gletscherarealen nördlich des Hauptkammes. Im Jahr 1976 wurden 334 Quadratkilometer dieser als »hochalpine Schatzkammer Merans« bezeichneten Bergregion zum Naturpark erklärt. Ihre landschaftlichen Kontraste sind bestechend: Zu Beginn unserer Tour befinden wir uns auf dem Pfelderer Höhenweg unmittelbar am Südabfall des Ötztaler Hauptkammes, tauchen dann erst in die eigentliche Texelgruppe ein, und zwar zunächst in das von einem mächtigen Bergkranz umgebene Zieltal, wo uns die Lodnerhütte empfängt. In weiterer Folge orientieren wir uns am Franz-Huber-Steig zum Vinschgau hin, der bereits auffallend mediterrane Züge trägt und damit ganz im Gegensatz zum Inneren der Texelgruppe steht. So wähnt man sich im Bereich der Spronser Seenplatte nämlich eher wieder in nordischen Gefilden, dermaßen herb wirkt die Landschaft mit ihren dunklen Gneisen und kristallinen Schiefern sowie den kühlen Seen, auf denen bis in den Sommer hinein Eisschollen treiben. Die einzelnen Etappen sind übrigens bis auf die letzte nicht besonders lang, weshalb wir erwägen sollten, das Programm mit einigen attraktiven Gipfelzielen zu bereichern. Guten Bergsteigern stehen vor allem der Hintere Seelenkogel und die Hochwilde – beide fast dreieinhalbtausend Meter hoch – offen, zumal die jeweiligen Stützpunkte schon sehr weit oben liegen. Allerdings müsste das Gesamtniveau der Tour damit eher auf »schwierig« heraufgestuft werden. Ob mit oder ohne Abstecher – in jedem Fall bietet dieser Ausflug ein faszinierendes Kontrastprogramm in einem Gebiet, wo sich der Norden und Süden in spannungsreicher Art und Weise miteinander verbandeln.

Der Marmorberg Lodner zählt zu den eigenwilligsten Berggestalten überhaupt.

Pfelders – Zwickauer Hütte Hoch oben über Pfelders steht auf einem Vorsprung am Rande des Planferners die Zwickauer Hütte, die eine ungewöhnlich dramatische Geschichte hinter sich hat: 1899 von der Alpenvereinssektion Zwickau gebaut, wurde sie nach dem Ersten Weltkrieg enteignet und dem CAI Meran zugesprochen. Nach dem Niederbrand 1933 entstand 1960 ein Neubau, der 1965 vom Militär erneut beschlagnahmt und 1967 abermals zerstört wurde. Die heutige Hütte steht seit 1983 und wird hoffentlich nur noch der friedlichen Bergsteigerei dienen. Über 1300 Höhenmeter Steilaufstieg haben wir bis dort hinauf zu bewältigen. Wir überschreiten am Ortsrand gleich den Pfelderer Bach und steigen im Bereich des Fernerbachs, später weit links davon, gegen die Schneidalm (2159 m) auf. Sie bleibt schließlich knapp rechts. Über Matten bis auf die Kanzel der Oberen Schneid (2371 m) und über den dort ansetzenden Schrofenrücken weiter in vielen Kehren empor. Man passiert die Abzweigung des Pfelderer Höhenwegs zur Stettiner Hütte und wenig später jene in die andere Richtung (Rauhes Joch). Noch ein paar letzte Serpentinen und die Zwickauer Hütte (2979 m) ist gewonnen.

Zwickauer Hütte – Stettiner Hütte Nach einer etwaigen Besteigung des Hinteren Seelenkogels (3489 m) begeben wir uns von der

Zwickauer Hütte zunächst auf gleichem Weg wieder rund 200 Höhenmeter bergab. Dann nach rechts auf den Pfelderer Höhenweg abzweigen und quer durch steiles Geschröf und Blockwerk auf den Geländesporn des Bockbergs. Hier büßen wir weiter an Höhe ein, da eine Traverse durch die Flanken des Gurgler Kammes erst weiter unten möglich wird. Nach etlichen Windungen passieren wir den tief eingekerbten Graben des Weittals und kommen dahinter zu einer angenehmeren Querung unter dem Rotegg. Hinter einer weiteren Bachrunse allmählich wieder leicht

Ziegenherde im Faltschnaltal

GIPFEL AM WEG

Hinterer Seelenkogel (3489 m): 1 ½ Std. von der Zwickauer Hütte
Hochwilde (3480 m): 2 Std. von der Stettiner Hütte
Blasiuszeiger (2837 m): 1 ¾ Std. von der Lodnerhütte
Spronser Rötelspitze (2625 m): 40 Min. ab Hochgangscharte

ansteigend, stets die Hochwilde sowie die Hohe Weiße mit dem Eisjöchl dazwischen im Vorausblick. Nach langer Traverse über Gras und Blockschutt mündet der Pfelderer Höhenweg in die besser ausgebaute Trasse des Meraner Höhenweges, hier gleichzeitig der normale Hüttenanstieg von Pfelders zur Stettiner Hütte (2875 m). Auf ihm das letzte Stück hinauf zum Etappenziel.

Stettiner Hütte – Lodnerhütte Auch dieser Übergang ist nicht allzu lang, sodass man – falls äußere Bedingungen und eigene Verfassung stimmen – am Morgen die stolze Hochwilde (3480 m) besteigen kann. Anschließend wechselt man von der Stettiner Hütte über das nahe Eisjöchl (2895 m). Jenseits nur kurz gegen das Pfossental abwärts, dann vom Meraner Höhenweg links weg und über die vom Schnalsberg abstreichende Rippe in das Vorfeld des Grubferners hinab. Man quert den Kessel über flache Böden an einem Moränensee vorbei (also nicht zu weit oben in den unwegsamen Flanken) und gelangt unter den Auslauf einer steilen Geröllrinne, die den Aufstieg ins Johannesschartl (2854 m) vermittelt.

Diese Passage ist sicher die heikelste der gesamten Tour, einerseits aufgrund der enormen Steilheit, vor allem aber weil das Couloir brüchig und steinschlaggefährdet ist (Vorsicht, falls mehrere Personen unterwegs). An den Begrenzungsfelsen findet man Ketten, die sich vor allem bei Vereisung als hilfreich erweisen. Auf der Südseite des Johannesschartls zuerst über eine gesicherte Rampe steil bergab, danach kehrenreich in den hinteren Talkessel, wo das Gelände allmählich lieblicher wird. Nebenan beeindrucken die geologisch extravaganten Marmorberge Lodner und Hohe Weiße. Schließlich immer in Nähe des Zielbachs talauswärts bis zur Lodnerhütte (2259 m).

Lodnerhütte – Hochganghaus Die Verbindung zwischen diesen Stützpunkten trägt nach dem Mitbegründer des Alpenvereins Südtirol die Bezeichnung »Franz-Huber-Steig« und ist ein Vinschgauer Panoramaweg par excellence. Allerdings sind auch einige exponierte Passagen dabei; es handelt sich also keinesfalls um einen Trampelpfad für Massen. Von der Lodnerhütte über den Zielbach und gemeinsam mit der Halsljoch-Route nach Südosten. Die Wege trennen sich, wir bleiben am rechten, unteren und queren über das Platteck in die steile Flanke hoch über der Ginglalm hinein. Man geht dort eine weite Geländebucht aus und gelangt zum ersten größeren Hindernis, einem Plattenschuss, der

Nahe dem Eisjöchl steht die Stettiner Hütte in herrlicher Aussichtslage über dem Pfelderer Tal.

Am Langsee, dem stattlichsten Exemplar der Spronser Seenplatte

an Eisenkrampen überwunden wird. In der Folge quer durch eine verästelte Runse und zu einer Verzweigung, die zwei Möglichkeiten eröffnet. So lässt sich die Kanzel der Sattelspitze (2428 m) entweder überschreiten oder kürzer, aber nicht minder ausgesetzt in der südseitigen Steilflanke umgehen. Nach einem Abstieg setzt sich die Traverse auf den Tablander Hochmähdern in der Südflanke des Tschigat fort, übersteigt noch eine große Geländerippe und taucht hinter der Hochbodenalm (2063 m) allmählich in bewaldetes Terrain ein. Zuletzt auf den zuvor unterhalb verlaufenden Meraner Höhenweg einmündend zum Wiesenbalkon mit dem Hochganghaus (1839 m).

Hochganghaus – Pfelders Die relativ lange Schlussetappe führt uns über die Spronser Seenplatte zurück nach Pfelders. Um dieses Herz der Texelgruppe zu erreichen, steht ein Steilanstieg in die Hochgangscharte (2441 m) bevor, der sich zwischen zerschlissenen Urgesteinsflanken emporwindet (im oberen Teil Kettensicherungen). In der Scharte öffnet sich plötzlich eine völlig andere Welt. Wir blicken in die herbe, skandinavisch anmutende Karlandschaft mit dem Langsee, an dem wir nun weit links ausholend vorbeigehen. Von seinem Nordende über eine Geländestufe zum Grünsee hinab und nach Überschreiten des Abflusses am Gegenhang wieder hinauf. Der Weg zum Oberkaser bleibt rechts. Wir erreichen die Karstufe mit dem Schiefersee und im Linksbogen noch etwas weiter aufsteigend das Spronser Joch (2581 m). Jenseits könnte man ins Lazinser Tal absteigen; günstiger ist jedoch, rechts haltend das Faltschnaljöchl (2417 m) zu überschreiten und dann im parallel gerichteten Faltschnaltal das finale Bergab anzutreten. Bald schon rechts des Baches weit talauswärts zur Faltschnalalm (1871 m, Jausenstation) und das letzte Stück durch Wald zurück nach Pfelders.

Am Franz-Huber-Steig werden die schroffen südseitigen Berglehnen der Texelgruppe durchquert.

29 ZWISCHEN RIDNAUN UND PASSEIER
In den südlichen Stubaier Alpen

mittel | 5 Tage | 3000 Hm | ÖVM

AUSGANGSPUNKT
Bichl (1307 m) im Ratschingstal; Bus von Sterzing

ENDPUNKT
Bergwerksmuseum Maiern (1426 m) im hintersten Ridnauntal; ebenfalls Busverbindung mit Sterzing

HÜTTEN
Sterzinger Jaufenhaus (1990 m), privat, ganzjährig, Tel. 0472/75 66 22
Hochalm (2174 m), privat, Anfang Juni bis Ende Oktober, Tel. 348/411 03 62
Schneeberghütte (2355 m), privat, Ende Mai bis Ende Oktober, Tel. 0473/64 70 45
Grohmannhütte (2254 m), CAI, Mitte Juni bis Mitte Oktober, Tel. 348/240 02 86
Teplitzer Hütte (2586 m), CAI, Ende Juni bis Ende September, Tel. 0472/65 62 56

GEHZEITEN
Bichl – Sterzinger Jaufenhaus 2 Std. – Hochalm 5 Std. – Schneeberghütte 4 ½ Std. – Teplitzer Hütte 6 Std. – Maiern 4 Std.

ANFORDERUNGEN
Wechsel von leichteren und alpineren Bergwegen, auf einigen wenig begangenen Routen auch nur undeutliche Pfadspuren und spärliche Markierungen in teils recht rauem Gelände. Dementsprechend gute Trittsicherheit und Orientierungsgabe unbedingt notwendig, Ausdauer für 4–6 Std. täglich.

KARTE
Tabacco, 1:25 000, Blatt 038 »Sterzing – Stubaier Alpen«

Dass die Stubaier Alpen ein Stück über den Alpenhauptkamm nach Südtirol hineinreichen, ist manch einem vielleicht nur theoretisch bekannt – besonders viel Aufmerksamkeit erhält diese Gegend rund um die Talschaften Pflersch, Ridnaun, Ratschings und dem hinteren Passeier jedenfalls nicht. Dabei stehen hier weder die Gipfel noch die Wandermöglichkeiten jenen der Nordseite in nennenswerter Weise nach. Immerhin verspricht unser großer Bogen durch die südlichen Stubaier Alpen damit einen Streifzug abseits gängiger Moderouten, bei dem jede Etappe durch ganz individuelle Reize besticht. Wir beginnen die Tour im Jaufengebiet, wandeln eine Zeit lang hoch über dem Hinterpasseier bis in die jahrhundertelang vom Bergbau geprägte Region am Schneeberg hinein und vollenden den Halbkreis über dem Ridnauntal, wo mit dem Sieben-Seen-Weg und der abgeschiedenen Schlussetappe über den Pfurnsee nochmals echte Leckerbissen auf dem Programm stehen.

Ein zusätzlicher Hinweis sei an dieser Stelle nicht verschwiegen: Von der Teplitzer Hütte ließe sich die Durchquerung nach Art einer echten »Haute Route« via Magdeburger Hütte und Tribulaunhütte bis ins Pflerschtal fortsetzen. Dabei wird jenseits der Aglsspitze der nicht spaltenfreie Feuersteinferner überquert, für dieses Wanderbuch – leider, aber konsequent – ein Ausschlusskriterium. Hochtourenerprobte Berggeher mit entsprechender Ausrüstung können den anspruchsvollen Übergang natürlich erwägen und würden anschließend noch in den Genuss der Weißwand-Überschreitung sowie des überaus spannenden Pflerscher Höhenweges kommen.

Am Aglsboden hat sich eine malerische Schwemmebene gebildet.

Bichl – Sterzinger Jaufenhaus Vom Parkplatz an der Liftstation in Bichl folgt man zuerst einer Fahrstraße, dann dem Weg Nr. 13, der durch Wald zur Kalcheralm (1840 m) und von dort weiter über freie Flächen zum Sterzinger Jaufenhaus (1990 m) hinaufzieht. Dieser erste Stützpunkt, mehr Gasthaus denn Hütte, wäre natürlich auch mit dem Auto über die Jaufenstraße erreichbar, was aber später eine komplizierte Rückholaktion verursachen würde.

Sterzinger Jaufenhaus – Hochalm Ein kurzes Stück entlang der Jaufenstraße aufwärts und noch vor der nächsten Linkskehre rechts auf den Wanderweg, der auf der Nordseite des Kammes bis in den Rinnersattel (2031 m) quert. In weiterer Folge bleiben wir am Kammrücken selbst, passieren bald einmal eine Skiliftstation und steigen zum Fleckner (2331 m) mit seinem großen Kreuz an. Herrliche Ausblicke nach Nord und Süd begleiten diese Überschreitung, die sich über die nächste Erhebung namens Saxner fortsetzt. Dahinter per Zwischenabstieg in die Einsattelung des Glaitner Jochs (2249 m) und weiter dem Kamm folgend aufs Glaitner Hochjoch (2389 m), von dem man einen besonders instruktiven Einblick in die Achse des Passeiertales hat. Der Kamm biegt nun nach Nordwesten um und senkt sich ins Schlattacher Joch (2264 m). Eine willkommene Abwechslung bringt die Karmulde mit dem sagenumwobenen Übelsee ins Spiel. Der direkte Weiterweg bleibt nun auf der Südseite und quert als »Passeirer Höhenweg« auf oft nur spärlichen Pfadspuren die steilen Mattenhänge unterhalb des Kreuzspitzkammes. Wir gehen zunächst eine weite

St. Martin am Schneeberg, ehemalige Knappensiedlung

Blick vom Jaufenpass über die Eisacktaler Berge; knapp unterhalb das Sterzinger Jaufenhaus

Einbuchtung und anschließend den Südrücken der Hohen Kreuzspitze aus, bevor wir bei der Hochalm (2174 m) eintreffen.

Variante: Am Übelsee zweigt die längere und anspruchsvollere Variante über die Hohe Kreuzspitze (2743 m) ab. Zunächst steil auf den Südrücken der Kleinen Kreuzspitze (2518 m), deren höchster Punkt knapp links umgangen wird. Dann auf den Hauptgrat zurück, der nun zunehmend felsig wird. An einem Gendarm müssen wir in die Nordseite ausweichen, ehe schließlich mittels leichter Kletterei der Gipfel gewonnen wird. Der Abstieg erfolgt südseitig durch die Egger Grube zur Hochalm.

Hochalm – Schneeberghütte Zunächst ein Stück in Richtung Hohe Kreuzspitze, anschließend mit einer Schleife gegen die Hochwart (2608 m) empor, deren Südgipfel am Schluss über teilweise gesichertes Felsgelände erreicht wird. Hinüber zum Nordgipfel und ein paar Meter am Ostrücken hinab in eine Scharte. Jetzt nordseitig bis auf die Karböden hinab, wo unser Weg in leichtem Auf und Ab weit nach Norden zieht. Hin und wieder ist das Gelände von Bachrunsen und schrofigen Rippen durchzogen, an denen sich kurze Steilstellen ergeben. Davon abgesehen ohne Schwierigkeiten unter dem Westgrat der Rinnerspitze entlang in das ehemalige Montangebiet am Schneeberg mit seinen Relikten aus früheren Epochen. Ein letzter Gegenanstieg über dem Seemoos führt zur Schneeberghütte (2355 m). Die ganze Umgebung ist ein Stück Kulturgeschichte, über die sich nebenan im Landesbergbaumuseum Näheres in Erfahrung bringen lässt. Allerdings ist auch nicht zu übersehen, dass der Natur in diesem Gebiet hart zugesetzt worden ist.

Schneeberghütte – Teplitzer Hütte Wir verabschieden uns von der ehemaligen Knappensiedlung St. Martin am Schneeberg und begeben uns ostwärts zur Schneebergscharte (2650 m) hinauf. Damit stehen wir bereits am Übergang auf die Ridnauner Seite, werden aber, statt durchs Lazzacher Tal abzusteigen, noch einen reizvollen Umweg unternehmen. Von der Scharte ein Stück Richtung Poschalm hinab, dann links um die Ausläufer der Sprinzenwand herum und kurz hintereinander über mehrere Bäche. Schließlich wieder steil aufwärts am Moarer Egetensee vorbei zum Egetjoch (2695 m). Noch im Bereich des Sattels gabelt sich der Weg: Die Direktroute führt nun durch das Hochtal abwärts zum stattlichen Trüben See (2393 m), der an seinem rechten Ufer passiert wird. Bei guten Sichtverhältnissen ist es jedoch lohnender, links haltend über den spärlicher markierten Sieben-Seen-Weg zu gehen. Dabei wird in leichtem Auf und Ab das interessante Seenplateau der Oberen Senner Egeten überschritten.

Jenseits des Trüben Sees kommen beide Varianten wieder zusammen und führen rechtsseitig auf die Schwemmebene des Sandbodens hinaus. Oberhalb der Steilstufe ist der Übeltalferner zu erahnen, den wir aber erst bei der Teplitzer Hütte richtig erfassen können. Man überschreitet den klammartigen Fernerbach auf einer Hängebrücke und steigt an der kleinen Grohmannhütte (2254 m, Übernachtungsmöglichkeit) vorbei zu einem Schrofenriegel an. In Kehren über diesen hinweg und auf Gletscherschliffen zur Teplitzer Hütte (2586 m) hinauf. In der Tat: Der Blick auf den riesigen Übeltalferner ist gewaltig. Wer diese Eindrücke noch steigern möchte, kann in drei Stunden zum Felsgupf des Becher (3191 m), Standort der höchst-

---

GIPFEL AM WEG

Hohe Kreuzspitze (2743 m): Variante beim Übergang zur Hochalm, 1 ½ Std. länger (leichte Kletterei)
Becher (3191 m): 3 Std. von der Teplitzer Hütte auf anspruchsvoller Steiganlage

gelegenen Schutzhütte Südtirols, aufsteigen (teils gesichert, Firntraverse).

Teplitzer Hütte – Maiern Am letzten Tag steht nochmals ein Schmankerl auf dem Programm, wenn wir statt des normalen Hüttenweges (siehe Variante) die abgelegene Route über den Pfurnsee wählen. Über typisches Blockschutt- und Gletscherschliffgelände erst ein Stück Richtung Hangender Ferner, dann rechts hinauf zum Hohen Trog (2833 m) mit seinen Lacken unterhalb der Aglsspitze. Südostwärts durch raue block- und schneegefüllte Wannen allmählich wieder abwärts, wobei stets gut auf die Markierung zu achten ist. Man erreicht den Pfurnsee (2457 m), ein weltfernes Kleinod, das an landschaftlichem Reiz kaum zu überbieten ist. Knapp links von seinem Abfluss setzt sich der spärliche Pfad fort, zunächst ein Stück steil bergab, später um ein Geländeeck herum in eine Karbucht. Nächste Station ist die urige Aglsalm (2004 m), von der ein deutlicherer Weg in Kehren zur großen Schwemmebene des Aglsboden hinunterzieht. Hier auf den normalen Hüttenweg einmündend und vorn an der Geländeschwelle über den Bach, um schließlich rechts von diesem durch bewaldetes Terrain zur ehemaligen Erzaufbereitungsanlage (heute Landesbergbaumuseum) im hintersten Ridnauntal abzusteigen.

Variante: Die Normalroute führt wieder über die Grohmannhütte zurück und anschließend auf der linken Seite des Fernerbachs zum Aglsboden. Rechts steht die bewirtschaftete Aglsbodenalm (1717 m). Schließlich durch den flachen Kessel und wie beschrieben hinab ins Tal; 2 ½ Stunden.

Rast am Passeirer Höhenweg vis-à-vis den Sarntaler Alpen

Verborgenes Kleinod: Seeauge am Hohen Trog oberhalb der Teplitzer Hütte

30 SCHLEIFEN DURCH DIE SELLRAINER BERGE
Kreuz und quer durchs Nordweststubai   *reizvoll, ruhig*

mittel/schwierig   5–7 Tage   5100 Hm   ÖVM

AUSGANGSPUNKT
Dortmunder Hütte (1949 m) in Kühtai, an der Straße zwischen Sellrain- und Ötztal; Busverbindung

ENDPUNKT
Siehe Ausgangspunkt

HÜTTEN
Neue Bielefelder Hütte (2112 m), DAV, Mitte Juni bis Ende September, Tel. 05252/69 26
Guben-Schweinfurter-Hütte (2028 m), DAV, Mitte Juni bis Anfang Okt., Tel. 05255/500 29
Neue Pforzheimer Hütte (2310 m), DAV, Mitte Juni bis Ende Sept. Tel. 05236/521
Westfalenhaus (2276 m), DAV, Mitte Juni bis Ende September, Tel. 05236/267
Winnebachseehütte (2361 m), DAV, Ende Juni bis Mitte Oktober, Tel. 05253/51 97

GEHZEITEN
Kühtai – Bielefelder Hütte 4 Std. – Guben-Schweinfurter-Hütte 7 ½ Std. – Neue Pforzheimer Hütte 3 ¼ Std. – Westfalenhaus 4 Std. – Winnebachseehütte 3 Std. – Guben-Schweinfurter-Hütte 4 ½ Std. – Kühtai 4 ½ Std.

ANFORDERUNGEN
Alpine Schartenübergänge bis knapp 3000 m erfordern solide Bergerfahrung; sie sind ausreichend markiert, können aber durch Schnee und Eis erschwert sein (evtl. Pickel und Steigeisen ratsam). Die einzelnen Stützpunkte liegen meist nur etwa 3–4 ½ Std. auseinander, einzig der Wilhelm-Oltrogge-Weg fällt aus dem Rahmen. Er ist nicht nur der mit Abstand längste, sondern aufgrund zahlreicher ausgesetzter Schrofenpassagen bergsteigerisch auch der schwierigste Abschnitt.

KARTE
Alpenvereinskarte, 1:25 000, Blatt 31/2 »Stubaier Alpen – Sellrain«; freytag & berndt, 1:50 000, Blatt 251 »Ötztal – Pitztal – Kaunertal – Wildspitze«

Diese Doppelschleife im Nordwesten der Stubaier Alpen gehört zu den reizvollsten Unternehmungen ihrer Art im gesamten Zentralalpenraum. Angesichts der Armut an erhabenen Gletscherszenerien mag dies verwundern, doch stellt man immer wieder fest, dass sich die Landschaft gerade dort am ursprünglichsten zeigt, wo sie nicht ihre allergrößten Trümpfe ausspielt. Ein gutes Beispiel hierfür lieferte uns bereits der Geigenkamm (Tour 26), gleich gegenüber auf der anderen Seite des Ötztales. Auch die Sellrainer Berge keuchen nicht im Würgegriff des Massentourismus, doch liegt hier eine Anzahl gut geführter und kaum jemals überlaufener Hütten optimal über das Gebiet verteilt und eröffnet so Erkundungsmöglichkeiten in den verschiedensten Winkeln. Wie bereits angedeutet, ist unsere Tour im Verlauf einer Acht angelegt, mit einem Knotenpunkt bei der Guben-Schweinfurter-Hütte, die wir folglich zweimal ansteuern. Das Gros der Verbindungswege bringt uns typisch zentralalpine Landschaftselemente nahe: Blockwerk und Matten, Wildbäche und Seen, ausgeprägte Trogtäler mit hochalpinen Schartenübergängen. Auch einige Gletscher bekommen wir natürlich zu Gesicht, aber die sind im Vergleich zum Hochstubai etwa doch eher bescheiden. Stattdessen steigert sich wie zum Ausgleich die optische Attraktivität der Felsgipfel, wie schon der Blick auf die schön gezeichnete Alpenvereinskarte »Sellrain« verrät. Allenthalben stehen hier lange, mächtige Gratzüge Spalier und formieren mit ihrem dunklen Kristallin eine unnahbare Szenerie. Meist nutzen wir die Durchschlüpfe, welche uns die Hochtäler und Kare eröffnen; eine Ausnahme bildet der Wilhelm-Oltrogge-Weg quer durch die gewaltigen Schrofenflanken über dem vorderen Ötztal. Er gehört – sowohl was die Landschaftseindrücke als auch die Anforderungen angeht – zweifellos zur ersten Garnitur der alpinen Höhensteige.

Das Westfalenhaus über dem Lüsenser Tal

Kühtai – Neue Bielefelder Hütte Der eigentliche Weg beginnt an der Staumauer des Speichers Längental, die überschritten wird. Dahinter an einem Alpenrosenhang in das von imposanten Felsgipfeln eingefasste Mittertal hinauf. Nach einer Weile über den Bach auf die rechte Seite und in westlicher Richtung über steilere Hänge sowie durch ein Blockkar gegen die Mittertalscharte (2631 m) empor, die zwischen einigen Zacken eingekerbt ist. Man gewinnt sie zuletzt mit Hilfe einiger Sicherungen. Gleich dahinter rechts auf dem Theodor-Streich-Weg durch die abschüssige Flanke der Wörgegratspitze zur breiten Kuppe des Wetterkreuzkogels (2591 m). Nun in leichterem Gelände über den Bergrücken zum Roßköpfl (2399 m) und weiter zur Bielefelder Hütte (2112 m) hinab.

Neue Bielefelder Hütte – Guben-Schweinfurter-Hütte Bereits am zweiten Tag erwartet uns mit dem Wilhelm-Oltrogge-Weg die »Königsetappe« – fast acht Stunden Wandervergnügen auf höchstem Niveau, der größere Teil davon in jäh abfallenden Steilflanken. Hier müssen wir unser alpines Rüstzeug parat haben. Bis zur Ruine der 1951 völlig zerstörten Alten Bielefelder Hütte geht es auf einer einfachen Trasse zunächst noch in typischer Höhenwegmanier dahin. Mit dem ersten Steilanstieg zur Achplatte (2423 m) wird es jedoch ernst. Der ausgesetzte Steig quert in der Folge die abschüssigen, von einigen wilden Tobeln durchrissenen Felsflanken des Acherkogels sowie des benachbarten Wechnerkogels. Leicht absteigend gelangen wir in den Trüm-

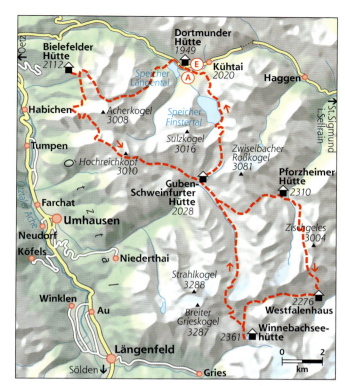

Schroff bauen sich die Gipfel über dem Mittertal auf.

Vom Wilhelm-Oltrogge-Weg hat man einen gigantischen Blick über das vordere Ötztal.

merkessel des Österkars, wo vorübergehend eine mentale Verschnaufpause eingelegt werden kann. Der schönste Rastpunkt ist allerdings erst mit dem Gegenanstieg zur begrünten Geländeschulter am Lauser (2616 m) erreicht. 1700 Meter tiefer trägt die Ötztaler Ache die Gletscherwasser vom Alpenhauptkamm hinaus zum Inn, darüber bilden die Dreitausender des Geigenkammes einen mächtigen Wall. Weit hinten ragt die Wildspitze aus dem Gipfelmeer der Ötztaler Alpen auf. Schräg ansteigend quert die Trasse aber-

> **GIPFEL AM WEG**
>
> **Hochreichkopf** (3010 m): 20 Min. von der Hochreichscharte
> **Gleirscher Roßkopf** (2994 m): 40 Min. vom Gleirschjöchl
> **Schöntalspitze** (3002 m): 20 Min. von der Zischgenscharte
> **Gänsekragen** (2914 m): 1 ¾ Std. von der Winnebachseehütte
> **Kraspesspitze** (2954 m): 1 Std. aus dem Weiten Kar unterhalb der Finstertaler Scharte
> **Schartenkopf** (2855 m): 15 Min. von der Finstertaler Scharte

mals steile Schrofenhänge hinüber zur Niederreichscharte (2729 m), dem Einschnitt zwischen Hochbrunnachkogel und Hochreichkopf. Am Blockgrat des Letzteren steil aufwärts, ehe man wiederum in die rechtsseitige Flanke ausweicht, um nach einer exponierten Querung steil die Hochreichscharte (2912 m) zu gewinnen (Drahtseile). Diese wohl kniffligste Passage ist bei Nässe oder gar Schnee äußerst heikel und gefährlich. Wer jetzt noch ein paar Kraftreserven übrig hat, wird wohl auf den kurzen Abstecher zum Hochreichkopf (3010 m) nicht verzichten – immerhin wird damit die Dreitausendermarke geknackt. Anschließend auf der Ostseite ins Horlacher Steinkar hinab und stets im linken Bereich verbleibend auf die Böden der Finstertalalm (2147 m) hinaus. Schließlich in den Grund des Horlachtals, wo der Wilhelm-Oltrogge-Weg bei der Guben-Schweinfurter-Hütte (2028 m) ausläuft.

Guben-Schweinfurter-Hütte – Neue Pforzheimer Hütte Dieser kurze Übergang kommt gerade recht, lässt er uns doch von den Strapazen des Vortages etwas erholen. Wir wandern ins Zwieselbachtal einwärts, halten uns bei der zweiten Wegverzweigung hinter der Sennhütte links und steigen an den bewachsenen Hängen schräg aufwärts. Später im Bereich eines Bacheinschnitts zu einer Verflachung. Das letzte Stück bis ins Gleirschjöchl (2751 m) ist nochmals ziemlich steil. Von dort kann man den Gleirscher Roßkopf (2994 m) über seinen Südrücken mitnehmen, ehe es jenseits durchs Roßkar und über wellige Böden zügig zur Pforzheimer Hütte (2310 m) hinabgeht.

Neue Pforzheimer Hütte – Westfalenhaus Zu Beginn heißt es gute 100 Höhenmeter in den Grund des Gleirschtales abzusteigen. Bei der Hinteren Gleirschalm (2192 m) wird der Bach überschritten, danach zieht der Steig taleinwärts. Erst allmählich entfernt man sich von der Sohle und steigt an den linksseitigen Hängen schräg empor, hinein in ein Hochkar, das zuoberst vom Zischgelesferner geschmückt wird. Eine Runse querend über Moränengeröll aufwärts, zuletzt ein Stück über das Gletschereis (evtl. Steigeisen notwendig) und durch eine kurze Blockschuttflanke in die Zischgenscharte (2917 m). Der obligatorische Mitnahmegipfel bei diesem Übergang heißt Schöntalspitze (3002 m) und erfordert etwas Kletterei mit gesicherten Stellen. Schroff erhebt sich die Grubenwand gleich gegenüber. Das Bergab von der Zischgenscharte auf die Südseite ist anfangs in einer Rinne sehr steil. Danach am auslaufenden Blockhang in den Bereich der Hohen Gruben, die an ihrer linken, östlichen Seite passiert werden. Weiter unten gelangen wir in zunehmend begrüntes Terrain, schauen noch, was es mit der Münsterhöhe (2508 m) auf sich hat (feiner Aussichtspunkt mit Kreuz und Bank) und steigen über einen weiteren Hang zum Westfalenhaus (2276 m) ab. Die alpine Umgebung mit den Massiven des Hohen Seeblaskogels und des Lisenser Fernerkogels sowie dem blinkenden Längentaler Ferner im Talschluss weiß zu beeindrucken.

Westfalenhaus – Winnebachseehütte Vom Westfalenhaus ein Stück zurück und genau in westlicher Richtung ins Ochsenkar hinauf. In wechselnder Steilheit über meist mit Blockwerk bedeckte Böden und Stufen, am Schluss manchmal über Schnee ins Winnebachjoch (2782 m) empor. Ähnlich präsentiert sich das Gelände auf der anderen Seite. Über Schneefelder und Geröll zunächst nur mäßig steil bergab, anschließend mehr links über eine steilere Hangpartie ins untere Winnebachkar. Über den verzweigten Winnebach hinweg und am Schluss gemeinsam mit dem Weg vom Zwieselbachjoch zur Winnebachseehütte (2361 m). Der See gleich nebenan sowie der Wasserfall gegenüber bieten schöne Nahimpressionen; den Gipfelstürmer wird indessen der Gänsekragen (2914 m) als Hausberg locken.

Winnebachseehütte – Guben-Schweinfurter-Hütte Es geht zurück ins weitläufige Winnebachkar, dabei gleich vorn bei der Abzweigung links haltend und anfangs recht sanft aufwärts. Weiter links ausholend über den Riegel des Leschhorns hinweg und noch

Unterwegs am Wilhelm-Oltrogge-Weg zwischen Achplatte und Lauser

Die Neue Pforzheimer Hütte

Abstieg von der Zischgenscharte zum Westfalenhaus; hinten der Hohe Seeblaskogel

Guben-Schweinfurter-Hütte – Kühtai

Bei der Weggabelung nördlich der Hütte rechts und an einem steilen Rücken zwischen zwei Bächen bergauf, bis es auf den Hängen der Zwieselbachalm etwas gemütlicher wird. Am Ende eines Moränenrückens teilen sich die Wege im Weiten Kar erneut. Die Direktroute zur Finstertaler Scharte (2777 m) führt jetzt links weiter, während man rechts durch ein Zweigkar zur Kraspesspitze (2954 m) ansteigen könnte. Von dort gibt es auch eine Querverbindung hinüber zur Scharte, die den Abstecher umso lohnenswerter erscheinen lässt. Nordseitig in das steile, gewundene Hochkar hinab, dessen Verlauf man in ausgeprägtem Linksbogen folgt. Weiter unten schließt sich eine Rechtsschleife an, die uns nahe an den Finstertaler Stausee heranführt. Stets über dem rechten, östlichen Ufer entlang bis zur Dammkrone, wo man auf eine Werkstraße trifft. Auf dieser windungsreich – oder alternativ über den steileren Fußweg – Richtung Kühtai hinab. Falls das eigene Auto bei der Dortmunder Hütte bzw. am Speicher Längental steht, hält man sich am Schluss links.

ein gutes Stück empor ins Zwieselbachjoch (2868 m). Auf der Nordseite nicht selten über Firn, sonst Blockwerk und öde Moränenfelder ins Zwieselbachtal hinab. Weiter unten wird der Steig besser, zieht sich aber relativ eintönig und vor allem noch sehr weit talauswärts. Links und rechts flankieren lange, schroffe Gratzüge und vermitteln eine etwas düstere Szenerie. Schließlich gelangen wir in lieblichere Gefilde und ein zweites Mal zur Guben-Schweinfurter-Hütte, unserem Etappenziel vor dem letzten Übergang.

Wasserfall vis-à-vis der Winnebachseehütte

31 DER STUBAIER HÖHENWEG
Auf der Königsroute rund ums Stubaital

 Klassiker

mittel | 8 Tage | 5600 Hm | ÖVM

AUSGANGSPUNKT
Fulpmes (937 m) im Stubaital, Talstation der Schlicker Seilbahnen

ENDPUNKT
Neustift (993 m), Talstation des Elferlifts; Busverbindung von Innsbruck ins Stubaital

HÜTTEN
Starkenburger Hütte (2237 m), DAV, Anfang Juni bis Anfang Oktober, Tel. 0664/503 54 20
Franz-Senn-Hütte (2149 m), OeAV, Mitte Juni bis Anfang Oktober, Tel. 05226/22 18
Neue Regensburger Hütte (2287 m), DAV, Mitte Juni bis Ende Sept., Tel. 0664/406 56 88
Dresdner Hütte (2308 m), DAV, Anfang Juli bis Ende September, Tel. 05226/81 12
Sulzenauhütte (2191 m), DAV, Anfang Juni bis Anfang Oktober, Tel. 05226/24 32
Nürnberger Hütte (2278 m), DAV, Mitte Juni bis Anfang Oktober, Tel. 05226/24 92
Bremer Hütte (2411 m), DAV, Mitte Juni bis Anfang Oktober, Tel. 0664/460 58 31
Innsbrucker Hütte (2370 m), OeAV, Ende Juni bis Anfang Oktober, Tel. 05276/295

GEHZEITEN
Fulpmes/Kreuzjoch – Starkenburger Hütte 1 ½ Std. – Franz-Senn-Hütte 6 Std. – Neue Regensburger Hütte 4 Std. – Dresdner Hütte 6 Std. – Sulzenauhütte 3 ½ Std. – Nürnberger Hütte 3 ½ Std. – Bremer Hütte 3 Std. – Innsbrucker Hütte 6 Std. – Elferlift/Neustift 4 Std.

ANFORDERUNGEN
Alle Etappen des Stubaier Höhenweges verlaufen in hochalpinem Terrain und verlangen die entsprechende Trittsicherheit und Geländegängigkeit. Hin und wieder gibt es exponierte, felsige Passagen (oft durch Sicherungen entschärft), auch mit Schneefeldern muss gerechnet werden. Der schwierigste Übergang befindet sich gewöhnlich an der Grawagrubennieder. Bei täglichen Gehzeiten bis zu 6 Std. Ausdauer vonnöten, besonders wenn man das Gesamtprogramm in Betracht zieht.

KARTE
freytag & berndt, 1:50 000, Blatt 241 »Innsbruck – Stubai – Sellrain – Brenner«; Alpenvereinskarte, Blatt 31/1 (hauptsächlich) sowie 31/3 und 31/5

Die Bremer Hütte liegt in einer zauberhaften Umgebung mit etlichen kleinen Seen.

Längst zu einem Klassiker avanciert ist der große Stubaier Höhenweg sicherlich die beste Möglichkeit, binnen einer Woche die Bergwelt rund um das Stubaital intensiv kennenzulernen. Acht Hütten, wie an einer Perlenkette aufgereiht, geben einen Routenverlauf vor, der stets im Zeichen großer Gletscherkulissen steht, selbst aber keine außergewöhnlichen Schwierigkeiten aufwirft. Natürlich darf die obligatorische Trittsicherheit nicht fehlen und manche Abschnitte ziehen sich ziemlich in die Länge. Unerfahrene werden zudem womöglich an dieser oder jener ausgesetzten Passage oder an so manchem Schneefeld ein wenig zagen. Immerhin sind wir in den Zentralalpen unterwegs, wo die Höhenwege in relativ großen Höhen verlaufen. Freilich sorgt gerade dieser Umstand für den entsprechenden Reiz. Erwartungsgemäß bewegen wir uns auf dieser Tour überwiegend im Kristallin, starten und beenden sie aber einer besonderen Stubai-Spezialität zufolge im Kalkgestein. Dazwischen gibt es viele Highlights, von denen ein paar wenige herauszugreifen gewiss nicht leicht fällt. Ohnehin erfreut sich der eine vielleicht am meisten an den Bergseen, ein anderer an den formidablen Schaukanzeln der Scharten und Gratrippen, die wir hier gleich reihenweise überschreiten. Die großen Gletschergipfel des Hochstubai wie Zuckerhütl, Wilder Freiger oder Ruderhofspitze mögen stets Hauptblickfang sein, doch erst gemeinsam mit den kleinen Dingen am Wegesrand, schönen Gneisbrocken etwa oder noch schöneren Blumen, ergibt sich ein Landschaftsbild von großer Ausdruckskraft. Leider gehört dazu auch das Stubaier Gletscherskigebiet, mit dem wir bei der Dresdner Hütte zwangsweise auf Tuchfühlung gehen müssen. Es ist gleichsam der Wermutstropfen, der uns nachdenklich stimmt und uns neben aller Großartigkeit auch die Verletzlichkeit der Bergwelt vor Augen führt. Ob im Stubai oder anderswo.

Fulpmes – Starkenburger Hütte Eigentlicher Talort für die Starkenburger Hütte ist Neustift, doch ziehen die meisten den bequemeren Zugang von der Bergstation am Kreuzjoch (2108 m, Seilbahn von Fulpmes) vor. Von dort unter dem Grat entlang zum Sennjoch (2190 m). Nach einem kurzen Stück auf der Kammhöhe weicht man nach links in die Flanke aus und folgt dem Weg in das Kar östlich des Hohen Burgstalls. Man muss ein Stück absteigen, um einen Felshang zu umgehen, und wandert danach quer durch die Südflanke zur hoch über dem Stubaital gelegenen Starkenburger Hütte (2237 m).
Variante: Da die Auftaktetappe sehr kurz ist, kann man sie gut mit dem Hohen Burgstall (2611 m) bereichern. Die Überschreitung dauert rund eine Stunde länger als der direkte Weg unten herum.

Starkenburger Hütte – Franz-Senn-Hütte
Auf diesem langen Höhenweg durch die offenen Hanglagen über dem Oberbergtal haben wir die ganze Zeit das Panorama der Alpeiner Berge vor Augen, dem wir Stunde um Stunde näher rücken. Von der Starkenburger Hütte unter dem Hohen Burgstall entlang aufwärts und links haltend zu einer begrünten Rippe. Dahinter quer durch die Schuttreißen der Westflanke, knapp unter dem Schlicker Schartl vorbei und am Fuße der mächtigen Schlicker Seespitze wieder leicht ansteigend zum Seejöchl (2518 m), genau an der Nahtstelle zwischen Kalk- und Kristallingestein. Nun am Höhenweg südwestwärts weiter, die Erhebungen von Gams- und Steinkogel

Am Franz-Senn-Weg zwischen Seejöchl und Sendersjöchl

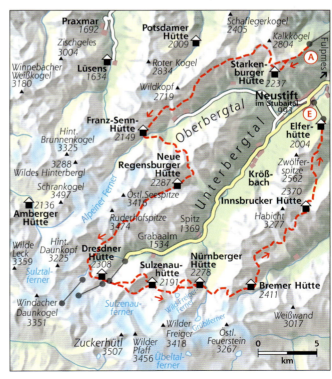

Blick über die Hohe Grube zum Stubaier Hauptkamm

Franz-Senn-Hütte – Neue Regensburger Hütte

Die Etappe beginnt mit einer längeren, annähernd horizontalen Traverse um einen Gratausläufer herum ins Kar mit dem eigenartigen Namen »Kuhgschwez«. Weit hinten folgen ein scharfer Rechtsknick und anschließend ein Steilanstieg über einen blockigen Graben auf den ersten Boden im Unnützen Grübl (neue Wegführung, seitdem die alte Trasse durch die Platzengrube teilweise verschüttet wurde). Links über eine Gratrippe (nahe P. 2496) hinweg in den oberen Teil der Platzengrube, wo man nach Überquerung einiger Blockfelder den ursprünglichen Weg auf der linken Seite wieder erreicht. Auf ihm weiter in die Schrimmennieder (2714 m) empor. Der großartige Ausblick auf den Stubaier Hauptkamm wird am nahen Gipfel des Basslerjochs (2829 m) sogar noch übertroffen. Aus der Scharte südwärts steil in das anfangs rinnenartige Kar hinab (bei Überwechtung am Einstieg die Sicherungen an den rechten Begrenzungsfelsen nutzen) und bis zu einer Wegverzweigung auf ca. 2280 m. Hier nach rechts und in ebener Querung hinüber zur Neuen Regensburger Hütte (2287 m), die genau an der markanten Geländeschwelle des Falbesontales mit Blick zum Habicht steht.

Neue Regensburger Hütte – Dresdner Hütte

Mit der Grawagrubennieder als Schlüsselstelle gilt dieser Übergang als der anspruchsvollste des Stubaier Höhenweges. Mitunter sind Pickel oder Steigeisen hilfreich. Zunächst wandern wir am rechten Rand der sumpfigen Ebene (»Hohes Moos«) ins hintere Falbesontal hinein. Ein verästelter Bachlauf mit wollgrasbestandenen Grasinseln betört unsere Sinne. Erst allmählich beginnt der Weg im Blockschuttgelände anzusteigen und gelangt über mehrere kleine Bachläufe auf den Moränenwall am Falbesoner See. Links vorbei und flach in das Gletschervorfeld des Hochmoosferners. Dieser besitzt unterhalb der Grawagrubennieder nur noch wenig Substanz, jedoch steilt der Firn nun auf, wobei in der Regel ein herabhängendes Drahtseil den Aufstieg bis zum Rand der Felsen erleichtert. Erdige Steigspuren leiten schließlich im Zickzack über die stellenweise gesicherte Felsstufe in die Grawagrubennieder (2881 m). Wieder öffnet sich der Blick auf den Hauptkamm, der

umgehend, danach häufiger direkt auf dem Kamm, der sich ins Sendersjöchl (2477 m) absenkt. Es schließt sich eine längere Abwärtsquerung mit wenigen kurzen Zwischensteigungen zur Seduck-Hochalm (2249 m) an. Ein paar abschüssige Schrofenstellen verlangen Vorsicht. Bei der Jausenstation kommt auch ein Weg von der Potsdamer Hütte über die Wildkopfscharte dazu. In leichtem Auf und Ab weiter, biegen wir an einem Geländeeck in die Villergrube ein. Zuerst muss ein tiefer Tobel passiert werden, dann über weitere Bäche im Bogen durch den von der Hohen Villerspitze überragten Kessel. Kurze versicherte Passagen warten noch, ehe allmählich bis zum Alpeiner Bach abgestiegen wird, an dem die Franz-Senn-Hütte (2149 m) steht.

mittlerweile direkt gegenüberliegt. Mit diesem Panorama geht es auf der Südseite nach einer kurzen Linkspassage über Block- und Schneefelder abwärts. Quer durch eine Schrofenflanke an den obersten Rand der Nockgrube, bis ein kurzer, versicherter Gegenanstieg auf die Gratrippe am Schafspitz (2760 m) leitet. Durchs oberste Schafgrübl über die nächste Rippe hinweg, danach im größeren Ruderhofkar längere Zeit schräg bergab. Man passiert auch das Hölltal, das oberhalb seiner Geländeschwelle allerdings verborgen bleibt, und gelangt zu den Seeaugen in der Hohen Grube. Sehr empfehlenswert ist auch der kleine Umweg über den Mutterberger See (2483 m), in dem sich die Eisberge des Hochstubai spiegeln. Wieder in den Höhenweg einmündend steigt man im Bogen zur Brücke über den Daunkogelferner-Abfluss ab, hinter dem man auf eine Fahrpiste trifft. Nach drei Serpentinen verlassen wir diese nach links und steigen zur letzten Hürde des Tages, der Egesennieder (2506 m), an. Drüben rasch abwärts zur Dresdner Hütte (2308 m), gleich neben der Mittelstation der Stubaier Gletscherbahn. Mit der beeinträchtigten Umgebung muss man sich hier leider abfinden.

Dresdner Hütte – Sulzenauhütte Peiljoch oder Großer Trögler? Vor dieser Entscheidung stehen wir, nachdem wir die Seilbahnstation bei der Dresdner Hütte hinter uns gelassen, den Fernaubach passiert und ein Stück an den geröllurchsetzten Hängen hochgestiegen sind. Auf ca. 2400 m zweigt die kürzere Route über das Peiljoch (siehe Variante) rechts ab. Bei guten Verhältnissen werden wir allerdings den Weg über den Trögler nehmen – eine der ganz großen Aussichtslogen des Hochstubai. In einem gerölligen Einschnitt zwischen Felsen ostwärts bergauf zu einer Schulter und unter den Gipfelfelsen nach rechts in Richtung einer auffälligen Gratkerbe (P. 2773 m), durch welche schon das Zuckerhütl erstrahlt. Noch vor der Scharte links steil aufwärts zur Spitze des Großen Trögler (2902 m), der perfekten Loge vor dem Sulzenauferner. Zuckerhütl, Wilder Pfaff und Wilder Freiger bilden quasi die Gletscherkrone des Hochstubai. Beim Abstieg über den teilweise schmalen Nordostgrat wird der Kleine Trögler passiert, bevor es rechts mit etlichen engen Kehren in die Schrofenflanke hinabgeht. An einem Steilstück, wo der Weg abgerutscht ist, helfen Drahtseile und künstliche Tritte. Über den allmählich flach auslaufenden Hang gelangt

Phänomenal: der Blick vom Großen Trögler auf den Sulzenauferner, überragt von Zuckerhütl und Wildem Pfaff

Vom Panoramaweg zwischen Bremer und Innsbrucker Hütte schweifen die Blicke bis zum Tuxer Hauptkamm.

man in den Hochtalboden mit seinen schönen Gletscherschliffen und zur Sulzenauhütte (2191 m).

Variante: Um eine Stunde kürzer ist der Weg über das gesicherte Peiljoch (2672 m), bei dem man auf der Seitenmoräne des Sulzenauferners absteigt. Vis-à-vis der Eisbrüche ebenfalls sehr beeindruckend, aber aussichtsmäßig nicht so umfassend wie der Trögler. Kurz vor der Hütte vereinigen sich die Routen.

Sulzenauhütte – Nürnberger Hütte Auch hier haben wir wieder die Wahl zwischen einer Scharte (Niederl) und einer Gipfelmöglichkeit (Mairspitze), der wir den Vorzug als Hauptroute geben wollen. Zunächst gemeinsam auf die andere Seite des Sulzaubachs und über eine Anhöhe hinweg in den nächsten Hochtalboden. Man erreicht einen ausgeprägten Moränenrücken und steigt an ihm empor, bis man den Bach zur Linken überschreiten kann. Kurz darauf stehen wir an der Geländeschwelle, die den Grünausee abriegelt – ein malerisches Bild mit dem Wilden Freiger im Hintergrund. Bei den folgenden zwei Wegteilungen jeweils links und durch das von einem Karsee geschmückte Schafgrübl zu einem Steilhang, der mit einigen Sicherungen zum Grat knapp südlich der Mairspitze (2775 m) überwunden wird. In wenigen Schritten zum Gipfelkreuz. Anschließend kurz zurück, durch eine gratnahe Mulde auf die eigentliche Scharte und entlang einer nach Osten gerichteten Blockrippe steil bergab. Bei P. 2553 verlässt man diese nach rechts und steigt schräg zur Nürnberger Hütte (2278 m) ab.

Variante: Auf dem Weg über das Niederl (2629 m), der unterhalb des Schafgrübls rechts abzweigt, lassen sich rund 45 Minuten sparen. Im Bereich der Scharte trifft man ebenfalls auf gesicherte Felspassagen, die Schwierigkeiten halten sich in etwa die Waage.

Nürnberger Hütte – Bremer Hütte Zuerst gemeinsam mit der Freiger-Route leicht ansteigend nach Süden, bald schon links über die Gletscherschliffzonen »Auf den Platten« und über eine Stufe hinab ins Hochtal unter dem Grüblferner. Auf der anderen Bachseite wieder schräg links aufwärts ins Untere

Grübl, das wegen seines malerischen Seenbodens auch »Paradies« genannt wird. Weiter ins Obere Grübl und rechts eindrehend durch die Felszone zum Simmingjöchl (2754 m) mit alter Zollhütte. Auf der Ostseite über eine gesicherte Steilstufe bergab, dann flacher nach links auf eine Geländeterrasse und an einigen hübschen Lacken vorbei zur Bremer Hütte (2411 m), der kleinsten Unterkunft am Stubaier Höhenweg.

> **GIPFEL AM WEG**
>
> **Hoher Burgstall** (2611 m): Variante auf der 1. Etappe oder gut 1 Std. von der Starkenburger Hütte
> **Schlicker Seespitze** (2804 m): 1 Std. vom Seejöchl
> **Rinnenspitze** (3000 m): 2 ½ Std. ab Franz-Senn-Hütte (Klettersteig am Gipfelaufbau, auch bis Rinnensee lohnend)
> **Basslerjoch** (2829 m): 20 Min. ab Schrimmennieder
> **Östliche Knotenspitze** (3084 m): 2 ½ Std. von der Neuen Regensburger Hütte
> **Habicht** (3277 m): 3 Std. von der Innsbrucker Hütte

Bremer Hütte – Innsbrucker Hütte Mit diesem Übergang durch die Hochkare über dem inneren Gschnitztal haben wir nochmals eine reizvolle Abwechslung vor uns, denn heute kommen besonders die schroffen Dolomitberge der Tribulaungruppe zur Geltung. Es handelt sich um eine langwierige Etappe mit mehrmaligem Auf und Ab. Von der Bremer Hütte nur kurz dem Hüttenweg folgen, dann links über steileres Felsterrain in den Kessel der Simmingalm hinab. Der Gegenanstieg führt schräg nach rechts, zuletzt im Zickzack zu dem von der Äußeren Wetterspitze nach Osten ziehenden Kammrücken, den wir am Trauljöchl (ca. 2530 m) erreichen. Jenseits abwärts ins Plattental. An einer Blockrippe und einem Minisee vorbei verlieren wir bis in die Trauler Bockgrube an Höhe, ehe sich uns die Wasenwand entgegenstellt. Mit vereinzelten Drahtseilen im Auf und Ab quer durch den Schrofenriegel, dann über eine Bachrunse in die Beilgrube. Aus ihr heraus steigt man schräg rechts zur ausgeprägten Geländekanzel der Pramarnspitze (2511 m) an; der Abstecher bis zum Vorsprung kostet nur wenige Schritte. Drüben wieder abwärts, unter einem Sporn hindurch und in den Kessel unter der Glättespitze. Diesen ausgehen und in abermaligem Gegenanstieg um ein Eck herum, schließlich quer durch die Hänge und nach links auf den Sendesgrat (ca. 2540 m), wo endlich das Tagesziel sichtbar wird. Im Bogen durch das Hochkar oberhalb eines Sees abwärts bis zur stattlichen Innsbrucker Hütte (2369 m), die übrigens mit einem Renommierziel als Hausberg lockt: Der Habicht (3277 m) wäre in der Tat eine Krönung des Unternehmens »Stubaier Höhenweg«.

Innsbrucker Hütte – Neustift Der Ausklang verläuft vom Pinnisjoch nordwärts in die Alfagrube hinab und an der Karalm (1747 m) vorbei durchs Pinnistal auswärts. Ab der Pinnisalm (1560 m; bis hierher 2 Std.) wird man in der Regel die Dienste eines Taxibusses in Anspruch nehmen, der hier mehrmals täglich verkehrt. Man kann der Schlussetappe aber mehr Pep verleihen, wenn man sich bei der Karalm nochmals bergauf wendet. Über die steilen Troghänge empor und rechts haltend bis ins Gratzengrübl unter dem Massiv der Elferspitze. Weiter entlang einem Panoramaweg in leichtem Auf und Ab durch die Ostflanke bis zur Elferhütte (2004 m) und zur Bergstation des Elferlifts, der uns hinab nach Neustift bringt.

Die Qual der Wahl haben Wanderer und Bergsteiger bei der Sulzenauhütte.

Blick vom Neveser Höhenweg auf den Zillertaler Hauptkamm

Zwischen Zillertaler Alpen und Niederen Tauern

32 DURCH DIE TUXER VORALPEN
Ein großer Bogen vom Patscherkofel zum Kellerjoch

mittel — 5 Tage — 3900 Hm — ÖVM

AUSGANGSPUNKT
Igls (893 m), Talstation der Patscherkofelbahn; Bus von Innsbruck

ENDPUNKT
Kellerjochbahn beim Hotel Grafenaste (1347 m), Zufahrt von Schwaz über Pillberg (auch Bus). Die untere Sektion des Lifts wurde mittlerweile eingestellt.

HÜTTEN
Glungezerhütte (2600 m), OeAV, Ende Juni bis Anfang Oktober, Tel. 05223/780 18
Lizumer Hütte (2019 m), OeAV, Anfang Juni bis Mitte Oktober, Tel. 0664/138 64 01 oder 05224/521 11
Weidener Hütte (1799 m), DAV, Ende Mai bis Ende Oktober, Tel. 0676/739 59 97
Rastkogelhütte (2117 m), DAV, Pfingsten bis Ende Oktober, Tel. 0664/920 75 23
Kellerjochhütte (2237 m), OeAV, Anfang Juni bis Mitte Oktober, Tel. 0664/220 26 12

GEHZEITEN
Igls/Patscherkofelhaus – Glungezerhütte 3 Std. – Lizumer Hütte 6 ½ Std. – Weidener Hütte 4 ½ Std. – Rastkogelhütte 5 ¼ Std. – Kellerjochhütte 5 Std. – Schwaz/Kellerjochbahn ¾ Std.

ANFORDERUNGEN
Überwiegend unschwierige, aber mitunter nur schmale Wege in alpinem Mattengelände, die bei Nässe unangenehm werden können. Abschnittsweise auch leichtes Vorankommen auf breiteren, befestigten Wirtschaftswegen. Speziell bei der Überschreitung des Glungezerkammes sowie im Gipfelbereich des Rastkogels ist Trittsicherheit im felsigen Blockgelände notwendig. Gute Grundausdauer, besonders für die recht anspruchsvolle 2. Etappe.

KARTE
freytag & berndt, 1:50 000, Blätter 241 »Innsbruck – Stubai – Sellrain – Brenner« und 151 »Zillertal – Tuxer Alpen – Jenbach – Schwaz«

Im Nafingtal sind auch Mountainbiker gern unterwegs.

Infolge ihres geologischen Aufbaus zählen die Tuxer Voralpen zu den unscheinbaren Gebirgen. Leicht verwitternde Quarzphyllitschiefer prägen das sanfte Antlitz dieser Berge, die in weit auslaufenden Kammzügen das Gebiet zwischen Wipp-, Unterinn- und Zillertal ausfüllen. Der Begriff Voralpen darf demnach nicht im absoluten Sinn, sondern eher regional bezogen auf die mächtigeren Zillertaler Alpen sowie natürlich hinsichtlich der besagten Formgebung verstanden werden. Bis weit hinauf sind die Berge von grünen Matten überzogen, und wo diese fehlen, zeigen sich typischerweise Schuttfelder und Blockkämme – alles in allem ein eher unspektakuläres Bild. Damit erweisen sich die Tuxer jedoch als recht wanderfreundlich, wenngleich es falsch wäre, sie dahingehend zu unterschätzen. Entgegen aller scheinbaren Logik kann man mitunter die Erfahrung machen, dass manch anspruchsvoller Steig in den Hochalpen wesentlich besser »in Schuss« gehalten ist. Bei unserer Tour vom Patscherkofel über eine weit nach Süden ausholende Schleife bis zum Kellerjoch kommt dagegen vielerlei vor – vom breiten Almfahrweg über den ordentlichen Bergweg bis hin zum halb zugewachsenen oder grauslich zertretenen Almsteig, der bei Nässe fast zur Qual werden kann. Vor allem die lange zweite Etappe hat zudem etwas Ausgefallenes zu bieten, das eigentlich – zumindest streckenweise – gar nicht mehr unter die Kategorie »Weg« fällt: Zwischen Glungezer und Naviser Jöchl bewegt man sich in ständigem Auf und Ab über blockreiche Kämme, was die Standfestigkeit des Wanderers doch einige Mal auf die Probe stellt. Währenddessen darf man herrlich weite Ausblicke genießen, nicht nur vom Glungezer oder Rosenjoch, sondern auch später am Rastkogel oder am Kellerjoch, um nur die herausragenden Punkte zu nennen. Eingebettet in ein Meer von Schieferkämmen bestaunen wir im Norden die bleichen Karwendelberge und südwärts die eisverzierten Zillertaler Dreitausender.

Igls – Glungezerhütte Von Igls bringt uns die Seilbahn zum Patscherkofelhaus (1964 m) hinauf, wo der beliebte Zirbenweg beginnt. Mit einem schönen Inntalpanorama aus dem Bereich der Baumgrenze – vis-à-vis die Kalkketten des Karwendels – folgen wir diesem wenig ansteigend durch die Nordflanke des Patscherkofels. Ein gutes Stück hinter Boscheben (2030 m) führt der Zirbenweg links weiter Richtung Tulfeinalm, während wir rechts gegen die Viggarspitze aufsteigen. In stetigem Bergauf knapp südlich am Gipfel vorbei (Abstecher möglich) und weiter in den oberen Hängen über dem Viggartal, zuletzt in Kehren bis zu einer Scharte zwischen Sonnenspitze und Glungezer. Gleich dahinter befindet sich die Glungezerhütte (2600 m).

Glungezerhütte – Lizumer Hütte In wenigen Minuten hinauf zum Gipfel des Glungezer (2678 m). Weiter dem blockübersäten Kamm entlang, zunächst etwas absteigend, dann recht anspruchsvoll zur Gamslahnerspitze (2681 m) hinauf. Stellenweise müssen zwischen den großen, ineinander verkeilten Blöcken sogar ein wenig die Hände zur Hilfe genommen werden. Recht steil ist der Abstieg zum Kreuzjöchl (2575 m), ehe es weiterhin schutt- und blockreich, insgesamt aber etwas leichter zur Kreuzspitze (2746 m) weitergeht. Hier kommt auch ein Steig aus dem Viggartal herauf. Südostwärts erneut ein Stück bergab, dann über einen breiten Hang zum Rosenjoch (2796 m), dem Kulminationspunkt des Kammes und der ganzen Tour. Nachdem im Abstieg eine etwas ausgesetzte Passage gemeistert ist, heißen die nächsten beiden Erhebungen Grünbergspitze (2790 m) und Grafmartspitze (2720 m), mit denen der ausgiebige Gipfelreigen erst einmal ein Ende hat. Nun in östlicher Richtung eine Weile abwärts bis ins Naviser Jöchl (2479 m), wo der Übergang zwischen Volderer und Naviser Tal kreuzt. Wir steigen kurz aufwärts und dann unterhalb der Sonnenspitze hindurch zu den Matten des weiten Mölsjochs (2330 m). Hinweisschilder deuten auf das Truppenübungsgebiet der Wattener Lizum, in das wir nun eintreten. Hier ein wenig auf und ab, bis man auf einen Fahrweg trifft, der über den Schober-Kammrücken hinwegleitet und dahinter das Klammjoch (2350 m) ansteuert. Streckenweise kürzt ein schlechter Fußweg etwas ab. Auf der anderen Seite abwärts Richtung Schotteben und das letzte Stück auf einem Steig über den Lizumer Bach zur Lizumer Hütte (2019 m).

Die Hippoldspitze

Lizumer Hütte – Weidener Hütte Zunächst müssen wir an den Militärbauten der Wattener Lizum vorbei, wobei achtzugeben ist, den richtigen Weg (Nr. 319) zu

Auf der Weidener Hütte mit Blick zum Hirzer

erwischen. Dieser führt eine lange Traverse in den rechtsseitigen Flanken aus, anfangs oft durch verkrautete Alpenrosenhänge, später über freies Mattengelände, das von erdigen Viehsteigen durchzogen ist. Es sei nicht verschwiegen, dass es bei Nässe streckenweise unerquicklich zugehen kann. Insgesamt leicht ansteigend werden einige seichte Bachrunsen passiert, ehe die Markierung etwas deutlicher bergauf leitet und schließlich das Grafensjoch (2450 m), mitunter auch Krovenzjoch geschrieben, erreicht. Jenseits auf anfangs gutem Steig in eine Karmulde hinab, dann links haltend über steilere Hänge, wo erneut nur ein schmaler Pfad ausgeprägt ist. Dieser windet sich bis in die Talsohle, in der man weiter vorn zur Grafensalm (Krovenzalm, 1743 m) gelangt. Gleich dahinter rechts über den Bach und im Auf und Ab um den bewaldeten Nordhang herum bis in den Einschnitt des Nafingbachs. Am Gegenhang steht die Weidener Hütte (1799 m).

Weidener Hütte – Rastkogelhütte Diese Etappe führt direkt über den Rastkogel, eine der großen Tuxer Aussichtswarten. Sie beginnt recht eintönig auf dem Wirtschaftsweg im Nafingtal, der später über das Geiseljoch hinaus ins Tuxer Tal zieht. Allerdings zweigen wir nach einigen weit ausholenden Serpentinen links ab und folgen dem Steig in Richtung Rastkogel. Dieser kommt aber erst ins Blickfeld, nachdem die Bergschulter unterhalb der Halslspitze gewonnen ist. Anschließend entlang einem schmaleren Bergrücken nach Osten auf den massigen Gipfelstock zu, wobei vorher noch das Nurpensjoch passiert wird. Schließlich steiler über den schrofigen Westgrat, zum Teil etwas in die Flanke ausweichend, zum Gipfelkreuz am Rastkogel (2762 m) hinauf. Die Aussicht, besonders auf die vergletscherten Zillertaler Alpen, ist gewiss ein Höhepunkt der Tour. Die jenseitige Abstiegsroute dreht bald schon nordwärts in ein Hochtälchen ein und führt ohne Schwie-

> **GIPFEL AM WEG**
>
> **Viggarspitze** (2306 m): 10 Min. Abstecher beim Aufstieg zur Glungezerhütte
> **Hippoldspitze** (2643 m): 35 Min. vom Grafensjoch
> **Kellerjoch** (2344 m): 20 Min. ab Kellerjochhütte

rigkeiten tiefer bis in eine seengeschmückte Mulde. Nun noch in leichtem Auf und Ab längere Zeit über dem Sidantal entlang und am Sidanjoch (2127 m) vorbei zur Rastkogelhütte (2117 m).

Rastkogelhütte – Kellerjochbahn Die letzte Etappe führt im Almgelände abwechselnd über Steige und Fahrwege. Je nach Lust und Laune kann am Schluss in der Kellerjochhütte nochmals übernachtet werden. Von der Rastkogelhütte gehen wir kurz zurück zum Sidanjoch und steigen nordwärts über die Pfundsalm ab. Beim Mitterleger nimmt man den Fahrweg, der nach Hochfügen hinausläuft, wobei man sich aber schon beim Niederleger (1640 m) links hält, um hinüber zur Lamarkalm (1613 m) zu queren. Stets oberhalb des Finsinggrundes weiter über die Matschentalalm bis zum Loassattel mit dem Gasthaus Gamsstein (1675 m). Von hier gibt es mehrere Varianten zum Abschluss: Am langweiligsten ist der Abstieg über den Fahrweg Richtung Hotel Grafenaste nahe der Basisstation der Kellerjochbahn (1347 m).

Eine leichte Aufwärtsquerung führt indessen zur Bergstation beim Berghaus Hecher (1888 m) unter dem Arbesserkogel. Wer mehr Zeit hat, sollte den längeren Gegenanstieg über den Kuhmessergrat zur Kellerjochhütte (2237 m) bzw. sogar bis aufs Kellerjoch (Kreuzjoch, 2344 m) nicht scheuen, um erst danach per Lift hinabzuschweben.

Der Rastkogel ist als großartige Aussichtsloge bekannt.

Schwaz im Inntal mit dem Kellerjoch dahinter

33 DER BERLINER HÖHENWEG
Hoch über den Zillertaler Gründen

mittel/schwierig · 8 Tage · 5500 Hm · ÖVM

AUSGANGSPUNKT
Mayrhofen (633 m), Talstation der Ahornbahn; Bahn- und Busverbindung von Jenbach im Inntal

ENDPUNKT
Finkenberg (970 m) im vorderen Tuxer Tal; Bus nach Mayrhofen

HÜTTEN
Edelhütte (2238 m), DAV, Mitte Juni bis Ende September, Tel. 0664/915 48 51
Kasseler Hütte (2178 m), DAV, Mitte Juni bis Ende September, Tel. 0664/401 60 33
Greizer Hütte (2227 m), DAV, Mitte Juni bis Anfang Oktober, Tel. 0664/140 50 03
Berliner Hütte (2042 m), DAV, Mitte Juni bis Ende September, Tel. 05286/52 23
Furtschaglhaus (2293 m), DAV, Mitte Juni bis Ende September, Tel. 0676/957 98 18
Olpererhütte (2388 m), DAV, Anfang Juni bis Mitte Oktober, Tel. 0664/417 65 66
Friesenberghaus (2477 m), DAV, Mitte Juni bis Ende September, Tel. 0676/749 75 50
Gamshütte (1921 m), DAV, Mitte Juni bis Ende September, Tel. 0676/343 77 41

GEHZEITEN
Mayrhofen/Ahornbahn – Edelhütte 1 Std. – Kasseler Hütte 8 Std. – Greizer Hütte 5 Std. – Berliner Hütte 6 Std. – Furtschaglhaus 5 1/2 Std. – Olpererhütte 3 1/2 Std. – Friesenberghaus 1 3/4 Std. – Gamshütte 7 1/2 Std. – Finkenberg 2 1/4 Std.

ANFORDERUNGEN
Gut bezeichnete Höhenwege in häufig rauem Alpingelände mit Steilflanken, Blockfeldern etc. Bis in den Sommer hinein Schneereste (evtl. Pickel und Steigeisen ratsam). Als Schlüsselstellen gelten Mörchenscharte und Schönbichler Horn, in puncto Länge sind besonders der Siebenschneidensteig sowie die Etappe zur Gamshütte anspruchsvoll (bis 8 Std.). Nur für geübte Hochgebirgswanderer mit absoluter Trittsicherheit und guter Kondition.

KARTE
Alpenvereinskarte, 1:25 000, Blätter 35/1 und 35/2 »Zillertaler Alpen West bzw. Mitte«

Als gegen Ende des 19. Jahrhunderts der Alpenverein vielerorts Hütten und Verbindungswege baute, hatte sich die Sektion Berlin das Herz der Zillertaler Alpen als Arbeitsgebiet auserkoren. Mit Unterstützung anderer Sektionen entstand nach und nach eine Wegekette, welche schließlich in großem Rund die inneren Zillertaler Gründe umspannte, also jene Hochtäler, die vom Zentralort Mayrhofen zum Hauptkamm aufschließen. Irgendwann bürgerte sich dafür der Name »Berliner Höhenweg« ein, der gewiss zu den alpenweit reizvollsten einwöchigen Trekkingrouten zählt. Berauschende hochalpine Kulissen begleiten uns auf Schritt und Tritt, wenn wir über hohe Scharten, entlang grasigen Flanken oder durch blockgefüllte Hochkare ziehen. Immer wieder ergeben sich neue Einblicke und veränderte Perspektiven, das Motto alpiner Durchquerungen in idealer Weise vermittelnd. Unternimmt man die Tour im Uhrzeigersinn, steht mit dem Siebenschneidensteig gleich die erste große Etappe auf dem Programm, bei der man seine Geländegängigkeit voll unter Beweis stellen muss. Stunde um Stunde rücken wir dem eisverzierten Hauptkamm näher, jenem Rückgrat der Zillertaler Alpen, das die Route in der Folge mehrere Tage lang begleitet. Wir springen quasi von einem Kessel in den nächsten, von der Stilluppe in die Floite, weiter in den Zemmgrund und schließlich in den Schlegeisgrund zu Füßen von Möseler und Hochfeiler. Dass dabei jedes Mal eine beachtliche Scharte »gestemmt« werden muss, dürfte nicht überraschen. Nach einem kurzen, etwas lauteren Intermezzo am Schlegeisspeicher vollzieht sich das Finale im Bereich des Tuxer Hauptkammes, wo wir zwischen Olpererhütte und Gamshütte nochmals auf herrlichen Flankensteigen unterwegs sind. Man wird sich wirklich schwer tun, eine dem Berliner Höhenweg ebenbürtige Hüttenrunde zu finden.

Die Greizer Hütte im hinteren Floitengrund

Mayrhofen – Edelhütte Wer direkt im Mayrhofen startet, hat mit rund vier Stunden Aufstiegszeit über das Gasthaus Alpenrose zur Edelhütte zu rechnen. Die meisten ersparen sich dies, schweben mit der Ahornbahn auf die Hahnpfalz (1960 m) und wandern gemütlich in einer Stunde unter dem Filzenkogel entlang ins Föllenbachkar hinauf, wo die Edelhütte (2238 m) alle Anwärter des Berliner Höhenweges empfängt. Tipp: Auch wenn man früh dran ist, sollte man sich den langen Siebenschneidensteig für den nächsten Tag aufheben und stattdessen lieber der Ahornspitze (2973 m) seine Aufwartung machen. Aussichtsmäßig ein großes Los!

Edelhütte – Kasseler Hütte Mit dem Aschaffenburger Höhensteig oder Siebenschneidensteig, wie der alte, treffendere Name lautet, haben wir gleich zu Beginn einen echten »Kracher« vor uns. Ausdauer ist gefragt: Die Route verläuft quer durch die westseitigen Karbuchten des Ahornkammes und übersteigt dabei nicht weniger als sieben mehr oder minder ausgeprägte Gratrippen, die von den kantig plattigen Gneisgipfeln herabziehen. Den Auftakt macht die Popbergnieder (2448 m) im Aufstieg von der Edelhütte. Dahinter quert man die abschüssigen Grasflanken weit nach links hinein ins

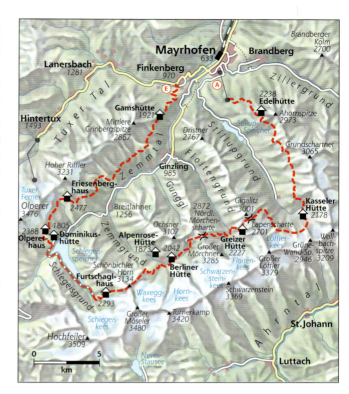

Popbergkar und geht dieses ohne allzu großen Höhenverlust aus. Dabei bald über grobes, ungeordnet übereinander gestapeltes Blockwerk, das dem Trittsicheren einige

Der Siebenschneidensteig über der Stilluppe bildet einen Auftakt nach Maß.

lustige Sprung- und Turnübungen abverlangt, den Ungeübten dagegen vermutlich mehr Zeit und Nerven kostet als erwartet. Nach Überschreiten der Krummschnabelschneide über ein ausgesetztes Grasband ins Hasenkar, das in ähnlicher Weise durchmessen wird. Der gesicherte Steilaufstieg zum Sammerschartl (2392 m) in der Nofertensschneide ist je nach Verhältnissen meist die heikelste Passage. Dahinter wird das Gelände aber eine Spur zahmer. Es schließen sich das Nofertenskar sowie hinter der Nofertensmauer am Hennsteigenkamm das Maderegglkar an, in denen man durch Alpenrosenbestände und über magere Schafweiden allmählich etwas an Höhe verliert. Kurz vor dem kaum ausgeprägten Weißkarjöchl (2119 m) befindet sich eine hölzerne Biwakhütte als Notunterschlupf. Weiter in Südrichtung zum Samerkarjöchl und in den kleinen Buchten von Samer- und Steinkarl nochmals quer durch steilere Hänge. Mit der Sonntagskarkanzel (2202 m) ist die letzte Rippe erreicht und gleichzeitig der wohl schönste Aussichtspunkt am Siebenschneidensteig. Stundenlang sind wir immer auf das markante Felstrapez des Großen Löfflers im Hauptkamm zugewandert – jetzt baut es sich ganz eindrucksvoll vor uns auf. Jenseits des Sonntagskars ist nun auch die Kasseler Hütte (2178 m) sichtbar, doch müssen wir zwischendrin rund 200 Höhenmeter zum Bach absteigen und am Gegenhang nochmals so viel wieder hinauf.

Kasseler Hütte – Greizer Hütte Zu Beginn dieser Etappe, die uns über die Lapenscharte in die Floite führen wird, gilt es, den ganzen hinteren Kessel der Stilluppe auszugehen. Wir setzen diese Aufgabe um, indem wir ungefähr auf der 2200-Meter-Höhenlinie über Blockfelder und wasserüberronnene Platten hinwegschreiten, in beinahe regelmäßigen Abständen Bäche traversierend, die aus den oberhalb gelegenen Gletscherbecken gespeist werden. Da die alte Route über die Schuhscharte hinauf ins obere Lapenkar aufgelassen ist, muss unter dem Löfflerkees noch ein wenig abgestiegen werden, um sich anschließend auf luftigem Pfad oberhalb der Elsenklamm hindurchzumogeln. Hinter einem Geländesporn öffnet sich das Lapenkar, in dem es bald steiler aufwärts geht, allerdings ohne nennenswerte Hürden. Im oberen Teil können noch ausgedehnte Schneefelder liegen, wobei sich der Steig an die rechte Seite hält und schließlich die Lapenscharte (2701 m) erreicht. Jenseits in Kehren hinab, dann deutlich nach links und in weiterer Abwärtsquerung zur Greizer Hütte (2227 m), die unter dem wild zerrissenen Floitenkees ihren Platz hat. Der Große Löffler ganz zuhinterst macht auch auf dieser Seite eine gute Figur.

Greizer Hütte – Berliner Hütte Der Steilhang zur Mörchenscharte, die heute überstiegen werden muss, ist von der Greizer Hütte bereits voll einzusehen, was durchaus einschüchternde Wirkung zeitigen kann.

Alpenrosenblüte am Siebenschneidensteig

Beim Aufstieg zum Schönbichler Horn zeigt sich der Große Möseler über dem Waxeggkees.

Zu allem Überfluss verlieren wir auf dem Hüttenweg erst einmal 400 Höhenmeter, um über den Floitenbach zu gelangen und uns der Fleißaufgabe eines durchgängigen Anstiegs über 1000 Hm anzunehmen. Doch keine Panik – es wird nicht so schlimm, wie es in der Draufsicht den Anschein hat. Der Einstieg (mit Leiter) befindet sich bei der Mörchenklamm, wo wir an einem steilen Geländesporn aufwärts steigen. Durch das reichliche Zickzack der Trasse wird die Neigung erträglich. Das anfängliche Grün tritt zurück, bald dominieren Schutt und je nach Jahreszeit auch Schnee. In diesem Fall ist es eventuell ratsam, für den steilen Schlussanstieg in die versicherte Mörchenscharte (2872 m) – man benutzt übrigens den rechten, nördlichen Einschnitt – Steigeisen anzulegen. Auf der Westseite ist das Terrain etwas angenehmer, weil schon bald nicht mehr so abschüssig. Über einen seichten Moränenrücken absteigend gelangen wir ins Roßkar und zu einem Kleinod sondergleichen: Im Schwarzsee (2472 m) spiegeln sich die Dreitausender über dem hinteren Zemmgrund. Auf gutem Plattenweg steigen wir schließlich weiter ab bis zur Berliner Hütte (2042 m), die mit einem außergewöhnlichen Interieur verblüfft. Solch eine Einrichtung – man denke nur an den großzügigen Speisesaal – gibt es wohl kein zweites Mal, weshalb die Hütte vor ein paar Jahren sogar unter Denkmalschutz gestellt wurde.

Berliner Hütte – Furtschaglhaus Dieser klassische Übergang ist so etwas wie die Keimzelle des Berliner Höhenweges, wurde mit ihm doch anno 1889 die erste Hüttenverbindung überhaupt in diesem Gebiet geschaffen. Viele sprechen gar vom absoluten Highlight der Tour, zumal mit dem Schönbichler Horn ein Dreitausender überschritten wird. Optisch im Mittelpunkt steht vor allem der Große Möseler, den wir gleich von verschiedenen Seiten bewundern können. Von der Berliner Hütte südwärts über zwei Gletscherbäche hinweg zu einer Verzweigung. Hier rechts und auch die Abflüsse des Waxeggkeeses überqueren, um auf dessen westliche Seitenmoräne zu gelangen, wo der

Bergab zum Furtschaglhaus; im Hintergrund Furtschaglspitze und Großer Möseler

Zugang vom Gasthaus Alpenrose (1875 m) dazukommt. Die Moräne gibt zunächst den Weiterweg vor, dann rechts am blockigen Garberkar entlang und zu dem vom Schönbichler Horn abstreichenden Gratrücken hinauf. An diesem in zunehmend steilem und oft erdigem Felsterrain weiter. Zuletzt müssen stellenweise die Hände zur Hilfe genommen werden (auch Sicherungen), ehe der Überstieg knapp südlich des Gipfels gewonnen wird. Hier wird kaum jemand die wenigen Schritte zum höchsten Punkt des Schönbichler Horns (3134 m) verpassen. Drüben nach einer erdigen Felsrinne auf die Hänge links des Furtschaglkars hinab, wo ein ordentlicher Bergweg über eine Art Kanzel zum heutigen Etappenziel, dem Furtschaglhaus (2293 m), ausläuft. Dem Großen Möseler macht hier übrigens der Hochfeiler am anderen Ende des großen Schlegeiskeeses Konkurrenz, mit seiner wilden Nordwand schaut er zum Hüttenfenster herein.

Furtschaglhaus – Olpererhütte Auf diesem Abschnitt werden wir vorübergehend mit dem Massentourismus konfrontiert, der über eine Mautstraße zum Schlegeisspeicher heraufgetragen wird. Ist man allerdings früh genug unterwegs, wird man bereits die zahlreichen Kehren bis zum Furtschaglboden abgestiegen sein und die ganze westseitige Uferpromenade in Ruhe hinter sich gebracht haben, ehe die Autokolonnen anrücken. Hinter der Seebucht und den Parkplätzen am Zamsgatterl zweigt der Gegenanstieg zur Olpererhütte ab, der sich zunächst an die linke Seite des Riepenbachs hält. Später rechts hinüber und in einigen Kehren zur Olpererhütte (2388 m) hinauf. Großartig ist der Rückblick ins Schlegeisgebiet wie von einem Balkon aus.

Olpererhütte – Friesenberghaus In der Regel wird auf der neuen Olpererhütte untertags nur Zwischenstation gemacht, zumal der Weiterweg zum Friesenberghaus kaum zwei Stunden beansprucht. Man bewegt sich dabei auf halber Höhe durch die teils grasigen, teils steinigen Flanken des Tuxer Kammes und hat hin und wieder mal einen Bach zu überschreiten – typisch Zentralalpen eben. Insgesamt werden in nördlicher Richtung gut 200 Hm gewonnen, bevor es im Zickzack zum Friesenbergsee und zum nahen Friesenberghaus (2477 m) hinabgeht.

Friesenberghaus – Gamshütte Diese lange Etappe, im Jahr 1976 als letztes Teilstück des Berliner Höhenweges ausgewiesen, vollendet die großartige Zillertaler Höhenroute in gebührendem Stil. Man umgeht die Hänge des Petersköpfls und bleibt anschließend links am Höhenweg, der ein Stück zum Wesendlekarsee absinkt. Nun quer durch die Blockfelder und Schrofen der Rifflerrinnen, danach um einen ausgeprägten Gratausläufer herum und im Bergab zur Kesselalpe (2006 m). Etwas oberhalb hat einmal die längst zerstörte Rifflerhütte gestanden. Hinter dem Kesselbach wieder aufwärts, um die steilen Birglbergmähder zu queren. Als nächster größerer Einschnitt öffnet sich nach einer Biegung der Kessel der Pitzenalpe (1871 m), die im Sommer als Jausenstation geführt wird. Weiter durch eine Latschenzone zur Feldalpe (1861 m), wo man sich links hält und einen saftigen Gegenanstieg bis zur Geländerippe der Grauen Platte (2177 m) vor sich hat. Anschließend muss noch das Schrahnbachkar

GIPFEL AM WEG

Ahornspitze (2973 m): 2 1/4 Std. von der Edelhütte, interessante Variante über die Popbergschneide (Stellen I)
Hoher Riffler (3231 m): 2 1/2 Std. vom Friesenberghaus
Vordere Grinbergspitze (2765 m): 2 1/2 Std. von der Gamshütte

ausgegangen werden, bevor die letzten abschüssigen Querungen um die Kühschneide herum (bei Nässe heikle Grasflanken) zur Vereinigung mit der Grinberg-Gipfelroute führen und in einigen Serpentinen zur Gamshütte (1921 m) abgestiegen wird.

Gamshütte – Finkenberg Wer auch den letzten Tag noch ordentlich füllen möchte, dem sei die Vordere Grinbergspitze (2765 m) als Hausberg der Gamshütte empfohlen. Sie ist quasi das Pendant zur Ahornspitze beim Auftakt. Ansonsten führt der Hermann-Hecht-Weg über den bewaldeten Rücken des Gamsberges in vielen Kehren talwärts. Mehrmals einen Fahrweg kreuzend bis zum Dursterhof hinab und schließlich über den Tuxbach nach Finkenberg, von wo regelmäßig Busse nach Mayrhofen verkehren.

Die kleine Gamshütte ist der finale Stützpunkt des Berliner Höhenweges.

34 VOM BRENNER INS AHRNTAL
Am Südabfall des Zillertaler Hauptkammes

mittel/schwierig · 5–6 Tage · 4500 Hm · ÖVM

AUSGANGSPUNKT
Brenner (1374 m), Bahnhof am bedeutenden Transitnadelöhr zwischen Nord- und Südtirol

ENDPUNKT
Luttach (967 m) im Ahrntal; Busverbindung mit Bruneck (dort Bahnanschluss)

HÜTTEN
Landshuter Europahütte (2693 m), DAV/CAI, Mitte Juni bis Ende Sept., Tel. 0472/64 60 76
Pfitscher-Joch-Haus (2275 m), privat, Ende Juni bis Ende September, Tel. 0472/63 01 19
Hochfeilerhütte (2710 m), AVS, Ende Juni bis Anfang Oktober, Tel. 0472/64 60 71
Edelrautehütte (2545 m), CAI, Ende Juni bis Anfang Oktober, Tel. 0474/65 32 30
Nevesjochhütte (2416 m), CAI, Mitte Juni bis Anfang Oktober, Tel. 0474/65 32 44
Schwarzensteinhütte (2923 m), CAI, Ende Juni bis Ende September, Tel. 0474/67 11 60

GEHZEITEN
Brenner – Landshuter Europahütte 4 Std. – Pfitscher-Joch-Haus 2 ½ Std. – Hochfeilerhütte 4 Std. – Edelrautehütte 2 Std. – Nevesjochhütte 3 ½ Std. – Schwarzensteinhütte 7 Std. – Luttach 3 ½ Std.

ANFORDERUNGEN
Überwiegend gut markierte, aber meist sehr steinige Höhenwege; zusätzlich eine kurze Gletscherquerung, die nicht sinnvoll umgangen werden kann (evtl. Steigeisen und Pickel nötig, Vorsicht bei Nebel). Der größte Anspruch geht jedoch vom langen, mühsamen Stabelerweg mit seinem ständigen Auf und Ab aus. Trittsicherheit und grundlegende Bergerfahrung sowie Ausdauer unerlässlich.

KARTE
Tabacco, 1:25 000, Blätter 037 »Hochfeiler – Pfunderer Berge« und 036 »Sand in Taufers«

Die Zillertaler Alpen gelten als Höhenwanderdorado ersten Ranges, das beweist schon der bekannte Berliner Höhenweg, wie wir auf der vorherigen Tour kennengelernt haben. Aber auch auf der Südseite des Hauptkammes lassen sich reizvolle Hüttenverbindungen aneinanderreihen. Dass man unmittelbar am transitgeplagten Brenner zu solch einer wunderbaren Bergtour aufbrechen kann, würde manch einem nicht einfallen. Aber schon im Venntal findet man sich in überraschender Einsamkeit wieder, blickt von der Landshuter Europahütte weit in nördliche wie südliche Gefilde, bummelt anschließend über den gut ausgebauten Landshuter Höhenweg und entschwindet am Pfitscher Joch endgültig auf die Südseite. Denn nun baut der begleitende Zillertaler Hauptkamm größere Hürden auf, von denen wir eine kleine Kostprobe beim leicht vergletscherten Übergang zwischen Hochfeiler- und Edelrautehütte erhalten. Danach folgen mit dem kürzeren, problemlosen Neveser Höhenweg und dem langen, anspruchsvollen Stabelerweg noch zwei echte Gustostücke, ehe man im segensreichen Ahrntal die Tour beschließt. Tipp: Wer sich dem Stabelerweg nicht gewachsen fühlt, kann von der Nevesjochhütte auch über den leichteren Kellerbauerweg Richtung Speikboden wandern, um von dort per Lift ins Ahrntal (Drittelsand) hinabzuschweben.

Am Nevesjoch findet man Unterkunft vor dem langen Stabelerweg.

1300 HM ↑

Brenner – Landshuter Europahütte Auf der Nordseite des Brenners leitet von der Bundesstraße ein Fahrweg ins Venntal. Wir folgen ihm über die Vennhöfe bis zur Abzweigung bei den hinteren Almhütten. Hier rechts auf einem Fußweg durch Wald zur Antonienquelle und in das freie, weitläufige Areal der Ochsenalm. Nach mehreren Geländeabstufungen wird man der Landshuter Europahütte (2693 m) oben am Kamm ansichtig und erreicht sie über einen letzten Boden und die finalen Blockschutthänge. Die Staatsgrenze führt kurioserweise genau durch das Haus.

Landshuter Europahütte – Pfitscher-Joch-Haus Diese Verbindung ist ein typischer Flankensteig, wie so oft in den Zillertalern über weite Strecken mit Platten ausgelegt und – zumal meist leicht abwärts oder horizontal verlaufend – nicht besonders mühsam. Die Route trägt den Namen Landshuter Höhenweg. Von der Hütte in die weite Karbucht südlich des Kraxentragers hinein, die man in östlicher Richtung absteigend durchmisst, dann über eine Rippe in das nächste Kar unter der Hohen Wand. Im Bogen um ihren Gratausläufer herum und fast höhengleich hinüber zum Nusserkopf (2354 m) am dritten Gratvorsprung. Die Aussicht über das Pfitscher Tal bleibt stets ganz frei, auch im letzten Wegstück, das leicht abwärts in die weite Passlandschaft des Pfitscher Jochs führt. Im Hintergrund stets den Hochferner im Blick, geht es an den Jochseen vorbei und zur Anhöhe mit dem Pfitscher-Joch-Haus (2275 m) hinauf.

Pfitscher-Joch-Haus – Hochfeilerhütte Die Fahrpiste zunächst unbeachtet lassend steigen wir über den abkürzenden Fußweg südwärts ab, bis man oberhalb des Arzbachs das dritte Mal auf die Straße trifft. Nun dieser nach links abwärts bis zur nächsten Kehre (P. 1718) folgen; dort befindet sich der übliche Ausgangspunkt für die Hochfeilerhütte. Man begibt sich kurz ins Oberbergtal einwärts, überschreitet den Bach und steigt nachfolgend an einigen verfallenen Stadeln vorbei in den linksseitigen Hängen über dem Unterbergtal aufwärts. Stets ein gutes Stück oberhalb der tiefen Sohle des Gliederbachs vollziehen wir später die markante Talbiegung nach links mit und blicken in den großartigen Talschluss zu den Weißzinten und dem Hochfeiler. Ohne Schwierigkeiten steigt der Weg über Grashänge und Moränenschotter bis zur Hochfeilerhütte (2710 m) an, die in erster Linie als Stützpunkt für den namengebenden, höchsten Zillertaler Gipfel dient. Bei guten Verhältnissen werden erfahrene Bergwanderer dieses verlockende Angebot kaum ausschlagen.

Am Landshuter Höhenweg

Hochfeilerhütte – Edelrautehütte Dieser kurze Übergang ist nicht zu unterschätzen, da er ein Stück über Gletscher und anschließend über eine hohe Scharte führt. Von der Hochfeilerhütte eine Weile entlang den Moränenhängen, bis man günstig auf den Gliederferner übertreten kann. Hier ist normalerweise eine Spur ausgeprägt, je nach Verhältnissen sollten Steigeisen Verwendung finden. Wir queren im Bogen auf das südliche Ufer zu und steigen dort in die Untere Weißzintscharte (2930 m) auf. Jenseits in Kehren über Blockhänge tiefer, dann auf die linke Seite hinüber, um unter dem vom Niederen Weißzint abstreichenden Felssporn zur Edelrautehütte (2545 m) am Eisbruggjoch zu gelangen.

Edelrautehütte – Nevesjochhütte Zwischen Eisbruggjoch und Nevesjoch ist der Lappacher Talschluss mit dem Neves-Stausee eingeschnitten, weshalb der Neveser Höhenweg einen weiten Bogen beschreiben muss, um die Höhe zu halten. Über Blockwerk und alpine Matten, stets an der Grenze zum alpinen Ödland, quert die Route in Grundrichtung Nordost durch die Flanken von Weißzint und Muttenock, später mit einigen Bachtraversen bis in das Quellgebiet »Am Mösele« (2554 m). Hier schwenken wir nach Südosten um, übersteigen nach dem Gletschervorfeld des Nevesferners die seichte Schwelle des Großen Troges und verlieren bis zur Nevesjochhütte (Alte Chemnitzer Hütte, 2416 m) wieder etwas an Höhe.

Nevesjochhütte – Schwarzensteinhütte [fast 3000m] Wandertechnisch stellt dieser Stabelerweg die höchsten Ansprüche auf unserer Tour vom Brenner ins Ahrntal, sowohl was die geländebedingten Erschwernisse als auch die Länge

Unterwegs am Neveser Höhenweg zwischen Eisbrugg- und Nevesjoch

Hochalpine Szenerien, wie hier beim Aufstieg zur Hochfeilerhütte, prägen die Tour vom Brenner ins Ahrntal.

Von der Gelenkscharte am Stabelerweg blickt man auf den Turnerkamp.

der Etappe angeht. Nach typischer Art der Zillertaler Alpen sind drei schroffe, aus kantigen Gneisfelsen bestehende Gratrippen zu überwinden; zwischendrin bewegt man sich in urweltlichen Blockkaren. Vom Nevesjoch steigen wir ein Stück ostwärts Richtung Gögenalm ab, folgen dann aber dem links abzweigenden, schmaleren Pfad, der die steile, grasige Südostflanke des Pfaffennocks hinüber zum Moosboden quert. Hier über den Bach und in zunehmend kargem Blockschuttgelände, zuletzt manchmal auch über Schneefelder bis in die Gelenkscharte (2724 m) empor. Auf der Ostseite im Steilabstieg durch wildes Blockgelände ins Mitterbachkar, das auf einer Höhenlinie von etwa 2450 m durchquert wird. Gegenüber wieder kurzzeitig steil ins enge Schwarzenbachtörl (2544 m) hinauf. Nach einer gesicherten Passage im Abstieg wird auch das folgende Schwarzenbachkar auf ähnliche Weise durchschritten. Es dehnt sich etwas weiter und kann unter Umständen auch mit einer problematischen Bachquerung überraschen. Die zwischen bizarren Zacken gelegene Scharte »Zu Törla« (2746 m) im langen Schwarzenstein-Südgrat stellt uns das nächste Hindernis entgegen, ehe dort endlich die Schwarzensteinhütte sichtbar wird. Doch vorher folgt noch ein weiterer Abstieg ins Rotbachtal, wo man durch Moränengeröll lavieren muss, um Anschluss an den aus dem Ahrntal heraufziehenden, stärker ausgetretenen Hüttenweg zu erreichen. Fast 400 Höhenmeter Gegenanstieg bis hinauf zur Tribbachschneide geraten zur letzten Konditionsprüfung, wobei man am Ende zwischen dem fast senkrechten, aber gut gesicherten »Kamin« oder einer linksseitigen Umgehung über Schnee- und Schuttfelder wählen kann. Die Schwarzensteinhütte (2923 m) empfängt uns als echter Luginsland.

Schwarzensteinhütte – Luttach Am letzten Tag steht ein langer Abstiegsweg (fast 2000 Höhenmeter!) von der höchstgelegenen Hütte in den Zillertaler Alpen bevor. Dabei bleibt man immer am Hauptweg, der serpentinenreich ins Rotbachtal hinunterführt. Ganz allmählich wird die Umgebung lieblicher, gewinnt die Vegetation die Oberhand. Wir passieren die Daimerhütte (1872 m), überschreiten weiter unten den Rotbach und steigen zuletzt über Fahrwege bis nach Oberluttach im Ahrntal ab.

> **GIPFEL AM WEG**
>
> **Kraxentrager** (2999 m): 1 Std. von der Landshuter Europahütte
> **Hochfeiler** (3510 m): 2 ½ Std. von der Hochfeilerhütte
> **Napfspitze** (2888 m): 1 Std. von der Edelrautehütte
> **Schaflahnernock** (2703 m): 1 Std. von der Nevesjochhütte

35 DER PFUNDERER HÖHENWEG
Der schönste Weg von Sterzing nach Bruneck

mittel/schwierig 5 Tage 5300 Hm ÖVM

AUSGANGSPUNKT
Wiesen (964 m) am Eingang ins Pfitscher Tal; Bus von Sterzing

ENDPUNKT
St. Georgen (823 m) am Eingang ins Tauferer Tal; Bus von Bruneck

HÜTTEN
Simile-Mahdalm (2011 m), privat, Ende Juni bis Ende September, Tel. 0472/64 71 62
Brixner Hütte (2344 m), AVS, Mitte Juni bis Mitte Oktober, Tel. 0472/54 71 31
Edelrautehütte (2545 m), CAI, Ende Juni bis Anfang Oktober, Tel. 0474/65 32 30
Tiefrastenhütte (2312 m), AVS, Anfang Juni bis Mitte Oktober, Tel. 0474/55 49 99

GEHZEITEN
Wiesen – Simile-Mahdalm 6 Std. – Brixner Hütte 4 Std. – Edelrautehütte 8 ½ Std. – Tiefrastenhütte 6 ½ Std. – St. Georgen 7 Std.

ANFORDERUNGEN
Der Pfunderer Höhenweg weist zwar kaum größere bergsteigerische Schwierigkeiten auf, verläuft aber streckenweise auf schmalen, abschüssigen und manchmal auch schwer erkennbaren Pfaden. Daher Trittsicherheit und etwas Orientierungsgabe notwendig; Vorsicht bei Nässe in steilen Grashängen! Besonders wichtig ist eine ausgereifte Kondition, denn die Etappen sind lang, in einem Fall sogar fast marathonartig. Entsprechend muss die Tour insgesamt als relativ anspruchsvoll eingestuft werden.

KARTE
Tabacco, 1:25 000, Blätter 037 »Hochfeiler – Pfunderer Berge« und 033 »Bruneck und Umgebung«

Die Pfunderer Berge werden oft als bloßes Anhängsel der Zillertaler Alpen angesehen, was nicht nur ihre allgemeine Vernachlässigung in Bergsteigerkreisen beweist, sondern auch, wie verwaschen das Bild von dieser ausgedehnten Region im hohen Norden Südtirols in der Regel ist. Schon geologisch betrachtet bestehen enorme Unterschiede, wenn man etwa die hier vorherrschenden leichter verwitternden Schiefergesteine mit den harten Orthogneisen des Hauptkammes vergleicht. Das Fehlen von Gletschern sowie der überwiegend »grüne« Landschaftscharakter verführen gern dazu, die Pfunderer Berge zu unterschätzen. Wobei man allerdings sein »grünes Wunder« erleben kann. Wer dieses Gebiet auf dem einheitlich mit rot-weißem Kreis markierten Pfunderer Höhenweg durchwandert, braucht nahezu alle guten Tugenden, die zünftige Bergwanderer auszeichnen, besonders eine gediegene Trittsicherheit und eine beachtliche Kondition. Sehr oft ist man hier auf traditionellen Hirtenpfaden unterwegs, die entsprechend wenig ausgetreten sind und in mitunter kirchdachsteilen Hängen bei Nässe zum heiklen Eiertanz ausarten können. Doch die Matten – voll üppiger Blumenpracht im Frühsommer, ockerbraun getönt zu herbstlicher Jahreszeit – schmeicheln auch unseren Sinnen. Verstreut liegende Seen sowie vier behagliche Hütten fernab jeglichen Massenansturms komplettieren das »Erlebnis Pfunderer Höhenweg«, diesen Ausflug in die Stille. Nicht zu vergessen die begeisternden Ausblicke auf die populäre Nachbarschaft: im Norden die »gläsernen Berge« des Zillertaler Hauptkammes, im Süden die »bleichen Berge« der Dolomiten. Wer den schönsten Weg zwischen Sterzing und Bruneck unter die Füße nimmt, wird jedenfalls nicht mehr von den unbedeutenden Pfunderern reden.

Herrliche Blumenwiese über dem Pfunderer Tal

Wiesen – Simile-Mahdalm In Wiesen über den Pfitscher Bach und teils auf Fahrwegen, später auf Steig zum bewaldeten Rücken des Gschließegg (1670 m). Weiter über die Plitschalm zur unbewirtschafteten Trenserjochhütte und zur markanten Geländeschulter am Jagerjöchl (2136 m) hinauf. In der Folge queren wir die steile Ostflanke des Höllenkragens Richtung Trenser Joch (2213 m), wo man einen schönen Blick über das Pfitscher Tal erhascht. Die Originalroute des Pfunderer Höhenweges überschreitet anschließend die Sengesspitze (2368 m), während der kürzere Weg zur Simile-Mahdalm (2011 m) nun wieder nach rechts in die Flanke ausweicht und sich nach Querung abschüssiger Matten unterhalb der Knappwand-Schrofen zum ersten Etappenziel hinabsenkt.

Simile-Mahdalm – Brixner Hütte Auf einem Almsteig im Bogen um den Similekofel herum und in dem Einschnitt des Sengesbachs auf der linken Seite empor bis zu einem Hochtalboden. Hier deutlich nach rechts und in weiterem Bergauf ins Sengesjöchl, wo man unvermittelt vor dem Wilden See (2532 m) steht. Dieser größte natürliche See nicht nur der Pfunderer Berge, sondern der gesamten

Zweites Etappenziel: die Brixner Hütte

Alpenrosenbestandene Matten, wie sie typisch für die Pfunderer Berge sind

Wiesen – Simile-Mahdalm In Wiesen über den Pfitscher Bach und teils auf Fahrwegen, später auf Steig zum bewaldeten Rücken des Gschließegg (1670 m). Weiter über die Plitschalm zur unbewirtschafteten Trenserjochhütte und zur markanten Geländeschulter am Jagerjöchl (2136 m) hinauf. In der Folge queren wir die steile Ostflanke des Höllenkragens Richtung Trenser Joch (2213 m), wo man einen schönen Blick über das Pfitscher Tal erhascht. Die Originalroute des Pfunderer Höhenweges überschreitet anschließend die Sengesspitze (2368 m), während der kürzere Weg zur Simile-Mahdalm (2011 m) nun wieder nach rechts in die Flanke ausweicht und sich nach Querung abschüssiger Matten unterhalb der Knappwand-Schrofen zum ersten Etappenziel hinabsenkt.

Simile-Mahdalm – Brixner Hütte Auf einem Almsteig im Bogen um den Similekofel herum und in dem Einschnitt des Sengesbachs auf der linken Seite empor bis zu einem Hochtalboden. Hier deutlich nach rechts und in weiterem Bergauf ins Sengesjöchl, wo man unvermittelt vor dem Wilden See (2532 m) steht. Dieser größte natürliche See nicht nur der Pfunderer Berge, sondern der gesamten

Zweites Etappenziel: die Brixner Hütte

Alpenrosenbestandene Matten, wie sie typisch für die Pfunderer Berge sind

Zillertaler Alpen verströmt einen sagenumwobenen Zauber in der kargen Hochmulde unter der Wilden Kreuzspitze. Durch deren weite, erdige Schieferschuttflanken geht es nun zum Rauhtaljoch (2808 m) hinauf; ein Gipfelabstecher auf den höchsten aller Pfunderer Berge lässt sich von dort leicht einflechten. Im jenseitigen Rauhtal zeigen sich bis in den Sommer hinein ausgedehnte, jedoch nicht allzu steile Firnfelder, bevor die Route in das grüne Amphitheater der Pfannealm eintaucht. In dem weiten Hochalmkessel rechts haltend über die verästelten Bachläufe und zur Geländeschwelle über dem inneren Valser Tal, an der die Brixner Hütte (2344 m) steht.

Brixner Hütte – Edelrautehütte

Diese längste Etappe des Pfunderer Höhenweges – eine der längsten Hüttenverbindungen überhaupt in diesem Buch – hat es in sich. Vier Scharten sind unterwegs in stetem Auf und Ab zu überschreiten, was aber nicht nur jede Menge vergossener Schweißtropfen garantiert, sondern auch einen höchst abwechslungsreichen Routenverlauf mit immer neuen Perspektiven. Den Auftakt macht der Anstieg zur Steinkarscharte (2608 m). Nach einer Anzahl von Kehren über den jenseitigen Geröllhang bringt uns eine Linkstraverse in den Kessel der Weitenbergalm. Der Name ist Programm, und man wird einige Zeit damit beschäftigt sein, den weiten Bogen auf die gegenüberliegende Seite auszugehen. Dabei ist stets gut auf die Wegführung des »Pfunderers« zu achten, um nicht auf einen anderen Almsteig fehlgeleitet oder von einem der Bäche abgedrängt zu werden. Die Route führt später wieder bergauf und erreicht mit der Kellerscharte (2439 m) den zweiten Übergang des Tages. Gegenüber erkennt man schon Nummer drei, die Dannelscharte, doch führt dorthin erst einmal ein unausweichliches Bergab in den Engbergkessel. Auf schmalem Pfad quer durch die Hangmulde und im Gegenanstieg oberhalb von steileren Schrofenzonen zur Dannelscharte (2437 m). Der nächste Abstieg leitet zu einer ausgesetzten Traverse unter dem Ausläufer der Dannelspitze, womit man in das weitläufige, trümmerübersäte Weißsteinkar gelangt. Ein Stück unterhalb kann man im Brenninger-Biwak (2157 m) Unterschlupf finden, für den Fall, dass einem die Länge dieser Etappe zu viel wird oder sich das Wetter rapide verschlechtert. Dies insbesondere, zumal der nächste Übersteig an der engen Gaisscharte (2700 m) der ruppigste überhaupt ist. Schon der Aufstieg über grobes Blockwerk ist beschwerlich; auf der Ostseite zeigt sich dann eine aus-

Die Wurmaulspitze zählt zu den stattlichsten Gipfelgestalten der Pfunderer Berge.

Letzte Gipfelrast auf dem Sambock

gesetzte Steilstufe, über die mit Hilfe von Ketten abgeklettert werden muss. Anschließend quer durch das Obervalskar, entlang der geröllreichen Geländeterrasse über dem Eisbruggsee und in einem letzten Gegenanstieg zur womöglich längst herbeigesehnten Edelrautehütte (2545 m) am Eisbruggjoch, wo man dem vermeintlichen Muskelkater bei einem Glas Roten gelassen entgegensehen kann.

Edelrautehütte – Tiefrastenhütte Diese Etappe ist kürzer als die vorhergehende, aber gewiss nicht kurz! Schließlich geht es auch hier ständig auf und ab, allerdings häufiger entlang (manchmal etwas verwachsenen) Alm- und Hirtenpfaden und insgesamt nicht ganz so beschwerlich. Zu Beginn steigen wir erst einmal ein längeres Stück durchs Eisbruggtal abwärts, im oberen Bereich unmittelbar am stattlichen Eisbruggsee, weiter unten an der Eisbruggalm vorbei. Erst auf 2035 Meter wird der Hauptweg nach links verlassen, um auf der linken Seite des Bachs Richtung Kuhscharte (2180 m) anzusteigen. Von dieser eigentlichen Geländeschulter folgt die lange, abwechslungsreiche Traverse in den Flanken hoch über dem Pfunderer Tal.

Der Tiefrastensee

> **GIPFEL AM WEG**
>
> **Höllenkragen** (2387 m): Überschreitung vom Jagerjöchl zum Trenser Joch, 30 Min. Mehraufwand
> **Wilde Kreuzspitze** (3132 m): 1 Std. vom Rauhtaljoch
> **Wurmaulspitze** (3022 m): 2 1/4 Std. von der Brixner Hütte
> **Napfspitze** (2888 m): 1 Std. von der Edelrautehütte
> **Hochgrubbachspitze** (2808 m): 45 Min. vom Abzweig unterhalb der Hochsägescharte
> **Kempspitze** (2704 m): 1 Std. von der Tiefrastenhütte

Wir queren mehrere Runsen, die unterhalb in den tief eingerissenen Valzarer Graben münden, gelangen über einen Geländeriegel zur Gruipa-Alm (2222 m) und immer quer durch steile Mähder um zwei weitere Bergrücken (am zweiten stehen die Glitsch-Schupfen, 2317 m) zur Gampesalm (2223 m). Dort setzt der längste Anstieg des Tages an, zunächst durch die Hangmulde zum Passenjoch (2408 m). Jenseits nicht dem Weg geradeaus ins Passental folgen, sondern scharf nach rechts an den Passenseen vorbei und abermals in steilerem Aufstieg über Blöcke, Schutt und Schnee in die Hochsägescharte (2705 m). Das letzte Bergab der Etappe führt südostwärts zur Tiefrastenhütte (2312 m) mit ihrem fantastischen See gleich nebenan.

Tiefrastenhütte – St. Georgen Der letzte Abschnitt des Pfunderer Höhenweges bewegt sich an den sanfteren, zum Pustertal hin orientierten Südausläufern des Gebiets. Freilich ist dabei nochmals ordentlich Strecke zu machen. Zunächst auf dem Hüttenweg Richtung Terenten abwärts, bis auf einem Talboden unter der Kempspitze die rote-weiße Kreismarkierung nach links abzweigt. Hier durch dicht mit Alpenrosen bestandene Hänge aufwärts und weiter ins Kleine Tor nördlich unter dem Mutenock. Eine kurze Hangquerung noch und man befindet sich auf dem Kammrücken, der in Grundrichtung Ost über diverse Gipfelerhebungen verfolgt wird. So geht es in ständigem Auf und Ab nacheinander über Hohe Spitze, Zwölferspitze, Putzenhöhe und Perntaler Spitze (2450 m). Vor dem Windeck knickt die Route scharf nach Süden ab, wird dort vorübergehend mit ein paar schärferen Felszacken konfrontiert und leitet auf den Sambock (2396 m) als letztem Gipfel des Tages. Von ringsumher grüßen die Zillertaler Eisriesen, die schroffen Häupter der Rieserfernergruppe und nun vor allem auch die Felsburgen der Dolomiten jenseits des Pustertals. Diese haben wir stets vor Augen, wenn wir am breiten, lang gezogenen Südrücken gemütlich abwärts bummeln und das Wetterkreuz »Auf der Platten« passierend in den Bergwald eintauchen. Über das Gasthaus Kofler (1487 m) schließlich noch recht weit bis nach St. Georgen nördlich von Bruneck hinab.

Zillertaler Alpen verströmen einen sagenumwobenen Zauber in der kargen Hochmulde unter der Wilden Kreuzspitze. Durch deren weite, erdige Schieferschuttflanken geht es nun zum Rauhtaljoch (2808 m) hinauf; ein Gipfelabstecher auf den höchsten aller Pfunderer Berge lässt sich von dort leicht einflechten. Im jenseitigen Rauhtal zeigen sich bis in den Sommer hinein ausgedehnte, jedoch nicht allzu steile Firnfelder, bevor die Route in das grüne Amphitheater der Pfannealm eintaucht. In dem weiten Hochalmkessel rechts haltend über die verästelten Bachläufe und zur Geländeschwelle über dem inneren Valser Tal, an der die Brixner Hütte (2344 m) steht.

Brixner Hütte – Edelrautehütte Diese längste Etappe des Pfunderer Höhenweges – eine der längsten Hüttenverbindungen überhaupt in diesem Buch – hat es in sich. Vier Scharten sind unterwegs in stetem Auf und Ab zu überschreiten, was aber nicht nur jede Menge vergossener Schweißtropfen garantiert, sondern auch einen höchst abwechslungsreichen Routenverlauf mit immer neuen Perspektiven. Den Auftakt macht der Anstieg zur Steinkarscharte (2608 m). Nach einer Anzahl von Kehren über den jenseitigen Geröllhang bringt uns eine Linkstraverse in den Kessel der Weitenbergalm. Der Name ist Programm, und man wird einige Zeit damit beschäftigt sein, den weiten Bogen auf die gegenüberliegende Seite auszugehen. Dabei ist stets gut auf die Wegführung des »Pfunderers« zu achten, um nicht auf einen anderen Almsteig fehlgeleitet oder von einem der Bäche abgedrängt zu werden. Die Route führt später wieder bergauf und erreicht mit der Kellerscharte (2439 m) den zweiten Übergang des Tages. Gegenüber erkennt man schon Nummer drei, die Dannelscharte, doch führt dorthin erst einmal ein unausweichliches Bergab in den Engbergkessel. Auf schmalem Pfad quer durch die Hangmulde und im Gegenanstieg oberhalb von steileren Schrofenzonen zur Dannelscharte (2437 m). Der nächste Abstieg leitet zu einer ausgesetzten Traverse unter dem Ausläufer der Dannelspitze, womit man in das weitläufige, trümmerübersäte Weißsteinkar gelangt. Ein Stück unterhalb kann man im Brenninger-Biwak (2157 m) Unterschlupf finden, für den Fall, dass einem die Länge dieser Etappe zu viel wird oder sich das Wetter rapide verschlechtert. Dies insbesondere, zumal der nächste Überstieg an der engen Gaisscharte (2700 m) der ruppigste überhaupt ist. Schon der Aufstieg über grobes Blockwerk ist beschwerlich; auf der Ostseite zeigt sich dann eine aus-

Die Wurmaulspitze zählt zu den stattlichsten Gipfelgestalten der Pfunderer Berge.

Letzte Gipfelrast auf dem Sambock

gesetzte Steilstufe, über die mit Hilfe von Ketten abgeklettert werden muss. Anschließend quer durch das Obervalskar, entlang der geröllreichen Geländeterrasse über dem Eisbruggsee und in einem letzten Gegenanstieg zur womöglich längst herbeigesehnten Edelrautehütte (2545 m) am Eisbruggjoch, wo man dem vermeintlichen Muskelkater bei einem Glas Roten gelassen entgegensehen kann.

Edelrautehütte – Tiefrastenhütte Diese Etappe ist kürzer als die vorhergehende, aber gewiss nicht kurz! Schließlich geht es auch hier ständig auf und ab, allerdings häufiger entlang (manchmal etwas verwachsenen) Alm- und Hirtenpfaden und insgesamt nicht ganz so beschwerlich. Zu Beginn steigen wir erst einmal ein längeres Stück durchs Eisbruggtal abwärts, im oberen Bereich unmittelbar am stattlichen Eisbruggsee, weiter unten an der Eisbruggalm vorbei. Erst auf 2035 Meter wird der Hauptweg nach links verlassen, um auf der linken Seite des Bachs Richtung Kuhscharte (2180 m) anzusteigen. Von dieser eigentlichen Geländeschulter folgt die lange, abwechslungsreiche Traverse in den Flanken hoch über dem Pfunderer Tal.

Der Tiefrastensee

Wir queren mehrere Runsen, die unterhalb in den tief eingerissenen Valzarer Graben münden, gelangen über einen Geländeriegel zur Gruipa-Alm (2222 m) und immer quer durch steile Mähder um zwei weitere Bergrücken (am zweiten stehen die Glitsch-Schupfen, 2317 m) zur Gampesalm (2223 m). Dort setzt der längste Anstieg des Tages an, zunächst durch die Hangmulde zum Passenjoch (2408 m). Jenseits nicht dem Weg geradeaus folgen ins Passental, sondern scharf nach rechts an den Passenseen vorbei und abermals in steilerem Aufstieg über Blöcke, Schutt und Schnee in die Hochsägescharte (2705 m). Das letzte Bergab der Etappe führt südostwärts zur Tiefrastenhütte (2312 m) mit ihrem fantastischen See gleich nebenan.

Tiefrastenhütte – St. Georgen Der letzte Abschnitt des Pfunderer Höhenweges bewegt sich an den sanfteren, zum Pustertal hin orientierten Südausläufern des Gebiets. Freilich ist dabei nochmals ordentlich Strecke zu machen. Zunächst auf dem Hüttenweg Richtung Terenten abwärts, bis auf einem Talboden unter der Kempspitze die rote-weiße Kreismarkierung nach links abzweigt. Hier durch dicht mit Alpenrosen bestandene Hänge aufwärts und weiter ins Kleine Tor nördlich unter dem Mutenock. Eine kurze Hangquerung noch und man befindet sich auf dem Kammrücken, der in Grundrichtung Ost über diverse Gipfelerhebungen verfolgt wird. So geht es in ständigem Auf und Ab nacheinander über Hohe Spitze, Zwölferspitze, Putzenhöhe und Perntaler Spitze (2450 m). Vor dem Windeck knickt die Route scharf nach Süden ab, wird dort vorübergehend mit ein paar schärferen Felszacken konfrontiert und leitet auf den Sambock (2396 m) als letztem Gipfel des Tages. Von ringsumher grüßen die Zillertaler Eisriesen, die schroffen Häupter der Rieserfernergruppe und nun vor allem auch die Felsburgen der Dolomiten jenseits des Pustertals. Diese haben wir stets vor Augen, wenn wir am breiten, lang gezogenen Südrücken gemütlich abwärts bummeln und das Wetterkreuz »Auf der Platten« passierend in den Bergwald eintauchen. Über das Gasthaus Kofler (1487 m) schließlich noch recht weit bis nach St. Georgen nördlich von Bruneck hinab.

GIPFEL AM WEG

Höllenkragen (2387 m): Überschreitung vom Jagerjöchl zum Trenser Joch, 30 Min. Mehraufwand
Wilde Kreuzspitze (3132 m): 1 Std. vom Rauhtaljoch
Wurmaulspitze (3022 m): 2 ¼ Std. von der Brixner Hütte
Napfspitze (2888 m): 1 Std. von der Edelrautehütte
Hochgrubbachspitze (2808 m): 45 Min. vom Abzweig unterhalb der Hochsägescharte
Kempspitze (2704 m): 1 Std. von der Tiefrastenhütte

36 RUNDTOUR DURCH DIE REICHENSPITZGRUPPE
Im wilden Osten der Zillertaler Alpen

mittel/schwierig   4–5 Tage   3900 Hm   ÖVM

AUSGANGSPUNKT
Krimml (1067 m) im Oberpinzgau; Bus- und Bahnverbindung von Zell am See

ENDPUNKT
Siehe Ausgangspunkt

HÜTTEN
Krimmler Tauernhaus (1622 m), privat, ganzjährig, Tel. 06564/83 27
Birnlückenhütte (2441 m), CAI, Ende Juni bis Anfang Oktober, Tel. 0474/65 41 40
Plauener Hütte (2364 m), DAV, Mitte Juni bis Ende September, Tel. 0650/225 03 69
Richterhütte (2367 m), DAV, Mitte Juni bis Ende September, Tel. 06564/73 28
Zittauer Hütte (2328 m), OeAV, Mitte Juni bis Mitte Oktober, Tel. 06564/82 62

GEHZEITEN
Krimml – Krimmler Tauernhaus 3 Std. – Birnlückenhütte 4 ½ Std. – Plauener Hütte 6 Std. – Richterhütte 3 ½ Std. – Zittauer Hütte 3 ½ Std. – Krimml 5 ½ Std.

ANFORDERUNGEN
Meist ordentliche, zuweilen recht steinige, aber auch schön mit Platten ausgelegte Bergwege in rauer, hochalpiner Umgebung. Trittsicherheit notwendig, bis auf die Schlüsselpassage unterhalb der Gamsscharte jedoch nicht besonders schwierig. Dieser Übergang sollte von Ungeübten und generell bei schlechten Bedingungen unbedingt gemieden werden. Konditionell im normalen Rahmen, bei guter Ausdauer können – z. B. anfangs bis zur Birnlückenhütte oder zwischen Plauener und Zittauer Hütte – zwei Abschnitte zusammengefasst werden.

KARTE
Alpenvereinskarte, 1:25 000, Blatt 35/3 »Zillertaler Alpen – Ost«; freytag & berndt, 1:50 000, Blatt 152 »Mayrhofen – Zillertaler Alpen – Gerlos – Krimml«

Wo die Zillertaler Alpen an den salzburgischen Oberpinzgau und die Venedigergruppe grenzen, ragt eine der urtümlichsten Berggruppen der Zentralalpen auf. Schroffe, zersägte Urgesteinsgrate, wahrhaft steinreiche Blockkare sowie zerklüftete Gletscher verleihen der Reichenspitzgruppe ihr unvergleichlich unnahbares Gepräge. Verschiedene Übergänge lassen sich hier zu einer tollen Mehrtagetour zusammenbauen, die zwar einen rauen Charakter, aber lediglich an der Gamsscharte zwischen Plauener- und Richterhütte größere Tücken aufweist. Notfalls kann man diese auch umgehen. Nach einem Start an den berühmten Krimmler Wasserfällen durchmessen wir das westlichste aller Tauerntäler fast in seiner ganzen Länge, ehe sich jenseits der Birnlücke ein Südtiroler Intermezzo auf dem Lausitzer Weg einschiebt. Über das Heiliggeistjöchl geht es anschließend zurück auf die Nordseite, wo nach dem aussichtsreichen Hannemannweg besagte Gamsscharte als Schlüsselstelle aufs Korn genommen wird. In einem typisch zentralalpinen Ambiente verläuft auch der Übergang via Roßkarscharte zur traumhaft gelegenen Zittauer Hütte sowie der Abschluss am Leitenkammersteig Richtung Gerlospass bzw. Krimml.

Der Untere Gerlossee mit der Zittauer Hütte und dem Sichelkopf im Hintergrund

GIPFEL AM WEG

Klockerkarkopf (2913 m): 1 Std. vom Lausitzer Weg
Rainbachköpfl (2690 m): 1 Std. von der Plauener Hütte
Richterspitze (3052 m): 15 Min. von der Gamsscharte
Windbachtalkopf (2843 m), Rheydter Spitze (2802 m): je 1 ½ Std. von der Richterhütte
Roßkopf (2845 m): 20 Min. vom Übergang zur Zittauer Hütte

Krimml – Krimmler Tauernhaus Diesen ersten Abschnitt kann man bei Bedarf mit dem Hüttentaxi zurücklegen (Infos beim Krimmler Tauernhaus). Es lohnt sich aber durchaus, per pedes an den imposanten Krimmler Wasserfällen aufzusteigen und an deren oberer Schwelle ins liebliche Krimmler Achental hineinzuwandern. Stets auf der linken Seite des gewundenen Bachlaufs an diversen Almen und Jausenstationen vorbei nur mäßig ansteigend bis zum Krimmler Tauernhaus (1622 m), das auf eine jahrhundertelange Tradition als Herberge für Handelskarawanen und später für Bergtouristen zurückblicken kann.

Krimmler Tauernhaus – Birnlückenhütte Der Weiterweg führt uns ins hintere Krimmler Achental. Bei der Äußeren Unlaßalm zweigt rechts das Windbachtal ab; wir halten uns weiter links auf dem Fahrweg und passieren – schon im Anblick des Talschlusses mit dem Krimmler Kees – nacheinander Innere Unlaßalm, Jaidbachalm und Äußere Keesalm. Bei der Inneren Keesalm (1804 m) verlässt man den Hauptweg nach rechts, überschreitet die Krimmler Ache und steigt gegen die so genannten Grasleiten auf. Im Zickzack über eine tobelartige Geländestufe in die oberhalb gelegene Karmulde und an deren rechten Rand bis zur Birnlücke (2667 m) empor. Im Rückblick zeigt sich ein eindrucksvolles Bild der Venedigergruppe. Jenseits betreten wir nun Südtiroler Boden. Dem linken Weg folgend über einen Moränenrücken zur genau in der Verlängerung des Ahrntales und im Banne der Dreiherrnspitze gelegenen Birnlückenhütte (2441 m).

Birnlückenhütte – Plauener Hütte Zu Anfang quer durch die nahe Bachrunse, um am gegenüberliegenden Hang den Lausitzer Weg zu erreichen. Auf ihm wird nun in weitem Bogen die Karterrasse unter dem Klockerkarkopf ausgegangen. An der Pfaffenschneide befindet sich der Einstieg in die Teufelsstiege, auf der es durch eine treppenartig ausgebaute Rinne kurz steil bergab geht. Anschließend durchs Kerrachkar zur ehemaligen Neugersdorfer Hütte (2568 m) unterhalb des Krimmler Tauern. Über diesen führt ein historischer Weg auf die Nordseite

Beliebtes Eintrittstor in die Reichenspitzgruppe ist das Krimmler Achental, wo das altehrwürdige Tauernhaus steht.

187

Mit Blick auf die Gipfel über dem Kuchelmooskees besitzt die Plauener Hütte einen reizvollen Standort.

Am Lausitzer Weg, auf Südtiroler Seite

zurück. Wir bleiben allerdings vorerst auf der Südseite, passieren auch die Schiental- und die Geiereggschneide und gelangen zur nächsten Abzweigung hinauf zum Heiliggeistjöchl (2658 m). Jenseits über Schneefelder und Blockwerk in die Mulde beim Seebl hinab, dann weiter quer durch die Hänge mit insgesamt nur noch wenig Höhenverlust Richtung Norden. Dies ist der Hannemannweg, eine oft aus Steinplatten zusammengefügte Trasse, wie sie ganz typisch ist für die Höhenwege der Zentralalpen, besonders in den Zillertalern. Im Seekar wird die Route von der Zillerplattenscharte aufgenommen, ehe auch das seichte Hohenaukar gequert wird und die herrliche Panoramaroute hoch über dem Zillergründl schließlich bei der Plauener Hütte (2364 m) eintrifft.

Plauener Hütte – Richterhütte Dieser Übergang ist trotz seiner Kürze der Knackpunkt der Tour, namentlich im westseitigen Geröllcouloir unter der Gamsscharte. Aus diesem Grund war bei der Schwierigkeitsangabe die Einstufung »mittel« (die für die anderen Etappen durchaus Bestand hat) nicht mehr allein gerechtfertigt. Von der Plauener Hütte steigen wir ins Kuchelmooskar auf, halten

Aussichtsreich: Der einsame Magnerkamm bestimmt das Panorama am Hannemannweg.

uns bei der Gabelung an den rechten, oberen Weg und gelangen bis auf die Schneefelder am Wandfuß. Mitunter tut sich hier eine lästige Randkluft auf, die den Übertritt in den Fels erschweren kann. Nun überwiegend links einer Geröllrinne von erneuerten Sicherungen geleitet äußerst steil bergauf; Vorsicht wegen des brüchigen Terrains. Durchatmen an der Gamsscharte (2971 m, verwahrloster Unterstand) – die heikelste Passage wäre geschafft. Nach einem obligatorischen Abstecher auf die Richterspitze (3052 m) steigt man ostseitig auf einem rauen, aber bei weitem nicht so kritischen Geröllsteig ab und gelangt damit nach rechts ins Rainbachkeeskar. Hier einige Gletscherabflüsse traversierend und hinüber zur Richterhütte (2367 m).

Variante: Wer sich die Gamsscharte nicht zutraut, kann entweder den Umweg über die Zillerplattenscharte (2880 m) wählen oder schon vom Lausitzer Weg aus über den Krimmler Tauern (2633 m) wechseln. Von dort führt eine reizvolle Höhenroute auf der Ostseite des Reichenspitzkammes entlang, zuletzt über die versicherte Westliche Windbachscharte (2696 m) zur Richterhütte (von der Birnlückenhütte 5 $\frac{1}{2}$ Std.).

Richterhütte – Zittauer Hütte Wir steigen zuerst ein Stück ins Rainbachtal ab, bis bei den Keesböden der Übergang zur Zittauer Hütte abzweigt. Über den Rainbach und am gegenüberliegenden Hang schräg rechts ins Roßkar hinauf. Hinter der Roßkarlacke auf die rechte Seite hinüber, wo sich der geröllige Anstieg fortsetzt. Nachdem die Roßkarscharte (2690 m) gewonnen ist, auf der anderen Seite nicht direkt absteigen, sondern scharf rechts noch ein Stück empor gegen den Roßkopf (2844 m), der im Übrigen leicht mitgenommen werden kann. Dann erst auf der rechten Seite des Kessels über einen Plattenweg längs einer Art Terrasse abwärts. Der Obere Gerlossee bleibt knapp rechts, ehe man im Bogen die Zittauer Hütte (2328 m) an der Geländeschwelle des Unteren Gerlossees über dem Wildgerlostal erreicht.

Zittauer Hütte – Krimml Am letzten Tag führt der Weg zuerst ins hintere Wildgerlostal hinab. Wir winden uns links über Gletscherschliffe ausholend über die Steilstufe am Klamml abwärts und erreichen unterhalb über einen flacheren Geröllhang den Fahrweg zur Materialseilbahn. Diesem folgend knapp 3 Kilometer talaus bis zur Trisslalm (1584 m, Jausenstation). Von dort geht es rechter Hand über die Trogstufe nochmals kräftig bergauf. Wir gelangen in die Nähe der Wildkar-Hochalm (1970 m) und schwenken nordwärts in den Leitenkammersteig ein, der in leichtem Auf und Ab zur Breiten Scharte (1925 m) führt. Während die Hauptroute weiter den Gerlospass ansteuert, halten wir uns rechts und steigen via Schönangerlalm und Schönmoosalm (hier Kreuzung der Gerlosstraße) bis nach Krimml ab. Die Passstraße wird auch von Linienbussen befahren.

37 DER VENEDIGER-HÖHENWEG
Im Bannkreis der »weltalten Majestät«

mittel/schwierig | 6–7 Tage | 4800 Hm | ÖVM

AUSGANGSPUNKT
Ströden (1403 m) im hinteren Virgental; Bus von Matrei/Lienz

ENDPUNKT
Matreier Tauernhaus (1512 m) im Tauerntal; Tälertaxi von Matrei, nächste Bushaltestelle an der Felbertauernstraße

HÜTTEN
Essener-Rostocker-Hütte (2207 m), DAV, Mitte Juni bis Anfang Oktober, Tel. 04877/51 01
Johannishütte (2121 m), DAV, Mitte Juni bis Anfang Oktober, Tel. 04877/51 50
Eisseehütte (2521 m), privat, Mitte Juni bis Anfang Oktober, Tel. 04877/53 23
Bonn-Matreier-Hütte (2745 m), OeAV, Mitte Juni bis Mitte Oktober, Tel. 04874/55 77
Badener Hütte (2608 m), OeAV, Ende Juni bis Mitte September, Tel. 0664/915 56 66
Neue Prager Hütte (2796 m), DAV, Mitte Juni bis Anfang Oktober, Tel. 04875/88 40
St. Pöltener Hütte (2481 m), OeAV, Ende Juni bis Ende September, Tel. 06562/62 65

GEHZEITEN
Ströden – Essener-Rostocker-Hütte 2 ½ Std. – Johannishütte 3 ½ Std. – Eisseehütte 3 ½ Std. – Bonn-Matreier-Hütte 2 ½ Std. – Badener Hütte 4 ½ Std. – Neue Prager Hütte 3 ¾ Std. – St. Pöltener Hütte 5 ½ Std. – Matreier Tauernhaus 3 Std.

ANFORDERUNGEN
Obwohl allgemein gut markiert, sind manche Übergänge wandertechnisch nicht ganz leicht. Oft hochalpines, stellenweise ausgesetztes Gelände, das besonders bei Nässe (oder wegen der Höhenlage auch Schnee!) heikel werden kann; Mitnahme von Grödel empfehlenswert. Als Knackpunkt ist die Galtenscharte zu nennen. Da die Hütten in relativ engem Abstand stehen, ist der konditionelle Anspruch moderat (manchmal zwei Abschnitte an einem Tag möglich).

KARTE
Alpenvereinskarte, 1:25 000, Blatt 36 »Venedigergruppe«

Nicht nur als Hochtourenrevier par excellence besitzt das Venedigergebiet einen hervorragenden Ruf, es gilt auch als Paradies für Höhenwanderer, speziell was seine Süd- und Ostseite anbetrifft. Hier verläuft nämlich, stets zwischen 2000 und 3000 Metern pendelnd, der Venediger-Höhenweg von einer Hütte zur nächsten. Die relativ dichte Abfolge der Stützpunkte ermöglicht ein genussvolles Unterwegssein ohne irgendwelche Mammutmärsche, für den Ausdauernden auch eine flexible Gestaltung mit Überspringen einzelner Hütten oder Mitnahme des einen oder anderen Gipfels. Gleichwohl darf keinesfalls der alpine Charakter der Tour übersehen werden. So gibt es manche ernst zu nehmende Hürde, die den Ungeübten vor erhebliche Probleme stellen kann. Berüchtigt ist besonders die Galtenscharte, aber auch Löbbentörl oder Zopetscharte sind alles andere als Spaziergänge. Da die Clarahütte am westlichen Ende nur durch eine Gletscheretappe oder einen schwer zu findenden, weglosen Übergang eingebunden werden kann, starten wir mit der Essener-Rostocker-Hütte im Maurertal, schneiden fortan die Virgener Südabdachung der Venedigergruppe Richtung Osten und drehen hinter der Bonn-Matreier-Hütte nordwärts ab. Besonders spannungsreiche Abschnitte stehen anschließend hoch über Frosnitz- und Gschlößtal bevor, wo beispielsweise am St. Pöltener Westweg das Höhenwandern in seiner schönsten Form zelebriert wird. Alpine Dauerläufer könnten die gesamte Strecke an vier strammen Tagen durchmessen; normalerweise wird man eine Woche einplanen. Eine Woche, in der uns die Gletscherszenerien der »weltalten Majestät« und ihrer Trabanten immer wieder aufs Stärkste in Bann ziehen.

Beim Aufstieg zur Badener Hütte

190

Ströden – Essener-Rostocker-Hütte Von Ströden folgen wir dem Fahrweg ins Maurertal via Stoanalm zur Materialseilbahn. Anschließend übernimmt ein Fußweg die Führung. Nach etlichen Kilometern taleinwärts wird auf 2068 Meter der Bach nach links überschritten, ehe die letzten Serpentinen zur Essener-Rostocker-Hütte (2207 m) hinaufleiten. Der Doppelname erklärt sich sofort, wenn man ihrer ansichtig wird.

Essener-Rostocker-Hütte – Johannishütte Dieser erste Hüttenübergang trägt den Namen »Schweriner Weg«. Man begibt sich zunächst im flachen Talboden des Maurer Bachs ein Stück einwärts und lässt dabei alle Abzweigungen Richtung Reggentörl und Simonykees, zur Östlichen Simonyspitze sowie zum Großen Geiger nacheinander links liegen. Derweil überschreitet die Route zwei Gletscherbäche und schwenkt nach Osten ein. Hier nun in Kehren über zunehmend blockiges Terrain hinauf zum Türmljoch (2790 m), das von der auffälligen Felsgestalt des Türmls überragt wird. Jenseits über meist nur mäßig geneigte Hänge, eine steilere Passage am Aderkamm, hinab ins hintere Dorfertal und zur Johannishütte (2121 m), deren Urbau zu den ältesten

Alpenvereinshäusern überhaupt gehört. Tipp: Wer Zeit und Lust hat, könnte einen Abstecher zum oberhalb gelegenen Defreggerhaus (2962 m) unternehmen, dem Stützpunkt für die beliebte Gletschertour auf den Großvenediger. Von der Johannishütte dauert der Aufstieg 2 ½ Stunden.

Johannishütte – Eisseehütte In östlicher und südöstlicher Richtung über eine Geländerippe hinweg ins weite Zopetkar, wo der Aufstieg bald über erdigen Grus und Blockschutt bis in die Zopetscharte (2958 m) leitet. Vom höchsten Punkt des Venediger-Höhenweges hat man eine wundervolle Aussicht sowohl zur Eichhamgruppe als auch auf die Berge über dem Dorfertal. Das ostseitige Bergab ist zum Teil steiler, doch windet sich der Steig links haltend geschickt bis auf die Böden im Kleinitztal hinab. Auf einer Brücke über den verästelten Timmelbach und jenseits nach rechts um einen Geländerücken herum zur privat geführten Eisseehütte (2521 m).
Variante: Gern wird auch die nach einer Lawinenzerstörung komplett neu aufgebaute Sajathütte (2600 m) ins Programm einbezogen. Aus dem Zopetkar rechts querend und steil über die Sajatscharte hinweg zum »Schloss in den Bergen«, wie die Sajathütte auch genannt wird. Anschließend auf dem Prägratener Höhenweg ins Timmeltal hinein und weiter zur Eisseehütte.

Oben:
Steil ist der Abstieg
von der Zopetscharte
Richtung Eisseehütte.

Üppige Bergmähder
hoch über dem
Virgental

Eisseehütte – Bonn-Matreier-Hütte Ein herrlicher Panoramaweg hoch über dem Virgental mit ständigem Blick auf den Lasörlingkamm gegenüber, später auch auf die Schober- und Glocknergruppe. Unsere Trasse verliert im Zuge ihrer Querung durch die Hänge östlich über dem Timmeltal zuerst etwas an Höhe, steigt dann allmählich wieder an und schwenkt um den Ausläufer der Wunwand herum von Süd Richtung Ost ein. Hier nun mit atemberaubenden Tiefblicken in die Sohle des Virgentals quer durch den oberen Teil der üppig begrünten Wallhorner Mähder und anschließend deutlich ansteigend über zwei Rippen hinweg. Die zweite trägt den Namen »Eselsrücken«. Durch das Kar des Sandboden zu einem weiteren Eck und schließlich noch ein kleines Stück aufwärts zur Bonn-Matreier-Hütte (2745 m) auf der Hohen Ader. Nebenan befindet sich eine Felsenkapelle.

Bonn-Matreier-Hütte – Badener Hütte Dieser Übergang birgt gewöhnlich die Schlüsselstelle der Tour: den steinschlaggefährdeten und vor allem bei Vereisung sehr heiklen Abstieg von der Galtenscharte. Erstes kleines Hindernis ist jedoch das enge Kälberschartl (2791 m) in der vom Rauhkopf abstreichenden Gratrippe. Nach dem Durchschlupf folgen das nächste Kar und die Schrofenpassagen zur Galtenscharte (2882 m). Kritisch ist nun der nordseitige Abstieg, der trotz Sicherungen etwas Mut und Entschlossenheit verlangt. Rechts haltend über morsches Steilgelände

Die wilde Eichhamgruppe von der Galtenscharte aus gesehen

bis auf ein Schutt- oder Schneefeld, dann noch in vielen Kehren tiefer, bis der unerquickliche Hang nach insgesamt über 500 Höhenmeter auf den kargen Böden von Mailfrosnitz ausläuft. Endlich kann der eindrückliche Bergkessel auf der Ostseite der Eichhamgruppe in Muße bewundert werden. Nun in längerer Hangtraverse über dem inneren Frosnitztal weit nach Norden, wobei wir bis zur Verflachung der Achsel (2225 m) noch etwas an Höhe einbüßen. Danach gemeinsam mit dem Hüttenweg von Gruben über die beiden Keesbäche und an dem Moränenrücken ein ordentliches Stück bergauf zur Badener Hütte (2608 m), einem wegen seiner abgeschiedenen Lage relativ wenig frequentierten Stützpunkt.

Badener Hütte – Neue Prager Hütte Der Tag beginnt mit einer Querung nach Norden, teilweise zwischen Felsabbrüchen hindurch und schließlich über einen Hang hinauf ins Löbbentörl (2770 m). Dies ist ein absoluter Glanzpunkt der Tour, denn wie mit einem Paukenschlag öffnet sich dort die Arena des Schlatenkeeses mit ihren wilden Brüchen und der leuchtenden Krone des Großvenedigers. Wer den Anblick besonders auskosten möchte, steigt noch kurz zum Inneren Knorrkogel (2884 m) empor. Anschließend auf der Nordwestseite des Törls über manchmal schneebedeckte Blockschutthänge auf die große Moräne hinab und bis zu einer Verzweigung. Während der Hauptweg via Salzbodensee ins Gschlößtal abtaucht, steigen wir links auf den so genannten Unteren Keesboden ab. Entlang der Stangenbezeichnung zum gegenüberliegenden Ufer und dort wieder aufwärts zur Alten Prager Hütte (2489 m), die in letzter Zeit als Stützpunkt nicht mehr zugänglich war. Ohnehin lohnt sich die weitere Stunde Aufstieg zur viel besuchten Neuen Prager Hütte (2796 m), die den Venediger-Ostanstieg via Schlatenkees bedient.

Neue Prager Hütte – St. Pöltener Hütte
Heute gelangen wir über den aussichtsreichen St. Pöltener Westweg bis zum Felbertauern, wo die Venedigergruppe an die Granatspitzgruppe grenzt. Zunächst zur Alten Prager Hütte zurück, dann auf dem Hangweg um

> **GIPFEL AM WEG**
>
> **Rostocker Eck** (2749 m): 1 1/2 Std. von der Essener-Rostocker-Hütte
> **Weißspitze** (3300 m): 2 1/2 Std. von der Eisseehütte
> **Sailkopf** (3209 m): 1 1/2 Std. von der Bonn-Matreier-Hütte
> **Innerer Knorrkogel** (2884 m): 20 Min. vom Lobbentörl
> **Tauernkogel** (2988 m): 1 1/2 Std. von der St. Pöltener Hütte
> **Messelingkogel** (2694 m): 25 Min. von der Messelingscharte

*Linke Seite:
Im Mailfrosnitz, nach dem anspruchsvollen Abstieg von der Galtenscharte*

Überwältigendes Venediger-Panorama am Inneren Knorrkogel, wenige Meter über dem Löbbentörl

den Vorderen Kesselkopf herum und von den Gamsleiten mit einigen Serpentinen in den Viltragentrog hinab. Hier über den Viltragenbach und auf der anderen Seite kurz einwärts, bis im Gletschervorfeld der Weg nach rechts wieder deutlich zu steigen beginnt. Wir gewinnen damit die nördliche Trogschulter und begeben uns fortan streng Richtung Osten. Die Abzweigung des Fürther Weges links liegen lassend geht es annähernd horizontal durch die Hänge zum Wegekreuz am Zeigerpalfen (2506 m). In ganz ähnlicher Weise weiter über die malerische Höhenterrasse, meist in blockdurchsetzten Matten, um den Südgrat des Roten Kogels herum ins Keesbolach. Dies ist die erste von zwei ausgeprägten Karbuchten, die nun folgen – Nummer zwei nach einer kurzzeitig steilen Abstiegspassage trägt den Namen »Dichtenkar«. Nachdem auch dieses ausgegangen ist, streben wir dem Einschnitt des Felbertauern entgegen. Zuletzt im Gegenanstieg zur St. Pöltener Hütte (2481 m), bei der nichts stört außer einer riesigen Starkstromleitung über dem Dach.

St. Pöltener Hütte – Matreier Tauernhaus

Entlang dem Tauernbach könnten wir bereits in zwei Stunden ins Tal absteigen, doch wird sich ein kleiner Umweg über den ersten Teil des St. Pöltener Ostweges auf jeden Fall lohnen. Daher wird zuerst der Weinbichl überschritten und vom Alten Tauern (2493 m) südwärts in die Hänge hineingequert. Sacht ansteigend gelangt man zur Messelingscharte (2563 m) und erblickt jenseits den Grausee in der obersten Wanne der dreistufigen, seengeschmückten Kartreppe. Die beiden folgenden Geländeschwellen bringen uns zum Schwarz- und Grünsee, wobei sich die tatsächliche Farbgebung eher nach dem momentanen Erscheinungsbild des Himmels richtet. Am Grünsee verlassen wir den St. Pöltener Ostweg (der noch sehr weit und später auch anspruchsvoll bis zur Rudolfshütte führt) und steigen immer auf der rechten Bachseite abwärts; die kleine Grünseehütte (2235 m) bleibt links. Schließlich an der aufgelassenen Liftstation »Venedigerblick« vorbei und in etlichen Kehren über den steilen Waldhang bis zum Matreier Tauernhaus (1512 m).

Bei der Alten Prager Hütte wird man vollkommen vom Schlatenkees in Bann gezogen.

38 DER LASÖRLING-HÖHENWEG
Stille Kleinode über dem Virgental

leicht/mittel | 5 Tage | 3200 Hm | ÖVM

AUSGANGSPUNKT
Matrei in Osttirol (976 m); Busverbindung Lienz – Kitzbühel

ENDPUNKT
Ströden (1403 m) im hinteren Virgental; Busverbindung mit Matrei/Lienz

HÜTTEN
Zunigalm (1855 m), privat, Mitte Juni bis Mitte Oktober, Tel. 0664/905 90 63
Zupalseehütte (2346 m), privat, Mitte Juni bis Mitte Oktober, Tel. 04874/52 27
Lasörlinghütte (2350 m), privat, Ende Mai bis Mitte Oktober, Tel. 0664/975 88 99
Neue Reichenberger Hütte (2586 m), OeAV, Mitte Juni bis Ende Sept., Tel. 04873/55 80
Clarahütte (2036 m), DAV, Ende Mai bis Mitte Oktober, Tel. 0664/975 88 93

GEHZEITEN
Matrei – Zunigalm 3 Std. – Zupalseehütte 5 ½ Std. – Lasörlinghütte 2 ¾ Std. – Neue Reichenberger Hütte 5 ½ Std. – Clarahütte 3 ½ Std. – Ströden 2 Std.

ANFORDERUNGEN
Unschwierige Höhenwege in überwiegend gemäßigtem Auf und Ab, nur vereinzelt steilere, ausgesetzte Passagen. Ein Grundmaß an Trittsicherheit ist obligatorisch, zudem ausreichend Kondition für bis zu 6 Std. täglich. Wegen gefährlicher Schneefelder nicht zu früh im Jahr begehen (häufig nordseitige Wege).

KARTE
Kompass, 1:50 000, Blatt 46 »Matrei – Kals«; freytag & berndt, 1:50 000, Blatt 123 »Matrei – Defereggen – Virgental«

Der Lasörling-Höhenweg auf der Südseite des Osttiroler Virgentals ist das weniger spektakuläre, aber in weitesten Bereichen auch besonders stille Pendant zum Venediger-Höhenweg gegenüber. Man durchstreift hier einsame Bergwinkel, die noch vor nicht allzu langer Zeit fast nur von einheimischen Almbauern aufgesucht wurden. Erst als durch private Initiativen eine Reihe von Hütten sowie eine durchgängig markierte Höhenwegkette entstanden sind, trat der Lasörlingkamm – in bescheidenem Maße, aber immerhin – auch ins Bewusstsein der Bergwanderer. Wer sich nicht in erster Linie von großen Namen angezogen fühlt, sondern das Flair einer malerischen Landschaft mit verträumten Almböden, lärchenbestandenen Magerwiesen sowie stein- und seenreichen Hochkaren sucht, der darf sich eingeladen fühlen. Mit dem allmählich alpiner werdenden Gelände Richtung Westen erfährt die Tour eine gewisse Steigerung, und einige Passagen, zwischen Prägrater Törl und Roter Lenke etwa, verlangen durchaus erhöhte Achtsamkeit. Als größter Trumpf des Lasörling-Höhenweges dürfen aber die immer wiederkehrenden Prachtblicke auf die hohen Gletscherberge jenseits des Virgentals gewertet werden. Übrigens lässt sich vom Endpunkt in Ströden nahtlos der Venediger-Höhenweg (Tour 37) anhängen, womit sich eine ganz große Runde um das Virgental ergibt.

Abgrundtief erscheint der Einschnitt des Dabertals; im Hintergrund leuchtet die Rötspitze.

Matrei – Zunigalm Aus dem Matreier Talkessel über die Weiler Bichl und Ganz zum eigentlichen Hüttenaufstieg Richtung Zunigalm. Wer die Gelegenheit hat, bis zum Parkplatz Guggenberg mit dem Auto zu fahren (evtl. Taxi), spart etwa eine Stunde. Nun auf einer Alm- und Forststraße in zahlreichen Serpentinen am bewaldeten Berghang empor. An der Waldgrenze erwartet uns die Zunigalm (1855 m) mit herrlichem Blick über die Matreier und Virgener Berge.

Zunigalm – Zupalseehütte Nach Überschreiten des Zunigbaches im Auf und Ab um den vom Großen Zunig herabziehenden Nordrücken herum zur Arnitzalm (1848 m), die reizvoller und nur wenig länger auch über den idyllischen Zunigsee und die aussichtsreiche Kanzel des Ganitzle erreicht werden kann. In der Folge setzt sich das Spiel mit

Die Durchquerung des Lasörlingkamms verspricht herrliche Eindrücke aus der Virgener Bergwelt.

Frühlings-Küchenschelle

Am Lackensee

Zupalseehütte – Lasörlinghütte

Die erste Querung führt zum Kammausläufer der Grifte, hinter dem sich das ausgedehnte, mit seinen Rinnsalen und kleinen Seeaugen, den Felsblöcken und Graspolstern sehr malerische Steinkaas öffnet. Es wird in seiner ganzen Breite durchschritten, ehe man zur Merschenhöhe (2499 m) ein Stück ansteigen muss. Dahinter schließt sich eine nordseitige Querung bis zu einem Sattel an, von dem es schließlich abwärts geht zur achteckigen Lasörlinghütte (2350 m) am Rande des Glaurit. In diesem steinigen Hochkar wurde früher einmal nach Bodenschätzen geschürft.

den bachdurchflossenen Geländeeinschnitten und den trennenden Bergrücken noch einige Male fort. So gelangt man, nachdem das Reiteregg passiert ist, zur Stefferalm, überschreitet dort den Mitteldorfer Bach und quert zum nächsten Rücken. Hier nun ein Stück aufwärts, ehe man sich rechts an der von Lärchen umgebenen Mulde des Lackensees vorbei ins Kar der Fratnigalm begibt. Jenseits des obligatorischen Bachlaufs quer durch die Flanke hinaus zu einer Anhöhe oberhalb der Wetterkreuzhütte. Um den nächsten Rücken herum schließlich in den Zupalkessel hinein, wo unser Stützpunkt, die Zupalseehütte (2346 m), erreicht wird. Der Name verspricht schon, was in der Nähe Freude bereitet.

Lasörlinghütte – Neue Reichenberger Hütte

Heute haben wir das längste Stück des Lasörling-Höhenweges vor uns, bei dem es mehrmals auf und ab geht, und zwar etwas kräftiger als es bisher der Fall war. Zu Beginn wandern wir ins blockreiche Glaurit hinein, das vom doppelgipfligen Lasörling (3098 m) beherrscht wird. Eine Besteigung dieses Hauptgipfels ist für höhentaugliche Wanderer natürlich eine grandiose Sache, wofür sich aber eher der Vortag mit seiner wesentlichen kürzeren Etappe empfiehlt. Heute lassen wir die Gipfelroute im hinteren Teil des Glaurit rechts abziehen und steigen über einen Steilhang zum Prägrater Törl (2846 m) an. Jenseits folgt ein Zwischenabstieg, ehe um ein Geländeeck herum das nächste Bergauf

Zupalseehütte

Matrei – Zunigalm Aus dem Matreier Talkessel über die Weiler Bichl und Ganz zum eigentlichen Hüttenaufstieg Richtung Zunigalm. Wer die Gelegenheit hat, bis zum Parkplatz Guggenberg mit dem Auto zu fahren (evtl. Taxi), spart etwa eine Stunde. Nun auf einer Alm- und Forststraße in zahlreichen Serpentinen am bewaldeten Berghang empor. An der Waldgrenze erwartet uns die Zunigalm (1855 m) mit herrlichem Blick über die Matreier und Virgener Berge.

Zunigalm – Zupalseehütte Nach Überschreiten des Zunigbaches im Auf und Ab um den vom Großen Zunig herabziehenden Nordrücken herum zur Arnitzalm (1848 m), die reizvoller und nur wenig länger auch über den idyllischen Zunigsee und die aussichtsreiche Kanzel des Ganitzle erreicht werden kann. In der Folge setzt sich das Spiel mit

Die Durchquerung des Lasörlingkamms verspricht herrliche Eindrücke aus der Virgener Bergwelt.

Frühlings-Küchenschelle

Am Lackensee

Zupalseehütte – Lasörlinghütte Die erste Querung führt zum Kammausläufer der Grifte, hinter dem sich das ausgedehnte, mit seinen Rinnsalen und kleinen Seeaugen, den Felsblöcken und Graspolstern sehr malerische Steinkaas öffnet. Es wird in seiner ganzen Breite durchschritten, ehe man zur Merschenhöhe (2499 m) ein Stück ansteigen muss. Dahinter schließt sich eine nordseitige Querung bis zu einem Sattel an, von dem es schließlich abwärts geht zur achteckigen Lasörlinghütte (2350 m) am Rande des Glaurit. In diesem steinigen Hochkar wurde früher einmal nach Bodenschätzen geschürft.

den bachdurchflossenen Geländeeinschnitten und den trennenden Bergrücken noch einige Male fort. So gelangt man, nachdem das Reiteregg passiert ist, zur Stefferalm, überschreitet dort den Mitteldorfer Bach und quert zum nächsten Rücken. Hier nun ein Stück aufwärts, ehe man sich rechts an der von Lärchen umgebenen Mulde des Lackensees vorbei ins Kar der Fratnigalm begibt. Jenseits des obligatorischen Bachlaufs quer durch die Flanke hinaus zu einer Anhöhe oberhalb der Wetterkreuzhütte. Um den nächsten Rücken herum schließlich in den Zupalkessel hinein, wo unser Stützpunkt, die Zupalseehütte (2346 m), erreicht wird. Der Name verspricht schon, was in der Nähe Freude bereitet.

Lasörlinghütte – Neue Reichenberger Hütte Heute haben wir das längste Stück des Lasörling-Höhenweges vor uns, bei dem es mehrmals auf und ab geht, und zwar etwas kräftiger als es bisher der Fall war. Zu Beginn wandern wir ins blockreiche Glaurit hinein, das vom doppelgipfligen Lasörling (3098 m) beherrscht wird. Eine Besteigung dieses Hauptgipfels ist für höhentaugliche Wanderer natürlich eine grandiose Sache, wofür sich aber eher der Vortag mit seiner wesentlichen kürzeren Etappe empfiehlt. Heute lassen wir die Gipfelroute im hinteren Teil des Glaurit rechts abziehen und steigen über einen Steilhang zum Prägrater Törl (2846 m) an. Jenseits folgt ein Zwischenabstieg, ehe um ein Geländeeck herum das nächste Bergauf

Zupalseehütte

Der Bödensee bei der Reichenberger Hütte; dahinter die Gösleswand

wartet. Schräg durch die recht abschüssige Flanke empor bis in die Scharte bei P. 2753 im Nordgrat des Stampfleskopfes. Drüben steil hinab zum Kleinbachboden, wo Wege über die Michltalscharte sowie aus dem Kleinbachtal dazustoßen, und in einem letzten anhänglichen Gegenanstieg zur Roten Lenke (2794 m). Dahinter verhältnismäßig sanft abwärts zum stattlichen Bödensee, auf dessen breitem Geländeriegel die Neue Reichenberger Hütte (2586 m) steht.

Neue Reichenberger Hütte – Ströden

Wir folgen dem Rudolf-Tham-Weg über sanft gewellte Böden westwärts Richtung Daberlenke (2631 m), zur Linken stets begleitet vom Panargenkamm. Jenseits des Sattels sinkt der Weg ins Dabertal ab, das bald schon immer tiefer eingekerbt ist: ein mustergültiges V-Tal mit typischen Lawinenstrichen, in denen bis in den Sommer hinein Altschneefelder zu finden sind. Unser Weg hält sich an der rechten Seite ein gutes Stück oberhalb des vom Daberbach eingeschnittenen Grabens und führt durch erdiges Geschröf, schließlich in einigen Kehren hinab zur jungen Isel. Jenseits der Brücke trifft man auf den Hüttenweg zur Clarahütte (2036 m), die rund 20 Minuten taleinwärts steht. Hier kann man natürlich nochmals übernachten, doch wird in der Regel genügend Zeit zur Verfügung stehen, um noch am gleichen Tag durchs Umbaltal Richtung Ströden abzusteigen. Der Weg führt zunächst links, später dann rechts der Isel entlang und passiert als abschließendes Highlight die Umbalfälle (Wasserschaupfad). Unterhalb gelangt man zur Pebell- und Islitzer Alm (1513 m) und folgt dem breiten Fahrweg talauswärts bis zum Parkplatz Ströden.

GIPFEL AM WEG

Großer Zunig (2776 m): 3 Std. von der Zunigalm
Zupalkogel (Griften, 2720 m): 1 Std. von der Zupalseehütte; schöne Rundtour via Legerle
Lasörling (3098 m): 2 ½ Std. von der Lasörlinghütte
Gösleswand (2912 m): 20 Min. von der Roten Lenke

39 RUND UM DEN GROSSGLOCKNER
Das »Top of Austria« von allen Seiten

mittel/schwierig 7 Tage 6900 Hm ÖVM

AUSGANGSPUNKT
Fusch an der Großglocknerstraße (818 m); Bus von Zell am See

ENDPUNKT
Ferleiten (1151 m), bei der Mautstelle der Großglockner-Hochalpenstraße; ebenfalls Busverbindung

HÜTTEN
Gleiwitzer Hütte (2174 m), DAV, Mitte Juni bis Anfang Oktober, Tel. 0676/478 34 20
Heinrich-Schwaiger-Haus (2802 m), DAV, Anfang Juli bis Ende Sept., Tel. 06547/86 62
Berghotel Rudolfshütte (2311 m), privat, Mitte Juni bis Ende Sept., Tel. 06563/82 21
Kalser Tauernhaus (1754 m), DAV, Ende Mai bis Mitte Oktober, Tel. 0664/985 70 90
Stüdlhütte (2802 m), DAV, Ende Juni bis Anfang Oktober, Tel. 04876/82 09
Salmhütte (2638 m), OeAV, Mitte Juni bis Ende September, Tel. 04824/20 89
Glocknerhaus (2132 m), OeAV, Anfang Mai bis Ende Oktober, Tel. 04824/246 66

GEHZEITEN
Fusch – Gleiwitzer Hütte 3 ¾ Std. – Heinrich-Schwaiger-Haus 7 Std. – Rudolfshütte 6 ¼ Std. – Kalser Tauernhaus 4 ¼ Std. – Stüdlhütte 5 Std. – Salmhütte 2 ½ Std. – Glocknerhaus 2 ¾ Std. – Ferleiten 6 Std.

ANFORDERUNGEN
Auf längeren Teilstrecken raue Alpinwege, die eine entsprechende Trittsicherheit bedingen. Brüchige Bratschen, Blockschutt und steile Schneefelder gehören zum Repertoire, mitunter auch heikle Bachquerungen. Am schwierigsten ist die Überschreitung des Kempsenkopfes auf der 2. Etappe. Tagesleistungen von bis zu 7 Std. und das stattliche Gesamtpensum von 7000 Hm erfordern gute Kondition.

KARTE
Alpenvereinskarte, 1:25 000, Blatt 40 »Großglocknergruppe«; freytag & berndt, 1:50 000, Blatt 122 »Großglockner – Kaprun Zell am See«

Dass eine Wanderrunde um den höchsten Berg Österreichs nicht zu den »Klassikern«, sondern zu den allerjüngsten Trekkingkreationen gehört, mag vielleicht verwundern. Doch ein Konzept nach dem Vorbild einer Tour du Mont Blanc oder ähnlichen Knüllern wurde erst vor wenigen Jahren entwickelt. Diese offizielle Glocknerrunde soll hier an diversen Stellen abgewandelt werden, um daraus tatsächlich ein reines Hüttentrekking ohne Zwischenabstiege in die Talorte machen zu können. Die Anforderungen erhöhen sich dabei ein wenig, namentlich beim Übergang von der Gleiwitzer Hütte Richtung Mooserboden. Ohnehin handelt es sich aber um eine Tour für gestandene Alpinwanderer, zumal uns schon das Relief ein ausgiebiges Bergauf/Bergab aufzwingt, dabei immer wieder mit kleineren geländebedingten Hürden aufwartend. Das Kontrasterlebnis zwischen nationalparktauglicher, wilder Natur auf der einen sowie Eingriffen für Energiewirtschaft und Massentourismus auf der anderen Seite ist geradezu bezeichnend für unsere heutige Alpenwelt, als wolle sich all dies unter dem Dach Österreichs gebündelt darstellen. Sofern das mitunter immer wieder launische Wetter direkt am Alpenhauptkamm mitspielt, bekommen wir den Glockner samt seinen Trabanten auf einem beinahe geschlossenen Kreis aus verschiedensten Blickwinkeln zu Gesicht – das allein wäre Faszination genug.

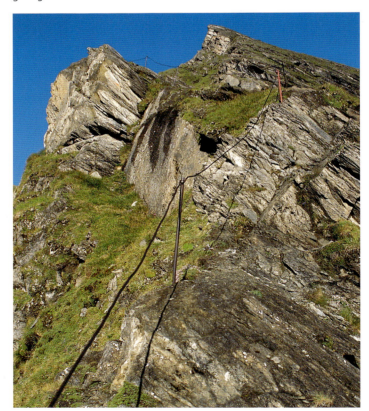

Ausgesetzt geht es am Spitzbrettgrat hinauf.

Fusch – Gleiwitzer Hütte Gleich südlich der Hirzbachbrücke in Fusch beginnt der Hüttenaufstieg. Zunächst überwiegend im Wald empor, nach gut zwei Stunden die Bachseite wechselnd und in das freie Gelände der Hirzbachalm (1715 m) am Rande eines großen sumpfigen Bodens. Jetzt im Bogen über eine Reihe von Seitenbächen hinweg und schließlich noch in zahlreichen engen Serpentinen zur Gleiwitzer Hütte (2174 m) empor.

Gleiwitzer Hütte – Heinrich-Schwaiger-Haus Mit diesem Übergang durch abschüssiges Bratschengelände steht bereits die anspruchsvollste Etappe bevor. Wir folgen der Hangterrasse südwärts und begeben uns im seichten Ochsenkar aufwärts. Erste Schlüsselstelle ist der gesicherte Steilanstieg durch eine plattig erdige Rinne in die Untere Jägerscharte (2470 m). Sehr luftig und weiterhin gesichert setzt sich der Aufstieg rechts am Spitzbrettgrat fort. Nach einiger Zeit verlässt man die Schneide und quert schräg links durch die Steilflanke in die Obere Jägerscharte (2752 m). Typische Kalkglimmerschiefer, die so genannten Bratschen, prägen die Umgebung. Ein Musterbeispiel dafür liefert die beeindruckende Nordwand des Hohen Tenn, einst ein ansehnlicher Firnschild, heute ein Bruchhaufen par excellence. Auch unser Gratrücken hinauf zum Kempsenkopf (3090 m) besteht aus jenen Bratschen, die je nach Verhältnissen ihre besonderen Tücken haben. Kletterei wird hier zwar kaum verlangt, perfekte Trittsicherheit ist jedoch allemal gefragt. Vom Gipfel des Kempsenkopfes, eigentlich mehr eine ausgeprägte Bergschulter des Tenngrates, geht es jenseits in die ebenfalls sehr steile Südwestflanke hinab. Zuerst diagonal absteigend, dann in Serpentinen über zunehmend begrüntes Gelände bis auf die Kanzel von Hauseben hoch über dem Stausee Wasserfallboden. Hier wieder scharf nach Süden, in weiterem Bergab quer durch die Hänge über Karl- und Wielingerbach hinweg und fast horizontal bis kurz vor die Staumauer des Speichers Mooserboden. Die abschließenden 700 Höhenmeter Gegenanstieg hinauf zum Heinrich-Schwaiger-Haus (2802 m) sollten uns nicht verdrießen. In Vorfreude auf den grandiosen Hüttenstandort wird man die über 30 Kehren am Steilhang des Fochezkopfes auch noch mit Bravour hinter sich bringen.

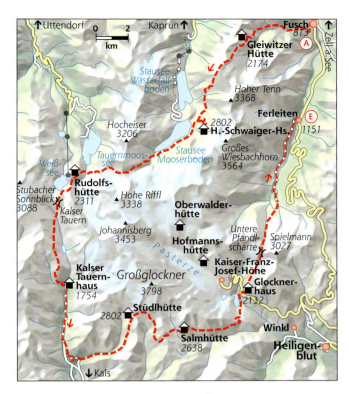

Variante: Alternativ wäre auch eine Übernachtung in der Fürthermoaralm (1805 m) möglich. Dazu muss die Dammkrone am Mooserboden überschritten und von der Heidnischen Kirche ein Stück im Bereich der Zufahrtsstraße abgestiegen werden.

Heinrich-Schwaiger-Haus – Rudolfshütte Zunächst einmal müssen wir die besagten 700 Höhenmeter wieder preisgeben, wobei die Erkenntnis reift, dass der kehrenreiche Hüttenweg im Bergab wesentlich weniger mühsam zu bewältigen ist. Nachdem wir wieder zum Stausee Mooserboden abgestiegen sind, bleiben wir an dessen diesseitigem Ufer und passieren das ganze Staubecken bis zu seinem Ende. Dabei können einige Bachquerungen Schwierigkeiten bereiten, falls die Brücken weggerissen sind (eventuell an Seilen hangelnd durchs kühle Nass). Vom Boden hinter dem See über einen weiteren Gletscherbach auf die rechte Seite der Wintergasse und dort allmählich blockreich hinauf ins Kapruner Törl (2639 m). Jenseits über einen Steilhang ins Trümmerkar unter dem Törlkees hinab und über eine weitere Geländetrogstufe zum Südende des Tauern-

Am Stausee Mooserboden mit Blick zum Karlingerkees

moossees. Hier wird der Zufluss vom Ödenwinkelkees überschritten, ehe der Gegenanstieg über die Steinerne Stiege (oder rechts über den Hinteren Schafbichl ausweichend) zum gewaltigen Bau der jüngst privatisierten Rudolfshütte (2311 m) führt. An ihrem Fuß liegt der aufgestaute Weißsee.

Rudolfshütte – Kalser Tauernhaus Wir gehen am Weißsee entlang über ein Wehr und nehmen die Abzweigung südwärts zum Kalser Tauern (2513 m), dem Übergang auf die Südseite des Alpenhauptkammes. Dort etwa 300 Höhenmeter bergab, bis sich der Weg beim so genannten Erdigen Eck gabelt. Die direkte Route führt jetzt durchs Dorfer Tal auswärts (siehe Variante). Interessanter ist jedoch der Silesia-Höhenweg auf der rechten Talseite. Mit ihm durchs Bärenloch auf eine herrliche Hangterrasse hinauf, wo die Route in südlicher Richtung leicht ansteigend über den Seewänden entlangläuft. Gegenüber zeigt sich die zentrale Glocknergruppe im Gletscherkleid. Auf dem Geländerücken (P. 2512) am Spinnevitrol angekommen, verzweigt sich die Trasse. Während die Fortsetzung des Silesia-Höhenweges eine Verbindung zur Sudetendeutschen Hütte am Muntanitz herstellt, begeben wir uns über den Spinnevitrol-Rücken auf die Böden der Hinteren Ochsenalm und noch vor dem Stotzbach nach links über den steilen Troghang hinab ins Dorfer Tal. Jenseits des Seebachs empfängt uns das Kalser Tauernhaus (1754 m).
Variante: Die einfachere und kürzere Verbindung bleibt im Grund des Dorfer Tals, passiert allmählich absteigend den Dorfer See und trifft nach gut drei Stunden Gehzeit ab Rudolfshütte beim Kalser Tauernhaus ein.

Kalser Tauernhaus – Stüdlhütte Es geht weiter durchs Dorfer Tal hinaus, bis nach gut drei Kilometern bei den Wiesen der Mairebenalm (1628 m) links ein Steig abzweigt. Er führt in die Steilhänge über der Daberklamm und findet Anschluss an eine Fahrstraße. Am Gasthaus Mairalm (1793 m) vorbei folgen wir dieser einige Windungen bergab und zweigen hinter der Brücke über den Teischnitzbach auf den Weg zur Stüdlhütte ab. Rechts über dem Teischnitztal aufwärts, später unter der Langen Wand entlang und noch weit empor bis zur Fanatscharte, dem Standort der vor eini-

gen Jahren komplett sanierten Stüdlhütte (2802 m) am Kalser Anstieg zum Großglockner. Näher als hier kommen wir dem Tauernfürsten sonst nirgends.

Beim Aufstieg zum Heinrich-Schwaiger-Haus

Stüdlhütte – Salmhütte Zu Beginn können wir den Schuttsteig benutzen, der durchs Gletschervorfeld des Ködnitzkeeses leitet und über den Sandriegel absteigt, um anschließend zwei Felssporne zu umgehen. Genau dort mündet von rechts der Johann-Stüdl-Weg ein, der besser zu begehen ist, aber vorher etwas mehr Höhenverlust in Kauf zu nehmen hat. Hinter dem zweiten Sporn links steil zur Pfortscharte (2827 m) hinauf. Auch die Ostseite ist anfangs relativ steil, läuft aber um ein Eck herum nach links bald auf die sanften Böden des Naßfeldes aus. Durch das Hohenwartkar wird der Großglockner abermals sichtbar, während wir über einige Bachläufe gemütlich zur Salmhütte (2638 m) hinüberschlendern.

Heikel: Bachüberquerung unterm Kapruner Törl

Die Tauernlandschaft ist stets wasserreich, wie hier beim Aufstieg zum Kapruner Törl.

Salmhütte – Glocknerhaus Diese Etappe kann normalerweise gut mit der vorherigen an einem Tag absolviert werden, womit die kleine, etwas beengte Salmhütte nur als Zwischenstation genutzt wird. Längs dem Wiener Höhenweg schneiden wir die begrünten, teilweise recht steilen Hänge auf der Südseite des Schwerteck-Kammes über dem Leitertal, verlieren dabei langsam etwas an Höhe und müssen schließlich zum Überstieg am Ostgrat des Mittleren Leiterkopfes wieder ein Stück ansteigen. Die eigentliche Stockerscharte (2443 m), nach der dieser Übergang oft benannt wird, bleibt rechts unterhalb. Nordseitig über steilere Schrofen bergab, halten wir uns bei der zweiten Kehre rechts und steigen weiter zum Margaritzen-Stausee ab. Rechts am Ufer entlang und im Gegenanstieg zum Glocknerhaus (2132 m), das direkt an der viel befahrenen Hochalpenstraße liegt, genauer gesagt an der Stichstraße zur berühmten Franz-Josefs-Höhe. Abends dürfte auch dort Ruhe einkehren.

Glocknerhaus – Ferleiten Mit schönen Blicken auf die Heiligenbluter Paradeseite des Großglockners mit der Pasterze steigen wir nordostwärts über die weiten Hänge der Trögeralm an. Weiter oben auf einen Moränenrücken und über die Reste des Südlichen Pfandlschartenkeeses querend in die Untere Pfandlscharte (2665 m). Jenseits zieht ein schmales, schneegefülltes Kar abwärts. Wir folgen dem Einschnitt weit hinab, später auf der rechten Seite des Pfandlbachs, von dem wir uns im Mattengelände allmählich entfernen. Über den Unteren Pfandlboden gelangt man zur Trauneralm (1520 m). Weiter auf einem Almfahrweg mit einigen Kehren zur Fuscher Ache hinab und auf der anderen Bachseite noch etwa vier Kilometer talauswärts bis nach Ferleiten. Hier befindet sich die Mautstation der Großglockner-Hochalpenstraße und die Bushaltestelle für einen Transfer zurück nach Fusch.

Die Salmhütte am Großglockner

> **GIPFEL AM WEG**
>
> **Hoher Tenn** (3368 m): 1 ½ Std. vom Kempsenkopf (anspruchsvoll!)
> **Medelzkopf** (2761 m): 45 Min. vom Kalser Tauern
> **Spielmann** (3027 m): 1 Std. von der Unteren Pfandlscharte

Als höchster Berg Österreichs übt der Glockner eine ungeheure Faszination aus; hier die Ostansicht.

40 HÖHENWEGE DURCH DIE SCHOBERGRUPPE
Landschaftsjuwele im Schatten des Glockners

mittel/schwierig 5–6 Tage 4800 Hm ÖVM

AUSGANGSPUNKT
Lesach (1319 m) im Kalser Tal; Busverbindung von Lienz

ENDPUNKT
Siehe Ausgangspunkt

HÜTTEN
Lesachalmhütte (1818 m), privat, Mitte Juni bis Ende September, Tel. 0664/975 99 96
Elberfelder Hütte (2348 m), DAV, Anfang Juli bis Mitte September, Tel. 04824/25 45
Adolf-Noßberger-Hütte (2488 m), OeAV, Anfang Juli bis Ende Sept., Tel. 0664/984 18 35
Wangenitzseehütte (2508 m), Nederlandse Bergsportvereniging (NBV), Ende Juni bis Ende September, Tel. 04826/229
Lienzer Hütte (1974 m), OeAV, Anfang Juni bis Anfang Oktober, Tel. 04852/699 66
Hochschoberhütte (2322 m), OeAV, Mitte Juni bis Ende Sept., Tel. 0664/915 77 22

GEHZEITEN
Lesach – Lesachalmhütte 1 ½ Std. – Elberfelder Hütte 6 Std. – Adolf-Noßberger-Hütte 4 Std. – Wangenitzseehütte 3 ½ Std. – Lienzer Hütte 2 Std. – Hochschoberhütte 3 ½ Std. – Lesach 5 ½ Std.

ANFORDERUNGEN
Fast alle Etappen führen über hochalpine Scharten mit abschüssigem Gelände (vereinzelte Sicherungen); häufig auch mühsames Blockwerk und evtl. Schnee oder Eisreste. Solide Erfahrung in solchem Terrain mit entsprechend sehr guter Trittsicherheit unerlässlich; unbedingt Steigeisen mitnehmen. Konditionell meist noch im üblichen Rahmen, bei Zusammenfassung zweier Abschnitte auch mal anspruchsvoller.

KARTE
Alpenvereinskarte, 1:25 000, Blatt 41 »Schobergruppe«

Südlich des Großglockners fristet die Schobergruppe seit jeher ein Schattendasein. Dabei wurde sie schon als »Westalpen des kleinen Mannes« und »Edelstein im Mosaik der Alpen« bezeichnet – Titulierungen, die allemal Respekt zollen und eine Ahnung von der großartigen Ursprünglichkeit dieser südlichen Tauernvorlage im Grenzgebiet zwischen Osttirol und Kärnten vermitteln. Der Schobergruppe ist ein sehr raues, herbes Gepräge zu Eigen. Dafür sorgen nicht nur die schroffen, dunklen Felsgipfel (über 50 Dreitausender stehen in diesem Revier, und zwar durchwegs wilde Gesellen), sondern auch die vielen blockgefüllten Kare dazwischen, in denen hier und da sogar noch ein Gletscherrest übrig geblieben ist. Als absolut bemerkenswert darf der Seenreichtum bezeichnet werden – wer würde sich einmal die Mühe machen, all diese kleinen Juwele, denen man auf dieser Tour begegnet, zu zählen? Ausgiebig erkunden lässt sich die Schobergruppe auf ihrem dichten Netz von Höhenwegen, die freilich keine Promenaden sind. Unsere große Rundtour geht vom Kalser Tal aus und durchquert die eindrucksvollsten Bereiche sowohl auf Osttiroler als auch auf Kärntner Seite. Falls weniger Zeit zur Verfügung steht, kann der eine oder andere Schlenker abgeschnitten werden. So ließe sich etwa von der Noßberger-Hütte direkt zur Lienzer Hütte wechseln oder von dort über das Gartl unter Auslassung der Hochschoberhütte zur Lesachalm. Natürlich ist der Erlebniswert umso größer, je mehr Geheimnisse man der Schobergruppe aus ihren versteckten Winkeln zu entlocken vermag.

Schartensee an der Niederen Gradenscharte

Lesach – Lesachalmhütte Für den Hüttenaufstieg stehen zum Auftakt zwei Möglichkeiten zur Verfügung: entweder direkt durch den Einschnitt des Lesachbachs oder über den wesentlich aussichtsreicheren Fahrweg an den linksseitigen Hängen bis zur privaten

Blick ins malerische Lesachtal, wo die Tour durch die Schobergruppe beginnt und endet.

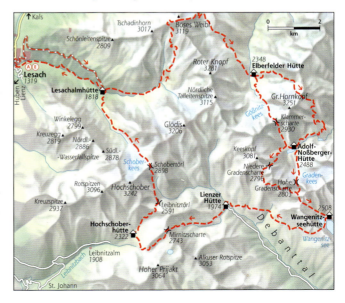

Düster wirken die Nordabstürze von Friedrichs- und Georgskopf über dem Gradental.

Lesachalmhütte (1818 m) hinauf. Im Talschluss ziehen vor allem die markanten Felsgestalten von Ganot und Glödis die Blicke auf sich.

Lesachalmhütte – Elberfelder Hütte Taleinwärts in das Gelände der Lesachalm, wo man sich allmählich links hält und in ein Hochkar aufsteigt. Die alpinen Rasen reichen weit hinauf, erst auf etwa 2700 Meter Höhe werden sie von Schutt und Blöcken abgelöst. Nach etlichen Windungen erreicht der Steig am Tschadinsattel (2987 m) die Kammhöhe. Dieser nun nach rechts folgend Richtung Böses Weibl (3121 m), dessen höherer Nordgipfel mit dem Kreuz rasch mitgenommen wird. Welch prachtvolle Aussichtsloge, dieser nördliche Vorposten der Schobergruppe, besonders was den Blick zum Großglockner anbetrifft! Vom Südgipfel aus über den Ostgrat hinab zum Gernot-Röhr-Biwak (2926 m) am Kesselkeessattel, wo man auf den Wiener Höhenweg trifft. Auf ihm mit einer Schleife südwärts ins Tramerkar, das im Angesicht von Horn- und Klammerköpfen absteigend durchmessen wird. Wir gelangen schließlich ins hinterste Gößnitztal, wo jenseits des Baches die Elberfelder Hütte (2348 m) steht.

Elberfelder Hütte – Adolf-Noßberger-Hütte Zwei Verbindungsrouten gibt es zwischen diesen beiden Stützpunkten, und beide sind nicht leicht. Weil sie bei guten Verhältnissen eisfrei zu begehen ist, wählen wir die Hornscharte. Dazu von der Elberfelder Hütte über den Abfluss des Hornkeeses und am dahinter befindlichen Rücken stetig aufwärts. Man gelangt an den Rand des Eisfeldes und peilt etwas links ausweichend die Hornscharte (2958 m) an. Speziell das letzte Stück durch eine mit bröseligem, rutschigem Schutt garnierte Rinne ist etwas heikel. Auch jenseits fällt ein steiles, sogar noch wesentlich tieferes Couloir ab. Wir hangeln uns mit Hilfe von Sicherungen an der linken Begrenzung abwärts und gelangen weiter unten auf bessere Steigspuren, die kehrenreich ins Gradental leiten. Auf ca. 2300 Meter, am Fuße des Hornkopf-Südostgrates, gilt es, das Bergab zu beenden und rechts auf dem Wiener Höhenweg wieder aufzusteigen. Zunächst sind einige Kehren zu überwinden, dann nur noch wenig ansteigend zur urigen Adolf-Noßberger-Hütte (2488 m) im hintersten, ausgesprochen seenreichen Gradental. Düster wirken die Nordabstürze von Petzeck und Co.

Variante: Die Alternativroute führt in direkterer Linie über das Gößnitzkees und die Klammerscharte (2930 m). Mit drei Stunden etwas kürzer, Steigeisen erforderlich.

> **GIPFEL AM WEG**
>
> **Böses Weibl** (3121 m): 5 Min. Abstecher beim Übergang zur Elberfelder Hütte
> **Keeskopf** (3081 m): 1 Std. von der Niederen Gradenscharte
> **Petzeck** (3283 m): 2 ½ Std. von der Wangenitzseehütte
> **Hoher Prijakt** (3064 m): 2 Std. aus dem Kar »Kleiner Barren«
> **Kögerl** (2386 m): 20 Min. Abstecher beim Abstieg durchs Ralftal

Adolf-Noßberger-Hütte – Wangenitzseehütte Wieder gibt es zwei Möglichkeiten und wieder sei an dieser Stelle der etwas längeren Route der Vorzug gegeben. Denn nach dem Aufstieg über plattig anstehenden Fels wird an der Niederen Gradenscharte (2796 m) ein zauberhafter Schartensee, eine besondere Spezialität der Schobergruppe, erreicht. Zudem ließe sich hier ein lohnender Abstecher zum Keeskopf (3081 m) unternehmen. Nachdem auf der anderen Seite ein Stück über den Noßbergerweg abgestiegen ist, zweigt man noch vor dem Steinkar nach links ab, um eine eindrucksvolle, teils gesicherte Traverse durch die Flanken der Weißwandspitzen mit all ihren Runsen und Falten zu vollziehen. Auch diese würde man beim Übergang via Hohe Gradenscharte verpassen, denn dieser mündet erst in der Hochmulde des Perschitzkares von oben her ein. Anschließend wird noch das Kreuzseeschartl überstiegen, wo man sich ein weiteres Mal über die Seenlandschaften der Schobergruppe verblüfft zeigen kann. Vorbei an einem Steinmandlfeld steigen wir in den Kessel mit der Wangenitzseehütte (2508 m) ab.
Variante: Von der Noßberger-Hütte folgt man dem Holländerweg südwärts über die Reste des Gradenkeeses in die Hohe Gradenscharte (2803 m) und erreicht im jenseitigen Perschitzkar die oben beschriebene Route.

Wangenitzseehütte – Lienzer Hütte Man geht genau zwischen Kreuzsee und Wangenitzsee hindurch und steigt kurz zur Unteren Seescharte (2533 m) an. Dahinter ein gutes Stück im Zickzack bergab, bis man unter den Felsen des Feldkopfes nach rechts taleinwärts queren kann. Wir lassen den Talabstieg nach Seichenbrunn links liegen und vollziehen auf dem Zinkeweg eine lange, allmählich absteigende Traverse über dem hinteren Debanttal, dessen Sohle bei der Lienzer Hütte (1974 m) schließlich erreicht wird. Fasziniert ist man von den Dreitausendern zuhinterst Talschluss, die wieder einmal ziemlich kantige Formen zur Schau stellen.

Lienzer Hütte – Hochschoberhütte Gleich hinter der Lienzer Hütte links und über den ersten etwas steileren Hang auf den Mirnitzboden mitten im weiten Kar. Immer in Grundrichtung West steigt man nun wieder zunehmend steil über Schutt und Blockwerk bis in die Mirnitzscharte (2743 m) empor. Kaum weniger geröllreich präsentiert sich der Abstieg in das Kar namens Kleiner Barren mit seinem fast schon obligatorischen Seeauge. Weiter unten führt der Weg im Rechtsbogen aus dem Kessel heraus auf die Hochterrasse über dem Leibnitztal und trifft schließlich bei der Hochschoberhütte (2322 m) ein.

Hochschoberhütte – Lesach Wir folgen dem Steig nordostwärts in ein Schuttkar und erreichen über eine gesicherte Steilstufe das Westliche Leibnitztörl (2573 m). Nun durch die Steinwanne mit dem Gartlsee zum nahen Östlichen Leibnitztörl (2591 m). Jenseits nur wenige Meter absteigen, bis der Franz-Keil-Weg von der Lienzer Hütte durchs Gartl aufgenommen ist, dann links am Hang bleiben und über zwei Geländestufen mit einer Hochmulde dazwischen zum Schobertörl (2905 m) empor. Drüben ein kurzes Stück über den östlichen Arm des Schoberkeeses abwärts (evtl. Steigeisen nötig). Im Gletschervorfeld trifft man wieder auf einen Steig, der über Moränenhänge ins Ralftal hinausleitet. An seinem Auslauf tritt man in Lärchenwälder ein und steigt in zahlreichen Kehren zur Lesachalmhütte ab. Hier schließt sich der Kreis; in einer guten Stunde wird man im Talort Lesach angekommen sein.

Bei der Hochschoberhütte, vis-à-vis den beiden Prijakten

41 RUNDTOUR DURCH DIE HAFNERGRUPPE
Am Ostrand der Hohen Tauern

mittel/schwierig 3–4 Tage 2600 Hm ÖVM

AUSGANGSPUNKT
Berghotel Malta (1933 m) am Speicher Kölnbrein, mautpflichtige Zufahrt aus dem Maltatal (auch Busverkehr von Spittal an der Drau – Gmünd)

ENDPUNKT
Siehe Ausgangspunkt

HÜTTEN
Kattowitzer Hütte (2321 m), DAV, Anfang Juli bis Ende September, Tel. 0664/914 80 21
Rotgüldenseehütte (1739 m), OeAV, Mitte Juni bis Ende September, Tel. 06479/348
Sticklerhütte (1752 m), OeAV, Mitte Juni bis Ende September, Tel. 06479/349
Albert-Biwak (2400 m), OeAV, stets offene Biwakhütte

GEHZEITEN
Kölnbrein-Stausee – Kattowitzer Hütte 2 ¾ Std. – Rotgüldenseehütte 4 Std. – Sticklerhütte 3 Std. – Kölnbrein-Stausee 6 ½ Std.

ANFORDERUNGEN
Kennzeichnend für diese Tour ist sehr raues, alpines Gelände, vielfach muss über Blockschutt gestiegen werden, je nach Jahreszeit auch über Schneefelder (evtl. Steigeisen und Pickel einsetzen). Abschüssige Passagen kommen mit Ausnahme der ersten auf allen Etappen vor, am anspruchsvollsten sind der Abstieg von der Wastlkarscharte sowie der Anstieg zum Weinschnabel (jeweils einige Sicherungen). Gute Tauglichkeit für steiniges Terrain, entsprechend ausgeprägte Trittsicherheit und vor allem für die Schlussetappe Ausdauer erforderlich.

KARTE
Kompass, 1:50 000, Blatt 67 »Lungau – Radstädter Tauern«; Alpenvereinskarte, 1:25 000, Blatt 44 »Hochalmspitze – Ankogel«

Die Hafnergruppe bildet das östlichste Glied im großen Gebirgsverbund der Hohen Tauern, mit dem Malteiner Sonnblick und dem Großen Hafner als östlichste Dreitausender der Alpen. Am Murtörl – so ist es von den Alpingeografen einst festgelegt worden – beginnen dann die Niederen Tauern, eine Nummer kleiner, sanfter, aber natürlich immer noch hochalpin. Unsere Rundtour in diesem verhältnismäßig wenig bekannten Winkel beschränkt sich auf ein enges Areal zwischen hinterem Maltatal und hinterem Murtal und steckt doch voller packender Inhalte. Von ganz besonderem Reiz sind hier die Erscheinungsformen des Wassers, und damit meine ich eher zuletzt die riesige Fläche des Kölnbrein-Stausees, dem zwecks Energiegewinnung ein schönes Hochtal geopfert wurde. Die Mautstraße bringt regen Touristenverkehr herauf, aber schon auf dem Höhenweg zur Kattowitzer Hütte dringt man mit wenigen Schritten in die stille Bergnatur vor. Beim rassigen Übergang zur Rotgüldenseehütte wird der Große Hafner zum obligatorischen Mitnahmegipfel und vielleicht sogar zum Höhepunkt der Tour, obwohl man eine noch stärkere Verzauberung womöglich am Ufer des Oberen Rotgüldensees erleben kann. Damit sind wir wieder beim Wasser, das auch später am Ursprung der Mur – einem der längsten Flüsse Österreichs – sowie jenseits der Schmalzscharte, am Unteren und Oberen Schwarzsee und deren herber Umgebung, besonderes Interesse weckt. Auf dieser letzten Etappe ist neben solider Geländegängigkeit eine tadellose Kondition gefordert, zumal das raue, zentralalpine Gelände so manchen Stolperstein bereithält. Ein Hinweis: Man kann die Tour auch von Rotgülden im hinteren Murtal angehen. In diesem Fall wird das Schrovinschartl ausgelassen, dafür schlägt zwischen Stickler- und Kattowitzer Hütte ein sehr langer Übergang zu Buche (ab Weinschnabel durchs Kölnbrein- und Wastlkar).

Die Sticklerhütte im hinteren Murtal

Kölnbrein-Stausee – Kattowitzer Hütte

Vom Hotel Malta direkt über der gewaltigen Kölnbreinsperre folgen wir dem Salzgittersteig in wenigen Kehren aufwärts, dann in längerer Querung durch die latschenbewachsenen Flanken Richtung Südosten. Nach dem Mitterkarbach gewinnt der holprige Steig langsam an Höhe, schwenkt ins feuchte Krumpenkar ein und steigt am gegenüberliegenden Rücken endlich kräftig bergan. Kurz nachdem die höher oben verlaufende Route durchs Wastlkar aufgenommen ist, erreicht man über eine schrofige Passage die Scharte am Gamsleitenkopf (2342 m) in der vom Hafner abstreichenden Marschneid. Zuletzt folgt noch eine horizontale Querung durch Block- und Grashänge bis zur urigen Kattowitzer Hütte (2321 m), die einen perfekten Blick auf die »Tauernkönigin« Hochalmspitze bietet.

Kattowitzer Hütte – Rotgüldenseehütte

Wir steigen durchs Ochsenkar einwärts, lassen den Weg zur Lanischscharte rechts abziehen und halten uns zuerst noch über grasdurchsetztes, später blockig schrofiges

Im Nationalpark Hohe Tauern

Am Hafner-Südwestgrat mit Blick zur »Tauernkönigin« Hochalmspitze

Gelände links gegen die Marschneid hinauf. Kurz nachdem die etwas ausgesetzte Gratrippe gewonnen ist, zweigt der Weiterweg ins obere Wastlkar ab. Jedoch sollte man zuvor den einstündigen Aufstieg zum Großen Hafner (3076 m) keinesfalls versäumen; nach kurzen gesicherten Felspassagen verbreitert sich der Grat zu einem gutmütigen Rücken, sodass ohne größere Hürden der Gipfel offen steht. Anschließend an besagter Stelle mit Hilfe eines Fixseils nordseitig ins Wastlkar hinab. Dort können im Blockgewirr vereinzelt heikle Passagen lauern, besonders wenn noch Eisreste zwischen den Trümmern und Gletscherschliffen kleben. Mit geringen Höhenunterschieden geht es hinüber zur Wastlkarscharte (2722 m), wo sich eine Respekt einflößende Steilrinne auftut. Drahtseile erleichtern den Einstieg, dann folgt sogar eine senkrechte Passage mit Eisenbügeln als Tritthilfen. Auf passabler, aber sehr abschüssiger Steigspur immer tiefer, wobei achtzugeben ist, in dem bröseligen Schutt- und Schrofengelände keinen Steinschlag auszulösen. Schließlich läuft der Steilhang breiter in die Mulde mit dem Oberen Rotgüldensee (1997 m) aus, einem herrlichen Fleckchen inmitten eines weiten Karhalbrunds. Wir passieren östlich, überschreiten den Abfluss und steigen über eine weitere steile, von Buschwerk bewachsene Geländestufe zum Unteren Rotgüldensee ab. Links am Ufer entlang zur Rotgüldenseehütte (1739 m) nahe dem Staudamm.

Rotgüldenseehütte – Sticklerhütte Von der Rotgüldenseehütte unmittelbar am Erlenhang steil bergauf, rechts haltend über den Schwarzmannkargraben und quer durch die Hänge der Seeleiten bis ins Schrovinschartl (2039 m). Auf der anderen Seite wird das Schrovinkar einschließlich Bachtraverse ausgegangen, ehe man um die nördliche Begrenzungsrippe herum allmählich wieder absteigt. Durch bewaldetes Gelände gelangt man ins Muritzental, bereits nahe seiner Mündung ins Murtal. An den Hütten der Untergaunitschalm vorbei auf den Fahrweg einmündend, der via Zalußenalm zur Sticklerhütte (1752 m) hinaufführt. Hier lockt der

Tiefblick auf Unteren und Oberen Schwarzsee

Hausberg namens Weißeck (2711 m), der alpingeografisch schon zu den Radstädter Tauern gehört, und zwar als deren höchste Erhebung.

Sticklerhütte – Kölnbrein-Stausee Der letzte Tag unserer Tour wird auch der anstrengendste, zumal am Weinschnabel nochmals der Hauptkamm überschritten werden muss. Zunächst geht es allerdings ausgesprochen flach ins hinterste Murtal hinein. Mitunter ist der Wanderweg vom Almvieh übel zertrampelt. Während rechts die Route zum Murtörl abzieht, bleiben wir in der Talsohle und gelangen bald darauf zum Mur-Ursprung (1898 m) in der Schmalzgrube. Der Weg wird nun allmählich steiler und zieht über zunehmend steiniges Gelände zum Albert-Biwak (2400 m) knapp unterhalb der Schmalzgrubenscharte (2444 m) empor. Nachdem diese überschritten ist, geht es im Banne des Unteren Schwarzsees, der die jenseitige Karwanne fast vollständig ausfüllt, rechts über eine Steilstufe bergab, danach am Muldenhang entlang und über einen gesicherten Schrofenriegel wieder aufwärts. Durch ein Blockfeld wird der Obere Schwarzsee passiert, ehe wir uns von der Muritzenscharte dem Aufstieg zum Weinschnabel zuwenden. Bald auf schönen Platten in Richtung der Kaltwandspitze höher, dann aber rechts abdrehend und etwas mühsamer über oft von Schneefeldern durchsetzte Blockschutthänge bis auf den Gipfel des Weinschnabels (2750 m). Hier wird man länger rasten, um die Aussicht auf Ankogel, Hochalmspitze, Hafner und Co. zu genießen. Anschließend im Wechsel zwischen Steigspuren im Schutt und jahreszeitlichen Schneefeldern auf der Südseite des Westgrats abwärts, später knapp an der Marchkarscharte (2387 m) vorbei und auf schmalem, teilweise etwas überwachsenem Pfad schräg abwärts bis zur Einmündung in den breiten Fahrweg am Kölnbrein-Stausee. Diesem folgt man zum Schluss noch eine halbe Stunde bis zum Ausgangspunkt.

Noch ein See: diesmal der künstliche Speicher Kölnbrein

GIPFEL AM WEG

Großer Hafner (3076 m): 1 Std. vom Abzweig am Südwestgrat
Weißeck (2711 m): 2 ¾ Std. von der Sticklerhütte

42 DURCH DIE SCHLADMINGER TAUERN
Im Land der dreihundert Seen

mittel | 6 Tage | 5000 Hm | ÖVM

AUSGANGSPUNKT
Obertauern (1738 m), Hotelsiedlung an der Passhöhe des Radstädter Tauern; Busverbindung mit Radstadt und Tamsweg

ENDPUNKT
Haus im Ennstal (774 m), Talstation der Seilbahn zum Hauser Kaibling; Bus/Bahn von Schladming

HÜTTEN
Ignaz-Mattis-Hütte (1986 m), OeAV, Mitte Juni bis Anfang Oktober, Tel. 0664/423 38 23
Giglachseehütte (1955 m), privat, Mitte Juni bis Anfang Oktober, Tel. 0664/908 81 88
Keinprechthütte (1872 m), OeAV, Mitte Juni bis Anfang Oktober, Tel. 0664/903 66 30
Landawirseehütte (1985 m), OeAV, Mitte Juni bis Ende Sept., Tel. 0676/334 86 53
Gollinghütte (1641 m), Alpine Gesellschaft Preintaler, Mitte Juni bis Anfang Oktober, Tel. 0676/533 62 88
Preintaler Hütte (1657 m), Alp. Ges. Preintaler, Mitte Juni bis Anfang Oktober, Tel. 0664/144 88 81
Hans-Wödl-Hütte (1528 m), Alp. Ges. Preintaler, Mitte Juni bis Anfang Oktober, Tel. Tel. 0664/763 89 08

GEHZEITEN
Obertauern – Ignaz-Mattis-Hütte 4 ¾ Std. – Keinprechthütte 3 ¼ Std. – Landawirseehütte 2 ¼ Std. – Gollinghütte 3 ½ Std. – Preintaler Hütte 5 ½ Std. – Hans-Wödl-Hütte 4 Std. – Hauser Kaibling 4 ½ Std.

ANFORDERUNGEN
Mittelschwere Höhenwege mit relativ viel Auf und Ab, aber bei guten, aperen Verhältnissen ohne größere bergsteigerische Hindernisse. Grundtugenden wie Trittsicherheit in steinigem Gelände oder steilen Grasflanken, Schwindelfreiheit und Ausdauer für 5–6 Gehstunden täglich sind selbstverständlich.

KARTE
Alpenvereinskarte, 1:50 000, Blatt 45/2 »Niedere Tauern II«

Den östlichsten Teil des Zentralalpenkammes bilden zwischen den Längstalfurchen der Enns und Mur die ausgedehnten Niederen Tauern. Als ihr Herzstück können wiederum die Schladminger Tauern angesehen werden, ein zauberhaftes Bergland voll herber Schönheit, mit verträumten Karkesseln und Hochtälern, dunklen Urgesteinskämmen und unzähligen Seeaugen, eines malerischer als das andere. Wir durchqueren das Gebiet von West nach Ost, vom Radstädter Tauern bis zum Hauser Kaibling über dem Ennstal, und können im ständigen Auf und Ab seine verschachtelte Topografie entschlüsseln. Hinter jeder Scharte tun sich neue, unvermutete Einblicke in versteckte Winkel auf und zwischendrin immer wieder die »Perlen« der Berge: Schon auf der ersten Etappe beginnen die Schladminger Tauern ihrem Namen als Seendorado alle Ehre zu machen, was sich später im Klafferkessel zum absoluten landschaftlichen Höhepunkt steigert. Wer überdies bergsteigerische Ambitionen hegt, kann stattlichen Gipfeln wie Hochgolling und Hochwildstelle aufs Haupt steigen und wird fortan die Niederen Tauern – trotz ihres wenig verlockenden Namens – keinesfalls gering schätzen.

Der markante Greifenstein im Klafferkessel

Seenzauber am Oberhüttensattel

Obertauern – Ignaz-Mattis-Hütte Von Obertauern folgen wir einer Fahrstraße nordwärts am Hundsfeldsee vorbei zum Seekarhaus (1797 m). Dahinter wird das erschlossene Gebiet allmählich verlassen, indem man über die Seekarscharte (2022 m) in die alpine Ruhezone wechselt. Nach einer kupierten Zone mit einigen Lacken wieder deutlich abwärts zum Oberhüttensattel (1866 m), wo uns nebenan der gleichnamige See verzaubert. Etwas weiter nördlich steht die Oberhütte (1869 m), Offerte für einen kleinen Seitensprung. Doch wartet jetzt auch schon der nächste stramme Gegenanstieg zur Akarscharte (2315 m), in deren Bereich wir auf eine Kalkinsel im ansonsten typischen Kristallin treffen. Jenseits nicht direkt hinab, sondern weit nach rechts durch die Flanken der Lungauer Kalkspitze ausholend zum Znachsattel (2059 m) und erst von dort in den großen Kessel mit den Giglachseen. Gleich vorn am Preuneggsattel steht die private Giglachseehütte (1955 m), etwas weiter, über dem Seeufer, die Ignaz-Mattis-Hütte (1986 m) des Alpenvereins.

Ignaz-Mattis-Hütte – Keinprechthütte
Wir umgehen den Unteren Giglachsee an seinem Nordende und steigen südostwärts ins herbe Vetternkar auf. Noch unterhalb der Knappenseen dreht die Route nach links ab und erklimmt in vielen Kehren die auffallend braunrot gefärbte Flanke der Rotmandlspitze (2453 m). Man steigt praktisch genau am Gipfel aus. Vom schönen Aussichtspunkt nordseitig unter dem Sauberg hindurch in die Krukeckscharte (2303 m), ehe nach einer Linkstraverse ein steiler Abstieg in den Kessel mit der Keinprechthütte (1872 m) leitet. Einst wurde in dieser Gegend reger Bergbau betrieben.

Keinprechthütte – Landawirseehütte
Dieser Abschnitt ist noch kürzer als der vorherige, weshalb beide idealerweise zu einer halbwegs tagfüllenden Etappe zusammen-

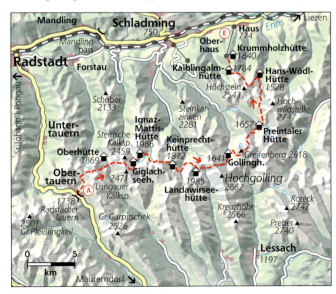

215

Bei der Gollinghütte im Steinriesental

gelegt werden können. Von der Keinprechthütte in großem Bogen einen Taleinschnitt mit Bachgraben ausgehen und am gegenüberliegenden Hang schräg links aufwärts. Nach ein paar Runsen wird es hinter einem Geländeeck steiler, bis man schließlich die

Trockenbrotscharte (2237 m) gewonnen hat. Drüben durch eine Hangmulde hinab zur Landawirseehütte (1985 m), die bereits auf der Lungauer Südseite der Niederen Tauern liegt.

Landawirseehütte – Gollinghütte Wir folgen am besten dem oberen Steig, der den Höhenverlust in den Göriachwinkel vermeidet und stattdessen auf einer Hangterrasse durch die Südflanken von Samspitze, Sandspitze und Zwerfenberg quert. Schließlich steiler bis in die Gollingscharte (2326 m), einem Nadelöhr, um zurück auf die Nordseite des Hauptkammes zu gelangen. Versierte Bergsteiger werden sich hier die Besteigung des Hochgolling (2862 m) nicht entgehen lassen, zumal

GIPFEL AM WEG

Steirische Kalkspitze (2459 m), Lungauer Kalkspitze (2471 m): jeweils 30 Min. von der Akarscharte
Hochgolling (2862 m): 1 $\frac{1}{2}$ Std. von der Gollingscharte (leichte Kletterei)
Hochwildstelle (2747 m): 1 $\frac{1}{4}$ Std. von der Neualmscharte (leichte Kletterei, auch Überschreitung von Süden her möglich)
Höchstein (2543 m): 1 Std. von der Filzscharte

der höchste Gipfel der Schladminger Tauern perfekt in den moderaten Zeitrahmen der Etappe passt. Auf der Nordostseite der Gollingscharte muss oft mit Schnee gerechnet werden, sonst über steile Geröllfelder in den Gollingwinkel hinab, der von Lokalpatrioten etwas übertrieben als »größtes Amphitheater der Welt« bezeichnet wird. Beeindruckend ist der Kessel mit der 1000 Meter hohen Nordwand des Hochgolling allemal. Ein Stück talauswärts gelangen wir zur Gollinghütte (1641 m) der Alpinen Gesellschaft Preintaler, die sich in der Erschließung der Schladminger Tauern große Verdienste erworben hat.

Gollinghütte – Preintaler Hütte

Heute steht mit der Überschreitung des Greifenbergs hinüber in den grandiosen Klafferkessel ein Höhepunkt der Durchquerung auf dem Programm. Dafür muss allerdings, nachdem der nahe Steinriesenbach passiert ist, erst einmal ein 1000-Meter-Anstieg durch die teilweise sehr steile Westflanke bewältigt werden. Am Anfang noch durch Buschwerk, dann in freien Hängen weit empor bis zum Greifenbergsattel (2449 m) mit seinem malerischen Seeauge. Von dort das letzte Stück über die geröllige Südflanke bis auf den Greifenberg (2618 m). Neben einem starken Panorama über die Gipfelflur der Niederen Tauern zieht uns jetzt der nordseitige Klafferkessel in Bann, in den wir nachfolgend absteigen. Mittels Sicherungen am Ostgrat bis in die Obere Klafferscharte, dann links auf die welligen Böden hinab, die von Gletscherschliffen sowie ein paar Dutzend Seen und Lacken durchsetzt sind – ein faszinierendes Relikt der Eiszeit. Unser Steig windet sich in nördlicher Richtung hindurch und verlässt den Kessel schließlich über die Untere Klafferscharte (2286 m). Weiter bergab ins Äußere Lämmerkar und nach rechts zur Preintaler Hütte (1657 m) auf der Waldhornalm.

Preintaler Hütte – Hans-Wödl-Hütte

Diese Verbindung zwischen zwei weiteren Stützpunkten der Alpinen Gesellschaft Preintaler nennt sich Höfersteig. Bei der ersten Gabelung oberhalb der Hütte hält man sich links und quert eine Weile durch die Hänge, bis sich der Steig deutlich bergwärts wendet. Nachdem der Abfluss des Wildlochsees überschritten ist, weiter empor in die Neualmscharte (2347 m). Jenseits geht der Blick in

Der Hochgolling (rechts) ist der Herrscher der Schladminger Tauern.

die Achse des Seewigtals mit seiner dreistufigen Seentreppe. Über einen abschüssigen, steinigen Hang links haltend bergab (Vorsicht bei Schnee), dann links am Obersee und nach einer weiteren kleinen Geländestufe auch am Hüttensee vorbei. Über dem Nordufer steht die Hans-Wödl-Hütte (1528 m), benannt nach einem bedeutenden Bergpionier in den Schladminger Tauern.

Hans-Wödl-Hütte – Haus im Ennstal

In südwestlicher Richtung über anfangs erlenbestandene Hänge aufwärts, später unter der Moderspitze entlang hinauf zur Unteren Filzscharte (2213 m), direkt unter dem himmelstrebenden Höchstein. Falls man nicht den Gipfel überschreiten möchte, steigt man nordseitig zum Moaralmsee ab und quert im Auf und Ab um die Bärfallspitze herum bis in den Roßfeldsattel. Von dort durch die Flanke des Hauser Kaibling direkt zur Bergstation bei der Krummholzhütte (1840 m) oder mit kleinem Umweg und möglicher Einkehr in der Kaiblingalmhütte (1784 m). Zuletzt ist vor allem der Dachstein ein ständiger Blickfang.

Beim Abstieg vom Klafferkessel Richtung Preintaler Hütte; hinten die Hochwildstelle

Die imposanten Geislerspitzen in den Dolomiten

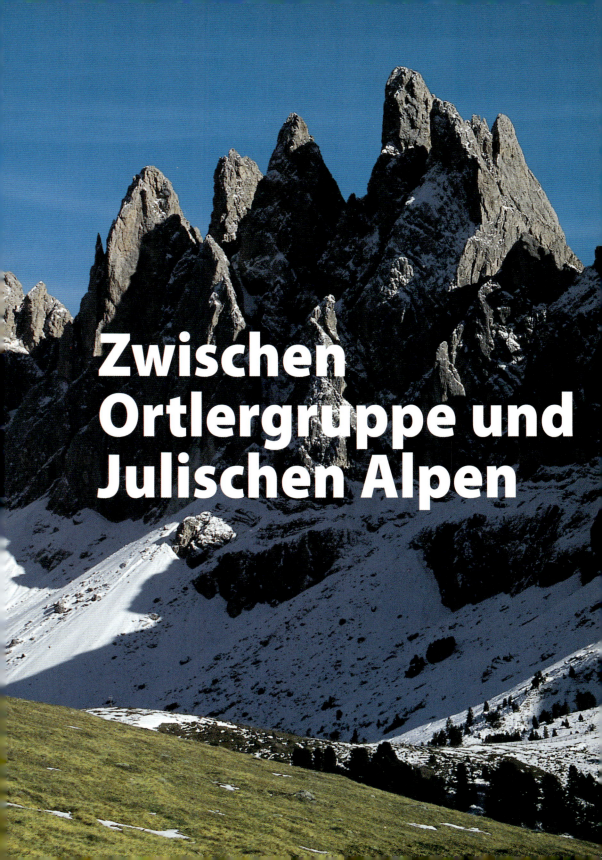
Zwischen Ortlergruppe und Julischen Alpen

43 VON ULTEN NACH TRAFOI
Quer durch die Ortler-Alpen

mittel | 5–6 Tage | 4200 Hm | ÖVM

AUSGANGSPUNKT
Parkplatz St. Gertraud (ca. 1390 m) im hinteren Ultental; Busverbindung mit Meran

ENDPUNKT
Trafoi (1532 m) an der Stilfser-Joch-Straße; Busverbindung mit Spondinig (dort Bahn- bzw. Busanschluss nach Meran)

HÜTTEN
Haselgruber Hütte (2425 m), privat, Mitte Juni bis Mitte September, Tel. 0463/98 51 75
Rifugio Dorigoni (2437 m), CAI, Mitte Juni bis Mitte September, Tel. 0463/98 51 07
Zufallhütte (2265 m), CAI, Anfang März bis Ende Oktober, Tel. 0473/74 47 85
Schaubachhütte (2581 m), CAI, Mitte Juni bis Mitte Oktober, Tel. 0473/61 30 02
Hintergrathütte (2661 m), privat, Mitte Juni bis Mitte Oktober, Tel. 0473/61 31 88
Tabarettahütte (2556 m), privat, Anfang Juni bis Mitte Oktober, Tel. 347/261 48 72
Payerhütte (3029 m), CAI, Anfang Juli bis Mitte September, Tel. 0473/61 30 10

GEHZEITEN
St. Gertraud – Haselgruber Hütte 3 ¼ Std. – Rifugio Dorigoni 3 Std. – Zufallhütte 4 ½ Std. – Schaubachhütte 4 Std. – Hintergrathütte 2 Std. – Tabarettahütte 2 ¾ Std. – Payerhütte 1 ¾ Std. – Trafoi 2 ½ Std.

ANFORDERUNGEN
Überwiegend unschwierige und gut markierte Übergänge, die allerdings mehrfach in große Höhen (bis über 3000 m) führen; abschnittsweise Steilgelände. Daher grundlegende Bergtauglichkeit mit entsprechender Trittsicherheit obligatorisch. Achtung: Die Querung des Suldenferners darf nur bei guter Sicht ausgeführt werden! Bei großzügiger Etappeneinteilung konditionell moderat; Ausdauernde können einzelne Hütten überspringen.

KARTE
Tabacco, 1:25 000, Blätter 042 »Ultental« und 08 »Ortlergebiet«

Ihre größte Höhe östlich der Schweizer Grenze erreichen die Alpen am Ortler, der mit seiner weithin schillernden Eiskappe durchaus westalpinen Dimensionen gleichkommt. Man nennt ihn gern einen »König«, dessen großer Hofstaat sich auf der gesamten Südseite des Vinschgaus breit macht. Das Herz der Ortlergruppe schlägt eindeutig rund um Sulden und wohl nirgends zeigen sich die Ostalpen wuchtiger als am berühmten Dreigestirn. Unsere Durchquerung beginnt allerdings viel weiter östlich, nämlich im hinteren Ultental, wo sich bis heute noch eine vom Massentourismus weitgehend verschonte Natur erleben lässt. Nach einem zwischenzeitlichen Sprung auf die Trentiner Seite gelangen wir ins innere Martell, das ebenfalls den Begriff der Ursprünglichkeit für sich in Anspruch nehmen kann. Das ändert sich jäh nach Überschreiten des Madritschjochs, wo wir erstmals mit dem gewaltigen Suldener Dreigestirn konfrontiert werden, aber leider auch mit einem landschaftsfressenden Skizirkus. Zumindest vorübergehend. In weiterer Folge verbindet der Suldener Höhenweg in dichten Abständen mehrere Hütten in den Flanken des Ortlermassivs, unter ihnen auch die altehrwürdige Payerhütte, bevor das finale Bergab ins Trafoier Tal angetreten wird. Alles in allem eine Tour im Reich der Dreitausender (und Fast-Viertausender), die kaum etwas zu wünschen übrig lässt.

Aufstieg zur Payerhütte im Banne des Ortlers

220

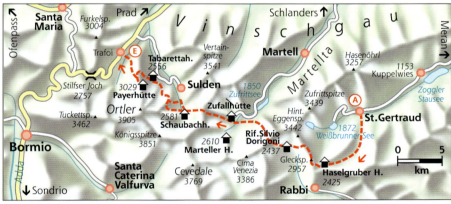

Die Haselgruber Seen bieten eine traumhafte Szenerie im Grenzbereich zwischen Südtirol und Trentino.

St. Gertraud – Haselgruber Hütte Vom Parkplatz an der Falschauer in St. Gertraud wandern wir ins Kirchbergtal hinein, der eigentliche Dorfkern bleibt rechts liegen. Auf einem Almfahrweg mehrmals die Bachseite wechselnd sehr weit taleinwärts, zuletzt mit einer Kehre zur Bärhappalm (2295 m) hinauf. Schließlich noch eine halbe Stunde auf einem Wanderweg über das Haselgruber Joch zur Haselgruber Hütte (2425 m), die bereits auf Trentiner Boden liegt und dort auch als Rifugio Stella Alpina al Lago Corvo bezeichnet wird. Sie kann im Übrigen auch aus dem südseitigen Val di Rabbi angesteuert werden.

Haselgruber Hütte – Rifugio Dorigoni Heute wird mit dem Gleck ein phänomenaler Aussichtsgipfel überschritten, der eine Schau bis weit ins Trentino hinein verspricht. Presanella, Adamello und Brenta zeigen sich in prachtvoller Anordnung, aber auch die südliche Ortlergruppe und die näheren Ultener Berge lenken die Blicke auf sich. Zunächst lernen wir jedoch die idyllische Haselgruber Seenplatte kennen, durch die sich unser Weg in westlicher Richtung hindurchschlängelt. Weiter gegen den Gleck (2957 m) aufwärts, der zuletzt links ausholend von der Rückseite erstiegen wird. Anschließend am schuttigen

Die Veneziaspitzen über dem hinteren Martelltal

Am Madritschjoch kommt das Suldener Dreigestirn Königsspitze – Zebru – Ortler ins Blickfeld.

Nordwestrücken abwärts in eine Senke und fast höhengleich zum Schwärzerjoch (2833 m), wo man den nun wieder aufsteilenden Kamm nach links verlässt. Es schließt sich eine Abwärtsquerung an, die nach einem Geländesporn auf den sumpfigen Böden nahe dem Rifugio Dorigoni (2437 m) endet.

Rifugio Dorigoni – Zufallhütte Der hauptsächliche Aufstieg des Tages führt durch das Hochtal des Torrente Rabbiès und zuletzt etwas mühsam über Geröll ins Sällentjoch (2965 m), wo erneut die Grenze nach Südtirol überschritten wird. Am Rande des nordseitigen Ferners abwärts ins Gletschervorfeld mit Schmelzwassersee, dann in recht kniffliger und ruppiger Weise über die Geländestufe der Gramsen in allmählich lieblichere Gefilde hinunter. Auf etwa 2300 Meter teilt sich die Markierung Richtung Zufrittsee einerseits und für uns scharf nach links Richtung Talschluss andererseits. Eine längere Abwärtstraverse führt westwärts bis in die Nähe des ehemaligen Hotel Paradies (2088 m), dem tiefsten Zwischenpunkt der Tour. Jetzt noch über die Plima und im Gegenanstieg zur Zufallhütte (2265 m), die auf einer weiten Geländeterrasse genau in Verlängerung des Martelltals liegt.

Zufallhütte – Schaubachhütte Man quert nordwestwärts unter einem Felsriegel entlang und erreicht am Beginn des Madritschtales die Vereinigung mit dem Zustieg von der Enzianhütte. Nun in dem Hochtal, das von der Madritschspitze gleich einem Wächter abgeschlossen wird, ziemlich flach einwärts. Deutlich steiler wird es erst am Schluss, wenn in Kehren über Schutthänge bis ins Madritschjoch (3123 m) aufgestiegen wird. Praktisch von einem Schritt auf den anderen tritt das Suldener Dreigestirn mit Königsspitze, Zebru und Ortler ins Blickfeld, ein optischer Glanzpunkt der Tour. Aussichtsmäßig eins draufsetzen ließe sich mit der nahen Hinteren Schöntaufspitze, die über ihren unschwierigen Südrücken üblicherweise mitgenommen wird. Anschließend heißt es eher »Augen zu«, denn die weite Hochmulde, durch die der Abstieg zur Schaubachhütte führt, ist vom harten Wintertourismus vereinnahmt worden. Skilifte und planierte Moränenhänge wirken im Sommer trostlos, und auch die Schaubachhütte (2581 m) hat neben der Bergstation der Suldener Seilbahn ihre eigentliche Funktion als Bergsteigerstützpunkt weitgehend eingebüßt. Nichtsdestotrotz: Die Nordwand der Königsspitze bleibt ein echter Hingucker und ein Sinnbild für dramatisches, Respekt einflößendes Hochgebirge.

Schaubachhütte – Hintergrathütte Die auf manchen Karten eingetragene Verbindung über den fast vollkommen schuttbedeckten Suldenferner und seine Moränen ist mit großer Vorsicht zu genießen. Hier helfen höchstens einige Steinmännchen bei der Orientierung, das Gelände und die günstigste Linie sind selbstständig zu beurteilen (was bei schlechter Sicht kaum möglich ist). Außerdem muss achtgegeben werden, nicht auf Blankeis oder in zerschründete Zonen zu geraten. Freilich lernt man ein Stück Urlandschaft hautnah kennen. Von der Schaubachhütte südwärts ausholend über einen Bacheinschnitt hinweg und die Moränen traversierend auf den dichten Schuttpanzer des Suldenferners. Möglichst den Steinmännchen folgend tendenziell nach links aufwärts, also nicht zu tief ansetzen und in weitem Bogen nach Westen und Nordwesten hinüber. Falls man Blankeispassagen geschickt vermeidet, sind keine Steigeisen nötig. Später im Auf und Ab durch einige grabenartige Eintiefungen und schließlich auf die große nördliche Seitenmoräne hinaus. Gleich dahinter befindet sich die Hintergrathütte (2661 m).

Variante: Einfacher, sicherer und trotz des Zwischenabstiegs zeitlich kaum aufwändiger ist die Umgehung des Suldenferners über die Hüttenwege. Man steigt auf einer Fahrpiste bis in den Bereich der Mittelstation ab, quert nach links den Suldenbach und steigt fast 500 Höhenmeter zur Hintergrathütte an.

Hintergrathütte – Tabarettahütte Wir folgen dem Morosiniweg nordwärts über ein etwas ausgesetztes Wegstück durch die Flanken des Hintergratkopfes und steigen von der Anhöhe am Scheibenkofel links haltend in den Moränenkessel unter dem Endder-Welt-Ferner ab. Auch in diesem Bereich wurde leider massiv für den Pistenskilauf planiert. Schnell weiter zur K2-Hütte (2330 m) am Langestein-Lift und zu einer Wegteilung. Hier empfiehlt es sich, die linke, obere Trasse quer durch die Schuttreißen des Marltkessels zu benutzen. Damit gelangt man ohne wesentlichen Höhenverlust auf den von Sulden heraufkommenden Weg, der anschließend die Marltmoräne passiert und in einigen Serpentinen zur Tabarettahütte (2556 m) ansteigt. Tolle Blicke über das Suldener Tal sind ständige »Begleitmusik« dieser Etappe, zum Schluss imponiert zudem der gewaltige Eisschlauch der Ortler-Nordwand.

Tabarettahütte – Trafoi Auf einem Schuttsteig unter den Tabarettawänden entlang zu einem Steilstück, welches in die Bärenkopfscharte (2871 m) hinaufleitet. An der Grathöhe, wo sich erstmals der Blick ins Stilfser-Joch-Gebiet öffnet, scharf links und teilweise exponiert über den Grat bzw. knapp rechts davon Richtung Payerhütte (3029 m) hinauf. Wer dort übernachten möchte, sollte in seiner Planung berücksichtigen, dass die Hütte nicht selten komplett durch Ortler-Aspiranten belegt ist. Der Abstiegsweg nach Trafoi zweigt schon etwas unterhalb, in der Tabarettascharte (2903 m), ab. Über steile Schuttflanken zum längst verfallenen Edelweißbiwak (2481 m), anschließend rechts über eine Geländerippe hinweg und weiter über die ebenfalls verfallene Alpenrosehütte (2029 m) bis zum Trafoier Bach hinab. Am Gegenhang verläuft die Stilfser-Joch-Straße durch den Ort Trafoi.

> **GIPFEL AM WEG**
>
> **Hintere Schöntaufspitze** (3325 m): 35 Min. vom Madritschjoch

Bei der Tabarettahütte hoch über dem Suldener Tal

44 DIE ALTA VIA DELL'ADAMELLO
Steinige Pfade in den Lombardischen Alpen

mittel/schwierig   7 Tage   4800 Hm

AUSGANGSPUNKT
Malga Caldea (1584 m) im Valle dell'Avio, Zufahrt von Temù (dort Bus)

ENDPUNKT
Rifugio Nikolajewka al Gàver (1505 m), Zufahrt von Bagolino oder über den Passo di Croce Domini; in der Hauptsaison evtl. Bus bis Abzweigung Gàver

HÜTTEN
Rifugio Garibaldi (2550 m), CAI, Mitte Juni bis Mitte September, Tel. 0364/90 62 09
Rifugio Tonolini (2467 m), CAI, Mitte Juni bis Mitte September, Tel. 0364/711 81
Rifugio Gnutti (2166 m), CAI, Mitte Juni bis Mitte September, Tel. 0364/722 41
Rifugio Prudenzini (2235 m), CAI, Mitte Juni bis Mitte September, Tel. 0364/63 45 78
Rifugio Lissone (2020 m), CAI, Mitte Juni bis Mitte September, Tel. 0364/63 82 96
Rifugio Maria e Franco (2574 m), CAI, Mitte Juni bis Mitte September, Tel. 0364/63 43 72
Rifugio Tita Secchi (2362 m), SEB, Anfang Juni bis Ende Oktober, Tel. 0365/90 30 01

GEHZEITEN
Malga Caldea – Rifugio Garibaldi 3 Std. – Rifugio Tonolini 5 Std. – Rifugio Gnutti 1 1/2 Std. – Rifugio Prudenzini 3 1/2 Std. – Rifugio Lissone 4 1/2 Std. – Rifugio Maria e Franco 5 1/2 Std. – Rifugio Secchi 5 Std. – Rifugio Nikolajewka 2 Std.

ANFORDERUNGEN
Meist sorgfältig markierte Höhenroute durch überwiegend sehr steiniges, beschwerliches Gelände. Typisch sind ausgedehnte Blockfelder, in denen häufig keine echte Wegtrasse ausgebildet ist. Ganz vereinzelt auch ausgesetzte Passagen mit Sicherungen. Ein absolut sicherer Tritt und gutes Gleichgewichtsgefühl, Vertrautheit mit ruppigem Alpinterrain, Orientierungsvermögen und ordentliche Kondition für konstant um die 5 Std. täglich sind wichtige Voraussetzungen.

KARTE
Kompass, 1:50 000, Blatt 71 »Adamello – La Presanella«

Die Adamellogruppe im Grenzgebiet zwischen der Lombardei und dem Trentino ist in deutschsprachigen Kreisen weitgehend unbekannt. Wer allerdings ein raues, hochalpines Flair in schon mediterran angehauchter Umgebung schätzt und zudem einige Entdeckerfreude mitbringt, sollte sich diese Adresse merken. Der Sentiero Adamello No. 1 bzw. die Alta Via dell'Adamello, wie diese beispielhafte südalpine Trekkingroute genannt wird, durchquert in Nord-Süd-Richtung die gesamte lombardische Westseite der Gruppe. Diese bildet ein mit großen Plateaugletschern garniertes Zentralmassiv, von dem zahlreiche Seitenkämme weit in alle Himmelsrichtungen ausstreichen. Einige dieser Zweiggrate sind auf der Alta Via zu überschreiten, und zwar in schöner Regelmäßigkeit von Scharte zu Scharte, von Hochtal zu Hochtal. Der Landschaftscharakter ist mit seinem harten, kantigen Tonalitgestein ausgesprochen rau und steinig, im Großen und Ganzen daher auch sehr ursprünglich. Nur ein Wermutstropfen muss genannt werden: Fast jedes größere Hochtal ist hier von der Energiewirtschaft in Beschlag genommen worden, allenthalben finden sich Stauseeanlagen. Sie mögen zwar aus rein landschaftsästhetischen Gesichtspunkten nicht das größte Übel sein, wirken aber doch wie Fremdkörper und beeinflussen nicht zuletzt auch den natürlichen Wasserhaushalt. Dennoch überwiegt bei weitem der Eindruck einer weltentrückten, ungezähmten Gebirgslandschaft. Wer bisher Erfahrung mit »steinreichen« Zentralalpengebieten gesammelt hat, darf sich hier auf ähnliche Verhältnisse gefasst machen, was die charakteristischen Blockfelder angeht, sogar noch auf eine Schippe mehr! Sieben Hütten bilden gewissermaßen die Perlenschnur der Alta Via dell'Adamello, die alles andere als eine Massenpromenade ist, dafür jedoch eine wundervolle Terra incognita erschließt.

Rast im Valle di Adamè

Das Rifugio Garibaldi am Lago di Veneròcolo

Malga Caldea – Rifugio Garibaldi Wer vom Talort Temù aus zu Fuß startet, muss etwa eineinhalb Stunden zusätzliche Gehzeit einrechnen. Sonst fährt man auf schlechter Straße ins Valle dell'Avio einwärts bis zum Fahrverbot bei der Malga Caldea (1584 m, Parkplatz). Von dort folgen wir weiter der Werkstraße, die sich rechter Hand in einigen Serpentinen über eine Talstufe windet und zu den oberhalb gelegenen Stauseen führt. Hier erschließt sich uns erstmals, welch große Bedeutung die Wasserwirtschaft auf lombardischer Seite des Adamellomassivs besitzt. Lago d'Avio und Lago Benedetto, die wir an ihren westseitigen Ufern passieren, sind erst der Anfang. Nach dieser Flachpassage schwenkt der Weiterweg nach links ins Valle di Veneròcolo ein und steigt zum ebenfalls aufgestauten Lago di Veneròcolo empor, an dessen Nordufer sich im Angesicht der Adamello-Nordwand das Rifugio Garibaldi (2550 m) befindet.

Rifigio Garibaldi – Rifugio Tonolini Wir überschreiten die Staumauer des Lago di Veneròcolo, queren ein Stück durch das Gletschervorfeld und steigen zur engen Bocchetta del Pantano (2650 m) im nordwestlichen Gratausläufer des Adamello an. Jenseits verliert der Steig wieder stetig an Höhe, bis zur Staumauer des Lago Pantano dell'Avio (2378 m), die ebenfalls passiert wird.

Rifugio Lissone mit Monte Foppa

Dahinter auf schmalem Pfad sofort steil an den Hängen bergauf. Der Steig bleibt so lange gut begehbar, bis das Grasgelände in Blockwerk übergeht. Damit wird es zunehmend beschwerlicher, weiter oben zudem recht ausgesetzt. Einige Seile helfen schließlich durch Felsgelände in den Passo di Premassone (2923 m). Der tiefer eingeschnittene Passo della Lastra ist als Übergang in manchen Karten falsch eingetragen! Hier sollten wir uns nochmals einen ausgiebigen Blick auf die Westabstürze des Adamello gönnen, ehe es auf der Südseite insgesamt etwas leichter bergab geht. Unaufgeräumtes Blockgelände bleibt allerdings auch in der Karmulde mit dem Lago Premassone kennzeichnend. In der Nähe des größeren Lago Rotondo liegt unser Etappenziel, das Rifugio Tonolini (2467 m). Überhaupt ist diese Gegend besonders reich an natürlichen Seen, so beispielsweise auch oberhalb in den Hochkaren der wilden Baitonegruppe.

Rifugio Tonolini – Rifugio Gnutti Dieser Abschnitt wird wegen seiner Kürze am besten mit dem nächsten kombiniert, wodurch sich ebenfalls eine fünfstündige Tagesetappe ergibt. Vom Rifugio Tonolini am aufgestauten

Lago Baitone vorbei abwärts, dann links haltend entlang einem gut ausgebauten Steig in die abschüssige Flanke hinein und auf schmalen Bändern zum Passo del Gatto. Anschließend leicht auf- und wieder abwärts zum kleinen Rifugio Gnutti (2166 m) im Val Miller. Auch hier gibt es einen Hüttensee.

Rifugio Gnutti – Rifugio Prudenzini Die Fortsetzung führt hinter dem See südostwärts die Hänge hoch, wobei über weite Strecken ein passabler Pfad ausgeprägt ist; zwischendurch ein paar Blockfelder. Im oberen Teil treten mitunter Firnpassagen auf, ehe

Abstieg zum Rifugio Tonolini; im Hintergrund die Cima di Plem

Zum Passo di Premassone zeigt der Adamello seine schroffe Westwand.

Der Monte Re di Castello beim Übergang zum Rifugio Maria e Franco

zuletzt an Seilen der Passo del Miller (2818 m) gewonnen wird. Drüben zunächst gerade abwärts, dann markant nach links und einmal mehr über ausgedehnte Blockhalden von zum Teil recht grober Natur, die das geschmeidige Steigen stets sehr erschweren. Grasiges Gelände bringt Erholung, bevor es nochmals steil in die Talsohle des Valle Salarno und zum Rifugio Prudenzini (2235 m) hinabgeht.

Rifugio Prudenzini – Rifugio Lissone Den Übergang vom ernsten, wildromantischen Valle Salarno in das etwas lieblichere Valle di Adamè stellt der Passo di Poia her, wobei wir heute sogar einen recht ansprechenden Steig nutzen können. In einer Rechtsschleife packen wir die nordwestseitigen Hänge an und halten uns schließlich geradewegs auf den Passo di Poia (2810 m) zu, den zuoberst oft ein Schneefeld ziert. Jenseits ziemlich steil, aber ebenfalls ohne größere Hürden abwärts. Etwas links haltend gelangt man in den Grund des Valle di Adamè, das mit freundlichen Böden und einem malerischen Bachlauf aufwartet. Aus dem Hintergrund leuchten freilich auch hier die Eisfelder zwischen schroffen Tonalitfelsen herab. An der Baita Adamè vorbei wandert man noch eine ganze Weile flach talauswärts bis zur Geländeschwelle, wo auf der anderen Bachseite das Rifugio Lissone (2020 m) unter dem mächtigen Corno di Grevo steht.

Rifugio Lissone – Rifugio Maria e Franco Zum Ende der Tour werden die Abstände zwischen den Hütten etwas weiter, womit sich das tägliche Streckenpensum erhöht. Man wird sich mittlerweile aber wohl an das raue Gelände gewöhnt haben. Vom Rifugio Lissone folgen wir weiterhin der Markierung mit der Nummer 1, lassen die Abzweigung zum Passo Forcel Rosso links liegen und queren an Sicherungen einen abschüssigen Tobel. Am Ende der horizontalen Traverse weist die Bezeichnung steil die Hänge hinauf. Man erreicht eine vom Monte Ignaga herabziehende schrofige Rippe, der man ein Stück aufwärts folgt, dann rechts haltend auf den Hauptgrat. Diesem entlang in reizvoller Routenführung weiter, teils etwas in die Flanken ausweichend (meist rechts, einige Sicherungen) und zum Passo Ignaga (2528 m), der sich als schöner Rastplatz anbietet. Man blickt einerseits ins Valle di Saviore mit seiner alpinen Fortsetzung des Valle di Adamè, das wir ja bereits kennengelernt haben, auf der anderen Seite ins trentinische Val di Fumo mit dem großen Lago di Malga Bissina in der Sohle und dem stolzen Carè Alto im Talschluss. Nun weiter quer durch eine Blockflanke zum Passo d'Avolo (2556 m), hinter dem erst einmal ein gutes Stück abgestiegen wird. Man kommt am Lago d'Avolo vorbei und bewältigt eine gesicherte Steilpassage hart an den Felsen entlang, ehe der Höhenweg Richtung Passo di Campo (2296 m) wieder geringfügig und weitgehend unbeschwerlich ansteigt. An diesem Wegekreuz wechseln wir erneut die Kammseite und gelangen schräg rechts über geneigte Platten aufsteigend in den weiten Kessel unter dem Monte Re di Castello. Weiter oben am Lago Dernal vorbei und rechts ausholend zum gleichnamigen Passo hinauf, an dem das Rifugio Maria e Franco (2574 m) steht.

Rifugio Maria e Franco – Rifugio Secchi
Wir überschreiten den nahen Passo di Brescia (2718 m) und halten uns drüben in dem ostseitigen Steinkessel streng südwärts. Dabei verliert man langsam, aber sicher einiges an Höhe. Nach einer Weile wird die markante Geländerippe des Monte Rossola überstiegen, um dahinter den Weg in gleicher Richtung leicht auf- und absteigend fortzusetzen. In ähnlicher Weise über den vom Monte Listino abstreichenden Rücken hinweg (Abzweig über den Passo del Termine zum Rifugio Nikolajewka) und nachfolgend wieder etwas bergauf. Man gewinnt den Passo di Blumone (2633 m) am Fuß des wuchtig aufstrebenden Corno di Blumone. Hier trifft man auf eine steinige Militärtrasse, die ein Stück durch Blockhalden quert und in einigen flachen Serpentinen zum Rifugio Tita Secchi (2360 m) am Lago della Vacca hinableitet.

Rifugio Secchi – Rifugio Nikolajewka
Von der Hütte auf dem Sentiero Antonioli in den südostseitigen Laionekessel hinein, wo man an der rechten Seite abwärts steigt. Man kommt am verfallenen Casinetto di Laione vorbei und dreht nach rechts ab, um weiter in das Almgebiet der Malga Laione zu gelangen. Auf breiteren Ziehwegen schließlich bis in das Hochtal von Gàver hinab, wo bis zum Rifugio Nikolajewka (1505 m) Anfahrmöglichkeit besteht. Zwei Kilometer talauswärts führt die Hauptstraße vorbei (evtl. Busanschluss); bis in den nächsten Talort Bagolino sind es aber noch weite zwölf Kilometer.

Im südlichsten Teil der Alta Via dell'Adamello geht es immer quer durch steinige Bergflanken.

45 RUNDTOUR DURCH DIE BRENTAGRUPPE
Dolomitischer als die Dolomiten

mittel/schwierig 3–5 Tage 3200 Hm

AUSGANGSPUNKT
Rifugio Vallesinella (1513 m), zeitweise reglementierte Zufahrt (Beschränkung im Hochsommer tagsüber und an Sonntagen) von Madonna di Campiglio (dorthin Busverbindung von Trento)

ENDPUNKT
Siehe Ausgangspunkt

HÜTTEN
Rifugio Graffer (2261 m), CAI, Mitte Juni bis Mitte September, Tel. 0465/44 13 58
Rifugio Tuckett (2271 m), CAI, Mitte Juni bis Mitte September, Tel. 0465/44 12 26
Rifugio Pedrotti (2491 m), CAI, Mitte Juni bis Mitte September, Tel. 0461/94 81 15
Rifugio Agostini (2410 m), CAI, Mitte Juni bis Mitte September, Tel. 0465/73 41 38
Rifugio Brentèi (2182 m), CAI, Mitte Juni bis Mitte September, Tel. 0465/44 12 44

GEHZEITEN
Vallesinella – Rifugio Graffer 2 ½ Std. – Rifugio Tuckett 4 ¼ Std. – Rifugio Pedrotti 4 Std. – Rifugio Agostini 2 ½ Std. – Rifugio Brentèi 3 ¾ Std. – Vallesinella 1 ¾ Std.

ANFORDERUNGEN
Wechsel zwischen unschwierigen Wanderwegen und mitunter ausgesetzten, gesicherten Steigen in hochalpinem Felsterrain, zumindest auf zwei Etappen auch mit Eisberührung (Steigeisen mitnehmen). Absolute Schwindelfreiheit und Trittsicherheit notwendig; gute »Testmöglichkeit« für Wanderer, die sich auch an Klettersteige heranwagen wollen. Konditionell wegen der Hüttendichte eher wenig anstrengend, oft zwei Abschnitte an einem Tag möglich.

KARTE
Alpenvereinskarte, 1:25 000, Blatt 51 »Brentagruppe«

Brenta – das ist gleichsam ein Zauberwort für Bergsteiger jeder Couleur. Die schroffe, zerschartete Dolomitbastion westlich der Etsch entwickelt mit ihren bizarren Türmen und Zacken, vor allem auch durch ihre kühnen Steiganlagen eine veritable Magnetwirkung. Wer hätte nicht von der legendären »Via delle Bocchette« gehört, die sich auf schmalen Bändern sowie über enge Scharten durch dieses steinerne Labyrinth windet. Dabei handelt es sich freilich schon um ausgewachsene Klettersteige, die deutlich von den »gewöhnlichen« Wanderwegen zu unterscheiden sind. In diesem Buch soll die Faszination der Brenta auch Normalwanderern nahe gebracht werden, womit auf die anspruchsvolleren Abschnitte der Via delle Bocchette (schweren Herzens) zu verzichten war. Wer diesbezüglich eine schärfere Tour bevorzugt, findet in meinem Buch »Traumpfade von Hütte zu Hütte« alles Wissenswerte. Doch sind auch auf unserer moderaten Version die Anforderungen nicht zu unterschätzen. Sentiero Benini und Sentiero Orsi können bereits als überaus reizvolle Mischform zwischen Wanderweg und Via ferrata angesehen werden und an der Bocca d'Ambiez muss zudem eine hohe, vergletscherte Scharte überstiegen werden. Mit dem packenden landschaftlichen Drumherum der monumentalen Felsbauten ist für Spannung stets gesorgt.

Der Crozzon di Brenta mit seiner ausgeprägten Nordkante

Über dem Sentiero Benini ragt der Gratzug der Cima Falkner auf.

Vallesinella – Rifugio Graffer Vom Rifugio Vallesinella folgen wir nicht dem meistfrequentierten Weg in Richtung der Hütten Casinei, Tuckett und Brentèi, sondern bleiben diesseits des Bacheinschnitts und wandern zur ehemaligen Malga Vallesinella di sopra. Von dort noch weiter in den innersten Talwinkel und anschließend in Kehren etwas steiler an den Ausläufern des Monte Spinale empor. Im Sommer ist nicht zu übersehen, warum dieser als »Blumenberg« bezeichnet wird. Zuletzt gelangt man in verunstaltetes Pistengebiet, in dem auch das Rifugio Graffer (2261 m) steht. Die Grostè-Seilbahn schwebt hier über den Köpfen hinweg zum weiten Passeinschnitt empor.

Rifugio Graffer – Rifugio Tuckett Die hässliche Schotterpiste zur Bergstation am Passo del Grostè (2437 m) bald nach rechts verlassen und im Schräganstieg über die Karrenfelder der Grostèdi zum Beginn des Sentiero Benini. Dieser gehört zur Wegekette der berühmten Via delle Bocchette, allerdings als einer der vergleichsweise leichten Abschnitte. Wir steigen vorerst flach gegen die Cima Grostè an, um vor dem eigentlichen Gipfelaufbau nach links in die Ostflanke auszuweichen. Nachdem die Cima Grostè auf gut gangbaren Bändern und Geröllabsätzen zur Hälfte umrundet ist, öffnet sich an der Bocchetta dei Camosci ein überraschender Durchblick nach Westen. Spätestens jetzt befinden wir uns

Rifugio Tuckett und Castelletto Inferiore

Der berühmte Campanile Basso, auch Guglia di Brenta genannt, ist ein Kletterziel ersten Ranges.

mittendrin in der faszinierenden Felsenwelt der Brenta. Weiter auf ostseitigen, teilweise mit Drahtseillauf versehenen Bändern, wie sie typisch für diese Gruppe sind, zur höchsten Stelle des Sentiero Benini (»Quota 2900«) unterhalb der Cima Falkner, die von geübten Felskraxlern mitgenommen werden kann (Stellen I). Über eine gesicherte Felsrippe steil etwa 100 Höhenmeter hinab und nach weiterer Bänderquerung im Gegenanstieg zur Bocca Alta di Vallesinella (2875 m). Auf ausaperndem Resteis zur Wegverzweigung an der Westschulter der Cima Sella. Am leichtesten und kürzesten ist nun die Variante des Sentiero Dallagiacoma, der noch teilweise gesichert nördlich um den Castelletto superiore herum zum Rifugio Tuckett (2271 m) hinableitet. Die etwas längere Fortsetzung am Sentiero Benini hält sich indessen links und steigt über eine Serie von Leitern in den Sockelfelsen der Cima Sella exponiert zur Bocca del Tuckett (2649 m) ab. Von dort durch den Karschlauch mit der Vedretta di Brenta inferiore (Vorsicht bei Blankeis!) ebenfalls zur Tucketthütte hinunter.

Variante: Auf der Westseite der Hauptkette existiert auch eine vollkommen unschwierige Verbindung über einen Wanderweg, die nur 1 1/2 Stunden beansprucht.

Rifugio Tuckett – Rifugio Pedrotti Zwischen diesen beiden Stützpunkten verläuft das Kernstück der Via delle Bocchette mit den Abschnitten »Bocchette Alte« und »Bocchette Centrali«. Da sie das normale Wanderniveau jedoch schon beträchtlich übersteigen, wird hier auf den Sentiero Orsi eine Etage tiefer ausgewichen – mit nicht wirklich gravierenden Nachteilen, was den landschaftlichen Reiz angeht. Vom Rifugio Tuckett steigen wir auf der linken Seite des Hochtals zur Vedretta di Brenta inferiore und weiter über das vielfach geröllbedeckte Eis zur Bocca del Tuckett an. Spaltengefahr gibt es hier keine, doch können blanke Stellen ihre Tücken haben. Jetzt den Abzweig zum Sentiero Bocchette Alte unbeachtet lassend auf der Ostseite durch eine Steilrinne bergab, wobei man sich an die Sicherungen in den Felsen zur Linken hält. Auf den Schuttreißen des obersten Val Perse nach rechts und unter den massigen Sockelfelsen der Cima Brenta entlang im Bogen zu einem gestuften Felshang, der auf das Band der Sega Alta leitet. Dieses bildet nun den anregendsten Teil des Sentiero Orsi. Es führt sehr aussichtsreich durch die verwinkelte Ostwand zum Vorsprung des Naso dei Massodi. Anschließend in die Karbucht der Busa dei

Am Sentiero Palmieri mit Blick auf die Brenta Bassa

Armi hinab und unter einem Felssporn hindurch in die benachbarte Busa dei Sfùlmini. Oberhalb des Weges blickt man auf eine sagenhafte Zackenkulisse, unter anderem auf die berühmte Guglia di Brenta (Campanile Basso). Nachdem auch der Sockel der Brenta Alta passiert ist, steigt man noch einmal etwa 200 Höhenmeter zum Rifugio Pedrotti (2491 m, knapp unterhalb die Dependance des Rifugio Tosa) an. Von der Hütte sollte schließlich niemand den kurzen Abstecher zur Bocca di Brenta (2549 m) versäumen; unter Auslassung der Südschleife könnte man bei Zeitmangel auch gleich zum Rifugio Brentèi wechseln.

Rifugio Pedrotti – Rifugio Agostini Ein leichter Übergang auf dem Sentiero Palmieri, der interessante Einblicke in die etwas vernachlässigte südliche Brenta gewährt. Man wandert zunächst am Südfuß der Brenta Bassa entlang, verabschiedet sich bald vom Sentiero Brentari (siehe Variante) und geht in großem Bogen den urtümlichen Karsttrichter der Pozza Tramontana aus, wobei rund 200 Höhenmeter verloren werden. Rechts haltend an steiler Böschung wieder aufwärts, über eine von den Cime di Ceda kommende Gratrippe hinweg und fast horizontal hinüber in die Forcolotta di Noghera (2413 m). Erstmals überblicken wir die Berge um das Val d'Ambiez, in dessen innersten Bereich wir nun hineinqueren. Unter den Cime di Ceda entlang ins große Kar der Busa di Prato und wieder etwas aufwärts zum Rifugio Agostini (2410 m) mit seinem knallroten Dach.

Variante: Deutlich anspruchsvoller ist der Sentiero Brentari, der zunächst in dem schuttreichen Kessel unterhalb der Cima Margherita und der Cima Tosa aufwärts zieht. Nachfolgend über die Schulter der Sella della Tosa hinweg und ausgesetzt, aber gut gesichert zur engen Bresche der Bocca della Tosa (2845 m). Ein Steilabstieg leitet ins jenseitige Kar mit der Vedretta d'Ambiez, aus dem man das Rifugio Agostini ansteuert. Diese Variante beansprucht gute drei Stunden.

Rifugio Agostini – Rifugio Brentèi Je nach Verhältnissen wird dies der prekärste Abschnitt, da man dem Eis nicht vollständig ausweichen kann. Die Route setzt sich aus Teilstücken des Sentiero dell'Ideale (über die Bocca d'Ambiez) und des Sentiero Martinazzi zusammen. Vom Rifugio Agostini in das enge Hochkar zwischen der Cima d'Ambiez und den Torri di Tosa einwärts und nach einer Weile auf das Eis des Gletschers. Nun links haltend zunehmend steil gegen die Bocca d'Ambiez (2871 m) aufwärts, die früher einmal komplett überfirnt war. In den Felsen hat man neue Sicherungen verlegt, auch im jenseitigen Bergab. Nach dem steilsten Stück (bei guten Verhältnissen auch im Firn möglich) in das Hochbecken der Vedretta dei Camosci hinab, wo sich die Trassen teilen. Während es links über die Bocca dei Camosci zum Rifugio XII Apostoli geht, halten wir uns an die rechte Seite, gelangen bald in die Geröllzonen und steigen tiefer, bis sich die gewaltige Nordkante des Crozzon di Brenta umkurven lässt. Dahinter noch etwas weiter ins Val Brenta Alta hinab und in kurzem Gegenanstieg zum viel besuchten Rifugio Brentèi (2182 m).

Rifugio Brentèi – Vallesinella Mit einer klassischen Wanderung beschließen wir unsere Brenta-Tour. Wir folgen, nicht ohne uns immer wieder zum Tosa-Crozzon-Massiv umzudrehen, dem Sentiero Bogani allmählich absteigend durch die westseitigen Flanken, passieren die Abzweigung zum Rifugio Tuckett und gelangen in Wald eintauchend zum Rifugio Casinei (1825 m). Schließlich auf dem Waldweg hinab ins Vallesinella und zurück zum Parkplatz jenseits der Sarca.

Im Talschluss des Val d'Ambiez beeindruckt die über 3000 Meter hohe Cima d'Ambiez.

GIPFEL AM WEG

Cima Grostè (2901 m): 1 Std. vom Beginn des Sentiero Benini (auch Überschreitung möglich, Stellen I)
Monte Daino (2685 m): 1 1/2 Std. vom Rifugio Pedrotti

46 DAS SARNTALER HUFEISEN
Im sanften Herzen Südtirols

leicht   6–7 Tage   3400 Hm   ÖVM

AUSGANGSPUNKT
Pemmern (1538 m) am Ritten, Talstation des Lifts auf die Schwarzseespitze; Busverbindung von Bozen

ENDPUNKT
Jenesien (1089 m), auf einer Hangstufe oberhalb des Sarner Talausgangs; Seilbahn und Busverbindung von Bozen

HÜTTEN
Rittner-Horn-Haus (2260 m), CAI, Mitte Juni bis Ende Oktober, Tel. 0471/35 62 07
Schutzhaus Latzfonser Kreuz (2311 m), privat, Ende Juni bis Ende Sept., Tel. 0472/54 50 17
Flaggerschartenhütte (2481 m), CAI, Ende Juni bis Ende September, Tel. 0471/62 52 51
Penser-Joch-Haus (2215 m), privat, Anfang Juni bis Ende September, Tel. 0472/64 71 70
Meraner Hütte (1980 m), AVS, Anfang Juni bis Ende Oktober, Tel. 0473/27 94 05

GEHZEITEN
Pemmern – Rittner-Horn-Haus 1 Std. – Latzfonser Kreuz 4 ½ Std. – Flaggerschartenhütte 4 Std. – Penser-Joch-Haus 4 Std. – Weißenbach 5 Std. – Aberstückl 1 ½ Std. – Meraner Hütte 3 ½ Std. – Jenesien 6 Std.

ANFORDERUNGEN
Durchwegs unschwierige Wanderwege mit nur selten steilen Abschnitten, daher auch für weniger erfahrene Wanderer geeignet. Gemessen an den bescheidenen Höhenunterschieden sehr viel Strecke! Ein Mindestmaß an Trittsicherheit sowie Kondition für 4–6 Std. täglich sollten mitgebracht werden. Bei Nebel gut auf die Markierung achten.

KARTE
Tabacco, 1:25 000, Blätter 034 »Bozen – Ritten – Tschögglberg« und 040 »Sarntaler Alpen«

Sie bilden das sanfte Herz Südtirols, die Sarntaler Alpen, genau in seiner geografischen Mitte und ringsherum umgeben von jeder Menge alpiner Prominenz wie den Protzbauten der Dolomiten oder den eisbedeckten Häuptern des Alpenhauptkammes und der Ortler-Alpen. Die Aussicht ist einer der großen Trümpfe der Sarntaler Berge, das erkannte seinerzeit schon der weitgereiste Ludwig Purtscheller: »Wer Tirol mit einem Blick überschauen will, besteige diese Höhen.« Ein anderer Pluspunkt ist die intakte Natur- und Kulturlandschaft, wie sie hier zumindest noch in weiten Bereichen anzutreffen ist. Wo keinerlei »Superlative« einen Massentourismus heraufbeschwören, der mehr aufs Konsumieren denn aufs Erleben ausgerichtet ist, wo behäbige, unscheinbar wirkende Bergformen keine Leistungsfetischisten auf den Plan rufen, da ist für den Genusswanderer, dem eine gewisse Beschaulichkeit am Herzen liegt, ein weites Feld geöffnet. Eine Woche lang können wir uns auf dem Sarntaler Hufeisen treiben lassen, einer Rundtour, die genau der topografischen Struktur der Sarntaler Alpen folgt. Vom Ritten oberhalb des oft unter einer stickigen Dunsthaube leidenden Bozener Talkessels aus bewegen wir uns in der ersten Hälfte am Ostkamm streng nach Norden, um vom Wendepunkt am Penser Joch dem gegenüberliegenden Westkamm entlang wieder bis nach Jenesien zurückzulaufen. Eine Woche, die garantiert Balsam für die Seele sein wird.

Traditioneller Wallfahrtsort: das Kirchlein am Latzfonser Kreuz

Bildstock am weiten Bergrücken des Sarntaler Westkamms

Pemmern – Rittner-Horn-Haus Von Pemmern führt ein Lift auf die Schwarzseespitze (2071 m); dahinter wenig absteigend zum Unterhornhaus (2042 m). Wer hierher von der Talstation zu Fuß aufsteigt, benötigt 1 1/2 Stunden länger. Schließlich über den weitläufigen, mäßig steilen Südhang auf die ausladende Kuppe des Rittner Horns (2259 m) mit seiner Gipfelhütte. Die beharrlichsten Blicke sind hier stets nach Osten gerichtet. Einfache Erklärung: die Dolomiten!

Rittner-Horn-Haus – Latzfonser Kreuz Wir steigen nordwärts zum Gasteiger Sattel (2056 m) ab und haben von hier zwei Möglichkeiten. Die eine Variante führt durch sumpfige Wiesen zum Rittner Bildstock (2149 m) und weiter durch das ausgedehnte, ebenfalls ziemlich morastige Gebiet der Villanderer Alm auf den breiten Plateaurücken der Jocherer Alm. In den meisten Fällen – und besonders wenn es vorher häufiger geregnet hat – wird jedoch die Umgehung via Moar in Plun (1860 m) und Stöfflhütte (2057 m) angenehmer sein. Dabei nimmt man zwar ein wenig Höhenverlust in Kauf, bewegt sich aber auf breiten, befestigten Wegen. Schließlich kommen beide Routen wieder zusammen, führen leicht ansteigend auf den Jocherer Berg zu, um der Kammerhebung schließlich rechts über den Rastplatz am Kesselbild auszuweichen.

An diesem Geländeeck treten auch die Wallfahrtskirche und das Schutzhaus am Latzfonser Kreuz (2311 m) ins Blickfeld. Durch die Senke sind wir in Kürze dort und können eventuell noch einen Abstecher auf die Kassianspitze (2581 m) erwägen.

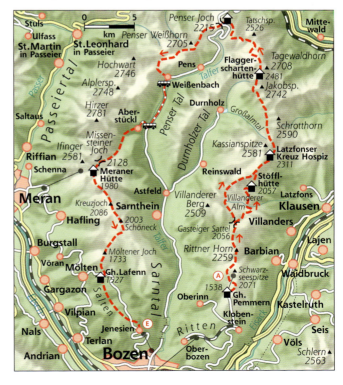

Gegen Ende der Tour kann man in Langfenn einkehren.

Latzfonser Kreuz – Flaggerschartenhütte Man quert annähernd horizontal um die Hänge von Ritzlar und Kassianspitze herum und erreicht nordwärts die Fortschellscharte (2299 m). Dahinter ein Stück abwärts und bei der Gabelung am oberen Weg bleibend weiter quer durch die weitläufigen Flanken über dem Großalmtal Richtung Norden. Wir kreuzen den Weg zur Schalderer Scharte, gehen eine Reihe stumpfer Hangrücken aus und gewinnen langsam wieder an Höhe, bis das Tellerjoch (2520 m) im Westgrat der Jakobspitze erreicht ist. Jenseits ein gutes Stück in den Karkessel hinab, auf den flacheren Böden hinüber zur Einmündung in den Weg vom Durnholzer See und im Gegenanstieg zur Flaggerscharte (2436 m). Ein paar Gehminuten nördlich steht ganz in der Nähe des Flaggersees die urige Flaggerschartenhütte (2481 m), früher einmal als Marburg-Siegener-Hütte geläufig.

Flaggerschartenhütte – Penser-Joch-Haus Nordwärts über grasige Buckel hinweg zu einer kurzen gesicherten Abwärtspassage, bei der nächsten Weggabelung links (rechts führt ein Steig Richtung Tagewaldhorn) und über einen steileren Hang in die Hörtlanerscharte (2603 m) hinauf. Auf der anderen Seite an einem See vorbei bis in die Hangmulde über dem hinteren Tramintal. Dort zweigt bei P. 2262 ein Talabstieg Richtung Asten ab. Wir bleiben am Höhenweg, passieren auf dieser mäßig geneigten Hangterrasse im Auf und Ab den Distelsee (2201 m) sowie weitere kleine Lacken und gelangen um einen Kammausläufer herum auf die Böden der Seebergalm. Dort wird eine markante Linksschleife ausgeführt und zum Kammrücken am Niedereck angestiegen. Nach kurzer nordseitiger Querung über einen Sattel in die grasige Südflanke des Astenberges, dann im Bogen um diesen herum und schließlich leicht abwärts zur Penser-Joch-Alm. Das letzte Stück parallel zur Straße wieder etwas ansteigend zum Gasthaus Alpenrose (2215 m) oder Penser-Joch-Haus, wie es auch genannt wird. Hier ist die Strecke am Sarntaler Ostkamm zu Ende und der Übertritt auf den Westkamm steht bevor.

Penser-Joch-Haus – Weißenbach Auf der gegenüberliegenden Straßenseite setzt sich unser Höhenweg fort, und zwar zunächst mit einer langen Querung unter der Rötenspitze hindurch bis zu den Steinwandseen. Im Blick voraus dominiert bereits das Sarntaler Weißhorn, das seiner Form wegen schon oft mit dem großen, berühmten Matterhorn verglichen wurde. Oberhalb der Steinwandseen beginnt der Weg stärker anzusteigen und gewinnt schließlich durch einen kleinen Blockkessel das Gerölljoch (2557 m). Wer eine kleine Kraxeleinlage nicht scheut, kann das Weißhorn (2705 m) jetzt auf einem stellenweise gesicherten Felsensteig mitnehmen. Anschließend vom Gerölljoch in steilem Schutt- und Schrofengelände zu einer Hangverflachung hinab und links haltend nochmals über einen Steilhang kehrenreich ins Oberbergtal. Hier gelangen wir flach auslaufend in liebliche Gefilde, passieren etliche Hütten und Stadel und drehen links ab zur Verbindung mit dem von gegenüber einmündenden Unterbergtal. Auf einem Fahrweg schließlich das letzte Stück hinaus nach Weißenbach (1335 m), wo man ausnahmsweise einmal in einem Talort übernachtet.

Weißenbach – Meraner Hütte Die fast fünf Kilometer lange Strecke im Tal zwischen Weißenbach und der Abzweigung nach Aberstückl kann wahlweise mit dem Bus zurückgelegt werden. Danach auf einer kleinen Bergstraße über den Weiler Aberstückl (1329 m) hinauf bis in die Nähe der letzten Höfe. In einer Kehre abzweigen und quer durch einen grabendurchzogenen Hang ins Sagbachtal hinein. An der Durralm und später an der Kaserwiesalm vorbei führt unsere Route geradewegs zum Missensteiner Joch (2128 m) hinauf. Die Südseite zeigt sich wenig erbaulich, ist sie doch durch das Skigebiet Meran 2000 heftig verunziert. Mittendrin steht die Meraner Hütte (1980 m) auf der Kirchsteiger Alm.

Meraner Hütte – Jenesien Die letzte Etappe weist die längste Strecke auf, wobei der gesamte Tschögglberg, jene liebliche Mittelgebirgslandschaft zwischen Etsch- und Sarntal, der Länge nach überschritten wird. Die Grundrichtung ist Süd. Von der Meraner Hütte in ständigem, weit geschwungenem Auf und Ab ohne bedeutende Höhenunterschiede das Kreuzjöchl (1984 m) tangierend und über die Wiesenbuckel von Maiser Rast und Kreuzjoch zum Auener Jöchl (1926 m). Nun wird leicht links haltend die geräumige Gipfelkuppe der Großen Reisch (2003 m) mit ihren sagenumwobenen »Stoanernen Manndln« überschritten. Kultplatz, Hexenversammlungsort oder einfach nur ein alter Aussichtsplatz der Hirten? Dieser geheimnisvolle Ort gibt bis

> **GIPFEL AM WEG**
> **Kassianspitze** (2581 m): 45 Min. vom Latzfonser Kreuz
> **Schrotthorn** (2590 m): 1 ¼ Std. vom Höhenweg zwischen Fortschellscharte und Tellerjoch
> **Tagewaldhorn** (2708 m): 1 Std. von der Flaggerschartenhütte
> **Tatschspitze** (2526 m): 45 Min. vom Niedereck
> **Sarntaler Weißhorn** (2705 m): 30 Min. vom Gerölljoch
> **Großer Ifinger** (2581 m): 1 ½ Std. vom Missensteiner Joch

heute Rätsel auf. Südlich davon können wir im Möltener Kaser (1763 m) einkehren, ehe es meist auf breiteren Fahrwegen via Möltener Joch weiter zum Straßensattel zwischen Mölten und Flaas geht. Dahinter gleich Richtung Langfenn (1527 m) abbiegen, das mit Gasthof und der romanischen Kirche St. Jakob auf einer anmutigen Wiesenkuppe steht. Das letzte Drittel der Etappe führt über den mit lichten Lärchenhainen bestandenen Rücken des Salten vorerst fast eben dahin und schließlich über das Gasthaus Edelweiß abwärts Richtung Jenesien, wo uns eine Seilbahn das weitere Bergab ins Tal bei Bozen abnimmt.

Herbstidyll in Jenesien

47 RUND UMS GRÖDNERTAL
Höhenweg-Klassiker im Banne von Langkofel, Sella und Co.

mittel · 5 Tage · 3400 Hm · ÖVM

AUSGANGSPUNKT
St. Ulrich (1265 m) im Grödnertal, Talstation des Raschötz-Sessellifts; Busverbindung mit Bozen

ENDPUNKT
St. Ulrich, Talstation der Seilbahn auf die Seiser Alm

HÜTTEN
Brogleshütte (2045 m), privat, Ende Juni bis Anfang Oktober, Tel. 0471/65 56 42
Gampenalm (2062 m), privat, Anfang Juni bis Anfang November, Tel. 348/272 15 87
Schlüterhütte (2297 m), CAI, Mitte Juni bis Anfang Oktober, Tel. 0472/84 01 32
Puezhütte (2475 m), CAI, Mitte Juni bis Ende September, Tel. 0471/79 53 65
Grödner-Joch-Haus (2115 m), privat, Ende Mai bis Ende Oktober, Tel. 0471/79 51 33
Rifugio Pisciadu (2585 m), CAI, Ende Juni bis Ende September, Tel. 0471/83 62 92
Sellajochhaus (2180 m), CAI, Mitte Juni bis Mitte Oktober, Tel. 0471/79 51 36
Friedrich-August-Hütte (2298 m), privat, Mitte Juni bis Ende Sept., Tel. 0462/76 49 19
Plattkofelhütte (2300 m), privat, Mitte Juni bis Ende September, Tel. 0462/60 17 21

GEHZEITEN
St. Ulrich/Raschötzlift – Brogleshütte 1 ½ Std. – Schlüterhütte 3 ¼ Std. – Puezhütte 4 ½ Std. – Rifugio Pisciadu 4 ½ Std. – Sellajochhaus 4 ½ Std. – Plattkofelhütte 2 Std. – St. Ulrich/Seiser-Alm-Bahn 2 ¾ Std.

ANFORDERUNGEN
Überwiegend leichte Höhenwege, nur an der Nivesscharte und im Val Setus bei etwas anspruchsvolleren, gesicherten Passagen gute Trittsicherheit erforderlich. Aufgrund der Hüttendichte flexibler Zeitrahmen, normalerweise erträgliche Tagesmärsche von 4–5 Std. ohne Gipfel.

KARTE
Tabacco, 1:25 000, Blatt 05 »Gröden – Seiser Alm«

Ob Langkofel, Sella oder Geislerspitzen – die Berge rund um Gröden zählen fast geschlossen zur allererste n Dolomitenprominenz, und Gleiches gilt – obwohl kein Berg – vielleicht sogar ganz besonders für die Seiser Alm als Publikumsmagnet par excellence. Sieht man einmal über einige Bausünden und die allgemeine Verstädterung, welche der moderne Massentourismus mit sich gebracht hat, hinweg, öffnet sich in der Tat eine Südtiroler Bilderbuchlandschaft, wie sie fast schon zum Klischeebild geworden ist. Und so mag hier durchaus bereits mancher Traum in Erfüllung gegangen sein, der vielleicht einst beim Betrachten eines Kalenderbildes begonnen hat. Unsere großzügige Schleife um das Grödnertal berührt sie alle, diese Traumgestalten aus bleichem Dolomit, riskiert auch mal einen Seitenblick, hinüber ins Villnöss, ins Hochabtei oder ins Fassatal, und zelebriert das Wandervergnügen ganz überwiegend in unbeschwerter Art und Weise. Einzig im Bereich der Sella geht es auch mal etwas ruppiger zu. Freilich darf man nicht erwarten, solcherlei für sich allein zu haben, dazu ist der Lockruf einfach zu groß. Den Auftakt macht der Raschötz-Höhenweg, der an der Brogleshütte in den legendären Adolf-Munkel-Weg überleitet. Welch Dolomitenherrlichkeit zu Füßen der schroffen Geisler-Nordwände! Dieses Massiv wird anschließend auf seiner Ostseite umgangen, womit wir in die wesentlich herbere Puezgruppe mit ihrer eigenwilligen Hochfläche eintauchen. Auch die benachbarte Sella weist eine stattliche Plateaubildung auf, höher und öder noch als die der Puez, doch will zunächst einmal die bollwerkartige Nordfront der »Gralsburg Ladiniens« überwunden werden. Später gelangen wir durchs Val Lasties Richtung Sellajoch und begeben uns über den Friedrich-August-Weg auf die weitläufige Seiser Alm, wo die Tour in aller wiesengrünen Beschaulichkeit ausklingt.

Blick vom Adolf-Munkel-Weg auf die Nordabstürze der Geislerspitzen

St. Ulrich – Brogleshütte Mit der Sesselbahn gelangen wir vom Grödner Hauptort St. Ulrich in die oberen Hanglagen des Raschötzkammes. Hier dem breiten Ziehweg folgend ohne wesentliche Höhenunterschiede zuerst gen Norden und – nachdem die Flitzerscharte passiert ist – Richtung Osten. Man bewegt sich stets durch die sonnseitigen Mattenhänge oberhalb der Waldgrenze und genießt die famose Aussicht auf Langkofel, Sella und Co. Bald kommen auch immer mehr die Geislerspitzen ins Blickfeld, bis man am Broglessattel (2119 m) den vollen Einblick in die mächtig aufstrebende Phalanx der Zacken und Pfeiler gewinnt. Zuletzt in wenigen Minuten abwärts zur Brogleshütte (2045 m).

Brogleshütte – Schlüterhütte Ist die Tageszeit nicht zu weit fortgeschritten, kann man noch am gleichen Tag den herrlichen Adolf-Munkel-Weg unter die Füße nehmen. Dies insbesondere, zumal die Nordabstürze der Geislerspitzen zum Nachmittag und Abend hin die schönste Ausleuchtung erhalten und dann am eindrucksvollsten wirken. Der Adolf-Munkel-Weg führt in Grundrichtung Nordost direkt am Fuße steiler Schuttreißen entlang, den Ablagerungszonen fortwährender Erosionsarbeit. In leichtem Auf und Ab taucht man zeitweise in lichten Lärchen- und Zirbenwald ein; die Landschaft wirkt in ihrer

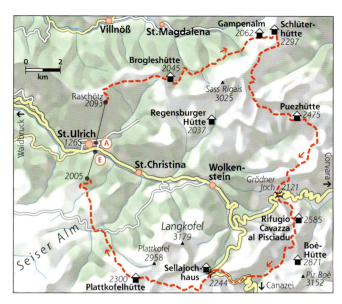

Lieblichkeit fast parkähnlich. Immer wieder müssen wir stehen bleiben und die Blicke aufwärts richten, zu den filigranen Türmen der Odle, zum massigen Sass Rigais und zur markanten Furchetta. Nachdem die Abzweigungen zu den nahen Einkehrstationen der Gschnagenhardt- und Glatschalm passiert sind, gelangen wir in den Einschnitt des St.-Zenon-Baches. Hier treffen wir auf einen Fahrweg, der zur Gampenalm (2062 m) führt. Schließlich bringt uns wahlweise auch ein Fußweg weiter durch

Am Broglessattel nimmt man die Geislerspitzen ins Visier.

Blick über die Gampenwiesen zu den Aferer Geiseln

die Wiesen und zuletzt über einen steileren Hang bis zur Schlüterhütte (2297 m) hinauf.

Schlüterhütte – Puezhütte Die heutige Etappe ist ein Teilstück des bekannten Dolomiten-Höhenweges Nr. 2, der binnen zwei Wochen die gesamten westlichen Dolomiten von Brixen bis Feltre durchquert (siehe Mark Zahel: »Westliche Dolomiten«). Am nahen Kreuzkofeljoch (2340 m) wenden wir uns rechts, übersteigen den Kammrücken des Sobutsch und schwenken dahinter in einer Abwärtsquerung durch schöne Blumenwiesen zum Kreuzjoch (2293 m, Einmündung eines direkten Weges von St. Zenon) ein. Wir bleiben links des Kammes, der den östlichen Ausläufer der Geislerspitzen bildet, und queren am Ostfuß entlang allmählich wieder aufwärts. Richtpunkt ist die Forcella de la Roa (2617 m), die zuletzt über steiles Geröll gewonnen wird. Jenseits nach links durch die Schuttreißen und über eine klettersteigartig ausgebaute Passage in die Forcella Nives (2740 m). Etwas leichter umgehen lässt sich diese über die Forcella Forces de Sieles (2505 m). Beide Routen kommen weiter östlich wieder zusammen. Zuletzt über den schönen Balkon der Puezalpe, der unterhalb in Wänden abbricht, nahezu horizontal zur Puezhütte (2475 m).

Puezhütte – Rifugio Pisciadu Auch dieser Abschnitt ist identisch mit dem Dolomiten-Höhenweg Nr. 2. Er führt uns aus der Puezgruppe via Grödner Joch in die Sella, jener gewaltigen Felsbastion im Herzen Ladiniens. Am Rande der Puez-Hochfläche mit schönen Blicken in die tiefe Furche des Langentals nach Südosten und Süden zum Ciampacjoch (2366 m), wo man auf die Crespeina-Hochfläche übertritt. Hier nun südwestwärts über eine typische Karrenlandschaft leicht aufwärts ins Crespeinajoch (2522 m), das man auch mit lohnendem Umweg über den aussichtsreichen Sass Ciampac (2672 m) ansteuern kann. Nach kurzem Abstieg folgen wir nicht weiter dem Steig ins Chedultal, sondern halten uns gleich links ins Cirjoch (2469 m). Drüben durch ein bizarres Labyrinth von Felsblöcken auf die Wiesen, die zum Grödner Joch (2121 m) hinableiten. Wir kreuzen den stark frequentierten Straßenpass zwischen Gröden und Alta Badia und steigen am gegenüberliegenden Hang wieder an. Unter den schrof-

Am Crespeinajoch

Stützpunkt in der Sella: das Rifugio Pisciadu mit dem Sass da Lech dahinter

fen Mauern schließt sich eine Linksquerung an, bis sich das düstere Val Setus öffnet. Durch diesen schluchtartigen Einschnitt zunehmend steil empor, wobei im oberen Teil etliche Drahtseile Hilfestellung leisten. Achtung: Aufgrund der nordseitigen Lage können sich im Val Setus lange Schnee und Eis behaupten. Schließlich steigt man auf die mittlere Sella-Terrasse aus und gelangt links zum Rifugio Pisciadu (2585 m).

Rifugio Pisciadu – Sellajochhaus Heute geht's zuerst hoch aufs karge Sellaplateau, das wie eine Mondlandschaft anmutet. Am Pisciadusee vorbei folgen wir dem Geröllsteig unter den Wänden der Cima Pisciadu und begeben uns linker Hand ins Val de Tita hinein. Hier streckenweise recht steil auf einen Absatz, wo die Normalroute zum Gipfel abzweigt, dann rechts haltend über eine weitere Geländestufe auf die Hochfläche. Über flache Steinbänke in südliche Richtung, bis vor dem Zwischenkofel der Abstieg ins Val Lasties ausgewiesen wird (der »Zweier« führt geradeaus weiter zum Rifugio Boè). Über einige Felsstufen geht es jetzt ins steinige Val Lasties hinab, das einen ziemlich wilden Winkel zwischen den immer höher aufragenden Felskulissen bildet. In wechselnder Steilheit hält man sich an die rechte Seite des Einschnitts und tritt ganz allmählich in spärliches Grün ein. Bei der Verzweigung wählen wir den rechten Steig, der sich hart am Südsockel des Piz Selva entlangwindet und schließlich die Sellajochstraße erreicht (also nicht links zum Pian Schiavaneis hinab). Auf bzw. neben ihr mit Abkürzungen noch ein gutes Stück zur Passhöhe (2244 m) hinauf; das Sellajochhaus (2180 m) befindet sich zehn Minuten jenseits. Das dreizackige Bild der Langkofelgruppe mit Grohmannspitze, Fünffingerspitze und Langkofeleck vis-à-vis begeistert uns als klassisches Dolomitenmotiv.

Sellajochhaus – Plattkofelhütte Diese Verbindung namens Friedrich-August-Weg am Südfuß der Langkofelgruppe gehört zu den meistbegangenen Wanderwegen in den Dolomiten. Landschaftlich exzellent und dazu noch völlig mühelos – da ist die enorme Beliebtheit kein Wunder. Wer nicht im etwas unpersönlichen Sellajochhaus übernachten möchte, quert am besten gleich von der Passhöhe hinüber zum Rifugio Valentini und geht

Die südwestlichen Randabstürze der Sella

Sonnenaufgang an Grohmann- und Fünffingerspitze, zwei Zacken im Langkofelmassiv

auf breiter Trasse am Rifugio Salei vorbei zur Forcella Col Rodella (2318 m) hinauf. Hier bleibt zumindest der ärgste Rummel rund ums Sellajoch zurück. Der Friedrich-August-Weg quert nun mit geringen Höhenunterschieden stets etwa an der 2300-Meter-Höhenlinie entlang nach Westen, macht dabei zunächst an der Friedrich-August-Hütte und auf etwa halber Strecke beim Rifugio Sandro Pertini Station, ehe nach zwei aussichtsreichen Gehstunden die Plattkofelhütte (2300 m) erreicht wird. Sie liegt am Ansatz der gewaltigen Schräge des Plattkofels, der als einziger Gipfel der Langkofelgruppe auch für Normalwanderer zugänglich ist.

Plattkofelhütte – St. Ulrich Zum Abschluss unseres weiten Bogens um das Grödnertal lockt die Seiser Alm, die größte Hochweide Europas, wie sie werbewirksam vermarktet wird. Das ganze Gebiet bis hinüber zum Schlern ist geradezu überzogen von leichten Wanderwegen, sodass man hier je nach Gusto mehr oder weniger großzügige »Spaziergänge« unternehmen kann. Der Vorschlag, hinüber zur Bergstation der Seiser-Alm-Bahn am Col de Mesdi zu wandern, ist im Grunde nur beispielhaft als eine von vielen Möglichkeiten. Vorteilhafterweise gelangen wir damit direkt zurück nach St. Ulrich. Von der Plattkofelhütte geht es abwärts zur Zallingerhütte (2037 m) und weiter über einen licht bewaldeten Bergrücken zur Saltner Schwaige (1728 m). Ein Stück auf Fahrweg über den Jenderbach, dann auf Weg Nr. 9 nordwärts über die Wiesen allmählich ansteigend bis zur Bergstation (2005 m), von wo uns die Seilbahn die verbleibenden 700 Höhenmeter ins Tal abnimmt.

> **GIPFEL AM WEG**
>
> **Außerraschötz** (2281 m): 40 Min. von der Raschötz-Bergstation
> **Zendleser Kofel** (2422 m): 25 Min. von der Schlüterhütte
> **Piz Duleda** (2909 m): 30 Min. von der Nivesscharte
> **Östliche Puezspitze** (2913 m): 1 1/2 Std. von der Puezhütte
> **Sass Ciampac** (2672 m): 30 Min. zusätzlich beim Übergang Puez – Grödner Joch
> **Cima Pisciadu** (2985 m): 35 Min. vom Weg zur Sella-Hochfläche
> **Zwischenkofel** (2907 m): 10 Min. Abstecher auf der Sella-Hochfläche
> **Plattkofel** (2956 m): 2 Std. von der Plattkofelhütte

48 ÜBER SCHLERN UND ROSENGARTEN
Mitten hinein in König Laurins Reich *beliebt*

leicht/mittel — 3–4 Tage — 3000 Hm — ÖVM

AUSGANGSPUNKT
St. Zyprian (1173 m) im Tierser Tal, Busverbindung von Bozen; Zufahrt auch bis Weißlahnbad (1173 m) möglich

ENDPUNKT
Frommer Alm (1743 m), Talstation des Laurin-Sessellifts zur Rosengartenhütte; zweimal täglich Busverbindung zurück zum Ausgangspunkt

HÜTTEN
Schlernhaus (2450 m), CAI, Mitte Juni bis Anfang Oktober, Tel. 0471/61 20 24
Tierser-Alpl-Hütte (2440 m), privat, Anfang Juni bis Mitte Oktober, Tel. 0471/72 79 58
Grasleitenpasshütte (2599 m), privat, Mitte Juni bis Ende September, Tel. 0462/76 42 44
Vajolethütte (2243 m), CAI, Mitte Juni bis Ende September, Tel. 0462/76 32 92
Rotwandhütte (2280 m), CAI, Mitte Juni bis Ende September, Tel. 0462/76 44 50
Rosengartenhütte (2339 m), CAI, Ende Juni bis Ende September, Tel. 0471/61 20 33

GEHZEITEN
St. Zyprian – Schlernhaus 5 Std. – Tierser-Alpl-Hütte 2 Std. – Grasleitenpasshütte 2 Std. – Vajolethütte ¾ Std. – Rotwandhütte 2 ½ Std. – Rosengartenhütte 1 ¾ Std.

ANFORDERUNGEN
Die Tour verläuft durchwegs auf unschwierigen Wanderrouten, über längere Strecken in gemäßigter Steilheit, aber speziell im Rosengarten oft geröllig. Wirklich anstrengend ist nur die Auftaktetappe zum hoch gelegenen Schlernhaus. Speziell für einige Varianten (Maximiliansteig, Abstecher zum Gartl) ist erhöhte Trittsicherheit notwendig, ansonsten auch für weniger erfahrene Bergwanderer geeignet.

KARTE
Tabacco, 1:25 000, Blatt 029 »Schlern – Rosengarten – Regglberg«

Wenn die vorherige Tour durch eine der beliebtesten Regionen der Dolomiten führte, so lässt sich dieses Attribut ohne Einschränkung auch über die Seiser Alm hinaus auf Schlern und Rosengarten erweitern. Während der Schlern mit seinem abgeplatteten Rücken und den beiden vorgelagerten Felszacken der Euringer- und Santnerspitze zu einer alpinen Symbolfigur Südtirols schlechthin avanciert ist, verkörpert der Rosengarten mit seinem legendären Alpenglühen und der passenden Sage vom Zwergenkönig Laurin bis heute schlichtweg pure Bergromantik. Wer könnte sich dieser Anziehungskraft schon entziehen? Dabei braucht es kaum mehr als eine elementare Bergtauglichkeit, um sich diese fantastischen Dolomitenlandschaften zu erwandern. Der nachstehende Tourenvorschlag – gut für drei ordentlich gefüllte Tage, mit Varianten und Abstechern vielleicht auch vier oder fünf – folgt dem topografischen Verbund der beiden Gruppen, deren Stationen vom Schlern über das Tierser Alpl, den Grasleitenpass und das Vajolettal bis in die Gegend um den Karerpass reichen. Dolomitenzauber garantiert!

Einprägsame Architektur: Rifugio Vajolet und die Vajolettürme

In der Bärenfalle

St. Zyprian – Schlernhaus Gleich die erste Etappe birgt mit über 1500 Aufstiegsmetern das konditionell anspruchsvollste Pensum. Von St. Zyprian könnte man bis Weißlahnbad (1173 m) am Eingang ins Tschamintal noch mit dem Auto fahren, danach wird das Asphaltband zurückgelassen und gegen den schluchtartigen Einschnitt der Bärenfalle angestiegen. Obwohl das Gelände hier beinahe unzugänglich wirkt, findet man einen vorbildlich angelegten und »in Schuss« gehaltenen Steig vor, der in vielen Serpentinen, manchmal sogar treppenartig ausgebaut zum Tschafatschsattel (2070 m) emporzieht. Nach kurzem Abstieg zum Schlernbach geht es jenseits an der Sesselschwaige (1940 m) vorbei erneut aufwärts, nun über die freien Hänge der Schlern-Südflanke. Nach oben hin nimmt die Neigung sogar ab, sodass wir, vielleicht etwas müde vom langen Bergauf, aber ohne Schwierigkeiten das Schlernhaus (2450 m) erreichen. Abends zum Sonnenuntergang wird man sicher gern noch einen kleinen Abstecher auf den Petz (2563 m), den höchsten Punkt des Schlern, unternehmen. Für einen Ausflug zum Burgstall (2515 m), jenem prähistorischen Kultplatz an der nördlichen Abbruchkante, eignet sich vielleicht der nächste Morgen.

Schlernhaus – Tierser-Alpl-Hütte Es erwartet uns ein gemütlicher Übergang auf dem Schlernplateau, den Geübte wahlweise noch mit dem kitzligen Maximilian-Klettersteig garnieren können. Wir folgen ein kurzes Stück dem so genannten Touristensteig, zweigen dann jedoch rechts ab und wandern südostwärts über den breiten Höhenrücken zwischen der Seiser Alm links und den Abbrüchen ins Tschmamintal rechts. Nach der tiefsten Senke geht es wieder leicht bergan, bis man zu einer Weggabelung kommt. Die Normalroute führt nun rechts in die Südflanke hinab und weicht dem schroffen Kamm der Roterdspitze damit aus. Nachdem der Steig

Wanderer im Aufstieg aus dem Grasleitenkessel zum Passo Molignon

Tierser-Alpl-Hütte und Roterdspitze (links)

aus dem Bärenloch aufgenommen ist, nochmals 100 Höhenmeter aufwärts bis zur Tierser-Alpl-Hütte (2440 m).
Variante: Man kann auch den Gipfel der Roterdspitze (2655 m) überschreiten und dem teilweise ausgesetzten Maximilian-Klettersteig am Grat entlang zum Großen Roßzahn (2653 m) folgen. Gesicherte Passagen wechseln hier mit Gehgelände. Vom Großen Roßzahn, den man zuletzt durch ein Felsenfenster erreicht, in eine Scharte und durch die dort ansetzende Schluchtrinne zum Tierser Alpl hinab.

Tierser-Alpl-Hütte – Vajolethütte Am Tierser-Alpl-Joch wechseln wir vom Schlerngebiet in den Rosengarten über, der nachfolgend von Nord nach Süd durchquert wird. Zuerst über Felsgelände und mäßig steile Schutthänge zum Passo Molignon (2598 m) hinauf. Ein kleines Stück weiter südlich muss noch eine weitere Einsattelung (P. 2604) überstiegen werden, ehe es in steilen Kehren durch eine breite Schuttrinne in den fast ringsum von Felswänden eingefassten Grasleitenkessel hinabgeht. Am schluchtartigen Ausgang Richtung Westen steht übrigens die Grasleiten-

Panoramablick von Norden über den Rosengarten

hütte (2134 m), die hier jedoch nicht berührt wird. Stattdessen halten wir uns links, umgehen die Trümmermulde in den Schuttreißen und packen den Gegenanstieg zum Grasleitenpass (2599 m) mit seiner kleinen Hütte an. Jenseits, auf Trentiner Seite, durchs oberste Vajolettal abwärts bis zum Rifugio Vajolet (2243 m) und dem kleinen Rifugio Preuss daneben. Was direkt oberhalb verwegen in den Himmel sticht, sind die berühmten Vajolettürme.

Variante: Sehr reizvoll ist auch eine Ausweitung der Tour über das Rifugio Antermoia, allerdings für reine Wanderer keinesfalls über die schwierige Via ferrata Laurenzi! Vielmehr steigt man vom Tierser Alpl ostwärts zum Mahlknechtjoch (2168 m) ab, geht das hintere Val Duron über die Malga Docoldaura aus und gelangt über den Passo Ciarègole (2282 m) zum Rifugio Antermoia (2497 m; bis hierher 2 ¾ Std.). Weiter in den hinteren Antermoiakessel und links haltend über den Passo d'Antermoia (2770 m) zur Grasleitenpasshütte (nochmals 1 ½ Std.).

Vajolethütte – Rotwandhütte Bevor es an den eigentlichen Übergang geht, sei noch der Aufstieg ins Gartl empfohlen, den kein tüchtiger Wanderer versäumen sollte. Ein Abstecher ohne Gipfel, aber mit zwei Hütten (die Gartlhütte, 2621 m, im Kar sowie die Santnerpasshütte, 2734 m, nahe der Abbruchkante gegen Westen) und jeder Menge packender Felsimpressionen. Ganz nah kommt man den steinernen Flammen der Vajolettürme. Hin und zurück sind 2 ½ Stunden Gehzeit einzuplanen; Trittsicherheit im steilen Teil der Gartlschlucht erforderlich.

Anschließend wählen wir vom Rifugio Vajolet den Höhenweg unter der Rosengartenspitze-Ostwand entlang. Die Abzweigung zum Tschager Joch (direkter Übergang zur Rosengartenhütte) bleibt rechts, während unser Steig zunächst auf der Ostseite weiterquert und schließlich in Kehren zum Passo delle Zigolade (2550 m) ansteigt. Jenseits durch eine steile Karmulde bergab und nach rechts am Felsfuß der Mugoni entlang, wo sich an einem abgespaltenen Turm ein origineller Durchschlupf befindet. Unter der Mündung des Vaiolonkares hindurch und nur mehr schwach fallend hinüber zur Rotwandhütte (2280 m), die auch Rifugio Roda de Vael heißt.

GIPFEL AM WEG

Petz (2563 m): 20 Min. vom Schlernhaus
Roterdspitze (2655 m): 15 Min. vom Übergang zum Tierser Alpl, Überschreitung auf dem Maximilian-Klettersteig möglich
Cima Scalieret (2887 m): 1 Std. von der Grasleitenpasshütte bzw. 30 Min. vom Passo d'Antermoia

Rotwandhütte – Rosengartenhütte Der Hirzlweg, ein Panoramaweg der Extraklasse, sorgt für einen gemütlichen Abschluss der Tour. Wir umrunden in einer großen Schleife das Südeck der Rosengartenkette, kommen dabei am stattlichen Bronzeadler zu Ehren Theodor Christomannos (P. 2349; tolle Aussicht zum Latemar) vorbei und schwenken auf der Südtiroler Westseite Richtung Norden ein. Nach einem fast ebenen Stück geht es unter den lotrechten Abstürzen der Rotwand etwas abwärts (vorher Abzweig der Route über den Vaiolonpass). Gemeinsam mit dem Weg von der Liftstation Paolinahütte noch ein gutes Stück horizontal weiter, zuletzt wieder leicht ansteigend zur Rosengartenhütte (2339 m) und der Bergstation des Sessellifts von der Frommer Alm. Falls dieser nicht in Betrieb ist, zweigt man schon kurz vorher links ab und steigt in einer Stunde über den Tschager Berg zur Frommer Alm (1743 m) ab.

Felsdurchschlupf zwischen Vajolet- und Rotwandhütte

49 QUER DURCH DIE PALAGRUPPE
Zackenkulissen am Südrand der Dolomiten

mittel/schwierig 4–5 Tage 4100 Hm ÖVM

AUSGANGSPUNKT
Falcade (1297 m) im Valle del Biois; Busverbindung mit Agordo

ENDPUNKT
Frassenè (1084 m), Talstation des Sessellifts zur Malga Losch; Busverbindung mit Agordo

HÜTTEN
Rifugio Bottari (1573 m), CAI, Ende Mai bis Ende September, Tel. 0437/59 92 00
Rifugio Volpi al Mulaz (2560 m), CAI, Mitte Juni bis Mitte September, Tel. 0437/59 94 20
Rifugio Rosetta (2581 m), CAI, Mitte Juni bis Ende September, Tel. 0439/683 08
Rifugio Pradidali (2278 m), CAI, Mitte Juni bis Mitte September, Tel. 0439/641 80
Bivacco Minazio (2250 m), CAI, stets offene Biwakhütte
Rifugio Treviso (1631 m), CAI, Anfang Juni bis Anfang Oktober, Tel. 0439/623 11
Bivacco Menegazzi (1737 m), CAI, stets offene Biwakhütte
Rifugio Scarpa-Gurekian (1748 m), CAI, Mitte Juni bis Ende September, Tel. 0437/670 10

GEHZEITEN
Falcade – Rifugio Volpi al Mulaz 4 1/2 Std. – Rifugio Rosetta 4 1/4 Std. – Rifugio Pradidali 2 1/4 Std. – Rifugio Treviso 4 1/2 Std. – Rifugio Scarpa-Gurekian 5 1/2 Std.

ANFORDERUNGEN
Markierte Bergsteige in wilder Umgebung mit etlichen kniffligen Einzelpassagen, die absolute Trittsicherheit und Schwindelfreiheit sowie manchmal sogar etwas Kletterei verlangen. Daher nur für ziemlich erfahrene Bergwanderer geeignet. Konditionell im üblichen Rahmen, die Auftaktetappe weist jedoch einen großen Höhenunterschied auf.

KARTE
Tabacco, 1:25 000, Blatt 022 »Pale di San Martino«

Was die Wildheit und die Kühnheit der Formen angeht, so darf die Palagruppe im Dolomitenraum als unübertroffen gelten. Dass sie ein formidables Kletterrevier sind, sieht man den scharfen Zacken und kompakt gebauten Türmen zwischen dem Val Cismon und dem Agordino allenthalben an; dass es hier auch prima Wanderrouten gibt, erschließt sich hingegen wohl erst auf den zweiten, tieferen Blick. Mit Ausnahme des Einstiegs und der finalen Etappe folgt unsere Pala-Durchquerung dem Dolomiten-Höhenweg Nr. 2, und nicht wenige behaupten, es handele sich um den allerschönsten Teil davon. Zieht man das Spektakuläre und den raschen Wechsel der Szenerien in Betracht, mag man kaum widersprechen. Allerdings gilt es, hierfür einige Hürden zu meistern, denn fast jeder Abschnitt wartet zwischendurch mit etwas Kraxelei in exponiertem Gelände auf. Bereits mit dem ersten Blick auf die Türme des Focobon erfüllt sich die Faszination der Pala, mehr noch wenn wir auf dem Sentiero delle Farangole ins steinern-bleiche Herz der Gruppe eintauchen, wo sich eine 50 Quadratkilometer große Plateaufläche ausbreitet. Keinesfalls geringer werden Urwüchsigkeit und optische Vielfalt auf den Wegen über Passo di Ball, Passo delle Lede und Forcella delle Mughe, bevor man am Fuß des Agnèr auf ein Dolomiten-Erlebnis der Superlative zurückschauen kann.

Die zerklüftete Pala della Madonna über der Forcella delle Mughe

Falcade – Rifugio Volpi al Mulaz Ein beliebter Zugang zur Mulazhütte kommt vom Passo Rolle über die Baita Segantini, doch wollen wir hier – wegen der weniger umständlichen Rückfahrt am Ende der Tour – den Aufstieg von Falcade wählen, auch wenn dieser in puncto Länge wesentlich stärker ins Gewicht fällt. Von den beiden verschiedenen Möglichkeiten ist der Weg über die Focchetti di Focobon beschrieben, ein anderer führt durchs Valle del Focobon. Von Falcade zum Ortsteil Molino und ein kurzes Stück ins Valle del Focobon einwärts, bis rechts die Alta Via dei Pastori abzweigt. Durch den Wald aufsteigend wird die Lichtung der Casera Costazza mit dem Rifugio Bottari (1573 m) erreicht. Nun lassen wir die Alta Via dei Pastori rechts abziehen und begeben uns gegen den links von einem Grabeneinschnitt begrenzten Bergrücken hinauf. Mit abnehmender Neigung weiter durch das kupierte Gelände der Focchetti di Focobon zur Einmündung in den Dolomiten-Höhenweg Nr. 2, der vom Passo di Vallès her über den nahen Passo dei Focchetti (2291 m) kommt. Nachfolgend verliert man in den gegliederten Flanken des Mulazstocks zunächst wieder etwas an Höhe, überwindet teils mit Drahtseilhilfe einige Felsstellen und gelangt allmählich auf die Anhöhe des Sasso Arduini (2582 m), von wo es nicht mehr weit ist zum Rifugio Volpi al Mulaz (2560 m). Die Umgebung mit der zackigen Focobonkette vermittelt schon am ersten Tag eine typische Pala-Szenerie.

Rifugio Volpi al Mulaz – Rifugio Rosetta Bei diesem Übergang ins Herz der Pala handelt es sich um den Sentiero delle Farangole, der mitreißende Landschaftsbilder zwischen wilden Zacken, einsamen Hochtälern und einem steinig kargem Hochplateau verspricht. Als Erstes wird die Forcella Margherita (2655 m) über einen erdigen Hang erklommen. Allerdings tut sich mit dem Passo delle Farangole (2814 m) unmittelbar die nächste, größere Hürde auf. Wir halten uns auf der linken Seite des steil abfallenden Kessels und gelangen mit einer Schleife in die abschließende Rinne, die mitunter vereist in die enge Scharte leitet. An den linken Begrenzungsfelsen gewähren Drahtseile die nötige Sicherheit. Auch beim südseitigen Abstieg helfen anfangs ein paar Eisenteile, dann laufen die Hänge

zunehmend gemäßigter auf die Karböden des oberen Val Grande aus. Weiter unten kreuzt man den Pfad vom Pian delle Comelle ins Val Strut und beginnt die lange Querung durch die Steilhänge über dem Val delle Comelle. Der Steig ist nicht wirklich schwierig, allerdings häufig recht ausgesetzt, denn unterhalb lauern tückische Abbrüche. Kurze Passagen sind gesichert, etwa am Auslauf des Valle delle Galline. Mit Erreichen des Pian dei Cantoni wird es gemütlicher. Durch ein Schutttälchen gelangt man an den nördlichen Rand des

Rifugio Volpi al Mulaz

Die zackige Focobon-Kette von der Südseite gesehen

Das Massiv der Cima di Val di Roda ist Blickfang auf der Etappe über den Passo di Ball.

Rifugio Rosetta – Rifugio Pradidali Obwohl der kürzeste Abschnitt der Tour, bringt die Wanderung auf der Westseite der Pala di San Martino und ihrer Trabanten doch einige der stärksten Impressionen und gehört sicherlich zu den schönsten Etappen des gesamten Dolomiten-Höhenwegs Nr. 2. Man verabschiedet sich vom weitläufigen Altipiano und steigt über den nahen Passo di Val di Roda (2572 m) in den jenseitigen Geländeeinschnitt ab. Die zahllosen Serpentinen sind ausgesprochen flach angelegt und daher mühelos zu begehen. Um den Westsporn der Croda di Roda herum geht es abwärts bis auf den bezaubernden Colle delle Fede, einen grünen Absatz inmitten der steilen Felsflanken. Kurz darauf zweigt der Talweg durchs untere Val di Roda rechts ab, während wir am Fuße von Pala di San Martino, Cima Immink und Cima Pradidali allmählich wieder aufwärts queren. Ein gesichertes Band zwischendurch ist eher unproblematisch. Wir erreichen den Passo di Ball (2443 m) und steigen durchs jenseitige Schuttkar rasch zum Rifugio Pradidali

großen Altipiano, der mit seinem Charakteristikum, dem Gletscher an der Fradusta, schon von weitem sichtbar war, und schließlich rechts haltend zum Rifugio Rosetta (2581 m) als Stützpunkt in dieser karstigen Einöde. Mit großer Einsamkeit ist hier tagsüber allerdings nicht zu rechnen, zu nah befindet sich die Seilbahnstation an der Rosetta. Von deren Gipfel hat man übrigens einen traumhaften Tiefblick auf San Martino di Castrozza.

(2278 m) ab. Blickfang Nummer eins sind hier die Felspfeiler der Cima-Canali-Westwand.

Rifugio Pradidali – Rifugio Treviso Man begibt sich nordostwärts in das Pradidali-Hochtal hinein und kommt am häufig ausgetrockneten Lago Pradidali vorbei zu zwei aufeinander folgenden Weggabelungen. Wir lassen die Trasse zum Passo Pradidali Basso links und steigen über Geröll gegen der Passo delle Lede an. Einer steinschlaggefährlichen Rinne weicht man links über gut gestuften Fels aus, wobei die Kletterei einen reinen Wanderer schon fordern wird. Über weitere, eventuell schneebedeckte Stufen wird schließlich der Passo delle Lede (2695 m) gewonnen, wo sich der Blick auf die Südkette der Pala öffnet, der bei einem kurzen Abstecher zur Cima del Lago (2797 m) noch bereichert werden kann. Auf der Südostseite geht es in den ausgedehnten Vallon delle Lede hinab. Man hält sich links unter die Südwand der Fradusta und steigt über das großzügige Bivacco Minazio (2250 m, Nächtigungsmöglichkeit für Selbstversorger) noch weit bis in den Grund des hinteren Val Canali ab. Der Weg ist im schrofendurchsetzten Gelände recht ruppig und taucht später in die Latschen- und Waldzone ein. Am bewaldeten Gegenhang wartet schließlich noch ein Anstieg von rund 200 Hm zum Rifugio Treviso (1631 m).

Rifugio Treviso – Rifugio Scarpa-Gurekian Auf der Schlussetappe überschreiten wir die Pala-Südkette und wandern anschließend noch eine Weile aussichtsreich an ihrer Flanke entlang. Interessant sind vor allem die Einblicke in die wenig bekannten südlichsten Dolomitengefilde der Cimonega und Monti del Sole. Steil gestaltet sich der Aufstieg zur Forcella delle Mughe (2244 m), im unteren Bereich mit etwas »Wurzelkraxelei«, dann auf typischem Geröllpfad im Hochkar des Vallon delle Mughe und schließlich Hand an den Fels legend im letzten Stück zur Scharte. Drüben durch schrofige Rinnen und ausgedehnte Schutt- und Rasenhänge hinab zum Bivacco Menegazzi (1737 m) auf dem Pianlonch hoch über Gosaldo. Teil zwei der Etappe gehört dem fast horizontal verlaufenden Verbindungssteig zum Rifugio Scarpa-Gurekian. Man quert die ausgeprägte Runse des Valle Sprit, die aus dem Massiv der Croda Grande hinabzieht, und gelangt über einen weiteren Doppelgraben zur Terrasse der Casera di Campo (1750 m). In leichtem Auf und Ab quert die Spur weiter einige Rücken und die dazwischenliegenden Einbuchtungen bis zum Passo del Col di Luna (1718 m). Hier wechselt man in den Bereich des Val Domadore oberhalb Frassenè, das ebenfalls im Bogen ausgegangen wird. Zuletzt etwas ansteigend zur Malga Losch und dem Rifugio Scarpa-Gurekian (1748 m) unter der gewaltigen Felsenwucht des Agnèrmassivs. Die Bergstation des Sessellifts von Frassenè befindet sich nur wenige Minuten entfernt.

Bei der Malga Losch am Fuße des Agner ist der Endpunkt der Pala-Durchquerung erreicht.

GIPFEL AM WEG

Monte Mulaz (2906 m): 1 Std. vom Rifugio Volpi al Mulaz
La Rosetta (2743 m): 35 Min. vom Rifugio Rosetta
Cima del Lago (2797 m): 20 Min. vom Passo delle Lede

50 VON DER CIVETTA ZUR SCHIARA
Unterwegs auf dem Dolomiten-Höhenweg Nr. 1 (Pragser Wildsee → Belluno 150 km)

leicht/mittel · 4–6 Tage · 2300 Hm · ÖVM

AUSGANGSPUNKT
Alleghe (978 m) im oberen Tal des Cordevole, Talstation der Bergbahnen zum Col dei Baldi; Busverbindung von Belluno über Agordo

ENDPUNKT
Pinei (486 m) im unteren Tal des Cordevole; Bus über Agordo zurück nach Alleghe

HÜTTEN
Rifugio Coldai (2132 m), CAI, Mitte Juni bis Ende September, Tel. 0437/78 91 60
Rifugio Tissi (2250 m), CAI, Ende Juni bis Ende September, Tel. 0437/72 16 44
Rifugio Vazzoler (1714 m), CAI, Mitte Juni bis Mitte September, Tel. 0437/66 00 08
Rifugio Carestiato (1834 m), CAI, Mitte Juni bis Mitte September, Tel. 0437/629 49
Rifugio San Sebastiano (1601 m), privat, ganzjährig, 0437/623 60
Rifugio Sommariva al Pramperet (1857 m), CAI, Ende Juni bis Mitte September, Tel. 337/52 84 03
Rifugio Pian de Fontana (1632 m), privat, Mitte Juni bis Mitte Sept., Tel. 335/609 68 19
Rifugio Bianchet (1246 m), CAI, Mitte Juni bis Ende September, Tel. 0437/66 92 26

GEHZEITEN
Alleghe/Col dei Baldi – Rifugio Coldai 1 1/4 Std. – Rifugio Tissi 2 Std. – Rifugio Vazzoler 2 1/4 Std. – Rifugio Carestiato 3 1/2 Std. – Rifugio Sommariva al Pramperet 4 1/2 Std. – Rifugio Pian de Fontana 3 1/2 Std. – Rifugio Bianchet 2 1/4 Std. – Pinei 2 Std.

ANFORDERUNGEN
Abschnittsweise etwas spärliche und raue Wege, jedoch frei von schwierigeren Stellen. Mit grundlegender Trittsicherheit von jedermann zu begehen. Auch konditionell nicht sonderlich anspruchsvolle Etappen (flexible Einteilung). Achtung: Die mögliche Fortsetzung über die Schiara ist um mehrere Stufen schwieriger, Klettersteigausrüstung und -erfahrung notwendig.

KARTE
Tabacco, 1:25 000, Blatt 025 »Dolomiti di Zoldo, Cadorine e Agordine«

Wer die Dolomiten einmal von einer ungewohnten, kaum vom Tourismus beherrschten Seite kennen lernen möchte, dem sei die südliche Hälfte des Dolomiten-Höhenweges Nr. 1 ans Herz gelegt. Beim Tourenstart im Gebiet der Civetta geht es freilich noch recht lebhaft zu, zählt die Höhenroute zwischen Rifugio Coldai und Rifugio Vazzoler, die so genannte Trans-Civetta, doch zu den populärsten Wanderungen überhaupt im Reich der »bleichen Berge«. Die Kulisse ist – nebenbei bemerkt – auch wirklich einzigartig. Doch danach wird es Schritt für Schritt ruhiger und einsamer, manchmal allerdings auch etwas ruppiger, da die Steige nicht mehr überall breit ausgetreten sind. Nachdem auch die Moiazza als südliches Anhängsel der Civettagruppe passiert und der Straßenpass Duran gekreuzt ist, tauchen wir in die wenig namhaften Gebiete der Tamer-, Pramper- und Talvenagruppe ein. Urwüchsige Dolomitennatur ohne technische Erschließungen umgibt uns. Auch die bescheidenen Hütten wie die Rifugi Sommariva und Pian de Fontana drücken aus, wie fern der Massentourismus hier ist. Vor der mächtig aufstrebenden Schiara macht der Wanderer dann gleichsam die »Biege« ins Val Vescova, denn nur klettersteigerprobte, absolut schwindelfreie Geher dürfen ihren Weg über die Via ferrata Marmol bis nach Belluno fortsetzen.

Die Trans-Civetta führt direkt unter der gewaltigen Nordwestwand entlang.

Alleghe – Rifugio Coldai Von malerisch am See gelegenen Ferienort Alleghe geht es in zwei Sektionen mit Seilbahn und Sessellift zum Col dei Baldi (1922 m) hinauf, wo uns augenblicklich der Monte Pelmo in Bann zieht. Südwärts etwas absteigend trifft man bei der Forcella d'Alleghe (1816 m) auf den von Palafavera kommenden breiten Weg. In Kehren am Hang hinauf und nach links um ein Felseneck herum zum Rifugio Coldai (2132 m).

Rifugio Coldai – Rifugio Vazzoler »La piu bella passeggiata delle Dolomiti« – so parliert man auf gut italienisch über die Höhenwanderung am Fuße der Civetta-Nordwestwand. Zunächst wechseln wir über die nahe Forcella Coldai (2191 m) auf die Westseite, umrunden den gleichnamigen See – an dem man gleich einmal hängen bleiben könnte – und übersteigen in südlicher Richtung die Forcella di Col Negro (2203 m). Nun dräut linker Hand die »Wand der Wände«, wie man den 1200 Meter hohen Nordwestabsturz der Civetta ehrfurchtsvoll nennt. Wir steigen auf die Böden des Val Civetta ab, durchschreiten eine blockgefüllte Mulde und kommen zur Abzweigung Richtung Rifugio Tissi: Keinesfalls auslassen, auch wenn es einen kleinen Extra-Anstieg erfordert. Denn vom Rifugio Tissi (2250 m) lässt sich die Wandflucht viel besser überschauen, und von der nur einen Katzensprung entfernten Cima di Col Rean (2281 m)

Alleghe am Fuße der Civetta

Die doppelgipflige Cima di Pramper beim Aufstieg zur Portela del Piazedel

Szenerie im Bereich der Moiazza, nahe dem Rifugio Carestiato

erhascht man zusätzlich einen Blick tief hinunter zum Alleghesee sowie weit nach Westen hinaus über das Gipfelmeer der Dolomiten. Anschließend am weitläufigen Südwestrücken abwärts und in den unterhalb verlaufenden Hauptweg einmündend zur Mulde des verfallenen Cason di Col Rean. Latschenfelder und blockdurchsetzte Wiesenböden begleiten uns über die Sella di Pelsa (1954 m) hinweg auf den breiten Karrenweg, der hinab zum Rifugio Vazzoler (1714 m) führt. Die südlichen Ausläufer der Civetta bleiben respektable Rahmenkulisse, und auch die Moiazza tritt jetzt ins Blickfeld.

Rifugio Vazzoler – Rifugio Carestiato Über den geschotterten Fahrweg geht es abwärts bis auf 1430 Meter, dann links abzweigend über einige verstrauchte Gräben hinweg und in dem anschließenden Waldgebiet auf etwas verschlungenem Pfad ein ordentliches Stück empor. Unter den Felsen dreht man nach rechts ab und gelangt in den Sattel am Col d'Ors. Dahinter in ansteigender Traverse am Wandsockel entlang, bis die Trasse in die Forcella del Camp (1933 m) abknickt. An dieser Stelle wird ein südlicher Kammausläufer der Moiazza leicht überstiegen, ehe man durch Latschen- und Geröllzonen, die Mündung des Van dei Cantoi passierend, zum Rifugio Carestiato (1834 m) hinüberwandert.

Rifugio Carestiato – Rifugio Sommariva al Pramperet Ein bequemer Abstieg leitet zum Passo Duran (1601 m), wo man im Rifugio San Sebastiano oder im Rifugio Tomè ebenfalls Nächtigungsmöglichkeit finden kann. Der Weiterweg folgt jetzt rund eineinhalb Kilometer der Straße Richtung Agordo, bis sich bei der Malga Caldea Vecchia (in der großen Rechtskurve) der Dolomiten-Höhenweg fortsetzt. Über einen bewaldeten Hang bergan zur Forcella Dagarei (1620 m). Hier beginnt die lange, teilweise überwachsene Traverse durch die Flanken der Tamergruppe. Bald tritt man in freieres Gelände hinaus und hat nun längere Zeit die von Gräben durchzogenen Schuttreißen zu queren. Später mit der Einmündung zweier Talzustiege zur aufgelassenen Malga Moschesin (1800 m) hinauf. Nach einigen Kehren passiert man etwas höher ein Geländeeck (P. 1966) und wandert hinüber zur Forcella del Moschesin (1940 m). Auf der Seite des Val Balanzola nach kurzem Abstieg rechts querend dem Massiv der Cima di Pramper entgegen, an dessen Fuß das Rifugio Sommariva al Pramperet (1857 m) steht.

Rifugio Sommariva al Pramperet – Rifugio Pian de Fontana In südwestlicher Richtung steigen wir am Rande einer Felsrippe zur Portèla del Piazedel (2097 m) an. Von dort links haltend über die weitläufigen, anfangs noch spärlich begrünten Hänge von Piazedel mäßig steil bis unter die Cime de Zita. Über eine sekundäre Gratscharte gelangt man auf eine Terrasse über dem Val de Erbandoi und steigt scharf links noch etwas weiter zur Forcella de Zita Sud an. Der nahe Gipfel der Cima de Zita Sud (2450 m) lässt sich über den Schutthang in wenigen Minuten mitnehmen und begeistert mit einem herrlichen Rundumblick: Im Westen die Pala, im Norden die großen Ampezzaner Bergstöcke, im Osten die Karnischen Alpen oder Dolomiti d'oltre Piave, wie sie im Italienischen genannt werden, und im Süden unmittelbar gegenüber die Talvena mit der Schiara-Bastion dahinter. Diese Richtung ist jetzt die unsrige, wenn wir von der Scharte in die wunderbare Hochmulde des Van de Zita de Fora absteigen. Sie leitet zu einer steileren Geländestufe über, die der Pfad im Hin und Her geschickt überwindet. Kurz darauf empfängt uns das Rifugio Pian de Fontana (1632 m).

Rifugio Pian de Fontana – Pinei Zuerst ein Stück ins innere Val dei Rossi hinab, wo im Grabeneinschnitt der Hüttenweg verlassen und am Gegenhang zur Forcella di Lavaretta (1704 m) angestiegen wird. Jenseits folgt eine Querung unterhalb des Kammrückens, ehe sich die Varianten des Dolomiten-Höhenweges gabeln. Die Hauptroute muss jetzt – mit Belluno als Endziel – die mächtige Schiara überwinden, was sich vor allem auf der südseitigen Klettersteiganlage (Via ferrata Mar-

> **GIPFEL AM WEG**
> **Cima di Col Rean** (2281 m): 5 Min. vom Rifugio Tissi
> **Cima de Zita Sud** (2450 m): 10 Min. von der Forcella de Zita Sud

mol) als schwierig erweist. Um das bisher moderate technische Niveau dieser Tour nicht zu belasten und sie auch für weniger Erfahrene offenzuhalten, begeben wir uns rechter Hand auf die Variante, die in den Laubwald des hinteren Val Vescova abtaucht. An der Casera della Valle vorbei erreichen wir mit dem Rifugio Bianchet (1246 m) unseren letzten Hüttenstützpunkt. Durchs Val Vescova führt anschließend ein Fahrweg hinaus, dem man entweder ganz bis Pinei folgt oder aber vorzeitig nach links verlässt, um an einem steilen Waldhang direkt zur Staatsstraße 203 (Bushalt) abzusteigen.

Kleiner Stützpunkt am Dolomiten-Höhenweg: das Rifugio Pian de Fontana

51 IM GROSSEN BOGEN RUND UM CORTINA
In den Pragser und Ampezzaner Dolomiten

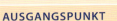

AUSGANGSPUNKT
Schluderbach (1438 m) im Höhlensteintal zwischen Toblach und Cortina d'Ampezzo; Bushaltestelle

ENDPUNKT
Cortina d'Ampezzo (1211 m)

HÜTTEN
Dürrensteinhütte (2040 m), privat, fast ganzjährig, Tel. 0474/79 25 05
Berggasthof Plätzwiese (1993 m), privat, fast ganzjährig, Tel. 0474/74 86 50
Seekofelhütte (2327 m), CAI, Mitte Juni bis Ende September, Tel. 0436/86 69 91
Senneshütte (2116 m), privat, Anfang Juni bis Mitte Oktober, Tel. 0474/50 10 92
Faneshütte (2060 m), privat, Mitte Juni bis Mitte Oktober, Tel. 0474/50 10 97
Lavarellahütte (2042 m), privat, Mitte Juni bis Mitte Oktober, Tel. 0474/50 10 79
Rifugio Lagazuoi (2752 m), privat, Mitte Juni bis Ende September, Tel. 0436/86 73 03
Rifugio Averau (2413 m), privat, Mitte Juni bis Ende September, Tel. 0436//46 60
Rifugio Nuvolau (2575 m), CAI, Mitte Juni bis Ende September, Tel. 0436/86 79 38
Rifugio Croda da Lago (2046 m), CAI, Mitte Juni bis Ende September, Tel. 0436/86 20 85

GEHZEITEN
Schluderbach – Plätzwiese 2 ½ Std. – Seekofelhütte 4 Std. – Faneshütte 4 Std. – Rifugio Lagazuoi 5 Std. – Rifugio Nuvolau 3 ½ Std. – Rifugio Croda da Lago 4 Std. – Cortina d'Ampezzo 3 Std.

ANFORDERUNGEN
Größtenteils leichte, problemlose Wanderwege. Einige ausgesetzte Stellen wie an der Gaiselleite, an der Forcella del Lago oder beim Abstieg vom Nuvolau erfordern Trittsicherheit (meist Sicherungen). Wer sich Zeit lässt, hat moderate tägliche Gehzeiten von 4–5 Std.

KARTE
Tabacco, 1:25 000, Blatt 03 »Cortina d'Ampezzo e Dolomiti Ampezzane«

Wie kontrastreich das Felsenreich der Dolomiten ist, lässt sich auf dieser einwöchigen Tour durch die Pragser Berge, die Fanesgruppe und den westlichen Teil der Ampezzaner Dolomiten beispielhaft erleben. Einmal wandern wir über weitläufige, wasserarme Hochflächen, dann wieder wächst die schönste Felsarchitektur unmittelbar vor uns in den Himmel und schließlich beeindrucken die großen einzeln stehenden Bergstöcke des Ampezzano wie der Pelmo, der Antelao oder die Tofane. Der hohe Stellenwert der Dolomiten in der Gunst ausflugslustiger Touristen, ambitionierter Wanderer und zünftiger Kletterer kommt nicht von ungefähr: Hier wird man stets aufs Neue überrascht und von einer unvergleichlichen Bergwelt in Bann gezogen. Ein erheblicher Teil dieser Wanderung bedient sich der Trasse des Dolomiten-Höhenweges Nr. 1, der offiziell am Pragser Wildsee startet und erst in Belluno endet. Wir hingegen steigen sozusagen »quer« ein und lernen auf der wenig begangenen Route zwischen Plätzwiese und Seekofel gleich einen stillen Bereich der Pragser Dolomiten kennen. Anschließend übernimmt der mit einem blauen Dreieck gekennzeichnete Dolomiten-Höhenweg die Führung und wechselt von der Sennes- auf die noch eindrücklichere Fanes-Hochfläche über, wo man sich geradezu inmitten einer Märchenkulisse wähnt. Kein Wunder, dass diese Gegend einst die Fantasie der Menschen beflügelte und zur Sagen- und Legendenbildung anregte. Weniger romantisch dünken uns da die Zeugnisse des Ersten Weltkrieges, wie man sie im weiteren Verlauf zuweilen zu Gesicht bekommt, etwa am Lagazuoi. Die Front verlief damals ja quer durch die Dolomiten. Den Lagazuoi sollte man sich freilich, ebenso wie den Nuvolau jenseits des Falzaregopasses, auch als Sonnenauf- und -untergangsloge merken; wer es einrichten kann, übernachtet in den jeweiligen Gipfelhütten. Zum Schluss passieren wir noch die zackenreiche Croda da Lago, ehe das quirlige Leben von Cortina wieder eine ganz andere Seite der Dolomiten offenbart.

Richtungsentscheidung in der Fanes

Schluderbach – Plätzwiese Von Schluderbach führt eine alte Militärstraße am Rand des Seelandtals hinauf zur Plätzwiese, die weit ausholenden Kehren können zumeist abgekürzt werden. Am südlichen Rand der Plätzwiese finden wir die Dürrensteinhütte (2040 m), eine halbe Stunde weiter nördlich den Berggasthof Plätzwiese (1991 m).

Plätzwiese – Seekofelhütte Dieser Verbindungssteig quert im Auf und Ab die Nordseite der Hohen und Kleinen Gaisl. Vom Gasthof Plätzwiese folgen wir Weg Nr. 3 durch die Kessler Wiesen zur Stolla-Alm, überschreiten einen Graben und gelangen um einen Geländerücken herum ansteigend auf den Gumpalboden. In der Folge wird die Schlechtgaisl mit ihrem Nordausläufer umgangen, ehe man durch eine weitere Karmulde in die Felsschrofen der Gaiselleite (P. 2257) hineinkommt. Hier teilweise gesichert weiter nach Westen, einige Runsen querend und über sanftere Wiesenhänge auslaufend Richtung Rossalmhütte (2164 m), zu der auch ein Weg aus dem Altpragser Tal heraufzieht. Als Nächstes wird der abgeflachte Kühglättenpingl umgangen, wobei an mehreren Abzweigungen auf die richtige Weiterführung des Weges zu achten ist. Man begibt sich in etwas unübersichtlichem Terrain westwärts in das Kar namens Ofen (Forno) und gewinnt im Anstieg die Ofenscharte (Forcella Sora Forno, 2388 m) am Ansatz des Seekofel-Südostgrates. Dieser

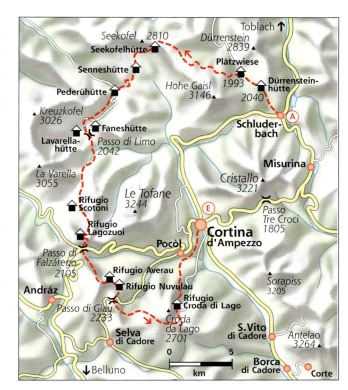

prachtvolle Dolomitenthron hoch über dem Pragser Wildsee lohnt einen Abstecher ungemein. Gleich hinter der Scharte empfängt uns die Seekofelhütte (2327 m).

Variante: Für das letzte Stück kann man auch den Weg über den Fossesriedl (2332 m) benutzen, der nördlich des Kühglättenpingls

Junger Steinbock am Seekofel

Blick vom Limojoch auf die Eisengabelspitze; rechts hinten der Seekofel

links abzweigt. Am Schluss nahe dem Kammrücken zur Hütte.

Seekofelhütte – Faneshütte Zuerst auf einem Karrenweg leicht abwärts; wo dieser nach Süden eindreht (P. 2260), auf einen Steig abzweigend und durch das wellige Gelände der Sennesalm zur Senneshütte (2116 m). Nun wieder auf einer Fahrpiste, ein Stück abkürzend (womit die Fodara-Vedla-Hütte ausgelassen wird), und über den Steilabfall des Sennesplateaus serpentinenreich ins hintere Rautal hinab. Hier steht der Gasthof Pederü (1548 m) am Ende der Mautstraße.

Kapelle am Falzaregopass vor der Südwand des Lagazuoi

Felsenfenster in der Galleria Lagazuoi

Durch das südwärts hinaufziehende Hochtal schließt sich der Gegenanstieg ins Gebiet der Fanes an, wobei auch hier eine Schotterpiste zur Verfügung steht, der man aber – besonders wenn staubender Jeep-Verkehr unterwegs ist – über einen streckenweise parallel geführten Steig ausweichen sollte. Zum Ende hin bleibt nur der Fahrweg, der eine große Linkskurve beschreibt und sich auf der Kleinfanesalm angekommen gabelt: Rechts geht es zur Lavarellahütte (2042 m), links zur Faneshütte (2060 m), die sich beide als Stützpunkt anbieten. Von hier aus lassen sich auch tolle Erkundungsstreifzüge durchs sagenumwitterte Fanesreich unternehmen.

Faneshütte – Rifugio Lagazuoi Von Kleinfanes wechseln wir über das Limojoch (2174 m) sowie am zauberhaften Limosee vorbei nach Großfanes. Immer dem breiten Weg südwärts folgen, bis auf den flachen Böden hinter dem Tadegajoch (2157 m) der Dolomiten-Höhenweg nach links abzweigt und gutmütig zur Forcella del Lago (2486 m) ansteigt. Die Südseite ist mit ihrer steilen Geröllrinne wesentlich unangenehmer. Am Auslauf in den Schuttreißen lässt man den Lago di Lagazuoi unter sich (noch etwas tiefer befindet sich das Rifugio Scotoni, 1985 m) und quert am Fuße der senkrechten Cima-Scotoni-Südwestwand. Über die weitläufig kargen, allmählich ansteigenden Böden der Alpe di Lagazuoi geht es anschließend dem breit vor uns liegenden Lagazuoimassiv entgegen, das von einer Seilbahnstation »gekrönt« wird. Nachdem die obersten Geröllflanken erstiegen sind, können wir in der benachbarten Unterkunft des Rifugio Lagazuoi (2752 m) zur Nacht bleiben und tolle Stimmungen ohne den tagsüber herrschenden Rummel in uns aufnehmen. Der Lagazuoi gilt als Aussichtswarte von Rang, Schaustücke sind unter anderem die Marmolada und die nahen Klötze der Tofane.

Rifugio Lagazuoi – Rifugio Nuvolau Drei Möglichkeiten stehen für das Bergab zum Passo Falzarego zur Auswahl: Entweder bequem mit der Seilbahn, zum zweiten auf dem normalen Wanderweg via Forcella Lagazuoi und Forcella Travenanzes oder – am interessantesten, aber nur mit Taschenlampe und ohne Angst vor dunklen Löchern! – durch die Galleria Lagazuoi, einem mit Drahtseillauf versehenen Felsstollen, der im Ersten Weltkrieg ausgesprengt wurde. Nach einer vielleicht etwas beklemmenden Dreiviertelstunde gelangt man wieder ans Tageslicht und steigt über die Schuttreißen zum

Passo Falzarego (2106 m) ab. Hier ohne Umschweife die Straße kreuzen und gegenüber in gemäßigter Steigung wieder bergauf. Man bewegt sich bald im Bereich eines Geländeeinschnitts und passiert später den Felsklotz des Averau an seinem Sockel zwischen Forcella Averau (2435 m) und Forcella Nuvolau (2413 m). An Letzterer steht das Rifugio Averau. Schließlich am Nordwestkamm des Nuvolau hinauf zur gleichnamigen Gipfelhütte (2575 m), die abermals ein phänomenales Panorama bietet. Ringsum zeigt sich die gesamte Ampezzaner Gipfelprominenz: Civetta, Pelmo, Croda da Lago, Antelao, Sorapiss, Cristallo, Tofane – und damit wäre nur der östliche Gesichtskreis beschrieben …

Rifugio Nuvolau – Rifugio Croda da Lago
Beim Abstieg auf der Südostseite des Nuvolau muss ein Steilabbruch überwunden werden, der auf einem kurzen Stück sehr ausgesetzt ist und sicherlich zum Anspruchsvollsten der Tour gehört. Von einer Schlüsselpassage braucht allerdings nicht unbedingt die Rede zu sein, zumal sich der Nuvolau auch leicht und ohne Mehraufwand umgehen ließe (siehe Variante). Nachdem die Ferrata Ra Gusela gemeistert ist, gelangen wir rechts haltend über Wiesengelände zum Passo Giau (2236 m). Im Rückblick begeistert der schlanke Turm der Gusela. Jenseits der Passstraße über zwei kleine Sättel hinweg in die Mulde des Val Cernera und im Gegenanstieg zur Forcella Giau (2360 m). Dahinter quert man leicht absteigend die Wiesen unter dem Wandgürtel des Formin nach Osten und gelangt nach diversen Abzweigungen zur Forcella Ambrizzola (2277 m), die vom Cortineser Mittagszeiger, dem Becco di Mezzodi, überragt wird. Im Süden zieht vor allem der Koloss des Pelmo die Blicke auf sich. Der Weiterweg führt nun aber nordwärts bergab, zur Linken das zerklüftete Massiv der Croda da Lago, und erreicht die gleichnamige Hütte, die manchmal auch Rifugio Palmieri (2046 m) genannt wird. Die Lage in lieblicher Umgebung am Lago Federa schmeichelt Augen und Seele.

Variante: Wer dem Nuvolau und speziell der Ferrata Ra Gusela ausweichen möchte, begibt sich vom Rifugio Averau auf die Südseite hinab und quert am Fuße der Wände entlang. Kurz vor dem Passo Giau vereinigen sich die Wege wieder.

> **GIPFEL AM WEG**
> **Strudelkopf** (2307 m): 45 Min. von der Dürrensteinhütte
> **Dürrenstein** (2839 m): 2 ½ Std. von der Plätzwiese
> **Seekofel** (2810 m): 1 ½ Std. ab Seekofelhütte
> **Antonispitze** (2655 m): 2 Std. von der Lavarella- oder Faneshütte
> **Averau** (2649 m): 50 Min. vom Rifugio Averau (Klettersteig)

Rifugio Croda da Lago – Cortina d'Ampezzo
Für das finale Bergab in die Dolomiten-Metropole Cortina d'Ampezzo stehen prinzipiell verschiedene Möglichkeiten zur Verfügung. Am schönsten ist vielleicht der Wanderweg über das mit einigen Felsen gespickte Gelände der Alpe di Formin. Man bewegt sich meistens in bewaldetem Terrain und kommt später am Lago d'Aial (1412 m) mit seinem Gasthaus vorbei. Schließlich auf einem Fahrweg über die Weiler Mortisa und Crignes bis ins Zentrum von Cortina.

Ihren Abschluss findet die Tour in Cortina d'Ampezzo.

Der Averau mit der gleichnamigen Hütte

52 IM BANNE DER SEXTENER DOLOMITEN
Rassige Felssteige zwischen Cadini und Elfer

mittel/schwierig 3–4 Tage 2000 Hm ÖVM

AUSGANGSPUNKT
Misurina (1795 m), Talstation des Sessellifts zum Rifugio Col de Varda am Südende des Sees; Busverbindung mit Toblach/Cortina d'Ampezzo

ENDPUNKT
Bad Moos (1353 m) südlich von Sexten, Talstation des Rotwandwiesenlifts; Busverbindung über Sexten zum Bahnhof Innichen

HÜTTEN
Rifugio Col de Varda (2115 m), privat, Ende Juni bis Ende September, Tel. 0435/390 41
Rifugio Fonda Savio (2367 m), CAI, Mitte Juni bis Ende September, Tel. 0435/390 36
Rifugio Auronzo (2320 m), CAI, Mitte Juni bis Ende Oktober, Tel. 0435/390 02
Rifugio Lavaredo (2344 m), privat, Ende Juni bis Ende September, Tel. 336/49 46 17
Drei-Zinnen-Hütte (2405 m), CAI, Ende Juni bis Ende September, Tel. 0474/97 20 02
Büllelejochhütte (2528 m), privat, Mitte Juni bis Anfang Oktober, Tel. 337/45 15 17
Zsigmondyhütte (2224 m), CAI, Mitte Juni bis Anfang Oktober, Tel. 0474/71 03 58

GEHZEITEN
Rifugio Col de Varda – Rifugio Fonda Savio 2¾ Std. – Rifugio Auronzo 2½ Std. – Drei-Zinnen-Hütte 2 Std. – Zsigmondyhütte 2 Std. – Bad Moos/Rotwandwiesen 4 bzw. 6 Std.

ANFORDERUNGEN
Neben leichten Teilstücken gibt es auch häufiger ausgesetzte, gesicherte Abschnitte, vor allem am Sentiero Bonacossa, bei der optionalen Überschreitung des Paternkofels sowie am Alpinisteig. Absolute Trittsicherheit und Schwindelfreiheit unerlässlich, Klettersteigausrüstung mit Helm empfehlenswert; Vorsicht bei Vereisung. Aufgrund der Hüttendichte sind die Verbindungen benachbarter Stützpunkte meist kurz, sodass man flexibel zusammenlegen kann. Nur der Alpinisteig erfordert mehr Kondition.

KARTE
Tabacco, 1:25 000, Blatt 010 »Sextener Dolomiten«

Blick vom Sentiero Bonacossa in die faszinierende Welt der Cadini

Dolomitenzauber zum Sechsten! Es scheint mir keineswegs übertrieben, die grandiose Welt der »bleichen Berge« in diesem Buch gleich sechsfach vorzustellen. Ohnehin kann und darf an den Sextener Dolomiten einfach kein Weg vorbeiführen. Denn hier im äußersten Nordosten bauen sich die »Wunder aus Stein« nochmals zu einem echten Superlativ auf. Dafür stehen schon die weltberühmten Drei Zinnen gleichsam als Sinnbild, markieren geografisch ebenso wie touristisch den Mittelpunkt der Gruppe. Natürlich werden wir nicht versäumen, diese steinernen Monumente ausgiebig zu bewundern, was jedoch gleichermaßen für den Elfer und den Zwölfer, die Dreischusterspitze mit ihren Trabanten sowie den Zackenwald der Cadini gilt. Letztere werden auf dem Sentiero Bonacossa gleich als Erstes durchquert, von Scharte zu Scharte und von Kar zu Kar (= Cadin), ehe wir die Drei Zinnen wahlweise links oder rechts passieren. Die viel begangene Verbindung zwischen Drei-Zinnen-Hütte und Zsigmondyhütte gewährt dann Dolomiten-Schaustücke in geballter Form und in besonders zünftiger Manier obendrein, falls man sich für die Variante über den Paternkofel entscheidet. Doch die Highlights reißen auch zum Ende nicht ab, im Gegenteil: Der Alpinisteig, jene Traumroute durch die Flanken des Elfermassivs, zählt zu den Klassikern schlechthin für ambitionierte Höhenwanderer und genussorientierte Klettersteigler. Dass man nicht nur hier, sondern auf der ganzen Tour durch die Sextener Dolomiten öfter mal im gesicherten Fels unterwegs ist, dürfte nicht überraschen, was die Angelegenheit freilich umso prickelnder gestaltet.

Rifugio Col de Varda – Rifugio Fonda Savio

Das erste, südliche Teilstück des Sentiero Bonacossa beginnt an der Liftstation beim Rifugio Col de Varda (2115 m). Über die Schotterhänge der Grave di Misurina nordwärts schräg bergauf in die Forcella di Misurina (2395 m), dem Übersteig ins Cadin della Neve, in das es nun durch eine bröselige Schrofenrinne und entlang einer Wand steil bergab geht. Man quert das Kar ansteigend auf die gegenüberliegende Seite (nicht gerade hinauf zur Forcella della Neve) und gewinnt im Steilschutt mit einigen Felsstufen und kurzen Leitern die Forcella del Diavolo (2480 m). Durch das nächste Geröllkar wieder bergab, rechts haltend am Fuß der Cima Cadin Nordovest entlang und in kurzem Gegenanstieg zum Rifugio Fonda Savio (2367 m), umgeben von teils filigranen, teils wuchtigen Felstürmen. Das ist die verborgene Welt der Cadini di Misurina, von der die zahllosen motorisierten Drei-Zinnen-Ausflügler, denen wir später noch begegnen werden, nichts ahnen.

Rifugio Fonda Savio – Rifugio Auronzo

Über den nahen Passo dei Tocci setzt sich der Sentiero Bonacossa fort. Gesicherte Felspassagen führen in ein weiteres Kar namens Cadin del Nevaio hinab, wo wir uns bald links halten, um zur Forcella di Rinbianco (2176 m) zu queren. Auf der Ostseite weiter über ein Schrofenband am Sockel der Cima Cadin di Rinbianco entlang, bis Sicherungen links durch eine Verschneidung steil aufwärts leiten. Unter einem Felsdach gelangt man auf eine abschüssige Rampe und folgt ihr zu einem kleinen Kriegsstollen nahe der Kammhöhe. Nach einem Stück in der Flanke hoch über dem Val Campedelle wandert man oben am Rücken des Monte Campedelle weiter und dreht im Anblick der Südwände der Drei Zinnen in deren Richtung, also nordwärts ab. Durch die flache Senke der Forcella Longères (2288 m) erreicht man schließlich das Rifugio Auronzo (2320 m) am Ende der Mautstraße von Misurina.

Rifugio Auronzo – Drei-Zinnen-Hütte

Zwei Wege stehen für diesen kurzen Übergang von der Süd- auf die Nordseite der Drei Zinnen zur Auswahl. Die eineinhalbstündige Wanderung über den Paternsattel (2454 m), das Rifugio Lavaredo knapp rechts liegen lassend, und quer durch die westseitigen Geröllreißen unter dem Paternkofel ist ein klassischer Trampelpfad der Dolomiten, der tagsüber von regelrechten Massen heimgesucht wird. Wenn zu bestimmten Tageszeiten wenig los ist, darf man den unvergleichlichen Zauber der Drei Zinnen hautnah erleben. Etwas stiller ist die Variante, welche die Drei Zinnen auf der Westseite über die Forcella Col di Mezzo (2315 m) passiert. Man steigt auf die weiten Böden der Langenalpe ab und überschreitet diese in nordöstlicher Richtung.

Fast wie in der Brenta: Zacken, Scharten und Bänder am Sentiero Bonacossa

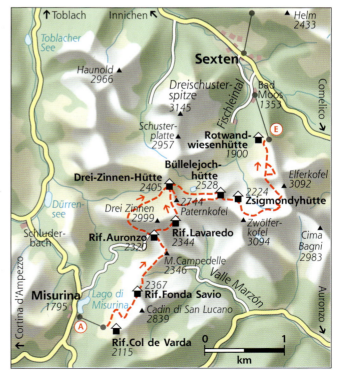

> **GIPFEL AM WEG**
>
> **Toblinger Knoten (2617 m):** 1 Std. von der Drei-Zinnen-Hütte (verschiedene Klettersteige)
> **Paternkofel** (2744 m): 20 Min. von der Gamsscharte
> **Oberbachernspitze** (2675 m): 30 Min. von der Büllelejochhütte

Währenddessen Frontalblick in die überhängenden Nordwände. Nachdem die Mulde des Rienzboden durchmessen ist, über einen gestuften Hang in Kehren hinauf zur Drei-Zinnen-Hütte (2405 m).

Drei-Zinnen-Hütte – Zsigmondyhütte

Von der weiten Einsattelung des Toblinger Riedls traversieren wir die nordseitigen Schuttreißen des Paternkofelmassivs, dabei stets schöne Ausblicke über die seengeschmückte Bödenalpe und das Altensteintal auf die Dreischustergruppe genießend. Nach fast horizontalem Verlauf steigt die Trasse schließlich steil zum Büllelejoch (2522 m) an. Man quert weiter im Rechtsbogen zum Oberbachernjoch (2519 m) und passiert auf diesem kurzen Wegstück die kleine Büllelejochhütte (2528 m), die ein bescheidenes Platzangebot für Nächtigungsgäste bereithält. Von der größeren Zsigmondyhütte (2224 m) trennt uns jedoch nur mehr eine gute halbe Stunde im Abstieg.

Variante: Spannender als der normale Wanderweg gestaltet sich die Überschreitung des Paternkofels, einerseits wegen der großartigen Perspektive auf die Drei Zinnen, zum anderen aufgrund der herausfordernden Klettersteige. Den Anfang macht der De-Luca-Innerkofler-Steig zur Gamsscharte. Am Frankfurter Würstl vorbei erreichen wir den Einstieg in den dunklen Felsstollen, wo man gut gesichert an Höhe gewinnt (Lampe nicht vergessen!). Über Felsbänder und Rinnen hinauf zur Gamsscharte (2650 m) am Schnittpunkt dreier Routen. Bevor es über den Schartenweg weitergeht, wird man den Abstecher über eine ebenfalls gesicherte Wandstufe zum Gipfel des Paternkofels (2744 m) unternehmen. Anschließend auf dem Schartensteig (Sentiero delle Forcelle) über gesicherte und

Weltbekannt: die Drei Zinnen von Norden

teilweise von Rinnen und Scharten unterbrochene Bänder nach Osten zur Forcella dei Laghi und schließlich südlich um die Bödenknoten herum abwärts zum Büllelejoch, wo man auf den oben beschriebenen Wanderweg trifft. Der Mehraufwand beträgt etwa 1 1/2 Stunden.

Zsigmondyhütte – Bad Moos Der Abschluss unserer Tour durch die Sextener Dolomiten sucht an landschaftlicher Pracht seinesgleichen, ist und bleibt der Alpinisteig doch ein Garant für ein Dolomitenerlebnis par excellence. Von der Zsigmondyhütte zuerst durch die Schuttreißen des imposanten Zwölfers Richtung Giralbajoch. Noch bevor wir dieses erreichen, drehen wir links ab, überschreiten den Rücken der Hochleist und gelangen leicht absteigend ins Innere Loch, wo der gesicherte Alpinisteig beginnt. Auf dem Salvezzaband geht es um eine Kante herum in die Felsnische des »Busento« mit seinem berühmten Schattenrissmotiv. Weiter vorwiegend auf recht komfortablem Band den Einschnitt des Äußeren Lochs ausgehend und über geröllige Schrofen in die Westflanke des Elfers. Auf einer breiten Schuttterrasse gewinnen wir langsam an Höhe bis zur markanten Schulter knapp oberhalb der Elferscharte. Von hier lässt sich bereits durchs Anderteralpenkar absteigen, wobei man später unter den Rotwandköpfen entlangquerend bei der Liftstation auf den Rotwandwiesen eintrifft. Diese Möglichkeit sollte von weniger Geübten in jedem Fall erwogen werden, jedoch auch falls die folgende Traverse durch die Nordabstürze des Elfers schlechte Verhältnisse (Schnee und Eis) aufweist. Passt alles, geht es dort in verwinkelter Routenführung durch etliche Einbuchtungen, über Bänder, Absätze und Felsstufen bis kurz vor die Sentinellascharte (2717 m). Zahlreiche exponierte Klettersteigpassagen sind zu bewältigen, auch noch beim Abstieg über eine Felsrippe in das Kar. Hier kann man sich nochmals entscheiden: Entweder auf Steigspuren abwärts zur Einmündung der Trasse von der Elferscharte oder im Gegenanstieg zur Anderterscharte (2698 m) und über weitere gesicherte Steilstufen sowie schuttgefüllte Karmulden, später am Kamm der Rotwandköpfe entlang zu den Rotwandwiesen (1900 m) hinab. Das letzte Stück ins Tal nimmt uns der Sessellift ab.

Links:
In einer tiefen Felsnische am Alpinisteig

Rechts: Der Alpinisteig verläuft meist auf ausgesetzten Bändern.

53 DURCH DIE LIENZER DOLOMITEN
Die »Unholde« über dem Drautal

mittel — 3–4 Tage — 3100 Hm — ÖVM

AUSGANGSPUNKT
Bahnhaltepunkt Nikolsdorf (641 m) an der Drautal-Bundesstraße zwischen Lienz und Oberdrauburg

ENDPUNKT
Luggauer Brücke (745 m) im Drautal zwischen Lienz und Sillian; Bushaltestelle

HÜTTEN
Hochstadelhaus (1780 m), ÖTK, Anfang Juni bis Anfang Oktober, Tel. 04710/27 78
Karlsbader Hütte (2261 m), DAV, Mitte Juni bis Ende September, Tel. 0664/975 99 98
Kerschbaumer Alm (1902 m), ÖTK, Mitte Juni bis Ende September, Tel. 0664/303 46 47

GEHZEITEN
Nikolsdorf – Hochstadelhaus 3 ½ Std. – Karlsbader Hütte 5 ½ Std. – Kerschbaumer Alm 2 Std. – Luggauer Brücke 4 ½ Std.

ANFORDERUNGEN
Die Höhenroute verläuft größtenteils im Schutt- und Schrofengelände und überwindet dabei in ständigem Auf und Ab etliche Scharten. Dazu kommen lange Zu- und Abstiege vom bzw. ins Tal. Ein sicherer Tritt sowie passable Kondition sind unbedingt notwendig, schwierigere Passagen sind aber bei guten Verhältnissen nicht zu erwarten. Vorsicht allerdings bei Schneefeldern in schattigen Rinnen.

KARTE
freytag & berndt, 1:50 000, Blatt 182 »Lienzer Dolomiten – Lesachtal«; Kompass, 1:50 000, Blatt 47 »Lienzer Dolomiten – Lesachtal«

Das zerklüftete Felsenreich der Lienzer Dolomiten, von den Einheimischen früher (ehr)furchtsvoll »die Unholde« getauft, ist zwar eher mit den Nördlichen Kalkalpen als mit den »echten« Dolomiten verwandt, liegt aber ebenfalls südlich des Alpenhauptkammes (in Osttirol und Kärnten) und besticht auf engem Raum durch facettenreiche Landschaftsbilder. Schroffe Felsspitzen sowie tief eingeschnittene Kare und Schluchten bilden ein stark gegliedertes, buchstäblich markantes Relief, das dem Wanderer allenthalben überraschende Wechsel der Szenerien bietet. Da kann keine Langeweile aufkommen. Unsere Route springt von Törl zu Törl, wie die Scharten hier üblicherweise heißen, einmal quer durch das Gebirge von Ost nach West. Allerdings ist dies kein lockerer Spaziergang, denn das ständige Auf und Ab summiert sich doch beträchtlich. Schon der Zustieg über den Zabarotsteig gestaltet sich steil und ruppig. Filetstück der Durchquerung ist eindeutig der Dreitörlweg vom Hochstadelhaus zur Karlsbader Hütte im Laserzkessel, den man zu Recht das Herz der Lienzer Dolomiten nennt, der folgende, wesentlich kürzere Übergang zur Kerschbaumer Alm dann eine nette Zugabe in ähnlichem Stil. Auffallend einsam wird es abschließend im wilden Graben des Kühbodentals.

Aus dem Laserztörl geht der Blick durchs Lavanter Hochtal zurück zum Hochstadel.

Nikolsdorf – Hochstadelhaus Vom Haltepunkt Nikolsdorf über die Draubrücke und kurz nach rechts in den steilen Bergwald hinein. Hier führt der Zabarot-Leiternsteig abgesehen von einigen Querungen über weite Strecken sehr steil und mitunter auch etwas exponiert empor. Dabei werden in origineller Art etliche Holzleitern überwunden.

Zuletzt flacht das Gelände wieder deutlich ab und man tritt aus dem Wald heraus auf die Wiesenböden der Unholdealm. Kurz darauf ist das Hochstadelhaus (1780 m) erreicht, das im Übrigen auch mit dem Hüttentaxi von Pirkach angefahren werden könnte.

Über dem Dreitörlweg ragt der Hochstadel empor.

Hochstadelhaus – Karlsbader Hütte
Zuerst ein Stück über das Almgelände, bis sich die Routen teilen: links der Dreitörlweg, rechts zum Hochstadel. Wer nicht die großartige, aber längere und anspruchsvollere Variante

> **GIPFEL AM WEG**
>
> **Hochstadel** (2680 m): Variante zum ersten Teil des Dreitörlweges, 1 ½ Std. zusätzlich
> **Laserzwand** (2618 m): 1 Std. von der Karlsbader Hütte
> **Große Gamswiesenspitze** (2488 m): 1 Std. vom Abzweig unter dem Kerschbaumer Törl
> **Spitzkofel** (2718 m): 1 ½ Std. vom Hallebachtörl (leichte Kletterei)

Oben:
Die Karlsbader Hütte gegen Simonskopf und Teplitzer Spitze

Schutzhaus Kerschbaumer Alm

über den Gipfel nehmen möchte, bleibt also am unteren Weg, wandert leicht ansteigend um den Geländerücken am Raneck (1970 m) herum und gelangt durch den unteren Teil des Badstübelkars zum Seebl. Weiter aufwärts zum Leitentörl (2361 m) und auf den Kamm, der vom Hochstadel über die Schneeklammköpfe nach Südwesten herunterzieht (hier Einmündung der Gipfelüberschreitung). Nun gemeinsam am Gratrücken bzw. knapp links davon bis ins Baumgartentörl (2330 m), wo die Route plötzlich steil nach rechts in eine Geröllrinne abtaucht. Durch diese ins Baumgartenkar hinab, in dem besonders die nahezu senkrecht gestellten Gesteinspakete an den umliegenden Graten auffallen. Mit wenigen Kehren wird das Kühleitentörl (2283 m) überstiegen, womit wir in den nächsten, deutlich ausgedehnteren Karkessel gelangen. Nach einer gerölligen Abwärtspassage quert die Trasse an den Felsen entlang nach links. Etwas später wird der Steig aus dem Lavanter Graben aufgenommen und im längeren Gegenanstieg westwärts zum Laserztörl (2497 m) angestiegen. Hier öffnet sich der Blick in den jenseitigen Laserzkessel mit den beiden Seen und der Karlsbader Hütte (2261 m), die über typische Schuttreißen schließlich bald erreicht ist.

Karlsbader Hütte – Kerschbaumer Alm
Recht ähnlich gestaltet sich die Fortsetzung aus dem wilden, fast ringsum von schroffen

Felsbergen eingefassten Laserzkessel in das weitläufigere und nicht ganz so ernste hintere Kerschbaumer Tal. Dabei ist allerdings nur ein einziges Törl zu bewältigen. Und dieses bereitet auch kaum Mühe, denn wir verlieren in den Geröllhalden unter der Teplitzer Spitze nicht allzu viel an Höhe, sodass der Gegenanstieg ins Kerschbaumer Törl (2285 m) nicht lange dauert. Drüben an der Abzweigung zur Großen Gamswiesenspitze vorbei (lohnender Abstecher!) und weiter abwärts bis auf die weiten Karböden. Dort die zwei Gräben überschreitend zum Schutzhaus Kerschbaumer Alm (1902 m).

Kerschbaumer Alm – Luggauer Brücke

Wir begeben uns durch lichte Lärchenbestände sowie über freie Grashänge mäßig steil in die weite Karbucht zwischen Böseck, Kreuzkofel und Weittalspitze. Die Abzweigung zu Letzterer links liegen lassend gegen das Hallebachtörl (2399 m) hinauf, das zuletzt in einigen Kehren gewonnen wird. Der Spitzkofel, von dieser Seite freilich alles andere als spitz, wird sichtbar und könnte von geübten Berggehern, die über elementare Klettererfahrung verfügen, mitgenommen werden. Ansonsten nach kurzem Zwischenabstieg links haltend ins Kühbodentörl (2441 m) empor. Auf der anderen Seite leiten steile Schuttreißen ins Kühbodental hinab, der Trittsichere kann auf den Sohlen »abfahren«. Der Steig verflacht sich und führt in eine enge Latschengasse. Weiter unten kann er in einem wilden Graben teilweise unterbrochen sein. Nachdem sich von links die Route von Maria Luggau über den Kofelpass dazugesellt hat, beschreibt das Kühbodental einen markanten Rechtsbogen Richtung Norden und führt weiter gegen das Drautal hinab. Dabei müssen wir aufpassen, die Bachquerung von der linken auf die rechte Seite nicht zu verpassen, wo der Steig in vielen Kehren durch den dichten Fichtenwald bis zur Luggauer Brücke absinkt. Hier haben 1700 Abstiegsmeter am Stück ein Ende.

Große und Kleine Sandspitze im Abendlicht

54 DER KARNISCHE HÖHENWEG
Auf dem Friedensweg vom Helm zum Plöcken

mittel · 5–6 Tage · 3800 Hm · ÖVM

AUSGANGSPUNKT
Obervierschach (1154 m) im Drautal auf Südtiroler Seite, Talstation des Helmlifts; Busverbindung zum Bahnhof Innichen

ENDPUNKT
Nordrampe der Plöckenstraße (ca. 1060 m); Busverbindung zum Bahnhof Kötschach-Mauthen (nicht täglich)

HÜTTEN
Sillianer Hütte (2447 m), OeAV, Anfang Juni bis Anfang Oktober, Tel. 0664/532 38 02
Obstanserseehütte (2304 m), OeAV, Mitte Juni bis Anfang Oktober, Tel. 04848/54 22
Filmoor-Standschützenhütte (2350 m), OeAV, Ende Juni bis Mitte Okt., Tel. 0664/112 71 53
Porzehütte (1942 m), OeAV, Mitte Juni bis Anfang Oktober, Tel. 0664/403 89 29
Hochweißsteinhaus (1868 m), OeAV, Mitte Juni bis Anfang Oktober, Tel. 0676/746 28 86
Wolayerseehütte (1959 m), OeAV, Mitte Juni bis Anfang Oktober, Tel. 0720/34 61 41

GEHZEITEN
Obervierschach/Helm-Bergstation – Sillianer Hütte 1 ½ Std. – Obstanserseehütte 4 ½ Std. – Filmoor-Standschützenhütte 2 ½ Std. – Porzehütte 2 ½ Std. – Hochweißsteinhaus 8 Std. – Wolayerseehütte 6 Std. – Plöckenstraße 3 Std.

ANFORDERUNGEN
Höhenwege in abwechslungsreichem Alpingelände, über längere Strecken in Kammnähe verlaufend, aber nur selten wirklich knifflige Passagen. Stellenweise heikel bei Nässe oder Schneeresten. Neben solider Trittsicherheit wird vor allem eine gute Kondition verlangt, denn manche Etappen sind sehr lang.

KARTE
Tabacco, 1:25 000, Blätter 010 »Sextener Dolomiten«, 017 »Dolomiti di Auronzo e del Comelico«, 01 »Sappada – S. Stefano – Forni Avoltri« und 09 »Alpi Carniche«;
freytag & berndt, 1:50 000, Blatt 182 »Lienzer Dolomiten – Lesachtal«

Auf einer Länge von gut 100 Kilometern bildet der Karnische Hauptkamm die Südgrenze Österreichs zum italienischen Friaul, eine Grenze, die nicht immer friedliche Zeiten gesehen hat. Wer auf der heute völkerverbindenden Route des Karnischen Höhenweges bzw. der Traversata Carnica unterwegs ist, trifft allenthalben auf Relikte aus den unrühmlichen Jahren 1915/17, als dieser Kammzug Teil einer erbittert umkämpften Frontlinie war. Mittlerweile darf man hier nach Herzenslust die Seite wechseln (was noch lange Zeit nach Kriegsende nicht möglich war) und damit die faszinierenden Gegensätze zwischen den inneralpin ausgerichteten Regionen Osttirols und Kärntens sowie dem mediterran geprägten Friaul auskosten. Der »geglättete« Karnische Höhenweg folgt dem ultralangen Kammzug von einem Ende bis zum anderen, mal auf der Nord-, mal auf der Südseite, oft auch direkt oben auf der Schneide. Wobei mit dem Wort »geglättet« ausgedrückt werden soll, dass man sich einige umständliche, ehemals notwendige Ausweichmanöver inzwischen sparen kann. So wandert heute zwischen Porzehütte und Hochweißsteinhaus beispielsweise kaum noch jemand quer durch die nordseitigen Talschlüsse sowie über ihre begrenzenden Rücken, stattdessen benutzt man mit Vorteil die kammnahe Route, die in diesem Fall zwar auch noch etwa acht Gehstunden misst, aber eben keine elf oder zwölf wie früher. Nichtsdestotrotz darf der Gesamtanspruch der Tour nicht unterschätzt werden. Wir beschränken uns hier auf den wesentlich interessanteren, alpineren Westteil des Karnischen Hauptkammes zwischen Helm und Plöcken. Nach der famosen Schau auf die Sextener Dolomiten zu Beginn kann man sich ganz auf die landschaftliche Vielfalt der Karnier einlassen, die schon durch das Nebeneinander von Kalk und älterem Kristallgestein vermittelt wird. Idyllische, teils schon verwilderte Almgebiete wechseln mit den Kulissen schroffer Bergstöcke wie Hochweißstein oder Hoher Warte, sodass am Ende der sechstägigen Tour gewiss eine Erkenntnis bleibt: Die Karnischen Alpen brauchen keinen Vergleich mit berühmteren Gebirgen zu scheuen.

Schön gelegen: die Wolayerseehütte

Obervierschach – Sillianer Hütte Die Auftaktetappe steht ganz im Zeichen eines gigantischen Dolomitenpanoramas. Nach der Auffahrt per Sessellift zum Helm-Restaurant (2041 m) geht es leicht ansteigend zur Hahnspielhütte (2150 m), anschließend weiter durch die Südhänge oder mit dem kleinen Umweg über den Gipfel des Helm (2434 m) zum Leckfeldsattel (2381 m). Zur Sillianer Hütte (2447 m), die ebenfalls direkt auf dem Bergrücken steht, sind es von dort nur noch wenige Schritte.
Variante: Aufstieg von Sillian über monotone Forststraßen zur Leckfeldhütte (hierher eventuell auch mit Wandertaxi) und weiter zur Sillianer Hütte (4 bzw. 1 ½ Std.).

Sillianer Hütte – Obstanserseehütte
Meist folgen in den nächsten Stunden zwei gratnahe Steige dem Karnischen Grenzkamm über eine Reihe von Gipfelerhebungen bzw. knapp an ihnen vorbei. Die Trasse auf österreichischer Seite ist in der Regel besser ausgetreten, jene auf italienischer Seite oft schmal und etwas verwachsen. Ihre militärischen Ursprünge werden offensichtlich. Die übliche Route führt nordseitig am Hornischegg und an der Hollbrucker Spitze vorbei

Unterwegs am Fuße von Königswand und Kinigat

und gelangt absteigend zum Soldatenfriedhof im Bereich des Hochgräntenjochs (2429 m). Nun kräftig ansteigend zur Demutspitze (2591 m) und weiter in leichtem Auf und Ab über die Schöntalhöhe (2634 m) zum Eisenreich (2665 m), dem höchsten Punkt dieser Etappe. Dass die Ausblicke stets frei und weit sind, versteht sich von selbst. Wo der Kamm nach Süden Richtung Frugoni umbiegt, verlässt man ihn und steigt in die Wiesenmulde mit der malerisch gelegenen Obstanserseehütte (2304 m) ab.

Obstanserseehütte – Filmoor-Standschützenhütte Die ehemalige Route über das Roßkopftörl und die Tscharre wurde zugunsten der reizvolleren Überschreitung der Pfannspitze aufgegeben. Diese war früher nicht möglich, da man sich am Fuß der Kinigat auf italienischem Territorium bewegt – solcherlei Komplikationen sind mittlerweile irrelevant. Also steigen wir durch eine Hangmulde wieder zur Kammhöhe an und gewinnen die aus Urgestein aufgebaute Pfannspitze (2678 m) über ihren Südwestrücken: nominell höchster Punkt des Karnischen Höhenweges. Vor allem beim jenseitigen Abstieg verlangen steile Schrofen Achtsamkeit, teilweise sogar etwas Kraxelei. Die wenig ausgeprägte Kleine Kinigat wird überschritten. Aus einem Gratsattel vor der Großen Kinigat steigen wir rechts auf die steilen Schuttreißen ab und queren sowohl die Kinigat als auch die benachbarte, in ihrer Form noch markantere Königswand auf der Südseite. Über den Filmoorsattel (2453 m) wechselt man zurück auf die österreichische Seite, wo in Kürze die kleine Filmoor-Standschützenhütte (2350 m) erreicht ist.

Filmoor-Standschützenhütte – Porzehütte Gewöhnlich wird der Übergang zur Porzehütte gleich angehängt und der Tag mit einer Gesamtgehzeit von fünf Stunden ab Obstanserseehütte gut ausgefüllt. Bis zum Oberen Stuckensee (2036 m) verlieren wir über begrüntes Terrain erst einmal ordentlich an Höhe, steigen dann aber nicht weiter ins Leitner Tal ab, sondern traversieren durch die Hänge zur Rechten in Richtung Heretkofel. Einige Kehren bringen uns auf den Heretriegel (2170 m), den Übergang ins benachbarte Obertilliacher Tal. Hier nun die Höhe halten und mit Blick auf die Nordwand der Porze bequem durchs Roßkar queren. Um eine Gratrippe herum und in Kehren zum Auslauf des Porzekars hinab, schließlich durch Buschwerk fast eben hinüber zur Porzehütte (1942 m).

Porzehütte – Hochweißsteinhaus Diese Verbindung ist der längste Übergang der Tour, mit acht Stunden reiner Gehzeit sollte kalkuliert werden. Abermals bewegt man sich die meiste Zeit im unmittelbaren Kammbereich und bekommt neben einer fabelhaften Aussicht auch immer wieder Exemplare einer reichen Südalpenflora zu Gesicht. Von der Porzehütte wird zunächst das Tilliacher Joch (2094 m) anvisiert, von dort folgt man im Wesentlichen dem grasig schrofigen Kammrücken bis aufs Bärenbadeck (2438 m). Ein

Die kleine Filmoor-Standschützenhütte mit der Königswand im Hintergrund

Urwüchsige Südalpenlandschaft im Val Fleons

Enzian am Bärenbadeck

Weißsteinspitz und Hochweißstein (links dahinter) über dem Frohntal

steilerer Abstieg leitet zur ersten von drei aufeinander folgenden Gratsenken. Hinter der dritten erhebt sich die Reiterkarspitze (2422 m), deren Gipfel knapp rechts umgangen wird (Abstecher problemlos). Dabei knickt der Kammverlauf vorübergehend nach Süden ab, um sich am Winkler Joch (2248 m) aber wieder in die übliche Ostrichtung zu wenden. Relativ zügig werden nun die Erhebungen der Cima Manzon und Cima Mezzana südseitig umgangen. Von der Hochspitzsenke (2314 m) am Sockel des ungangbaren Schrofenaufbaus leicht absteigend nach rechts und über einen etwas heiklen Steilhang auf die vom Hochspitz südwärts ziehende Geländerippe hinauf. Man quert die Hochspitz-Gipfelflanke hinüber zur Forcella Vancomun, tangiert den Grenzkamm aber erneut nur kurz, um dem nächsten felsigen Hindernis südseitig auszuweichen. Anschließend zieht die Trasse im Bergauf bis fast auf den Gipfel der Steinkarspitze (2524 m). Weiter dem Kamm folgend wird der Luggauer Sattel (2404 m) erreicht, wo man sich nach langer Zeit wieder auf die Nordseite wendet. Im Schrägabstieg zum Luggauer Törl (2226 m) und jenseits durch eine Hangmulde zu einer Verzweigung. Hier halten wir uns rechts und führen eine längere holprige Hangtraverse durch Gestrüpp und quer über einige lästige Rinnen aus, die schließlich beim Hochweißsteinhaus (1868 m) endet.

Hochweißsteinhaus – Wolayerseehütte

Auch heute weichen wir wieder hauptsächlich auf italienisches Gebiet aus, denn die alte nordseitige Routenführung via Letterspitzbi-

wak ist so lang und mühsam, dass sie kaum noch benutzt wird und allmählich verfällt. Vom Hochweißsteinhaus sind wir schnell oben am Grenzsattel des Öfner Jochs (2011 m). Jenseits ein gutes Stück hinab ins Val Fleons, wo man den Talgrund bei P. 1575 nach links verlässt und über die aufgelassene Casera Fleons di sotto horizontal die von Runsen durchzogenen, licht bewaldeten Hänge quert. Bei der Casera Sissanis heißt es wieder bergauf. Ab der Sella Sissanis (1975 m) geht es oberhalb der mit einem See geschmückten Bordaglia-Mulde fast eben dahin, bis man am Passo Giramondo (2005 m) die Grenze zurück nach Österreich überschreitet. Hier um das Nordeck des Biegengebirges herum bergab, dann scharf rechts und in fast horizontaler Querung durch Latschenhänge zur Oberen Wolayer Alm (1709 m), die ihren zauberhaften Platz im großen Halbrund des Biegengebirges hat. Auf einem breiten Karrenweg muss schließlich noch eine Gegensteigung bewältigt werden, um unmittelbar nach dem Birnbaumer Törl auf die Wolayerseehütte (1959 m) zu stoßen. Der in älteren Karten erscheinende Name Eduard-Pichl-Hütte gehört ausradiert, da man jüngst zu dem Entschluss gekommen ist, Hütten nur nach verdienstvollen Persönlichkeiten und nicht nach Volksverhetzern zu benennen (Pichl tat sich seinerzeit als großer Antisemit im Alpenverein hervor). Gleich jenseits des Wolayer Passes befindet sich übrigens das italienische Rifugio Lambertenghi (1955 m).

Wolayerseehütte – Plöckenstraße Der Wolayer See mit dem Nordabsturz der Hohen Warte, Hauptgipfel der Karnischen Alpen, zählt zu den Paradekulissen schlechthin auf dieser Tour. Die düsteren Wandfluchten begleiten uns noch eine Weile auf der letzten Etappe, wenn wir ostwärts über das Valentintörl (2138 m) ins nächste Hochtal wechseln, zumal sich neben der Hohen Warte die fast gleichhohen Kellerspitzen anschließen. Kenner nehmen indessen vorher noch den Rauchkofel (2460 m) aufs Korn, eine der schönsten Aussichtslogen in den Karniern. Anschließend durch das hinterste Valentintal, zunächst im Geröll, später zunehmend lieblicher, zur Oberen Valentinalm hinab. Ein Fahrweg mit Abkürzer führt weiter zur voll bewirtschafteten Unteren Valentinalm, ehe unsere Tour an der Plöckenstraße ausläuft. Falls kein Bus verkehrt, heißt es »Daumen raus« oder auf dem Römerweg in zwei zusätzlichen Stunden bis nach Kötschach-Mauthen marschieren. Oder man nimmt die Fortsetzung des Karnischen Höhenweges Richtung Osten in Angriff, aber das wäre unter Umständen noch eine längere Geschichte.

Herbststimmung bei der Oberen Valentinalm; talauswärts der Polinik

GIPFEL AM WEG

Porze (2599 m): 2 Std von der Porzehütte
Hochspitz (2581 m): 30 Min. Abstecher beim Übergang zum Hochweißsteinhaus
Hochweißstein (2694 m): 2 1/2 Std. vom Hochweißsteinhaus
Rauchkofel (2460 m): 1 Std. vom Valentintörl, 1 1/2 Std. von der Wolayerseehütte

55 DURCH DEN TRIGLAV-NATIONALPARK
In Sloweniens wildester Bergwelt

mittel/schwierig — 6–8 Tage — 4400 Hm — ÖVM

AUSGANGSPUNKT
Rateče (870 m) im oberen Savetal; Busverbindung mit Jesenice

ENDPUNKT
Stara Fužina (546 m) am Bohinjsko Jezero (Wocheiner See); Busverbindung zum Bahnhof Bohinjska Bistrica

HÜTTEN
Dom v Tamarju (1108 m), PZS, ganzjährig, Tel. 04/587 60 55
Tičarjev dom (1618 m), PZS, Mai bis Oktober, Tel. 050/63 45 71
Pogačnikov dom (2050 m), PZS, Anfang Juli bis Ende September, Tel. 051/22 13 19
Aljažev dom (1015 m), PZS, Ende April bis Mitte Oktober, Tel. 04/589 10 30
Triglavski dom (2515 m), PZS, Anfang Juli bis Ende September, Tel. 04/202 31 81
Dom Planika (2401 m), PZS, Anfang Juli bis Ende September, Tel. 050/61 47 73
Tržaška koča (2151 m), PZS, Anfang Juli bis Ende September, Tel. 050/61 47 80
Zasavska koča (2071 m), PZS, Anfang Juli bis Ende September, Tel. 050/61 47 81
Koča pri Triglavskih jezerih (1685 m), PZS, Juni bis Ende September, Tel. 050/61 52 35
Koča na Planini pri Jezeru (1453 m), PZS, Juni bis Ende September, Tel. 041/90 19 99

GEHZEITEN
Rateče – Dom v Tamarju 1 ½ Std. – Tičarjev dom 3 ½ Std. – Pogačnikov dom 5 ½ Std. – Aljažev dom 3 Std. – Triglavski dom 5 Std. – Tržaška koča 2 ¼ Std. – Zasavska koča 2 Std. – Koča pri Triglavskih jezerih 1 ¾ Std. – Koča na Planini pri Jezeru 2 Std. – Stara Fužina 2 ½ Std.

ANFORDERUNGEN
Typisches Kalkalpenterrain, in den tieferen Regionen bewachsen, weiter oben oft nur steinig, erfordert solide Trittsicherheit. Auf manchen Strecken gesicherte Passagen, überwiegend aber technisch unschwierig. Bei Tagesetappen von ca. 5 Std. (oft kürzer möglich) durchschnittlich anstrengend.

KARTE
Planinska Zveza Slovenije, 1:25 000, Blatt »Triglav«; freytag & berndt, 1:50 000, Blatt 141 »Julische Alpen«

Unterwegs Richtung Sedlo Planja

Ganz weit im Südosten, die Adria nicht mehr fern, baut sich mit den Julischen Alpen noch einmal eines der gewaltigsten und faszinierendsten Kalkgebirge auf – ein wahrer Mustertyp, in dem alle erdenklichen Erscheinungsformen zu finden sind. Unsere Tour bewegt sich komplett im slowenischen Triglav-Nationalpark, vom oberen Savetal bis zum Wocheiner See. Dabei gewinnen wir Einblicke in große Wände wie in tiefe Schluchten, lernen urwüchsige Almen, karstige Hochkare, zauberhafte Seen und grandiose Talschlüsse kennen und zeigen uns verblüfft von manchem unvermuteten Durchschlupf in einer wilden Felslandschaft. Das Bemerkenswerteste ist vielleicht die Ursprünglichkeit, wie sie in dieser Form und Ausdehnung nur noch selten in den Alpen anzutreffen ist. Dabei hat man hier, ohne auf den harten Tourismus zu setzen, durchaus eine beachtliche Infrastruktur für Bergsteiger geschaffen. Das Netzwerk der Hütten und Wege ist nämlich dicht und vielseitig, zumal die Slowenen als ausgesprochen bergbegeistertes Völkchen gelten. So ist der Triglav für sie nicht einfach bloß der höchste Gipfel des Landes, sondern so etwas wie ein Heiligtum, ein Symbol für Heimatstolz, das sogar die Nationalflagge ziert. Und die Menschen huldigen ihm entsprechend mit eifriger Besteigung, denn mindestens einmal müsse jeder Slowene oben gewesen sein, heißt es. Freilich ist der Triglav nur einer von zahlreichen Glanzpunkten auf einer Durchquerung der Julischen Alpen, die zudem variantenreich gestaltet werden kann. Obwohl hier eine weitgehend unschwierige Route ausgetüftelt wurde, sollte man sich in rauem Kalkalpenterrain schon zu Hause fühlen, was auch den einen oder anderen schwindelnden Tiefblick mit einschließt. Vor allem im Kernbereich kommen einige gesicherte Passagen vor (etwa am Pragweg), die den geübten Bergwanderer allerdings vor keine unüberwindlichen Hürden stellen. Wer Lust auf mehr verspürt, findet in den Juliern ein reiches Betätigungsfeld.

Rateče – Dom v Tamarju Von Rateče folgen wir der Fahrstraße südwärts in die Planica, vorbei an den berühmten Skiflugschanzen. Bei der Weggabelung rechts und weiter flach taleinwärts bis zum Dom v Tamarju (Tamar-Haus, 1108 m) mit herrlichem Blick zum Jalovec, dem Wächter über dem vielleicht schönsten Talschluss der Julier.

Dom v Tamarju – Tičarjev dom Nach Beschilderung »Sleme, Vršič« nähern wir uns durch Baumbestände sowie über ausgedehnte Schuttströme der linken Talbegrenzung. Dort darf man sich nicht von der rauen, vermurten Schluchtrinne einschüchtern lassen, in die der Weg hineinleitet. Nach etwas Kraxelei über wackelige Blöcke knickt die Route nach links ab, verlässt damit den Graben und gewinnt durch ein Waldstück und eine Karmulde den lärchenbestandenen Sattel namens Sleme (1815 m). Hier sollte man sich unbedingt den kurzen Abstecher auf die Kanzel der Slemenova špica (1911 m) gönnen – die malerische Umgebung und der Ausblick, besonders zum formvollendeten Jalovec, sind vom Allerfeinsten. Ein guter Weg durchquert anschließend die verschlungene Karmulde nördlich der Mala Mojstrovka, ehe man jenseits der Vratica (1799 m) rasch zum Straßenpass des Vršič (1611 m) hinabgelangt. Dort können wir im Tičarjev dom (Tičar-Haus, 1618 m) oder ein paar Minuten weiter oben im

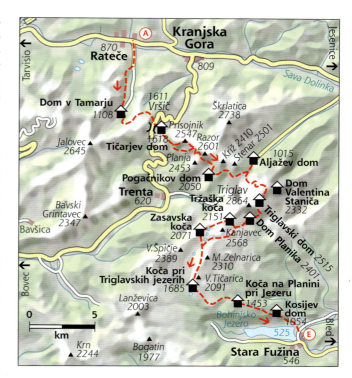

Poštarski dom (Post-Haus, 1688 m) Unterkunft finden.

Tičarjev dom – Pogačnikov dom Auf geschottertem Weg ein Stück Richtung Poštarski dom. Man verlässt ihn in einer Kehre und steigt durch Latschenhänge zur Sovna glava

Der Jalovec gilt als schönster Gipfel der Julischen Alpen.

Die Wände der Mojstrovka beim Abstecher zur Slemenova špica

Für Slowenen das höchste der Gefühle: am Gipfel des Triglav

und weiter schräg durch die Schuttreißen zum Geländerücken des Gladki rob (1870 m) an. Hier trennt sich die Gipfelroute zum Prisank. Wir steigen hingegen wieder etwas ab und queren in der Folge die von einigen Gräben durchzogenen Südflanken über der Mlinarica. Wegen des vielen Wurzelwerks ist der Pfad etwas holprig. Später steigt er wieder an und gelangt in die hintere Karmulde, wo von links der fulminante Jubiläumsweg nach Überschreitung des Prisankstockes dazukommt (siehe Variante). Rechts weiter in die abschüssige Westflanke des Razor und auf einem ansteigenden Band unter senkrechten Felsen entlang. Nach kurzem Zwischenabstieg in einen kleinen Kessel wendet man sich scharf links, um über eine Felsrampe die nächsthöhere Etage zu erreichen. Dort wieder zurück nach rechts einschwenken und auf einer Schuttterrasse fast eben hinüber zum Sedlo Planja (2349 m), der Einsattelung zwischen Razor und Planja, die beide mitgenommen werden können. Auf der anderen Seite durch ein steiles Geröllkar mit kurzen gesicherten Felsstellen auf die Kriški podi hinab, an deren Schwelle das Pogačnikov dom (Pogačnik-Haus, 2050 m) mit tollem Blick in die tiefe Furche der Trenta steht.

Variante: Wer es »drauf« hat, kann über den Gladki rob, am Vorderen Fenster (Prednje okno) vorbei und schließlich über den Westgrat mit seinen Aufschwüngen und Flachstücken zum Prisank (auch Prisojnik, 2547 m) emporsteigen, wobei bereits einige gesicherte Passagen zu meistern sind. Noch rassiger wird es auf der Fortsetzung über den Jubiläumsweg, der sich nach der ersten Scharte zumeist auf recht luftigen, nordseitigen Bändern bewegt, anschließend das eindrucksvolle Hintere Fenster (Zadnje okno) durchschreitet und an einer senkrechten Wand seine Schlüsselpassage im Bergab besitzt. Danach über abschüssiges, zum Teil noch versichertes Fels- und Schrofengelände weiter absteigend, bis man auf den normalen Wanderweg trifft. Der Mehraufwand für diesen exponierten Klettersteig beträgt etwa 2 ½ Stunden.

Pogačnikov dom – Aljažev dom Vom Pogačnik-Haus auf dem Riegel zwischen zwei Seemulden ostwärts zur Dovška vrata (2180 m) hinauf. Jenseits über steile Felspartien und Geröll in den Einschnitt der Sovatna. Weiter unten wird der Steig besser und tritt nach der Abzweigung zum Bivak pod Luknjo in den Laubwald ein. Man erreicht schließlich die Talsohle der hinteren Vrata und wandert auf breitem Weg am Partisanendenkmal vorbei flach hinaus zum Aljažev dom (Aljaž-Haus, 1015 m). Wer hingegen gleich den Gegenanstieg über den Pragweg anpacken will, wendet sich an der Einmündung rechts, also taleinwärts.

Variante: Eine andere Verbindung führt über die Bovška vratica (2375 m) mit langem Abstieg über das Bivak IV (ca. 4 Std.).

Die Triester Hütte (Tržaška koča) unterm Kanjavec

Aljažev dom – Triglavski dom Nun begeben wir uns in das Reich des »Götterthrons der Julier«. Die gewaltige Nordwand des Triglav im Talschluss der Vrata scheint keinen Ausweg aus dem Kessel zu ermöglichen, und doch werden wir am Pragweg unvermutet leichte Durchschlüpfe finden. Ein paar eiserne Hilfsmittel an entscheidenden Stellen lassen uns die Felsenschwelle (Prag) in das Hochkar des Kotel überwinden. Vom Aljažev dom

Steinböcke sind in den Juliern häufiger anzutreffen.

wandern wir mit dem riesenhaften Nordabbruch des Triglav im Visier bequem taleinwärts. Zuerst zweigt links der etwas anspruchsvollere Tominšekweg ab, dann rechts der bereits bekannte Weg in die Sovatna. Ein Stück weiter verlassen wir die Route zur Luknja und begeben uns nach links über das meist ausgetrocknete Bachbett hinweg an den Wandfuß und zum Einstieg in den Pragweg. Eine erste Steilstufe ist mit Eisenstiften bestückt. Anschließend in einer langen Aufwärtstraverse über dem unteren Felssockel nach links und nochmals mit Hilfe von Sicherungen über den nächsten Geländeaufschwung hinweg. Zwischen Steilwänden links und rechts windet sich der Steig geschickt in die Höhe, ohne auf allzu große Hindernisse zu stoßen. Man erreicht einen Bergsturzhang (Vorsicht auf Steinschlag), wo der Tominšekweg einmündet, und gelangt über eine weitere Geländeschwelle in das steinern-bleiche Kotel. Hier verzweigen sich die Routen zum Dom Valentina Staniča (Valentin-Stanič-Haus, 2332 m) links und zum größeren Triglavski dom (Triglav-Haus, 2515 m) auf der Kredarica rechts. Über Schutt, Karrenfelder und leichte Felsen steigen wir dorthin an und befinden uns jetzt unmittelbar auf Tuchfühlung mit dem Triglav (2864 m), dem man über einen nur mäßig schwierigen, aber ausgesetzten Klettersteig via Mali Triglav aufs Haupt steigen kann. An schönen Tagen sind dort wahre Heerscharen unterwegs.

Triglavski dom – Tržaška koča Falls man nicht den Triglav überschreiten möchte, steigt man von der Kredarica ins südseitige Kar ab und hält sich dort ganz rechts an die Wände des Mali Triglav. Um dessen südöstlichen Ausläufer herum zum Dom Planika (Planika-Haus, 2401 m) an der Mündung des Triglavski kot. Deutlich absteigend passieren wir nun den Felssporn des Rjavec und wandern weiter über typisch steiniges Terrain weit oberhalb des Hochtals der Velska dolina. Nach einigen Biegungen im Auf und Ab schwenkt die Trasse rechts zum Dolič (2164 m) ein. Wenige Minuten hinter dem Sattel empfängt uns die Tržaška koča na Doliču (Triester Hütte, 2151 m).

Tržaška koča – Zasavska koča Zwei – zählt man die Überschreitung des Kanjavec mit, sogar drei – Varianten stehen für diesen Übergang zur Auswahl. Wer den Weg via Hribarice wählt, kann unter Auslassung der Prehodavci-Hütte auch gleich weiter ins Sieben-Seen-Tal hinabwandern. Am spannendsten ist aber die Begehung des teilweise ausgesetzten Kanjavec-Nordwestwandsteiges. Dazu steigen wir von der Triester Hütte kurz auf dem Saumweg Richtung Norden ab, bis links die Höhenroute abzweigt. Diese führt mit geringen Höhenunterschieden auf diversen Fels- und Schuttbändern quer durch den Nordwestabbruch des Kanjavec, wobei zwischendurch kurze Felsstufen zu überlisten sind, kleine Etagenwechsel sozusagen. Die Szenerie ist beeindruckend, 1000 Meter tiefer liegt die Zadnjica. Über Geröllfelder steigt man später zur Scharte am Vodnikov Vršac an, ehe nur noch ein kurzes Bergab an der obersten Seemulde vorbei zur Zasavska koča na

Prehodavcih (Prehodavci-Hütte, 2071 m) bevorsteht.

Variante: Von der Tržaška koča zum nahen Dolič und rechts haltend in ansteigender Querung zu einer geröligen Hangmulde, an deren linker Seite man zum Čez Hribarice (2358 m, Abzweig zum Kanjavec) ansteigt. Jenseits durch die weite, zerklüftete Karstmulde von Hribarice leicht abwärts. Nachdem ein weiterer Steig vom Kanjavec aufgenommen ist, geht es etwas steiler gegen das obere Sieben-Seen-Tal hinab. Hier entweder rechts zur Prehodavci-Hütte (zuletzt kurzer Gegenanstieg) oder gleich weiter zur Sieben-Seen-Hütte (siehe folgender Abschnitt).

Zasavska koča – Koča pri Triglavskih jezerih
Dieser Abschnitt gehört dem Bergab durchs einzigartige Sieben-Seen-Tal (Dolina Triglavskih jezeri), das durch seine Seen genauso geprägt wird wie durch seine herbe Karstlandschaft. Es handelt sich um das Kern- und Ursprungsgebiet des Triglav-Nationalparks, der erst später auf die heutige Größe anwuchs. Von der Prehodavci-Hütte steigen wir am Rjavo jezero vorbei ab, passieren kurz darauf den Zeleno jezero und werden jetzt links und rechts begleitet von den Kammzügen der Zelnarica und des Veliko špičje. Immer weiter durch die Talsohle via Jezero Ledvicah bis zur Koča pri Triglavskih jezerih (Sieben-Seen-Hütte, 1685 m), die ausgesprochen malerisch am Dvojno jezero (Doppelsee) liegt.

Koča pri Triglavskih jezerih – Koča na Planini pri Jezeru
Nun lassen wir die hochalpinen Regionen endgültig zurück und tauchen in eine südalpine Wald- und Almlandschaft ein. Zunächst ist ein Aufstieg über latschenbewachsene Geröllhänge und eine kurze gesicherte Passage zum Štapce (1871 m) zu bewältigen. Jenseits des Sattels abwärts zur Planina Ovčarija (1660 m), wo sich Wege kreuzen. Wir halten uns nordostwärts zur nächsten Alm, der Planina Dedno Polje (1560 m), und schließlich in südöstlicher Richtung zur Koča na Planini pri Jezeru (Seealm-Hütte, 1453 m).

Koča na Planini pri Jezeru – Stara Fužina
Der letzte Abschnitt führt über das Hochplateau mit der Planina Vodični vrh (1486 m)

> **GIPFEL AM WEG**
>
> **Slemenova špica** (1911 m): 15 Min. Abstecher beim Übergang zum Vršič
> **Razor** (2601 m), Planja (2453 m): 50 bzw. 20 Min. vom Sedlo Planja
> **Stenar** (2501 m): 1 Std. von der Dovška vrata
> **Triglav** (2864 m): jeweils 1 ½ Std. vom Triglavski dom bzw. vom Dom Planika; Überschreitungsmöglichkeit
> **Kanjavec** (2568 m): 1 ¼ Std. von der Tržaška koča, Überschreitung Richtung Hribarice möglich
> **Mala Tičarica** (2071 m): 40 Min. vom Štapce

südostwärts, später dann eine Forststraße kreuzend zum ausgedehnten Gelände der Planina Vogar hinab. Im Kosijev dom na Vogarju (1054 m) könnte nochmals genächtigt werden, ehe die Durchquerung der Julischen Alpen mit dem Abstieg nach Stara Fužina schließlich ihr Ende findet.

Am Doppelsee im Sieben-Seen-Tal

REGISTER

A

Aberstückl 239
Abtenau 93
Adamekhütte 96, 101
Adolf-Munkel-Weg 241
Adolf-Noßberger-Hütte 208
Aggenstein 47
Ahornspitze 53, 171, 175
Alberfeldkogel 105
Albert-Appel-Haus 108
Albert-Biwak 213
Aljažev dom 280
Alleghe 255
Alpinisteig 264, 267
Alte Prager Hütte 193
Ansbacher Hütte 39, 43
Antonispitze 263
Arthurhaus 88
Augsburger Höhenweg 42, 43
Augsburger Hütte 44
August-Schuster-Haus 53
Außerraschötz 245
Austriahütte 100
Austriaweg 94, 95
Averau 263

B

Bad Ischl 107
Bad Kissinger Hütte 47
Bad Moos 267
Badener Hütte 193
Bärenbadeck 275
Basslerjoch 163
Becher 150
Berliner Hütte 173
Biberacher Hütte 21
Bichl 149
Bielefelder Hütte 153
Birkkarspitze 62, 63
Birnlückenhütte 187
Bischof 79
Bivacco Menegazzi 253
Bivacco Minazio 252
Blasiuszeiger 146
Blaueishütte 85
Bleikogel 91, 93
Bochumer Hütte 77
Bockkarkopf 28
Bödele 19

Bonn-Matreier-Hütte 192
Böses Weibl 208
Brand 115
Brandhorn 88
Brandkogel 132
Braunarlspitze 21, 23
Braunschweiger Hütte 139
Bregenzer Haus 19
Breite Krone 129
Breithorn 87
Bremer Hütte 163
Brenner 177
Brennerin 105
Brenninger-Biwak 183
Breslauer Hütte 141
Brixner Hütte 183
Brogleshütte 241
Bruckmannweg 118
Brunnenkopf 53
Brunnkogel 105
Bürglhütte 79

C

Cima de Zita Sud 257
Cima del Lago 253
Cima di col Rean 257
Cima Grostè 234
Cima Pisciadu 245
Cima Scalieret 249
Clarahütte 199
Cortina d'Ampezzo 263
Cottbuser Höhenweg 132

D

Dachstein-Südwand-Hütte 100
Damüls 20
Darmstädter Hütte 122
Dawinkopf 44
Defreggerhaus 191
Dießbach-Stausee 87
Dom Planika 282
Dom v Tamarju 279
Dom Valentina Staniča 282
Dorf Königssee 81
Dr.-Friedrich-Oedl-Haus 91
Dreitörlweg 268, 269
Drei-Zinnen-Hütte 266

Dresdner Hütte 161
Dürrenstein 263
Dürrensteinhütte 259

E

Edelhütte 171
Edelrautehütte 178, 184
Edmund-Graf-Hütte 121
Edmund-Probst-Haus 31
Eichstätter Weg 87
Eisenreich 275
Eisseeehütte 191
Elberfelder Hütte 208
Elm 108
Enzenspergerweg 35
Erlanger Hütte 136
Erlspitze 63
Essener-Rostocker-Hütte 191

F

Falcade 251
Falkenhütte 68
Faneshütte 261
Feichten 131
Feigenkopf 52
Feldkogel 85
Fellhorn 27
Ferleiten 205
Feuerkogel 103
Feuerspitze 45
Fiderepasshütte 27
Fieberbrunn 77
Fieberbrunner Höhenweg 77
Filmoor-Standschützenhütte 275
Finkenberg 175
Flaggerschartenhütte 238
Formaletsch 23
Franz-Huber-Steig 146
Franz-Senn-Hütte 160
Freiburger Hütte 24
Freiunger-Höhenweg 63
Freschenhaus 20
Friedrich-August-Hütte 245
Friedrich-August-Weg 244
Friedrichshafener Hütte 123
Friedrichshafener Weg 123
Friesenberghaus 175

Frischmannhütte 136
Frommer Alm 249
Fuldaer Höhenweg 132
Fulpmes 159
Fundusfeiler 137
Fürthermoaralm 201
Furtschaglhaus 174
Fusch 201
Füssener Hütte 48

G

Gablonzer Hütte 95
Gampenalm 241
Gamshütte 175
Gamslahnerspitze 167
Gänsekragen 154
Gartlhütte 249
Gaschurn 125
Gatschkopf 45
Gehrengrat 24
Gehrenspitze 48, 58
Geißspitze 115, 123
Geißstein 79
Gepatschhaus 133
Giglachseehütte 215
Gimpelhaus 49
Gipfelstürmerweg 63
Gjaidsteig 61
Glasfelderkopf 35
Gleck 221
Gleirscher Roßkopf 154
Gleiwitzer Hütte 201
Glocknerhaus 205
Glungezerhütte 167
Goetheweg 62
Gollinghütte 217
Göppinger Hütte 25
Gösleswand 199
Grasleitenpass 248
Greifenberg 217
Greizer Hütte 172
Grohmannhütte 150
Großbergkopf 40
Großbergspitze 40
Große Gamswiesenspitze 269
Große Klammspitze 52
Große Schlicke 48
Großer Donnerkogel 95
Großer Hafner 212, 213

Großer Höllkogel 105
Großer Hundstod 85, 87
Großer Ifinger 239
Großer Krottenkopf 35
Großer Priel 108
Großer Reisch 239
Großer Solstein 63
Großer Trögler 161
Großer Zunig 199
Grünalmkogel 103
Gruttenhütte 74
Guben-Schweinfurter-Hütte 154, 156
Guttenberghaus 99

H

Habicht 163
Hahnkamplspitze 69
Hallerangerhaus 62
Hanauer Hütte 41
Hangerer 143
Hannemannweg 186, 188
Hans-Wödl-Hütte 217
Haselgruber Hütte 221
Hauerseehütte 137
Heidelberger Hütte 128
Heilbronner Hütte 118, 123
Heilbronner Weg 26, 28
Heinrich-Schwaiger-Haus 201
Helm 273
Henne 79
Hennenkopf 52, 53
Hermann-von-Barth-Hütte 35
Herzogsteig 88
Hintere Goinger Halt 74
Hintere Ölgrubenspitze 132
Hintere Schöntaufspitze 223
Hinterer Seekopf 45
Hinterer Seelenkogel 146
Hintergradhütte 223
Hintergrasleck 143
Hinterhornbach 35
Hinterstoder 109
Hippoldspitze 168
Hirschwiese 85
Hirzlweg 249
Hochalm 150
Hochalmkreuz 69
Hochälpelekopf 19
Hochfeiler 179
Hochfeilerhütte 177

Hochganghaus 147
Hochgolling 216
Hochgrubbachspitze 184
Hochimst 41
Hochjochhospiz 142
Hochkönig 86, 88
Hochkünzelspitze 21
Hochlandhütte 61
Hochleckenhaus 105
Hochleckenkogel 105
Hochlichtspitze 23
Hochplatte 51
Hochreichkopf 154
Hochschereweg 18, 21
Hochschoberhütte 209
Hochseiler 87
Hochspitz 277
Hochstabel 269
Hochstadelhaus 269
Höchstein 216
Hochvogel 35
Hochwart 150
Hochweißstein 277
Hochweißsteinhaus 276
Hochwildalmhütte 77
Hochwilde 146
Hochwildstelle 216
Hochzeiger 135
Höfersteig 217
Hofpürglhütte 96
Hohe Geige 137
Hohe Kreuzspitze 150
Hohe Rams 101
Hoher Burgstall 159, 163
Hoher Freschen 18, 20
Hoher Ochsenkogel 101
Hoher Prijakt 208
Hoher Riffler 123, 175
Hoher Tenn 205
Hohes Brett 85
Hohes Licht 31
Hohes Rad 129
Höllenkragen 184
Höllentalangerhütte 55
Hoppe-Seyler-Weg 122

I

Ichterspitze 187
Igls 167
Ignaz-Mattis-Hütte 215
Ingolstädter Haus 84, 87
Innerer Knorrkogel 193

Innsbrucker Hütte 163
Ischler Hütte 107

J

Jamtalhütte 128
Jenesien 239
Johannishütte 191
Jubiläumsweg 33, 280

K

Kahlersberg 85
Kaindlhütte 75
Kaiserjochhaus 39
Kalser Tauernhaus 203
Kaltenberghütte 117
Kanjavec 283
Kärlingerhaus 82
Karlsbader Hütte 270
Karwendelhaus 62, 68
Kasseler Hütte 172
Kassinspitze 239
Kattowitzer Hütte 211
Kaufbeurer Haus 35
Kaunergrathütte 132
Keeskopf 208
Keinprechthütte 215
Kellerbauerweg 176
Kellerjoch 168
Kellerjochhütte 169
Kempsenkopf 201
Kempspitze 184
Kemptner Hütte 30, 35
Kenzenhütte 51
Kerschbaumer Alm 271
Kieler Weg 121
Kieler Wetterhütte 122
Kleine Stempeljochspitze 63
Kleinlitzner 129
Klockerkarkopf 187
Klostertaler Umwelthütte 126
Knorrhütte 56, 57
Koča na Planini pri Jezeru 283
Koča pri Triglavskih jezerih 283
Kofel 53
Kogelseespitze 41
Kögerl 208
Konstanzer Hütte 117, 118, 123
Kötschach-Mauthen 277

Krachenspitze 117
Kraspesspitze 154, 156
Kraxentrager 179
Kreuzeck 31, 34
Kreuzeck 55, 58
Kreuzjoch 119
Kreuzjochspitze 123
Kreuzspitze 142, 143
Krimml 189
Krimmler Tauernhaus 187
Kufstein-Sparchen 75
Kuhlochspitze 63

L

La Rosetta 253
Lammkopf 87
Lamsenjochhütte 69
Landawirseehütte 216
Landsberger Hütte 33
Landshuter Europahütte 177
Landshuter Höhenweg 176, 177
Langen 117
Langfenn 239
Langtalereckhütte 143
Laserzwand 269
Lasörling 199
Lasörlinghütte 198
Latzfonser Kreuz 237
Laubeneck 52
Laufbacher Eck 31
Laufener Hütte 93
Lausitzer Weg 186, 187
Lavarellahütte 261
Lech 25, 37
Leiberweg 115
Leitenkammersteig 189
Leopold-Happisch-Haus 93
Lesach 209
Lesachalmhütte 208, 209
Leutkircher Hütte 39
Lienzer Hütte 209
Lindauer Hütte 114
Linzer Weg 94, 96, 101
Lizumer Hütte 167
Lodnerhütte 146
Ludwig-Dürr-Weg 122
Luggauer Brücke 271
Luibiskogel 137
Lungauer Kalkspitze 216
Lustenauer Hütte 19
Luttach 179

M

Madatschkopf 132
Mädelegabel 31
Madrisella 125
Mahnkopf 69
Mainzer Höhenweg 137
Mairspitze 162
Mala Tičarica 283
Malga Caldea 225
Mannheimer Hütte 115
Maroiköpfe 117
Martin-Busch-Hütte 142
Matona 21
Matrashaus 88
Matreier Tauernhaus 195
Maximilian-Klettersteig 248
Mayrhofen 171
Medelzkopf 205
Meilerhütte 58
Memminger Hütte 40, 45
Meraner Hütte 239
Messelingkogel 193
Mindelheimer Hütte 28
Mindelheimer Klettersteig 28
Mittelberg 139
Mittenwald 60
Mohnenfluh 23
Monte Daino 234
Monte Mulaz 253
Muttekopf 41
Mutte77kopfhütte 41
Muttlerkopf 35

N

Napfspitze 179, 184
Naunspitze 74
Neue Pforzheimer Hütte 155
Neue Prager Hütte 193
Neue Regensburger Hütte 160
Neue Reichenberger Hütte 199
Neustift 163
Neveser Höhenweg 176, 178
Nevesjochhütte 178
Niederelbehütte 121
Nikolsdorf 269
Nördlinger Hütte 65
Nürnberger Hütte 162

O

Oberammergau 53
Oberbachernspitze 266
Obergurgl 143
Oberlahmsspitze 41, 45
Oberlech 25
Obertauern 215
Obertraun 99
Obervierschach 273
Oberzalimhütte 115
Obstanserseehütte 275
Olpererhütte 174
Östliche Knotenspitze 163
Östliche Puezspitze 245
Otto-Mayr-Hütte 48

P

Panüelerkopf 115
Parseierspitze 45
Partenkirchner Dreitorspitze 58
Passeirer Höhenweg 149
Passo Duran 256
Passo Falzarego 263
Passo Giau 263
Paternkofel 266
Patscherkofelhaus 167
Payerhütte 223
Pemmern 237
Penser-Joch-Haus 238
Pertisau 69
Pettneu 121
Petz 247, 249
Petzeck 208
Pfannspitze 275
Pfeishütte 62
Pfelder 145
Pfelderer Höhenweg 145
Pfelders 147
Pfitscher-Joch-Haus 177
Pfronten 47
Pinei 257
Pinnisalm 163
Pinzgauer Hütte 79
Pinzgauer Spaziergang 79
Piz Duleda 245
Planja 283
Plattkofel 245
Plattkofelhütte 245
Plätzwiese 259
Plauener Hütte 188
Pogačnikov dom 280
Porze 277
Porzehütte 275
Poštarski dom 279

Pragweg 282
Pramarnspitze 163
Praßlerweg 25
Predigtstuhl 58
Preintaler Hütte 217
Priel-Schutzhaus 109
Prinz-Luitpold-Haus 34
Prisank 280
Puezhütte 242
Pühringerhütte 109
Pyramidenspitze 73

R

Rainbachköpfl 187
Ramolhaus 143
Ramsau 85
Rappenseehütte 28
Rappenseekopf 31
Rastkogel 168
Rastkogelhütte 169
Rateče 279
Rauchkofel 277
Rauheck 31, 34
Ravensburger Hütte 23
Razor 283
Redender Stein 108
Reiterkarspitze 276
Reither Spitze 65
Rettenbachalm 107
Rheinland-Pfalz-Biwak 139
Rheydter Spitze 187
Richterhütte 189
Riederhütte 103
Riemannhaus 87
Riffelseehütte 132
Rifugio Agostini 234
Rifugio Antermoia 249
Rifugio Auronzo 265
Rifugio Averau 263
Rifugio Bianchet 257
Rifugio Brentèi 234
Rifugio Carestiato 256
Rifugio Col de Varda 265
Rifugio Coldai 255
Rifugio Croda da Lago 263
Rifugio Dorigoni 222
Rifugio Fonda Savio 265
Rifugio Garibaldi 225
Rifugio Gnutti 227
Rifugio Graffer 231
Rifugio Lagazuoi 261
Rifugio Lavaredo 265

Rifugio Lissone 228
Rifugio Maria e Franco 229
Rifugio Nikolajewka 229
Rifugio Nuvolau 263
Rifugio Pedrotti 234
Rifugio Pian de Fontana 257
Rifugio Pisciadu 244
Rifugio Pradidali 252
Rifugio Prudenzini 228
Rifugio Rosetta 251
Rifugio Sandro Pertini 245
Rifugio Scarpa-Gurekian 253
Rifugio Sommariva al Pramparet 257
Rifugio Tissi 255
Rifugio Tita Secchi 229
Rifugio Tonolini 227
Rifugio Treviso 252
Rifugio Tuckett 232
Rifugio Vajolet 248
Rifugio Vazzoler 256
Rifugio Volpi al Mulaz 251
Rinnenspitze 163
Rinnerkogel 108
Rittner-Horn-Haus 237
Roland-Ritter-Biwak 44
Rosengartenhütte 249
Rosenjoch 167
Roßkopf 187
Rostocker Eck 193
Rote Flüh 48, 49
Rote Spitze 35
Roterdspitze 248, 249
Rotgüldenseehütte 212
Rotmandlspitze 215
Rotwandhütte 249
Rudolfshütte 203
Rudolf-Tham-Weg 199
Rüsselsheimer Hütte 137

S

Saalfelder Weg 33
Saarbrücker Hütte 125
Sailkopf 193
Sajathütte 191
Salmhütte 203
Salzgittersteig 211
Sambock 184
Samspitze 39, 41
Santnerpasshütte 249
Sarntaler Weißhorn 239
Sass Ciampac 245

Sattelspitze 147
Saumspitze 123
Saykogel 142
Schachen 59
Schaflahrnernock 179
Scharnitz 67
Schartenkopf 154
Schärtenspitze 85
Schaubachhütte 222
Scheffauer 75
Scheibler 123
Scheichenspitze 101
Schesaplana 112, 114
Schlernhaus 247
Schlicker Seespitze 163
Schluderbach 259
Schlüterhütte 242
Schmittenhöhe 79
Schneeberghütte 150
Schneibstein 81
Schneid 48
Schöberl 101
Schoberstein 105
Schochenspitze 33, 35
Schönbichler Horn 174
Schönfeldspitze 87
Schöntalspitze 154
Schröcken 18, 21
Schrotthorn 239
Schruns 119
Schwarzensteinhütte 179
Schwarzer Kopf 58
Schwaz 169
Schweriner Weg 191
Seefeld 60, 65
Seegrube 63
Seekofel 263
Seekofelhütte 259
Seekogel 41
Sellajochhaus 244
Senneshütte 260
Sentiero Benini 231
Sentiero Bogani 234
Sentiero Bonacossa 264, 265
Sentiero Brentari 234
Sentiero delle Farangole 251
Sentiero dell'Ideale 234
Sentiero Martinazzi 234
Sentiero Orsi 232
Sentiero Palmieri 234
Seufertweg 141
Siebenschneidensteig 170,
171

Sieben-Seen-Weg 150
Silesia-Höhenweg 203
Sillianer Hütte 273
Simile-Mahdalm 181
Simmshütte 43
Simonyhütte 101
Sinabell 101
Slemenovašpica 283
Solsteinhaus 63
Sommerstein 87
Sonnenspitze 53
Speckkarspitze 63
Spiehlerweg 42
Spielmann 205
Spitzkofel 269
Spronser Rötelspitze 146
Spuller Schafberg 23
St. Georgen 184
St. Gertraud 221
St. Pöltener Hütte 195
St. Pöltener Ostweg 195
St. Pöltener Westweg 193
St. Ulrich 241
St. Zyprian 247
Stabelerweg 176, 178
Stahlhaus 81
Stanskogel 41
Stara Fužina 283
Starkenburger Hütte 159
Steinernes Hüttl 58
Steinkarspitze 35, 276
Steinmayerweg 24
Steinschartenkopf 28
Steinseehütte 40
Steirische Kalkspitze 216
Stenar 283
Sterzinger Jaufenhaus
149
Stettiner Hütte 146
Sticklerhütte 212
Stockach 43
Stripsenjochhaus 73
Stripsenkopf 74
Ströden 191, 199
Strudelkopf 263
Stüdlhütte 203
Stuhlalm 95
Stuttgarter Hütte 37
Südliche Riffelspitze 58
Suldener Höhenweg 220
Sulzenauhütte 162
Sulzfluh 115
Sulzspitze 35

T

Tabarettahütte 223
Tagewaldhorn 239
Tannheim 33
Tannheimer Höhenweg 48
Tannheimer Hütte 49
Taschachhaus 133
Tatschspitze 239
Tauernkogel 193
Temlberg 108
Teplitzer Hütte 150
Teufelstättkopf 53
Theodor-Körner-Hütte 95
Tičarjev dom 279
Tiefenbachferner 141
Tiefrastenhütte 184
Tierser-Alpl-Hütte 248
Tilisunahütte 113
Tiroler Kogel 91
Toblinger Knoten 266
Totalphütte 114
Trafoi 223
Triglav 278, 283
Tristkogel 79
Trittkopf 41
Tržaška koča 282
Tschafein 129
Tschaggunser Mittagspitze
115
Tübinger Hütte 125

U

Ulmer Hütte 37
Untere Valentinalm 277

V

Vallesinella 231, 234
Vernagthütte 141
Verpeilhütte 131
Versettla 125
Viehkogel 85
Viggarspitze 168
Vordere Grinbergspitze 175
Vorderer Gosausee 96
Vorderkaiserfeldenhütte 73

W

Wangalm 58
Wangenitzseehütte 209
Wängle 49

Wasseralm 81
Weidener Hütte 168
Weinschnabel 213
Weißbach 87
Weißeck 213
Weißenbach 105, 239
Weißspitze 193
Werfen 91
Westfalenhaus 155
Westliche Karwendelspitze 63
Westliche Plattenspitze 129
Westliches Gamshorn 129
Wetterkreuzkogel 153
Wettersteinhütte 57, 58
Wiener-Neustädter-Hütter 55,56
Wiesbadener Hütte 126
Wiesen 181
Wildalmkirchl-Biwak 88
Wildberg 115
Wilde Kreuzspitze 184
Wilde-Bande-Steig 62
Wildes Mannle 143
Wildgössl 108
Wildgrat 135
Wildseeloder 79
Wildseeloderhaus 77
Wilhelm-Oltrogge-Weg 153
Wimbachgrieshütte 84
Windbachtalkopf 187
Winnebachseehütte 155
Wolayerseehütte 277
Wormser Hütte 119
Wormser Weg 116, 119
Wurmaulspitze 184
Württemberger Haus 40

Z

Zasavska koča 282
Zeinisjochhaus 123
Zell am See 79
Zendleser Kofel 245
Zirbenweg 167
Zittauer Hütte 189
Zsigmondyhütte 266
Zufallhütte 222
Zugspitze 57, 58
Zunigalm 197
Zupalkogel 199
Zupalseehütte 198
Zürs 23, 37
Zwickauer Hütte 145
Zwischenkofel 245

IMPRESSUM

Unser komplettes Programm:

www.bruckmann.de

Produktmanagement: Dr. Heike Degenhardt
Lektorat: Solveig Michelsen, München
Layout: Buchflink Rüdiger Wagner, Nördlingen
Repro: Cromika sas, Verona
Kartografie: Rolle-Kartografie, Holzkirchen
Herstellung: Anna Katavic
Printed in Italy by Printer Trento

Alle Angaben dieses Werkes wurden vom Autor sorgfältig recherchiert und auf den
aktuellen Stand gebracht sowie vom Verlag geprüft. Für die Richtigkeit der Angaben kann
jedoch keine Haftung übernommen werden.
Für Hinweise und Anregungen sind wir jederzeit dankbar. Bitte richten Sie diese an:
Bruckmann Verlag
Postfach 40 02 09
80702 München
lektorat@verlagshaus.de

Bildnachweis: Alle Bilder stammen von Mark Zahel.
Umschlagvorderseite: Am Wilde-Bande-Steig im Karwendel
Umschlagrückseite: Die Karlsbader Hütte in den Lienzer Dolomiten

Die Deutsche Nationalbibliothek verzeichnet diese Publikation in der Deutschen
Nationalbibliografie; detaillierte bibliografische Daten sind im Internet über
http://dnb.d-nb.de abrufbar.

6. aktualisierte Nachauflage
2011 © 2010, 2009, 2008, 2007, 2006 Bruckmann Verlag GmbH

Alle Rechte vorbehalten
ISBN 978-3-7654-5501-8